KB084786

부산광역시교육청
교육공무직원 소양평가

인성검사 3회 + 모의고사 7회 + 면접 + 무료공무직특강

시대에듀

2025 최신판 시대에듀 All-New 부산광역시교육청 교육공무직원 소양평가
인성검사 3회 + 모의고사 7회 + 면접 + 무료공무직특강

Always **with you**

사람의 인연은 길에서 우연하게 만나거나 함께 살아가는 것만을 의미하지는 않습니다.
책을 펴내는 출판사와 그 책을 읽는 독자의 만남도 소중한 인연입니다.
시대에듀는 항상 독자의 마음을 헤아리기 위해 노력하고 있습니다. 늘 독자와 함께하겠습니다.

합격의 공식 ▶
시대에듀

자격증 · 공무원 · 금융/보험 · 면허증 · 언어/외국어 · 검정고시/독학사 · 기업체/취업
이 시대의 모든 합격! 시대에듀에서 합격하세요!
www.youtube.com ➡ 시대에듀 ➡ 구독

부산광역시교육청은 교육공무직원을 채용하기 위해 소양평가를 실시하여 지원자가 업무에 필요한 역량을 갖추고 있는지 평가한다.

채용절차는 「원서접수 ➡ 서류심사 및 소양평가 ➡ 면접시험 ➡ 합격자 결정」 순서로 진행한다. 직종별로 서류심사 및 소양평가를 구분하여 실시하며, 서류심사 및 소양평가 합격자에 한하여 면접시험에 응시할 수 있는 자격이 주어진다.

이에 시대에듀에서는 부산광역시교육청 교육공무직원 소양평가를 준비하는 수험생들을 위해 다음과 같은 특징의 본서를 출간하게 되었다.

도서의 특징

❶ 부산광역시교육청 기관 소개
- 부산광역시교육청 기관 소개를 수록하여 부산광역시교육청 교육목표 및 교육공무직원 업무에 대한 전반적인 이해가 가능하도록 하였다.

❷ 4개년 기출복원문제
- 2023~2020년 시행된 부산광역시교육청 4개년 기출복원문제를 통해 최근 출제경향을 파악할 수 있도록 하였다.

❸ 인성검사 소개 및 모의테스트
- 인성검사 소개 및 모의테스트 2회분을 통해 인성검사 문항을 사전에 익히고 체계적으로 연습할 수 있도록 하였다.

❹ 직무능력검사 이론점검 및 기출예상문제
- 부산광역시교육청 교육공무직원 직무능력검사 5개 영역별 이론점검 및 기출예상문제를 수록하여 소양평가에 완벽히 대비하도록 하였다.

❺ 최종점검 모의고사
- 실제 시험과 같은 문항 수와 출제영역으로 구성된 모의고사 4회분을 수록하여 시험 전 자신의 실력을 스스로 점검할 수 있도록 하였다.

❻ 면접 소개 및 예상 면접질문
- 면접 소개 및 예상 면접질문을 통해 한 권으로 부산광역시교육청 교육공무직원 채용을 준비할 수 있도록 하였다.

끝으로 본서를 통해 부산광역시교육청 교육공무직원 채용을 준비하는 모든 수험생에게 합격의 행운이 따르기를 진심으로 기원한다.

SDC(Sidae Data Center) 씀

부산광역시교육청 이야기

◇ **교육비전**

꿈을 현실로! 희망 부산교육

 사다리는 희망과 성장을 의미, 풍선은 희망 · 꿈 · 성장을 표현하며, 다양한 색상의 심볼은 부산 아이들의 교육을 위해 힘쓰는 부산교육청의 기관과 사람들을 상징한다.

◇ **교육체제**

미래 역량을 키우는 맞춤교육

| 학력신장 | 미래교육 |

안전하고 든든한 안심교육

| 교육복지 | 안전보건 |

소통하고 존중하는 공감교육

| 인성교육 | 혁신소통 |

◇ **심벌마크**

A는 싱싱한 나뭇잎을 상징함과 동시에 하늘을 향해 비상하는 새의
형상을 나타내어 세계를 향해 비상하는 부산의 교육을 나타낸다.

B는 부산을 상징하는 넓고 푸른 바다를 나타내어
끝없이 펼쳐진 바다를 향해 나아가는 학생들의 기상을 표현한다.

C는 바다와 새, 나뭇잎을 타고 높이 비상하는 학생들과 소속원들을
표현하고 있으며 또한 원과 삼각형의 도형은 창의적이면서도 조화로운
인간상을 상징한다.

교육공무직원 소개

◇ **교육공무직원의 8가지 의무**

1 교육공무직원은 맡은 바 직무를 성실히 수행하여야 하며, 직무를 수행함에 있어 사용부서의 장의 직무상의 명령을 이행하여야 한다.

2 교육공무직원이 근무지를 이탈할 경우에는 사용부서의 장에게 허가를 받아야 한다. 다만, 불가피한 사유로 사전허가를 받을 수 없는 경우에는 구두 또는 유선으로 허가를 받아야 한다.

3 교육공무직원은 근무기간 중은 물론, 근로관계가 종료된 후에도 직무상 알게 된 사항을 타인에게 누설하거나 부당한 목적을 위하여 사용하여서는 아니 된다. 다만, 공공기관의 정보공개에 관한 법률 및 그 밖의 법령에 따라 공개하는 경우는 그러하지 아니하다.

4 교육공무직원은 직무의 내·외를 불문하고 그 품위를 손상하는 행위를 하여서는 아니 된다.

5 교육공무직원은 공과 사를 명백히 분별하고 국민의 권리를 존중하며, 친절·공정하고 신속·정확하게 모든 업무를 처리하여야 한다.

6 교육공무직원은 직무와 관련하여 직접 또는 간접을 불문하고 사례를 주거나 받을 수 없다.

7 교육공무직원은 다른 직무를 겸직할 수 없다. 다만, 부득이한 경우에는 사용부서의 장에게 신청하고 사전 허가를 받아야 한다.

8 사용부서의 장은 업무에 지장을 주거나 교육기관 특성상 부적절한 영향을 초래할 우려가 있는 경우 겸직을 허가하지 아니하거나 겸직 허가를 취소할 수 있다.

◇ 교육공무직원의 업무

구분	내용	
교육실무원	• 공문 접수 및 처리 • 학교 일지 관리 • 주간 및 월중 행사 • 계약직 교(직)원 관련 업무 지원 • 교직원 연수 안내 및 보고 • 안전공제회 업무 • 교과서 관련 업무 지원	• 학교 행사 및 각종 회의 지원 • 방송실 운영 지원 • 학교소식지 등 편집 업무 • 각종 표창 관련 업무 지원 • 각종 재정지원사업 운영 지원 • 각종 간행물 관리 • 수학여행 및 체험학습 업무 관련 지원
행정실무원	• 세입 · 세출 외 업무 • 급여 업무 • 각종 대장 관리 • 민원처리 • 증명서 발급 • 학교시설 대여 • 발전기금 관리 • 물품 관리	• 공문서 접수 • 지출 업무 • 맞춤형 복지 • 학교 회계직 계약 및 급여 업무 등 • 기자재 유지 보수 지원 • 학생 장학금 행정 업무 지원 • 학적, 전 · 출입, 정원 외 관리 행정처리
돌봄전담사	• 학생 관리 • 학생귀가지도 • 월간 운영계획 작성 • 돌봄교실 이용 관련 학부모 상담	• 돌봄교실 관리(NEIS 활용, 출결 관리, 일지 작성 등) • 생활지도, 간식(급식)지도 • 기타 사용부서장의 업무분장에 따른 업무
조리사	• 조리 관리 • 배식 관리 • 청소 확인 • 질서 지도	• 위생 관리 • 학생들 안전 관리 • 잔반 지도
수업지원사	• 수업계 지원(본 수업포함) • NEIS 처리 등 • DCMS 관리 • 과학실험 수업 지원	• 방과 후 학교 업무 지원 • 에듀파인 업무 지원 • 학생 상 · 벌점제 관리

교육행정서비스헌장

◇ 교육행정서비스헌장이란?

교육행정기관이 제공하는 ❶ 행정서비스의 기준과 내용, ❷ 제공방법 및 절차, ❸ 잘못된 서비스에 대한 시정 및 보상조치 등을 구체적으로 정하여 공표하고, 이의 실현을 민원인인 국민에게 약속하는 제도

◇ 추진방향

보다 높은 수준의 행정서비스 제공으로 부산교육 만족도 제고

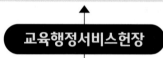

교육행정서비스헌장

| 공감과 배려의 민원서비스 실현 목표 반영 | 행정 환경변화에 부응하는 민원인 중심의 행정서비스 개선 | 민원인 편의를 고려한 내·외부 민원인 의견 수렴 반영 |

◇ 교육행정서비스헌장

부산광역시교육청 전 직원은 보다 높은 수준의 행정서비스를 제공하고 시민으로부터 신뢰받는 교육행정 서비스를 구현하기 위하여 다음과 같이 노력할 것을 다짐한다.

> 우리는 밝은 미소와 상냥한 말씨로 민원인을 정중하게 맞이한다.
>
> 우리는 모든 민원을 민원인의 입장에서 신속·정확하고 공정하게 처리한다.
>
> 우리는 열린 마음으로 민원인의 의견을 수렴하여 교육정책을 추진하겠으며, 최고의 교육행정서비스를 제공 하도록 노력한다.
>
> 우리는 민원처리 과정에서 불친절하거나 불편을 끼쳤을 경우에는 즉시 시정하고 적절한 보상을 한다.
>
> 우리는 교육행정서비스 실천 노력에 대하여 민원인으로부터 평가를 받고 그 결과를 공개하여 서비스 개선에 반영한다.

우리는 이러한 다짐을 실천하기 위하여 구체적인 「서비스 이행표준」을 정하고 이를 성실히 실천할 것을 약속한다.

학습플랜

1주 완성 학습플랜

본서에 수록된 전 영역을 단기간에 끝낼 수 있도록 구성한 학습플랜이다. 한 번에 전 영역을 공부하지 않고, 한 영역을 집중적으로 공부할 수 있도록 하였다. 인성검사 및 필기시험에 대한 기초 학습은 되어 있으나, 학습 계획 세우기에 자신이 없는 분들이나 미리 시험에 대비하지 못해 단시간에 많은 분량을 봐야 하는 수험생에게 추천한다.

ONE WEEK STUDY PLAN

Start!	1일 차 ☐ ____월____일	2일 차 ☐ ____월____일	3일 차 ☐ ____월____일

4일 차 ☐ ____월____일	5일 차 ☐ ____월____일	6일 차 ☐ ____월____일	7일 차 ☐ ____월____일

STRUCTURES

도서 200% 활용하기

기출복원문제

▶ 4개년(2023~2020년) 부산광역시교육청 기출복원문제를 수록하여 최근 출제경향을 파악할 수 있도록 하였다.

인성검사 & 면접

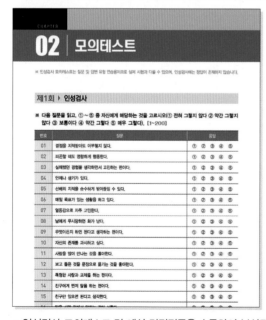

▶ 인성검사 모의테스트 및 예상 면접질문을 수록하여 부산광역시교육청 인재상에 부합하는지 확인할 수 있도록 하였다.

직무능력검사

▶ 직무능력검사 5개 출제영역에 대한 핵심이론 및 기출예상문제를 수록하여 출제유형을 익힐 수 있도록 하였다.

최종점검 모의고사

▶ 실제 시험과 유사하게 구성된 최종점검 모의고사 4회를 수록하여 소양평가에 대비할 수 있도록 하였다.

Add+

4개년

기출복원문제

※ 부산광역시교육청 기출복원문제는 수험생들의 후기를 통해 시대에듀에서 복원한 문제로 실제 문제와 다소 차이가 있을 수 있으며, 본 저작물의 무단전재 및 복제를 금합니다.

01 | 2023년 기출복원문제

※ 정답 및 해설은 기출복원문제 바로 뒤 p.042에 있습니다.

01 ▶ 언어논리력

01 다음 중 표준 발음법상 발음 표기가 옳은 단어는?

① 고랭지[고냉지]
② 널찍하다[널찌카다]
③ 설거지물[설거진물]
④ 휘발유[휘발뉴]

02 다음과 같은 의미를 가진 한자성어는?

재앙과 화난이 바뀌어 오히려 복이 된다.

① 복과화생(福過禍生)
② 길흉화복(吉凶禍福)
③ 전화위복(轉禍爲福)
④ 복생어미(福生於微)

03 다음 글의 (가) ~ (바) 문단을 논리적 순서대로 바르게 나열한 것은?

(가) 그렇다면 우리나라는 어떻게 신뢰를 확보할 수 있을까? 전문가들은 고위 공직자들이 솔선수범하여 스스로 부패를 없애는 일이야말로 신뢰를 쌓기 위한 첫 번째 조건이라고 말한다. 언론은 사실에 입각하여 객관적이고 공정한 보도를 하여야 독자들이 신뢰할 것이다. 가짜 뉴스는 걸러야 하며 오보는 반드시 정정 보도를 내보내야 한다. 또한 법과 원칙이 사회를 지배해야 하며, 법은 누구에게나 정의롭고 공정해야 한다. 힘 있는 사람이 법망을 빠져나가고 거리마다 자기의 주장을 외쳐대는 행위는 신뢰를 크게 무너뜨린다. 마지막으로 아프리카의 보츠와나처럼 학생들에게 어릴 때부터 청렴 교육을 할 필요가 있다.

(나) 프랑스 혁명 당시 시민혁명군이 왕궁을 포위했을 때 국왕 루이 16세와 왕비를 마지막까지 지킨 것은 프랑스 군대가 아니었다. 모든 프랑스 수비대는 도망갔지만 스위스 용병 700여 명은 남의 나라 왕과 왕비를 위해 용맹스럽게 싸우다가 장렬하게 전사했다. 프랑스 시민혁명군이 퇴각할 기회를 주었는데도 스위스 용병들은 그 제의를 거절했다. 당시 전사한 한 용병이 가족에게 보내려던 편지에는 이렇게 쓰여 있었다. '우리가 신뢰를 잃으면 우리 후손들은 영원히 용병을 할 수 없을 것이다. 우리는 죽을 때까지 왕궁을 지키기로 했다.' 오늘날까지 스위스 용병이 로마 교황의 경비를 담당하는 것은 이러한 용병들의 신뢰성 덕분이다. 젊은 용병들이 목숨을 바치며 송금한 돈도 결코 헛되지 않았다. 스위스 은행은 용병들이 송금했던 핏값을 목숨을 걸고 지켜냈다. 그 결과 스위스 은행은 안전과 신뢰의 대명사가 되어 이자는커녕 돈 보관료를 받아 가면서 세계 부호들의 자금을 관리해 주는 존재가 되었다.

(다) 신뢰(信賴)란 무엇인가? 신뢰에 대한 정의는 다양하지만 일반적으로 '타인의 미래 행동이 자신에게 호의적일 것이라는 기대와 믿음'을 말한다. 우리가 가족을 믿고 친구를 믿고 이웃을 믿는 것은 신뢰가 있기 때문이다. 하버드 대 교수 로버트 퍼트넘은 신뢰란 한 사회를 유지하는 데 꼭 필요한 요소로 사회적 자본이라고 했다. 스탠퍼드 대 교수 프랜시스 후쿠야마는 신뢰가 낮은 나라는 큰 사회적 비용이 발생한다고 지적했다.

(라) 한국의 신뢰지수는 아주 낮다. OECD 사회신뢰도(2016년)에 의하면, 한국은 '믿을 사람이 없다.', '사법 시스템도 못 믿겠다.', '정부도 못 믿겠다.'라는 질문에 모두 높은 순위를 기록했다. '미래에 대한 심각한 불안감을 가지고 있느냐.'는 질문에 대해 한국의 청년 응답자들은 무려 79.7%가 '그렇다.'고 답했다. 신뢰가 낮은 국가는 이해당사자 간에 발생하는 갈등을 사회적 대타협으로 해결하지 못한다. 일례로 한국에서 노사정 대타협이 성공했다는 소식을 들은 적이 없는 것 같다. 서로가 서로를 신뢰하지 못하기 때문이다.

(마) 스위스는 우리나라와 비슷한 점이 많다. 독일, 프랑스, 이탈리아, 오스트리아 등 주변국에 시달리며 비극적인 역사를 이어왔다. 국토의 넓이는 우리나라 경상도와 전라도를 합한 크기로 국토의 75%가 산이며, 자원이라곤 사람밖에 없다. 150년 전까지만 하여도 최빈국이었던 스위스가 지금은 1인당 GDP가 세계 2위(2016년)인 $78,000의 선진국이 되었다. 그 이유는 무엇일까? 가장 큰 이유는 신앙에 기초를 둔 '신뢰' 덕분이었다.

(바) 이제 우리나라는 자본, 노동과 같은 경제적 자본만으로는 성장의 한계에 도달했다. 이제 튼튼한 신뢰성이 산업계 전반으로 퍼져 나감으로써 신뢰와 같은 사회적 자본을 확충해 경제성장을 도모해야 나라 경제가 부강해질 수 있을 것이다.

① (나) – (마) – (다) – (라) – (가) – (바)
② (나) – (바) – (다) – (가) – (라) – (마)
③ (다) – (라) – (가) – (나) – (마) – (바)
④ (다) – (라) – (바) – (마) – (나) – (가)

01 다음 글의 서술상 특징으로 적절하지 않은 것은?

> 소비자의 권익을 위하여 국가가 집행하는 경쟁 정책은 본래 독점이나 담합 등과 같은 반경쟁적 행위를 국가가 규제함으로써 시장에서 경쟁이 활발하게 이루어지도록 하는 데 중점을 둔다. 이러한 경쟁 정책은 결과적으로 소비자에게 이익이 되므로, 소비자 권익을 보호하는 데 유효한 정책으로 인정된다. 경쟁 정책이 소비자 권익에 기여하는 모습은 생산적 효율과 배분적 효율의 두 측면에서 살펴볼 수 있다.
>
> 먼저, 생산적 효율은 주어진 자원으로 낭비 없이 더 많은 생산을 하는 것으로서, 같은 비용이면 더 많이 생산할수록, 같은 생산량이면 비용이 적을수록 생산적 효율이 높아진다. 시장이 경쟁적이면 개별 기업은 생존을 위해 비용 절감과 같은 생산적 효율을 추구하게 되고, 거기서 창출된 여력은 소비자의 선택을 받고자 품질을 향상시키거나 가격을 인하하는 데 활용될 것이다. 그리하여 경쟁 정책이 유발한 생산적 효율은 소비자 권익에 기여하게 된다. 물론 비용 절감의 측면에서는 독점 기업이 더 성과를 낼 수도 있겠지만, 꼭 이것이 가격 인하와 같은 소비자의 이익으로 이어지지는 않는다. 따라서 독점에 대한 감시와 규제는 지속적으로 필요하다.
>
> 다음으로 배분적 효율은 사람들의 만족이 더 커지도록 자원이 배분되는 것을 말한다. 시장이 독점 상태에 놓이면 영리 극대화를 추구하는 독점 기업은 생산을 충분히 하지 않은 채 가격을 올림으로써 배분적 비효율을 발생시킬 수 있다. 반면에 경쟁이 활발해지면 생산량 증가와 가격 인하가 수반되어 소비자의 만족이 더 커지는 배분적 효율이 발생한다. 그러므로 경쟁 정책이 시장의 경쟁을 통하여 유발한 배분적 효율도 소비자의 권익에 기여하게 된다.
>
> 경쟁 정책은 이처럼 소비자 권익을 위해 중요한 역할을 수행해 왔지만, 이것만으로 소비자 권익이 충분히 실현되지는 않는다. 시장을 아무리 경쟁 상태로 유지하더라도 여전히 남는 문제가 있기 때문이다. 우선, 전체 소비자를 기준으로 볼 때 경쟁 정책이 소비자 이익을 증진하더라도, 일부 소비자에게는 불이익이 되는 경우도 있다. 예를 들어, 경쟁 때문에 시장에서 퇴출된 기업의 제품은 사후 관리가 되지 않아 일부 소비자가 피해를 보는 일이 있다. 그렇다고 해서 경쟁 정책 자체를 포기하면 전체 소비자에게 불리한 결과가 되므로 국가는 경쟁 정책을 유지할 수밖에 없는 것이다. 다음으로 소비자는 기업에 대한 교섭력이 약하고, 상품에 대한 정보도 적으며, 충동구매나 유해 상품에도 쉽게 노출되기 때문에 발생하는 문제가 있다. 이를 해결하기 위해 상품의 원산지 공개나 유해 제품 회수 등의 조치를 생각해 볼 수 있지만 경쟁 정책에서 직접 다루는 사안이 아니다.
>
> 이런 문제들 때문에 소비자의 지위를 기업과 대등하게 하고 기업으로부터 입은 피해를 구제하여 소비자를 보호할 수 있는 별도의 정책이 요구되었고, 이 요구에 따라 수립된 것이 소비자 정책이다. 소비자 정책은 주로 기업들이 지켜야 할 소비자 안전 기준의 마련, 상품 정보 공개의 의무화 등의 조치와 같이 소비자 보호와 직접 관련 있는 사안을 대상으로 한다. 또한 충동구매나 유해 상품 구매 등으로 발생하는 소비자 피해를 구제하고, 소비자 교육을 실시하며, 기업과 소비자 간의 분쟁을 직접 해결해 준다는 점에서도 경쟁 정책이 갖는 한계를 보완할 수 있다.

① 문제점을 해결하기 위해 등장한 소비자 정책에 대해 설명한다.

② 소비자 권익을 위한 경쟁 정책과 관련된 다양한 개념을 정의한다.

③ 경쟁 정책이 소비자 권익에 기여하는 바를 두 가지 측면에서 나누어 설명한다.

④ 구체적인 수치를 언급하며 경쟁 정책의 문제점을 제시한다.

02 다음 글의 주제로 가장 적절한 것은?

유전학자들의 최종 목표는 결함이 있는 유전자를 정상적인 유전자로 대체하는 것이다. 이렇게 가장 기본적인 세포 내 차원에서 유전병을 치료하는 것을 '유전자 치료'라 일컫는다. 유전자 치료를 하기 위해서는 이상이 있는 유전자를 찾아야 한다. 이를 위해 과학자들은 DNA의 특성을 이용한다. DNA는 두 가닥이 나선형으로 꼬여 있는 이중 나선 구조로 이루어진 분자이다. 그런데 이 두 가닥에 늘어서 있는 염기들은 임의적으로 배열되어 있는 것이 아니다. 즉, 한쪽에 늘어선 염기에 따라 다른 쪽 가닥에 늘어선 염기들의 배열이 결정되는 것이다. 한쪽에 A염기가 존재하면 거기에 연결되는 반대쪽에는 반드시 T염기가, 그리고 C염기에 대응해서는 반드시 G염기가 존재하게 된다. 염기들이 짝을 지을 때 나타나는 이러한 선택적 특성을 이용하여 유전병을 일으키는 유전자를 찾아낼 수 있다. 유전자를 찾기 위해 사용하는 첫 번째 도구는 DNA 한 가닥 중 극히 일부이다. '프로브(Probe)'라 불리는 이 DNA 조각은 염색체상의 위치가 알려져 있는 이십여 개의 염기들로 이루어진다. 한 가닥으로 이루어져 있는 특성으로 인해, 프로브는 자신의 염기 배열에 대응하는 다른 쪽 가닥의 DNA 부분에 가서 결합할 것이다. 대응하는 두 가닥의 DNA가 이렇게 결합하는 것을 '교잡'이라고 일컫는다. 조사 대상인 염색체로부터 추출한 많은 한 가닥의 염색체 조각들과 프로브를 섞어 놓았을 때, 프로브는 신비스러울 정도로 자신의 짝을 정확하게 찾아 교잡한다. 두 번째 도구는 '겔 전기영동'이라는 방법이다. 생물을 구성하고 있는 단백질·핵산 등 많은 분자들은 전하를 띠고 있어서 전기장 속에서 각 분자마다 독특하게 이동을 한다. 이러한 성질을 이용해 생물을 구성하고 있는 물질의 분자량, 각 물질의 전하량이나 형태의 차이를 이용하여 물질을 분리하는 것이 전기영동법이다. 이를 활용하여 DNA를 분리하려면 우선 DNA 조각들을 전기장에서 이동시키고, 이것을 젤라틴 판을 통과하게 함으로써 분리하면 된다.

이러한 조사 도구들을 갖추고서, 유전학자들은 유전병을 일으키는 유전자를 추적하는 데 나섰다. 유전학자들은 먼저 겔 전기영동법으로 유전병을 일으키는 유전자로 의심되는 부분과 동일한 부분에 존재하는 프로브를 건강한 사람에게서 떼어내었다. 그리고 건강한 사람에게서 떼어낸 프로브에 방사성이나 형광성을 띠게 하였다. 그 후에 유전병 환자들에게서 채취한 DNA 조각들과 함께 교잡 실험을 반복하였다. 유전병과 관련된 유전 정보가 담긴 부분의 염기 서열이 정상인과 다르므로 이 부분은 프로브와 교잡하지 않는다는 점을 이용하는 것이다. 교잡이 일어난 후 프로브가 위치하는 곳은 X선 필름을 통해 쉽게 찾아낼 수 있고, 이로써 DNA의 특정 조각은 염색체상에서 프로브와 같은 위치에 존재한다는 것을 알 수 있다.

언뜻 보기에는 대단한 진보를 이룬 것 같지 않지만, 유전자 치료는 최근 들어 공상 과학을 방불케 하는 첨단 의료 기술의 대표적인 주자로 부각되고 있다. DNA 연구 결과로 인해 우리는 지금까지 절망적이라고 여겨 온 질병들을 치료할 수 있다는 희망을 갖게 되었다.

① 유전자 추적의 도구와 방법
② 유전자의 종류와 기능
③ 유전자 치료의 의의와 한계
④ 유전자 치료의 상업적 가치

03 다음 글의 내용으로 가장 적절한 것은?

우리 몸에 이상이 생기면 약물을 투여함으로써 이상 부위를 치료하게 된다. 약물을 투여하는 일반적인 방법으로는 약물을 바르거나 복용하거나 주사하는 것 등이 있는데, 이것들은 약물의 방출량이나 시간 등을 능동적으로 조절하기 어려운 '단순 약물 방출'의 형태이다. 단순 약물 방출의 경우에는 약물이 정상 조직에 작용하여 부작용을 일으키기도 하는데, 특히 항암제나 호르몬제와 같은 약물은 정상 조직에 작용할 경우 심각한 부작용을 초래할 수도 있다. 따라서 치료가 필요한 국부적인 부위에만 약물을 투여할 수 있도록 하는 방안의 필요성이 대두되고 있다.

이에 최근에는 약물의 방출량이나 시간 등을 능동적으로 조절할 수 있는 '능동적 약물 방출'의 연구가 활발하게 이루어지고 있다. 그중 대표적인 것으로 전도성 고분자를 활용하는 연구가 진행 중인데, 특히 '폴리피롤'이라는 전도성 고분자의 활용이 유력시되고 있다. 폴리피롤은 생체 적합성이 우수하고 안정성이 뛰어날 뿐만 아니라 전압에 의해 이온들의 출입이 가능한 특징이 있기 때문이다. 폴리피롤에 전압을 가하면 부피가 변하게 된다. 폴리피롤에는 이온 형태의 도판트*가 들어 있는데, 이 도판트의 크기에 따라 부피 변화 양상은 달라지게 된다. 예를 들어 도판트의 크기가 작을 경우, 폴리피롤에 음의 전압을 가하면 폴리피롤 내에 음전자가 늘어나는 환원 반응이 일어나게 되고, 전기적 중성을 유지하기 위해 크기가 작은 도판트 음이온이 밖으로 빠져 나오게 된다. 이에 따라 폴리피롤의 부피는 줄어든다.

한편 도판트의 크기가 큰 경우에는 환원 반응이 일어나더라도 도판트가 밖으로 나가지 못한다. 대신 폴리피롤 외부에 있는 양이온이 전기적 중성을 맞추기 위하여 폴리피롤 내부로 들어오게 되어 폴리피롤의 부피는 커지게 된다.

이처럼 폴리피롤에서 도판트가 방출되는 원리를 이용하면, 도판트를 이온 상태의 약물로 대체할 경우 전압에 의해 방출량이 제어되는 능동적 약물 방출 시스템으로의 응용도 가능해진다. 이 시스템은 크게 두 가지로 구분된다. 우선, 폴리피롤 합성 과정에서 약물을 직접 도판트로 사용하는 경우이다. 이 경우는 약물의 방출량은 많지만 도판트로 합성이 가능한 약물의 종류에는 제한이 있다. 다른 방법으로는 약물이 이온 형태로 존재하는 전해질 내에서 도판트와 약물을 치환하는 경우이다. 이 경우는 치환되는 전해질 내의 약물 이온의 밀도가 높아야 다양한 약물을 폴리피롤 내에 넣는 것이 가능하다. 그러나 도판트 전부가 치환되지는 않기 때문에 첫 번째 방법보다 약물의 방출량은 적어지고, 제조 공정이 다소 복잡하다.

*도판트 : 전기 전도도를 변화시키기 위해 의도적으로 넣어주는 불순물

① 능동적 약물 방출의 대표적인 방법이 적용된 사례는 연고나 주사제 등이 있다.
② 약물은 정상 조직에 작용하더라도 문제가 발생되지 않게 만들어진다.
③ 단순 약물 방출은 원하는 때에 필요한 만큼의 약물을 투여할 수 있다.
④ 폴리피롤을 사용하려는 이유는 생체 적합성이 우수하고 안정성이 뛰어나기 때문이다.

01 운송업체에서 택배 기사로 일하고 있는 B씨는 5곳에 배달을 할 때, 첫 배송지에서 마지막 배송지까지 총 1시간 20분이 걸린다. 이와 같은 속도로 12곳에 배달을 하려고 할 때, 첫 배송지에서 출발해 마지막 배송지까지 택배를 마치는 데 걸리는 시간은?(단, 배송지에서 머무는 시간은 고려하지 않는다)

① 3시간 12분   ② 3시간 25분

③ 3시간 36분   ④ 3시간 40분

02 B사의 해외사업부, 온라인 영업부, 영업지원부에서 각각 2명, 2명, 3명이 대표로 회의에 참석한다. 자리 배치는 원탁 테이블에 같은 부서 사람끼리 옆자리에 앉는다고 할 때, 7명이 앉을 수 있는 방법은 총 몇 가지인가?

① 48가지   ② 36가지

③ 27가지   ④ 24가지

03 다음 자료는 어느 국가의 2000년과 2020년의 노동 가능 인구구성의 변화를 나타낸 것이다. 2000년과 비교한 2020년의 상황을 바르게 설명한 것은?

<표>

구분	취업자	실업자	비경제활동인구
2000년	55%	25%	20%
2020년	43%	27%	30%

〈노동 가능 인구구성의 변화〉

① 이 자료에서 실업자의 수는 알 수 없다.
② 실업자의 비율은 감소하였다.
③ 경제활동인구는 증가하였다.
④ 취업자 비율의 증감폭이 실업자 비율의 증감폭보다 작다.

04 다음은 어느 국가의 A ~ C지역 가구 구성비를 나타낸 자료이다. 이에 대한 설명으로 옳은 것은?

〈A ~ C지역 가구 구성비〉

(단위 : %)

구분	부부 가구	2세대 가구		3세대 이상 가구	기타 가구	합계
		부모＋미혼자녀	부모＋기혼자녀			
A	5	65	16	2	12	100
B	16	55	10	6	13	100
C	12	40	25	20	3	100

※ 기타 가구 : 1인 가구, 형제 가구, 비친족 가구
※ 핵가족 : 부부 또는 (한)부모와 그들의 미혼 자녀로 이루어진 가족
※ 확대가족 : (한)부모와 그들의 기혼 자녀로 이루어진 2세대 이상의 가족

① 핵가족 가구의 비중이 가장 높은 지역은 A이다.
② 1인 가구의 비중이 가장 높은 지역은 B이다.
③ 확대가족 가구 수가 가장 많은 지역은 C이다.
④ A, B, C지역 모두 핵가족 가구 수가 확대가족 가구 수보다 많다.

05 다음은 2013 ~ 2022년 물이용부담금 총액에 관한 자료이다. 이에 대한 설명으로 옳지 않은 것을 〈보기〉에서 모두 고르면?

〈물이용부담금 총액〉

(단위 : 억 원)

- 2013년 : 6,166
- 2014년 : 6,631
- 2015년 : 7,171
- 2016년 : 7,284
- 2017년 : 7,563
- 2018년 : 8,108
- 2019년 : 8,236
- 2020년 : 8,333
- 2021년 : 8,377
- 2022년 : 8,661

※ 상수원 상류지역에서의 수질개선 및 주민지원 사업을 효율적으로 추진하기 위한 재원 마련을 위해 최종수요 자에게 물 사용량에 비례하여 물이용부담금을 부과함

※ 한강, 낙동강, 영·섬유역의 물이용부담금 단가는 170원/m^3, 금강유역은 160원/m^3임

보기

ㄱ. 물이용부담금 총액은 지속적으로 증가하는 추세를 보이고 있다.

ㄴ. 2014 ~ 2022년 중 물이용부담금 총액이 전년 대비 가장 많이 증가한 해는 2015년이다.

ㄷ. 2022년 물이용부담금 총액에서 금강유역 물이용부담금 총액이 차지하는 비중이 20%라면, 2022년 금강유역에서 사용한 물의 양은 약 10.83억m^3이다.

ㄹ. 2022년 물이용부담금 총액은 전년 대비 약 3.2% 이상 증가했다.

① ㄱ
② ㄴ
③ ㄷ
④ ㄱ, ㄹ

01 다음 그림을 시계 반대 방향으로 90° 회전한 후, 상하 반전한 모양은?

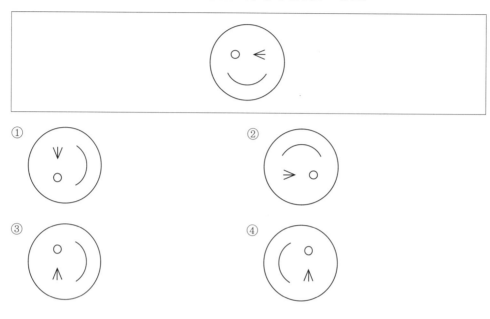

02 다음 중 입체도형을 만들었을 때, 나머지와 모양이 다른 것은?

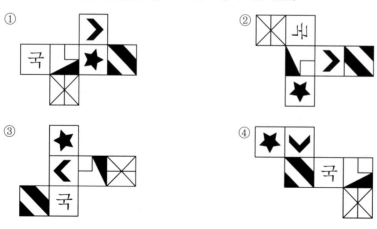

03 다음과 같은 정사각형의 종이를 화살표 방향으로 접고 〈보기〉의 좌표가 가리키는 위치에 구멍을 뚫었다. 다시 펼쳤을 때 뚫린 구멍의 위치를 좌표로 나타낸 것으로 옳은 것은?(단, 좌표가 그려진 사각형의 크기와 종이의 크기는 일치하며, 종이가 접힐 때 종이의 위치는 바뀌지 않는다)

〈좌표〉

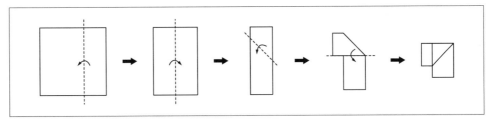

보기

C4

① A1, B3, B4, C3, C4, D1, E2, F3, F4
② A2, B3, B4, C3, C4, D2, E2, F3, F4
③ A3, A4, B2, C2, D3, D4, E2, F3, F4
④ A5, B3, B4, C3, C4, D5, E2, F3, F4

04 다음 그림과 같이 화살표 방향으로 종이를 접은 후 잘라 다시 펼쳤을 때의 그림으로 가장 적절한 것은?

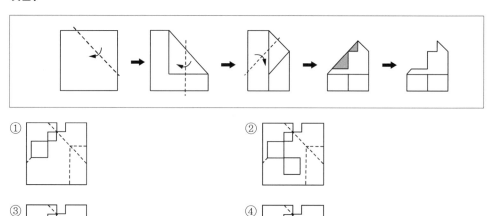

① ② ③ ④

05 다음 도형들은 일정한 규칙으로 변화하고 있다. 물음표에 들어갈 알맞은 도형은?

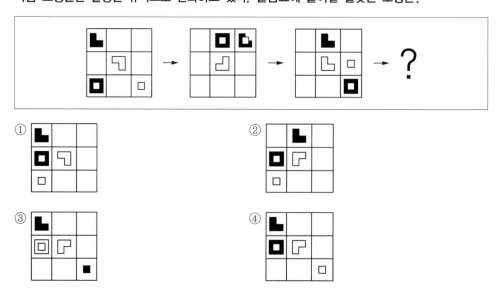

① ② ③ ④

01 준수, 민정, 영재, 세희, 성은 5명은 항상 진실만을 말하거나 거짓만 말한다. 다음 진술을 토대로 추론할 때, 거짓을 말하는 사람을 모두 고르면?

> • 준수 : 성은이는 거짓만 말한다.
> • 민정 : 영재는 거짓만 말한다.
> • 영재 : 세희는 거짓만 말한다.
> • 세희 : 준수는 거짓만 말한다.
> • 성은 : 민정이와 영재 중 1명만 진실만 말한다.

① 민정, 세희   ② 영재, 준수

③ 영재, 성은   ④ 영재, 세희

02 Z회사에서는 근무 연수가 1년씩 높아질수록 사용할 수 있는 여름 휴가 일수가 하루씩 늘어난다. Z회사에 근무하는 A ~ E사원은 각각 서로 다른 해에 입사하였고, 최대 근무 연수가 4년을 넘지 않는다고 할 때, 다음을 바탕으로 추론한 내용으로 옳은 것은?

> • 올해로 3년 차인 A사원은 여름 휴가일로 최대 4일을 사용할 수 있다.
> • B사원은 올해 여름 휴가로 5일을 모두 사용하였다.
> • C사원이 사용할 수 있는 여름 휴가 일수는 A사원의 휴가 일수보다 짧다.
> • 올해 입사한 D사원은 1일을 여름 휴가일로 사용할 수 있다.
> • E사원의 여름 휴가 일수는 D사원보다 길다.

① E사원은 C사원보다 늦게 입사하였다.

② 근무한 지 1년이 채 되지 않으면 여름 휴가를 사용할 수 없다.

③ C사원의 올해 근무 연수는 2년이다.

④ B사원의 올해 근무 연수는 4년이다.

03 Z회사의 마케팅 부서 직원 A~H 8명이 다음 〈조건〉에 따라 원탁에 앉아서 회의를 하려고 할 때, 항상 참인 것은?(단, 서로 이웃해 있는 직원 간의 사이는 모두 동일하다)

조건

• A와 C는 가장 멀리 떨어져 있다.
• A 옆에는 G가 앉는다.
• B와 F는 서로 마주보고 있다.
• D는 E 옆에 앉는다.
• H는 B 옆에 앉지 않는다.

---

① 8명의 자리 배치 경우의 수는 총 4가지이다.
② A와 B 사이에는 항상 누군가 앉아 있다.
③ C 옆에는 항상 E가 있다.
④ G의 오른쪽 옆에는 항상 H가 있다.

02 | 2022년 기출복원문제

※ 정답 및 해설은 기출복원문제 바로 뒤 p.045에 있습니다.

01 ▶ 언어논리력

01 다음 제시된 단어의 뜻으로 옳은 것은?

> 암팡지다

① 속이 꽉 차 있거나 내용이 아주 실속이 있다.
② 보기에 가운데가 좀 오목하게 쏙 들어가 있다.
③ 제힘에 겨운 일에 악을 쓰고 덤비는 태도가 있다.
④ 몸은 작아도 힘차고 다부지다.

02 다음 밑줄 친 ㉠ ~ ㉣의 수정 방안으로 적절하지 않은 것은?

> 심리학자들은 학습 이후 망각이 생기는 심리적 이유를 다음과 같이 설명하고 있다. 앞서 배운 내용이 나중에 공부한 내용을 밀어내는 순행 억제, 뒤에 배운 내용이 앞에서 배운 내용을 기억의 저편으로 밀어내는 역행 억제 또한 공부한 두 내용이 서로 비슷해 간섭이 일어나는 유사 억제 등이 작용해 기억을 방해했기 때문이라는 것이다. 이러한 망각을 뇌 속에서 어떤 기억을 잃어버린 것으로 이해해서는 ㉠ <u>안된다</u>. 기억을 담고 있는 세포들은 내용물을 흘려버리지 않는다. 기억들은 여전히 ㉡ <u>머리속에</u> 있는 것이다. 우리가 뭔가 기억해 내려고 애쓰는데도 찾지 못하는 것은 기억들이 ㉢ <u>혼재해</u> 있기 때문이다. ㉣ <u>그리고</u> 학습한 내용을 일정한 원리에 따라 짜임새 있게 잘 정리한다면 학습한 내용을 어렵지 않게 기억해 낼 수 있다.

① ㉠ – 띄어쓰기가 올바르지 않으므로 '안 된다'로 고친다.
② ㉡ – 맞춤법에 어긋나므로 '머릿속에'로 고친다.
③ ㉢ – 문맥에 어울리지 않으므로 '잠재'로 수정한다.
④ ㉣ – 앞 문장과의 관계를 고려하여 '그러므로'로 고친다.

01 다음 글에서 화자가 청자를 설득하는 방법으로 가장 적절한 것은?

> 저는 여러분들이 거대한 시련과 고통을 겪다가 이곳에 왔다는 것을 간과하지 않습니다. 여러분 중 몇 명은 좁은 감옥에서 막 출소했습니다. 여러분 중 몇 명은 자유를 추구하다가 박해의 폭풍 속에서 부서지고, 경찰의 잔인한 폭력이라는 바람에 비틀거려야 했던 곳에서 왔습니다. 여러분은 모두 다양한 방식으로 다가오는 고통에 대해 베테랑이 되었습니다. 자신의 의지로 얻어낸 것이 아닌 고통은 보상받게 되리라는 신념을 가지고 계속 나아가시기 바랍니다.
>
> 미시시피로, 앨라배마로, 사우스캐롤라이나로, 조지아로, 루이지애나로 돌아가세요. 우리의 북부 도시 빈민가와 흑인 거주지로 돌아가세요. 어떻게든 이 상황은 바뀔 수 있고, 바뀔 것이라는 것을 명심하세요. 더 이상 우리를 절망의 계곡에서 뒹굴게 두지 맙시다.
>
> 친구들이여, 여러분에게 말씀드릴 것이 있습니다. 어제와 오늘 우리가 고난과 마주할지라도, 여전히 저는 꿈이 있습니다. 그 꿈은 아메리칸드림에 깊이 뿌리 내린 꿈입니다.
>
> 저에게는 꿈이 있습니다. 언젠가 이 나라가 모든 사람은 평등하게 태어났다는 것을 자명한 진실로 받아들이고, 그 진정한 의미를 신조로 살아가게 되는 날이 올 것이라는 꿈입니다.
>
> 저에게는 꿈이 있습니다. 언젠가는 조지아의 붉은 언덕 위에 노예의 후손들과 주인의 후손들이 형제처럼 식탁에 함께 둘러앉는 날이 오리라는 꿈입니다.
>
> 저에게는 꿈이 있습니다. 언젠가는 불의와 억압의 열기에 신음하는 저 미시시피마저도, 자유와 정의의 오아시스로 변할 것이라는 꿈입니다.
>
> 저에게는 꿈이 있습니다. 나의 네 아이들이 피부색이 아니라 인격에 따라 평가받는 그런 나라에 살게 되는 날이 올 것이라는 꿈입니다.

① 논쟁을 피하기 위해 구체적인 사례를 제시하고 있다.
② 화자의 권위에 의한 카리스마로 청자를 설득하고 있다.
③ 중요한 메시지를 반복하여 전달력을 높이고 있다.
④ 목적 달성을 위한 구체적인 방안을 제시하고 있다.

02 다음 글의 제목으로 가장 적절한 것은?

> 부모와 긍정적인 관계를 형성한 청소년은 성인이 되고 나서도 원만한 인간관계 등을 통해 개인의 삶에 긍정적인 영향을 주는 것으로 나타났다. 미국 아이오와 대학교 연구팀은 미국 시애틀 거주자를 대상으로 이에 대한 연구를 진행했다. 우선 실험 참가자들이 청소년일 때 부모와의 관계를 확인하고, 이후 부모와의 긍정적인 관계가 성인이 된 후 어떠한 영향을 미쳤는지 살폈다.
>
> 5년이 지난 뒤 19 ~ 22세 사이의 성인이 된 실험 참가자들에게서 타액 샘플을 채취한 다음 코르티솔 수치를 살폈다. 코르티솔은 스트레스에 반응하여 분비되는 호르몬으로, 인간관계를 자연스럽게 형성하면서 나타나는 호르몬으로도 볼 수 있다. 성별, 수입 상태, 수면 습관 등 다양한 변인을 통제한 상태에서 분석해 본 결과, 부모와 청소년의 관계는 코르티솔 수치와 연관성을 보였다.
>
> 대부분의 실험 참가자들은 청소년기에 부모에게서 많은 칭찬과 보상을 받고 원만한 관계를 맺음으로써 성인기에 코르티솔 수치가 높아진 것으로 나타났다. 코르티솔 수치가 높다는 것은 주의에 집중하고 민첩하며 재빠른 상황 판단과 대처를 할 수 있다는 의미로, 이는 원만한 인간관계로 이어져 개인의 삶에 좋은 영향을 미친다고 볼 수 있다. 인간관계에서 벌어지는 미묘한 문제를 잘 알아채고 세부적인 사항들에 좀 더 주목할 수 있기 때문이다.
>
> 그런데 일부 실험 참가자들에게는 다른 양상이 나타났다. 청소년기에 시작된 부모의 칭찬과 보상이 코르티솔 수치에 별다른 영향을 미치지 않은 것이다. 이는 어릴 때부터 범죄, 가정 문제 등으로부터 이미 스스로를 보호하고 경계하면서 자랐기 때문일 것으로 분석된다. 즉, 부모와의 관계가 자녀의 삶에 영향을 미칠 뿐만 아니라 외부 환경이 끼치는 영향 역시 무시할 수 없다는 의미로 해석될 수 있는 것이다.

① 대인관계 형성, 인종별로 다르게 나타나
② 코르티솔, 부모와 자식 간 관계를 보여줘
③ 부모와의 좋은 관계, 개인의 삶에 영향 미쳐
④ 자녀의 스트레스, 외부 환경의 영향력 드러나

03 다음 글을 통해 알 수 있는 내용으로 적절하지 않은 것은?

> 인간의 삶과 행위를 하나의 질서로 파악하고 개념과 논리를 통해 이해하고자 하는 시도는 소크라테스와 플라톤을 기점으로 시작된 가장 전통적인 방법론이라고 할 수 있다. 이는 결국 경험적이고 우연적인 요소를 배제하여 논리적 필연으로 인간을 규정하고자 한 것이다. 이에 반해 경험과 감각을 중시하고 욕구하는 실체로서의 인간을 파악하고자 한 이들이 소피스트들이다. 이 두 관점은 두 개의 큰 축으로 서구 지성사에 작용해 온 것이 사실이다.
>
> 하지만 이는 곧 소크라테스와 플라톤의 관점에서는 삶과 행위의 구체적이고 실제적인 일상이 무시된 채 본질적이고 이념적인 영역을 추구하였다는 것이며, 소피스트들의 관점에서는 고정적 실체로서의 도덕이나 정당화의 문제보다는 변화하는 실제적 행위만이 인정되었다는 이야기로 환원되어 왔다. 그리고 이와 같은 문제를 제대로 파악한 것이 바로 고대 그리스의 웅변가이자 소피스트인 '이소크라테스'이다.
>
> 이소크라테스는 소피스트들에 대해서는 그들의 교육이 도덕이나 시민적 덕성의 함양과는 무관하게 탐욕과 사리사욕을 위한 교육에 그치고 있다고 비판했으며, 동시에 영원불변하는 보편적 지식의 무용성을 주장했다. 그는 시의적절한 의견들을 통해 더 좋은 결과에 이를 수 있는 능력을 얻으려는 자가 바로 철학자라고 주장했다. 그렇기에 이소크라테스의 수사학은 플라톤의 이데아론은 물론 소피스트들의 무분별한 실용성을 지양하면서도, 동시에 삶과 행위의 문제를 이론적이고도 실제적으로 해석하는 것으로 평가할 수 있다.

① 이소크라테스의 주장에 따르면 플라톤의 이데아론은 과연 그것이 현실을 살아가는 이들에게 무슨 의미가 있는가에 대한 필연적인 물음에 맞닥뜨리게 된다.

② 소피스트들의 주장과 관점은 현대 사회의 물질만능주의를 이해하기에 적절한 사례가 된다.

③ 소피스트와 이소크라테스는 영원불변하는 보편적 지식의 존재를 부정하며 구체적이고 실제적인 일상을 중요하게 여겼다.

④ 이소크라테스를 통해 절대적인 진리를 추구하지 않는 것이 반드시 비도덕적인 일로 환원된다고는 볼 수 없음을 확인할 수 있다.

01 평균 860km/h의 속력으로 운행하는 비행기는 기상이 악화되면 40km/h의 속력이 줄어든다. 이 비행기가 3시간 30분 동안 비행하는데 15분 동안 기상이 악화되었다면 날아간 거리는 총 몇 km인가?

① 2,850km

② 2,900km

③ 2,950km

④ 3,000km

02 B학교에 재학 중인 학생 10명을 대상으로 가장 좋아하는 색깔을 조사하니 빨간색, 노란색, 하늘색이 차지하는 비율이 2 : 5 : 3이었다. 10명 중 2명을 임의로 선택할 때, 좋아하는 색이 다를 확률은?

① $\dfrac{28}{45}$

② $\dfrac{31}{45}$

③ $\dfrac{32}{45}$

④ $\dfrac{39}{45}$

03 B시의 고등학교를 대상으로 축구 대항전을 진행하고자 한다. 총 80개의 학교가 참가하며 5팀이 한 리그에 속해 리그전을 진행하고 각 리그의 우승팀만 토너먼트에 진출해 경기를 한다. 최종 우승팀에는 전체 경기 수에 2,000원을 곱한 금액을 상금으로 주고, 준우승팀에는 전체 경기 수에 1,000원을 곱한 금액을 상금으로 준다고 할 때, 상금의 총액은 얼마인가?(단, 리그전은 대회에 참가한 모든 팀과 서로 한 번씩 겨루는 방식이고, 부전승은 주최 측에서 임의로 선정한다)

① 520,000원

② 525,000원

③ 530,000원

④ 535,000원

01 다음 Ⓐ, Ⓑ, Ⓒ의 전개도를 ⬆ 면이 전면에 오도록 접은 후 주어진 방향으로 회전하여 아래의 결합 모양과 같이 붙인 그림으로 옳은 것을 고르면?

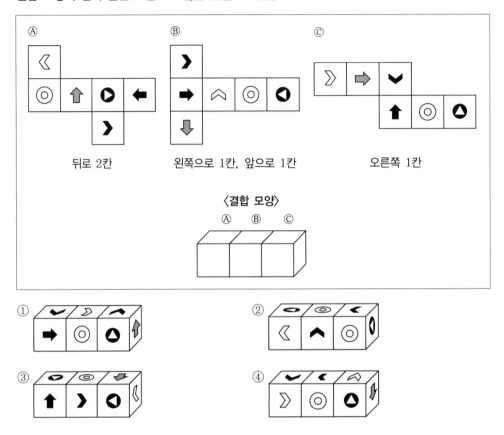

02 제시된 전개도로 정육면체를 만들 때, 나타나는 입체도형으로 옳지 않은 것은?

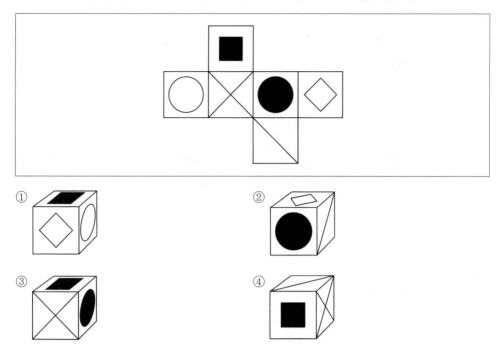

03 다음 그림과 같이 종이를 접을 때, 나올 수 있는 뒷면의 모양은?

01 올해 B사에 입사한 신입직원 갑 ~ 기 6명과 이들이 배치될 부서에 대한 정보가 다음과 같을 때, 신입직원과 배치될 부서가 잘못 연결된 것은?

구분	전공	학위	인턴 경험	업무역량		
				데이터분석	재무분석	제2외국어
갑	경영	학사	○	×	×	○
을	인문	석사	×	○	×	×
병	공학	학사	○	×	○	×
정	사회	학사	○	×	○	○
무	공학	학사	×	○	×	×
기	경영	박사	×	×	○	×

- 신입직원들은 서로 다른 부서에 배치되며, 배치되지 않는 신입직원은 없다.
- 신입직원들은 각자의 정보가 부서별 요구사항을 충족할 시에만 해당 부서에 배치된다.
- 신입직원들에 대한 정보는 다음과 같다.
- 부서별 신입직원 요구사항은 다음과 같다.

구분	요구사항
총무부	경영 전공자, 인턴 경험 보유
투자전략부	재무분석 가능, 석사 이상
인사부	인턴 등 조직 경험 1회 이상
대외협력부	제2외국어 가능자
품질관리부	석사 이상, 데이터분석 역량 보유
기술개발부	데이터분석 가능자

	신입직원	부서
①	기	투자전략부
②	갑	대외협력부
③	을	품질관리부
④	무	기술개발부

02 제시된 명제가 모두 참일 때, 다음 중 항상 참이 아닌 것은?

- 농구를 잘하면, 키가 크다.
- 키가 크면, 운동신경이 좋다.

① 운동신경이 좋지 않으면 농구를 잘 못한다.
② 운동신경이 좋지 않으면 키가 크지 않다.
③ 운동신경이 좋으면 농구를 잘한다.
④ 키가 크지 않으면 농구를 잘 못한다.

03 다음 제시된 내용에 따라 가해자인 것이 확실한 사람과 가해자가 아닌 것이 확실한 사람이 바르게 연결된 것은?

폭력 사건의 용의자로 A, B, C가 지목되었다. 조사 과정에서 A, B, C는 각각 아래와 같이 진술하였는데, 이들 중 가해자는 거짓만을 진술하고 가해자가 아닌 사람은 참만을 진술한 것으로 드러났다.

〈진술〉
• A : 우리 셋 중 정확히 한 명이 거짓말을 하고 있다.
• B : 우리 셋 중 정확히 두 명이 거짓말을 하고 있다.
• C : A, B 중 정확히 한 명이 거짓말을 하고 있다.

	가해자인 것이 확실	가해자가 아닌 것이 확실
①	A	C
②	B	없음
③	B	A, C
④	A, C	B

04 A~D 네 명은 한 판의 가위바위보를 한 후 그 결과에 대해 다음 〈조건〉과 같이 각각 두 가지의 진술을 하였다. 두 가지의 진술 중 하나는 반드시 참이고, 하나는 반드시 거짓이라고 할 때, 항상 참인 것은?

조건
• A : C는 B를 이길 수 있는 것을 냈고, B는 가위를 냈다.
• B : A는 C와 같은 것을 냈지만, A가 편 손가락의 수는 나보다 적었다.
• C : B는 바위를 냈고, 그 누구도 같은 것을 내지 않았다.
• D : A, B, C 모두 참 또는 거짓을 말한 순서가 동일하다. 이 판은 승자가 나온 판이었다.

① B와 같은 것을 낸 사람이 있다.
② 보를 낸 사람은 한 명이다.
③ D는 혼자 가위를 냈다.
④ B가 기권했다면 가위를 낸 사람이 지는 판이다.

03 | 2021년 기출복원문제

※ 정답 및 해설은 기출복원문제 바로 뒤 p.048에 있습니다.

01 ▶ 언어논리력

01 다음 중 띄어쓰기가 옳지 않은 것은?

① 모르는 것이 약이다.

② 떠나는 걸 보지 못했다.

③ 이제 다 끝난걸 뭐.

④ 여름 내 가물어서 강이 말랐다.

02 다음 중 본격적인 추위가 시작되는 절기는?

① 처서   ② 소만

③ 소한   ④ 입동

01 다음 글의 주제로 가장 적절한 것은?

동양 사상이라 해서 언어와 개념을 무조건 무시하는 것은 결코 아니다. 만약 그렇다면 동양 사상은 경전이나 저술을 통해 언어화되지 않고 순전히 침묵 속에서 전수되어 왔을 것이다. 물론 이것은 사실이 아니다. 동양 사상도 끊임없이 언어적으로 다듬어져 왔으며 논리적으로 전개되어 왔다. 흔히 동양 사상은 신비주의적이라고 말하지만, 이것은 동양 사상의 한 면만을 특정 짓는 것이지, 결코 동양의 철인(哲人)들이 사상을 전개함에 있어 논리를 무시했다거나 항시 어떤 신비적인 체험에 호소해서 자신의 주장들을 폈다는 것을 뜻하지는 않는다. 그러나 역시 동양 사상은 신비주의적임에 틀림없다. 거기서는 지고(至高)의 진리란 언제나 언어화될 수 없는 어떤 신비한 체험의 경지임이 늘 강조되어 왔기 때문이다. 최고의 진리는 언어 이전, 혹은 언어 이후의 무언(無言)의 진리이다. 엉뚱하게 들리겠지만, 동양 사상의 정수(精髓)는 말로써 말이 필요 없는 경지를 가리키려는 데에 있다고 해도 과언이 아니다. 말이 스스로를 부정하고 초월하는 경지를 나타내도록 사용된 것이다. 언어로써 언어를 초월하는 경지를 나타내고자 하는 것이야말로 동양 철학이 지닌 가장 특징적인 정신이다. 동양에서는 인식의 주체를 심(心)이라는 매우 애매하면서도 포괄적인 말로 이해해 왔다. 심(心)은 물(物)과 항시 자연스러운 교류를 하고 있으며, 이성은 단지 심(心)의 일면일 뿐인 것이다. 동양은 이성의 오만이라는 것을 모른다. 지고의 진리, 인간을 살리고 자유롭게 하는 생동적 진리는 언어적 지성을 넘어선다는 의식이 있었기 때문일 것이다. 언어는 언제나 마음을 못 따르며 둘 사이에는 항시 괴리가 있다는 생각이 동양인들의 의식 저변에 깔려 있는 것이다.

① 동양 사상은 신비주의적인 요소가 많다.
② 언어와 개념을 무시하면 동양 사상을 이해할 수 없다.
③ 동양 사상은 언어적 지식을 초월하는 진리를 추구한다.
④ 인식의 주체를 심(心)으로 표현하는 동양 사상은 이성적이라 할 수 없다.

02 다음 밑줄 친 '정원'에 대한 설명으로 적절하지 않은 것은?

야생의 자연이라는 이상을 고집하는 자연 애호가들은 인류가 자연과 내밀하면서도 창조적인 관계를 맺었던 반(反)야생의 자연, 즉 '정원'을 간과한다. 정원은 울타리를 통해 농경지보다 야생의 자연과 분명한 경계를 긋는다. 집약적인 토지 이용이라는 전통은 정원에서 시작되었다. 정원은 대규모의 농경지 경작이 행해지지 않은 원시적인 문화에서도 발견된다. 만여 종의 경작용 식물들은 모두 대량 생산에 들어가기 전에 정원에서 자라는 단계를 거쳐 온 것으로 보인다.

농업경제의 역사에서 정원이 갖는 의미는 시대와 지역에 따라 매우 달랐다. 좁은 공간에서 집약적인 농사를 짓는 지역에서는 농부가 곧 정원사였다. 반면 예전의 독일 농부들은 정원이 곡물 경작에 사용될 퇴비를 앗아가므로 정원을 악으로 여기기도 했다. 하지만 여성들의 입장은 지역적인 편차가 없었다. 아메리카의 푸에블로 인디언부터 근대 독일의 농부 집안까지 정원은 농업 혁신에 주도적인 역할을 해온 여성들에게는 자신들의 제국이자 자존심이었다. 그곳에는 여성들이 경험을 통해 쌓은 지식 전통이 살아 있었다. 환경사에서 여성이 갖는 특별한 역할의 물질적 근간은 대부분 정원에서 발견된다. 지난 세기들의 경우 이는 특히 여성 제후들과 관련되어 있으며 자료가 풍부하다. 작센의 여성 제후인 안나는 식물에 관한 지식을 늘 공유했던 긴밀하고도 광범위한 사회적 네트워크를 가지고 있었는데, 그중에는 식물 경제학에 관심이 깊은 고귀한 신분의 여성들도 많았으며 수도원 소속의 여성들도 있었다.

여성들이 정원에서 쌓은 경험의 특징은 무엇일까? 정원에서는 땅을 면밀히 살피고 손으로 흙을 부스러뜨리는 습관이 생겨났을 것이다. 정원에서 즐겨 이용되는 삽도 다양한 토질의 층을 자세히 연구하도록 부추겼을 것이 분명하다. 넓은 경작지보다는 정원에서 땅을 다룰 때 더 아끼고 보호했을 것이다. 정원이라는 매우 제한된 공간에는 옛날에도 충분한 퇴비를 줄 수 있었다. 경작지보다도 다양한 종류의 퇴비로 실험할 수 있었고 새로운 작물을 키우며 경험을 수집할 수 있었다. 정원은 좁은 공간에서 다양한 식물이 자라기 때문에 모든 종류의 식물들이 서로 잘 지내지는 않는다는 사실에도 주의를 기울였다. 이는 식물 생태학의 근간을 이루는 통찰이었다.

결론적으로 정원은 여성들이 주도가 되어 토양과 식물을 이해하고, 농경지 경작에 유용한 지식과 경험을 배양할 수 있는 좋은 장소였다.

① 울타리를 통해 야생의 자연과 분명한 경계를 긋는다.
② 집약적 토지 이용의 전통이 시작된 곳으로 원시적인 문화에서도 발견된다.
③ 시대와 지역에 따라 정원에 대한 여성들의 입장이 달랐다.
④ 정원에서는 모든 종류의 식물들이 서로 잘 지내지는 않는다.

03 다음 글의 내용으로 적절하지 않은 것은?

위기지학(爲己之學)이란 15세기의 사림파 선비들이 『소학(小學)』을 강조하면서 내세운 공부 태도를 가리킨다. 원래 이 말은 위인지학(爲人之學)과 함께 『논어(論語)』에 나오는 말이다. '옛날에 공부하던 사람들은 자기를 위해 공부했는데, 요즘 사람들은 남을 위해 공부한다.', 즉 공자는 공부하는 사람의 관심이 어디에 있느냐를 가지고 학자를 두 부류로 구분했다. 어떤 학자는 '위기(爲己)란 자아가 성숙하는 것을 추구하며, 위인(爲人)이란 남들에게서 인정받기를 바라는 태도'라고 했다.

조선 시대를 대표하는 지식인 퇴계 이황(李滉)은 이렇게 말했다. "위기지학이란, 우리가 마땅히 알아야 할 바가 도리이며, 우리가 마땅히 행해야 할 바가 덕행이라는 것을 믿고, 가까운 데서부터 착수해 나가되 자신의 이해를 통해서 몸소 실천하는 것을 목표로 삼는 공부이다. 반면 위인지학이란, 내면의 공허함을 감추고 관심을 바깥으로 돌려 지위와 명성을 취하는 공부이다." 위기지학과 위인지학의 차이는 공부의 대상이 무엇이냐에 있다기보다 공부를 하는 사람의 일차적 관심과 태도가 자신을 내면적으로 성숙시키는 데 있느냐 아니면 다른 사람으로부터 인정을 받는 데 있느냐에 있다는 것이다.

이것은 학문의 목적이 외재적 가치에 의해서가 아니라 내재적 가치에 의해서 정당화된다는 사고방식이 나타났음을 뜻한다. 이로써 당시 사대부들은 출사(出仕)를 통해 정치에 참여하는 것 외에 학문과 교육에 종사하면서도 자신의 사회적 존재 의의를 주장할 수 있다고 믿었다. 더 나아가 학자 또는 교육자로서 사는 것이 관료 또는 정치가로서 사는 것보다 훌륭한 것이라고 주장할 수 있게 되었다. 또한 위기지학의 출현은 종래 과거제에 종속되어 있던 교육에 독자적 가치를 부여했다는 점에서 역사적 사건으로 평가받아 마땅하다.

① 국가가 위기지학을 권장함으로써 그 위상이 높아졌다.
② 위인지학을 추구하는 사람들은 체면과 인정을 중시했다.
③ 위기적 태도를 견지한 사람들은 자아의 성숙을 추구했다.
④ 공자는 학문을 대하는 태도를 기준으로 삼아 학자들을 나누었다.

01 아버지와 어머니의 나이 차는 4세이고 형과 동생의 나이 차는 2세이다. 또한, 아버지와 어머니의 나이의 합은 형의 나이보다 6배 많다. 형과 동생의 나이의 합이 40세라면 아버지의 나이는 몇 세인가?(단, 아버지가 어머니보다 나이가 더 많다)

① 59세　　　　　　　　　　② 60세
③ 63세　　　　　　　　　　④ 65세

02 지윤이는 농도 5%의 오렌지 주스와 농도 11%의 오렌지 주스를 섞어서 농도 8%의 오렌지 주스 400g을 만들려고 한다. 이때 농도 11%의 오렌지 주스는 몇 g을 섞어야 하는가?

① 150g　　　　　　　　　　② 170g
③ 190g　　　　　　　　　　④ 200g

03 대학 서적을 도서관에서 빌리면 10일간 무료이고 그 이상은 하루에 100원의 연체료가 부과되며 연체료가 부과되는 시점부터 한 달 단위마다 연체료는 두 배로 늘어난다. 1학기 동안 대학 서적을 도서관에서 빌려 사용하는 데 얼마의 비용이 드는가?(단, 1학기의 기간은 15주이고, 한 달은 30일이다)

① 18,000원　　　　　　　　② 20,000원
③ 23,000원　　　　　　　　④ 25,000원

04 다음 그림과 같이 정육면체 4개가 붙어 있다. 점 A에서 점 B로 가는 최단 경로의 수는?

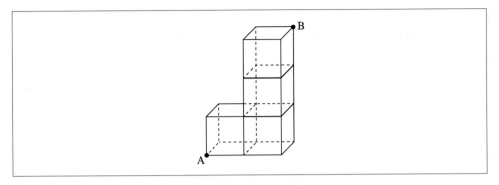

① 38가지　　　　　　　② 40가지

③ 42가지　　　　　　　④ 44가지

01 다음 그림과 같이 종이를 접을 때, 나올 수 있는 뒷면의 모양은?

①

②

③

④

02 다음 중 제시된 도형과 같은 것은?

① ② ③ ④

03 다음 그림을 시계 방향으로 270° 회전한 후, 시계 반대 방향으로 90° 회전한 모양은?

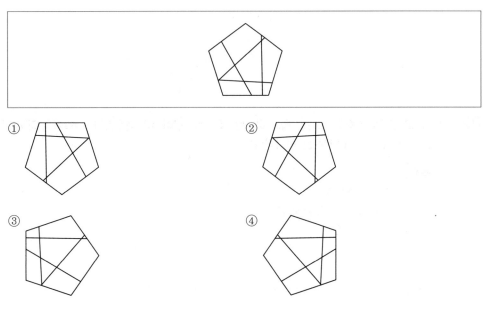

① ② ③ ④

01 다음 〈조건〉을 통해 추론할 때, 항상 거짓이 되는 것은?

> **조건**
> • 6대를 주차할 수 있는 2행 3열로 구성된 Z주차장이 있다.
> • Z주차장에는 자동차 a, b, c, d가 주차되어 있다.
> • 1행과 2행에 빈자리가 한 곳씩 있다.
> • a자동차는 대각선을 제외하고 주변에 주차된 차가 없다.
> • b자동차와 c자동차는 같은 행 바로 옆에 주차되어 있다.
> • d자동차는 1행에 주차되어 있다.

① b자동차의 앞 주차공간은 비어있다.
② c자동차의 옆 주차공간은 빈자리가 없다.
③ a자동차는 2열에 주차되어 있다.
④ a자동차와 d자동차는 같은 행에 주차되어 있다.

02 다음 〈조건〉 중 적어도 하나는 옳고 하나는 틀릴 때, 강아지의 색은?(단, 영철이의 강아지는 흰색 또는 검정색 또는 노란색 중 하나이다)

> **조건**
> • 강아지는 검정색이 아니다.
> • 강아지는 흰색이거나 노란색이다.
> • 강아지는 흰색이다.

① 흰색   ② 검정색
③ 노란색   ④ 알 수 없다.

03 다음은 A~D사의 남녀 직원 비율을 나타낸 자료이다. 이에 대한 설명으로 옳지 않은 것은?

〈회사별 남녀 직원 비율〉

(단위 : %)

구분	A사	B사	C사	D사
남	60	40	45	38
여	40	60	55	62

① 여직원 대비 남직원 비율이 가장 높은 회사는 A사이며, 가장 낮은 회사는 D사이다.

② B, C, D사의 여직원 수의 합은 남직원 수의 합보다 크다.

③ A사의 남직원이 B사의 여직원보다 많다.

④ A, B사의 전체 직원 중 남직원이 차지하는 비율이 55%라면 A사의 전체 직원 수는 B사 전체 직원 수의 3배이다.

04 다음은 동북아시아 3개국 수도의 30년간의 인구 변화를 나타낸 자료이다. 이에 대한 설명으로 옳지 않은 것은?

〈동북아시아 3개국 수도 인구수〉

(단위 : 십만 명)

구분	1990년	2000년	2010년	2020년
서울	80	120	145	180
베이징	50	80	158	205
도쿄	300	330	356	360

① 2010년을 기점으로 인구수가 2번째로 많은 도시가 바뀐다.

② 세 도시 중 해당 기간 동안 인구가 감소한 도시가 있다.

③ 1990년 대비 2000년의 서울의 인구 증가율은 50%이다.

④ 2000년 대비 2010년의 인구 증가폭은 베이징이 가장 높다.

※ 정답 및 해설은 기출복원문제 바로 뒤 p.051에 있습니다.

01 ▶ 언어논리력

01 다음 중 밑줄 친 부분의 맞춤법이 옳은 것은?

① 취업이 안 돼 부모님을 <u>찾아뵐</u> 면목이 없다.
② 선생님, 내일 수업 시간에 <u>뵈요.</u>
③ 교수님 얼굴을 <u>뵌</u> 지 너무 오래되었다.
④ 할머니, 다음 달에 또 <u>찾아뵙겠습니다.</u>

02 다음 중 제시된 문단을 논리적 순서대로 바르게 나열한 것은?

> (가) 심리학자 와이너는 부정적인 경험을 한 상황을 어떻게 해석하느냐에 따라 이러한 공포증이 생길 수도 있고 그렇지 않을 수도 있다고 한다.
> (나) 일반적인 사람들도 공포증을 유발하는 대상을 접하면서 부정적인 경험을 할 수 있지만 공포증으로까지 이어지는 경우는 드물다.
> (다) 부정적인 경험을 하더라도 상황을 가변적으로 해석하는 사람보다 고정적으로 해석하는 사람은 공포증이 생길 확률이 높다.
> (라) '공포증'이란 특정 대상에 대한 과도한 두려움으로 그 대상을 계속해서 피하게 되는 증세를 말한다.

① (가) – (나) – (다) – (라)   ② (나) – (라) – (가) – (다)
③ (다) – (나) – (라) – (가)   ④ (라) – (나) – (가) – (다)

01 다음 글의 '패시브 하우스'에 대한 설명으로 적절하지 않은 것은?

> '패시브 하우스(Passive House)'는 단열을 강화하여 에너지 손실을 최대한 줄인 건축물이다. 이 건축물은 실내의 에너지 손실을 최소화하면서도 햇빛과 신선한 공기를 공급받을 수 있고, 습도 조절을 잘 할 수 있도록 설계된 것이다.
>
> 패시브 하우스는 특히 겨울철에 건물 안으로 들어온 에너지와 안에서 발생한 에너지가 오랫동안 건물 안에 머물러 있도록 만들어졌다. 에너지 손실을 최소화하기 위해서는 열이 빠져 나가지 않게 전체 단열 계획을 잘 짠 다음, 까다로운 기준에 부합하는 특수 단열재로 시공해야 한다.
>
> 건물의 실내에는 신선한 공기가 공급되어야 한다. 일반적인 건물은 창문을 열거나 환풍기를 돌려서 신선한 공기를 공급받지만, 패시브 하우스에서는 그렇게 할 수 없다. 왜냐하면 외부 공기가 공급되면 실내 에너지가 빠져 나가기 때문이다. 이러한 문제는 나가는 공기가 품고 있는 에너지를 들어오는 공기가 회수해 올 수만 있으면 해결할 수 있다. 패시브 하우스에서 이 일을 가능하게 해 주는 것이 열 교환 환기 장치이다. 이 장치는 주로 실내 바닥이나 벽면에 설치하는데, 실내의 각 방과 실외로 연결되는 배관을 따로 시공하여 실내외 공기를 교환한다. 구성 요소는 팬, 열 교환 소자, 공기 정화 필터, 외부 후드 등이다.
>
> 그중 핵심 요소인 열 교환 소자는 열과 수분의 투과율을 높이기 위해 열전도율이 뛰어나도록 만든다. 실내외의 공기가 나가고 들어올 때 이 열 교환 소자를 통과하는데, 그 과정에서 실내 공기의 주 오염원인 CO_2는 통과시켜 배출한다. 하지만 열 교환 소자는 나가는 공기가 지니고 있던 80% 내외의 열과 수분을 배출하지 않고 투과시켜 들어오는 공기와 함께 실내로 되돌아오게 한다. 이러한 장치 덕분에 창을 열지 않아도 환기가 가능하다. 실외의 황사나 꽃가루 등은 공기 정화 필터로 걸러지므로 외부로부터 신선한 공기를 공급 받을 수 있다.
>
> 햇빛을 통한 에너지 공급도 건물에서는 중요하다. 햇빛은 창호를 통해 들어오는데, 여기서 에너지의 손실 방지와 햇빛의 공급 사이에 모순이 생긴다. 일반적으로 실내에 햇빛을 많이 공급하기 위해서는 두께가 얇은 유리나 창호지를 사용해야 한다. 그러나 두께가 얇을수록 에너지의 손실이 더 커질 수밖에 없다. 패시브 하우스에서는 이 문제를 해결하기 위해서 3중 로이유리(Low-E Glass)를 사용한다. 이것에는 두께가 얇고 투명한 유리 세 장에 에너지 흐름을 줄이는 금속 막이 씌워져 있고, 이들 유리 사이에는 무거운 기체가 채워져 있다. 투명한 유리는 햇빛을 많이 통과시키고, 금속 막과 무거운 기체는 실내 에너지가 빠져나가는 것을 막는다.
>
> 습도 조절도 중요한 요소이다. 일반 건물에서 습도 조절이 제대로 이루어지지 않아 곰팡이가 피는 것은 외부 공기가 스며들어 벽체 표면의 습도를 높이기 때문이다. 또 곰팡이는 집 안 전체의 습도가 아주 높거나, 전체 습도는 낮고 벽체 표면이나 벽체 속의 습도가 높아도 생긴다. 그러나 패시브 하우스는 밀폐성과 단열성이 뛰어나 겨울철 벽체의 온도와 실내 온도가 거의 비슷하기 때문에 이슬 맺힘이나 곰팡이가 생기지 않는다.

① 외부 후드를 설치하여 실내 습도를 조절한다.

② 황사나 꽃가루가 실내로 유입되는 것을 차단한다.

③ 특수 단열재를 사용해 내부의 열 손실을 최소화한다.

④ 두께가 얇은 3중 로이유리를 활용하여 에너지 손실을 막는다.

02 다음 글을 통해 글쓴이가 궁극적으로 말하고자 하는 것은?

어떤 사회 현상이 나타나는 경우 그러한 현상은 '제도'의 탓일까, 아니면 '문화'의 탓일까? 이 논쟁은 정치학을 비롯한 모든 사회과학에서 두루 다루는 주제이다. 정치학에서 제도주의자들은 보다 선진화된 사회를 만들기 위해서 제도의 정비가 중요하다고 주장한다. 하지만 문화주의자들은 실제적인 '운용의 묘'를 살리는 문화가 제도의 정비보다 중요하다고 주장한다.

문화주의자들은 문화를 가치, 신념, 인식 등의 총체로서 정치적 행동과 행위를 특정한 방향으로 움직여 일정한 행동 양식을 만들어내는 것으로 정의한다. 이러한 문화에 대한 정의를 바탕으로 이들은 국민이 정부에게 하는 정치적 요구인 투입과 정부가 생산하는 정책인 산출을 기반으로 정치 문화를 편협형, 신민형, 참여형의 세 가지로 유형화하였다.

편협형 정치 문화는 투입과 산출에 대한 개념이 모두 존재하지 않는 정치 문화이다. 투입이 없으며, 정부도 산출에 대한 개념이 없어서 적극적 참여자로서의 자아가 있을 수 없다. 사실상 정치 체계에 대한 인식이 국민들에게 존재할 수 없는 사회이다. 샤머니즘에 의한 신정 정치, 부족 또는 지역 사회 등 전통적인 원시 사회가 이에 해당한다.

다음으로 신민형 정치 문화는 투입이 존재하지 않으며, 따라서 적극적 참여자로서의 자아가 형성되지 못한 사회이다. 이런 상황에서 산출이 존재한다는 의미는 국민이 정부가 해주는 대로 받는다는 것을 의미한다. 이들 국민은 정부에 복종하는 성향이 강하다. 하지만 편협형 정치 문화와 달리 이들 국민은 정치 체계에 대한 최소한의 인식은 있는 상태이다. 일반적으로 독재 국가의 정치 체계가 이에 해당한다.

마지막으로 참여형 정치 문화는 국민들이 자신들의 요구 사항을 표출할 줄도 알고, 정부는 그러한 국민들의 요구에 응답하는 사회이다. 따라서 국민들은 적극적인 참여자로서의 자아가 형성되어 있으며, 그러한 적극적 참여자들로 형성된 정치 체계가 존재하는 사회이다. 이는 선진 민주주의 사회로서 현대의 바람직한 민주주의 사회상이다.

정치 문화 유형 연구는 어떤 사회가 민주주의를 제대로 구현하기 위해서 우선적으로 필요한 것이 무엇인가 하는 질문에 대한 답을 제시하고 있다. 문화주의자들은 국가를 특정 제도의 장단점에 의해서가 아니라 국가의 구성 요소들이 민주주의라는 보편적인 목적을 위해 얼마나 잘 기능하고 있는가를 기준으로 평가하고 있는 것이다.

① 정치의 발전을 위해서는 국민이 적극적으로 정치에 참여해야 한다.
② 정치 제도보다 정치 제도를 운용하는 운용자의 가치관이 중요하다.
③ 정치 문화의 유형을 구분하는 기준을 투입에서 산출로 바꾸어야 한다.
④ 정부가 정치에 과도하게 개입하는 것은 정치 발전에 도움이 되지 않는다.

01 아버지와 아들의 나이의 합은 나이 차이의 2배이다. 아버지의 나이가 42세일 때, 아들의 나이는?

① 11세

② 12세

③ 13세

④ 14세

02 B사는 직원 휴게실의 앞문과 뒷문에 화분을 각각 1개씩 배치하려고 한다. 가지고 있는 화분을 배치하는 방법이 총 30가지일 때, 전체 화분의 개수는?(단, 화분의 종류는 모두 다르다)

① 6개

② 7개

③ 8개

④ 9개

03 부품공장에서 분당 100개의 나사를 생산하는 A기계와 분당 150개의 나사를 생산하는 B기계가 있다. 두 기계가 총 15,000개의 나사를 동시에 생산하는 데 걸리는 시간은?

① 1시간

② 2시간

③ 3시간

④ 4시간

01 다음 그림과 같이 종이를 접을 때 나올 수 있는 모양으로 적절하지 않은 것은?

①

②

③

④

02 주어진 전개도로 입체도형을 만들 때, 만들어질 수 있는 것은?

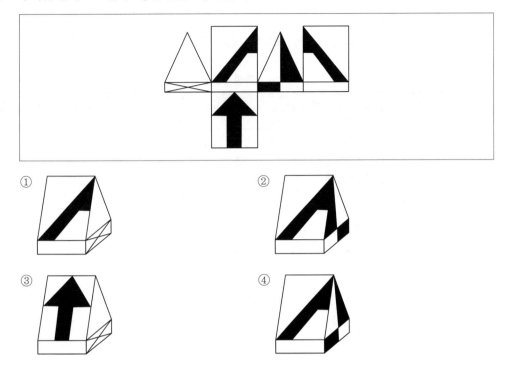

① ② ③ ④

03 다음 그림과 같은 직육면체 모양의 그릇을 기울여 액체를 담았을 때, 액체의 부피는?

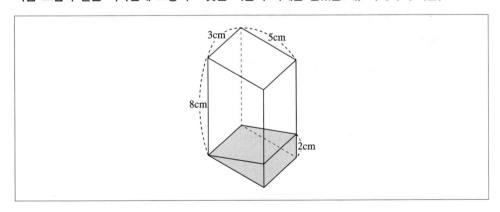

① 15cm³   ② 20cm³

③ 24cm³   ④ 32cm³

01 다음은 출생, 사망 추이를 나타낸 표이다. 표에 대한 해석으로 옳지 않은 것은?

〈출생, 사망 추이〉

구분		2013년	2014년	2015년	2016년	2017년	2018년	2019년
출생아 수(명)		490,543	472,761	435,031	448,153	493,189	465,892	444,849
사망자 수(명)		244,506	244,217	243,883	242,266	244,874	246,113	246,942
기대수명(년)		77.44	78.04	78.63	79.18	79.56	80.08	80.55
수명	남자(년)	73.86	74.51	75.14	75.74	76.13	76.54	76.99
	여자(년)	80.81	81.35	81.89	82.36	82.73	83.29	83.77

① 매년 기대수명은 증가하고 있다.

② 남자와 여자의 수명은 매년 5년 이상의 차이를 보이고 있다.

③ 출생아 수는 2013년 이후 감소하다가 2016 ～ 2017년 증가 이후 다시 감소하고 있다.

④ 매년 출생아 수는 사망자 수보다 20만 명 이상 더 많으므로 매년 총인구는 20만 명 이상씩 증가한다고 볼 수 있다.

02 매주 금요일은 마케팅팀 동아리가 있는 날이다. 동아리 회비를 담당하고 있는 F팀장은 점심시간 후, 회비가 감쪽같이 사라진 것을 발견했다. 점심시간 동안 사무실에 있었던 사람은 A, B, C, D, E 5명이고, 이들 중 2명은 범인, 3명은 범인이 아니다. 범인은 거짓말을 하고, 범인이 아닌 사람은 진실을 말한다고 할 때, 〈조건〉을 토대로 다음 중 옳은 것을 고르면?

조건
- A는 B, D 중 1명이 범인이라고 주장한다.
- B는 C가 범인이라고 주장한다.
- C는 B가 범인이라고 주장한다.
- D는 A가 범인이라고 주장한다.
- E는 A와 B가 범인이 아니라고 주장한다.

① A와 D 중 범인이 있다.

② B가 범인이다.

③ C와 E가 범인이다.

④ D는 범인이 아니다.

03 B고등학교 교직원 A ~ J 10명이 점심식사를 하러 가서 다음 〈조건〉에 따라 6인용 원형 테이블 2개에 각각 4명, 6명씩 나눠 앉았다. 항상 거짓인 것은?

조건

- A와 I는 빈 자리 하나만 사이에 두고 앉아 있다.
- C와 D는 1명을 사이에 두고 앉아 있다.
- F의 양 옆 중 오른쪽 자리만 비어 있다.
- E는 C나 D의 옆자리가 아니다.
- H의 바로 옆에 G가 앉아 있다.
- H는 J와 마주보고 앉아 있다.

---

① A와 B는 같은 테이블이다.
② H와 I는 다른 테이블이다.
③ C와 G는 마주보고 앉아 있다.
④ A의 양 옆은 모두 빈자리이다.

01 | 2023년 기출복원문제

01 ▶ 언어논리력

01	02	03		
②	③	①		

01 정답 ②

'널찍하다'는 발음 시 자음축약(ㄱ+ㅎ=ㅋ) 현상이 발생하여 [널찌카다]로 발음한다.

오답분석

① 고랭지 : '고(高)'를 접두사처럼 쓰이는 한자어로 보지 않고 한 단어로 본다. 따라서 발음도 [고랭지], 즉 '고랭-지'로 분석되기 때문에 '고냉지'가 아닌 [고랭지]로 적는다.
③ 설거지물 : '설거지'와 '물'이 결합한 단어의 표준 발음은 사잇소리 현상이 일어나지 않는 '설거지물'이므로, 사이시옷 없이 [설거지물]로 발음을 표기한다.
④ 휘발유 : 합성어 및 파생어에서, 앞 단어나 접두사의 끝이 자음이고 뒤 단어나 접미사의 첫음절이 '이, 야, 여, 요, 유'인 경우에는, 'ㄴ' 음을 첨가하여 [니, 냐, 녀, 뇨, 뉴]로 발음한다(표준 발음법 제29항). 또한 'ㄹ' 받침 뒤에 첨가되는 'ㄴ' 음은 [ㄹ]로 발음한다. 따라서 '휘발유'에는 'ㄴ' 소리가 덧나며 '휘발유'는 [휘발뉴]의 'ㄴ'이 자음동화하여 발음되므로 [휘발류]로 발음을 표기한다.

02 정답 ③

'전화위복(轉禍爲福)'은 '재앙과 화난이 바뀌어 오히려 복이 된다.'는 의미로, 어떤 불행한 일을 당하더라도 강인한 의지로 끊임없이 노력하고 힘쓰면 불행을 행복으로 바꾸어 놓을 수 있다는 뜻이다.

오답분석

① 복과화생(福過禍生) : '지나친 행복은 도리어 재앙의 원인이 된다.'는 의미로, 좋은 것도 지나치면 나쁜 결과를 낳을 수 있다는 뜻이다.
② 길흉화복(吉凶禍福) : '길함과 흉함, 불길함과 복스러움'의 의미로, 인간 세상에 존재하는 좋은 일과 나쁜 일, 재앙과 복을 모두 모아 이르는 표현이다.
④ 복생어미(福生於微) : '복은 아주 작은 일에서 생긴다.'는 의미이다.

03 정답 ①

제시문은 신뢰의 중요성에 대해 설명하고 있다. 우선 신뢰에 대한 정의가 나오기 전에 신뢰의 사례로 스위스를 제시하고 있는 (나) 문단이 가장 먼저 오는 것이 적절하다. 다음으로 스위스는 우리나라와 비슷한 점이 많다고 제시하는 (마) 문단이 와야 한다. 그리고 (마) 문단의 마지막 문장에서 글의 핵심 주제인 신뢰를 제시하고 있기 때문에 이어서 신뢰의 의미를 설명하는 (다) 문단이 와야 하며, (다) 문단의 프랜시스 후쿠야마가 말한 신뢰가 낮은 나라의 사례인 (라) 문단이 이어지는 것이 적절하다. 그 다음으로 우리나라의 신뢰를 확보할 수 있는 대안을 설명하는 (가) 문단이 오고, 마지막은 (바) 문단으로 신뢰의 중요성을 강조하는 것이 적절하다.

02 ▶ 이해력

01	02	03		
④	①	④		

01 정답 ④

네 번째 문단에서 경쟁 정책의 문제점에 대해 이야기하고 있으나, 구체적인 수치를 언급하고 있지는 않다. 오히려 경쟁으로 인해 소비자가 피해를 보는 구체적인 사례를 통해 경쟁 정책의 문제점을 제시하고 있다.

02 정답 ①

제시문은 유전자 치료를 위해 프로브와 겔 전기영동법을 통해 비정상적인 유전자를 찾아내는 방법을 설명하고 있다. 따라서 글의 주제로 가장 적절한 것은 ①이다.

03 정답 ④

두 번째 문단에서 폴리피롤의 사용이 유력시되는 이유가 우수한 생체 적합성과 안전성, 자유로운 이온 출입에 있음을 확인할 수 있다.

03 ▶ 수리력

01	02	03	04	05
④	①	①	④	②

01

정답 ④

5곳의 배송지에 배달할 때, 첫 배송지와 마지막 배송지 사이에는 4번의 이동이 있다. 이때, 총 80분(=1시간 20분)이 걸렸으므로 1번 이동 시에 평균적으로 20분이 걸린다.

따라서 12곳에 배달을 하려면 11번의 이동을 해야 하므로 20×11=220분=3시간 40분이 걸린다.

02

정답 ①

같은 부서 사람이 옆자리에 함께 앉아야 하므로 먼저 부서를 한 묶음으로 생각하고 세 부서를 원탁에 배치하는 경우는 2!=2가지이다. 각 부서 사람끼리 자리를 바꾸는 경우의 수는 2!×2!×3!=2×2×3×2=24가지가 나온다.

따라서 조건에 맞게 7명이 앉을 수 있는 경우의 수는 2×24=48가지이다.

03

정답 ①

자료는 비율을 나타내기 때문에 실업자의 수는 알 수 없다.

오답분석

② 실업자 비율은 2%p 증가하였다.
③ 경제활동인구 비율은 80%에서 70%로 감소하였다.
④ 취업자 비율은 12%p 감소한 반면, 실업자 비율은 2%p 증가하였기 때문에 취업자 비율의 증감폭이 더 크다.

04

정답 ④

세 지역 모두 핵가족의 가구 비중이 더 높으므로, 핵가족 가구 수가 더 많음을 추론할 수 있다.

오답분석

① 핵가족 가구의 비중이 가장 높은 곳은 71%인 B지역이다.
② 1인 가구는 기타 가구의 일부이므로, 1인 가구만의 비중은 알 수 없다.
③ 확대가족 가구의 비중이 가장 높은 곳은 C지역이지만 가구 수가 제시되어 있지 않으므로 알 수 없다.

05

정답 ②

제시된 그래프에서 선의 기울기가 가파른 구간은 2013～2014년, 2014～2015년, 2017～2018년이다. 2014년, 2015년, 2018년 물이용부담금 총액의 전년 대비 증가폭을 구하면 다음과 같다.

- 2014년 : 6,631-6,166=465억 원
- 2015년 : 7,171-6,631=540억 원
- 2018년 : 8,108-7,563=545억 원

따라서 물이용부담금 총액이 전년 대비 가장 많이 증가한 해는 2018년이다.

오답분석

ㄱ. 제시된 자료를 통해 확인할 수 있다.
ㄷ. 2022년 금강유역 물이용부담금 총액 : 8,661×0.2=1,732.2억 원
∴ 2022년 금강유역에서 사용한 물의 양 : 1,732.2억 원÷160원/m^3≒10.83억m^3
ㄹ. 2022년 물이용부담금 총액의 전년 대비 증가율 :
$\dfrac{8,661-8,377}{8,377}×100≒3.39\%$

01	02	03	04	05
③	②	②	①	④

01

그림을 시계 반대 방향으로 90° 회전하면 이 나오고,

이를 상하 반전하면 이다.

02

03

04

05

도형이 오른쪽의 도형으로 변할 때 ■은 왼쪽으로 한 칸 이동, ᄀ은 제자리에서 시계 방향으로 90° 회전, ■은 시계 방향으로 세 칸 이동을 하며, □은 위쪽으로 두 칸 이동한다. 따라서 ?에 들어갈 도형은 마지막 도형을 기준으로 ■은 왼쪽으로 한 칸, ᄂ은 시계 방향으로 90° 회전, ■은 시계 방향으로 세 칸 이동하여 두 번째 줄 첫 번째 칸에 위치하게 되고, □은 위쪽으로 두 칸 이동하여 세 번째 줄 세 번째 칸에 위치한다.

01	02	03		
②	④	①		

01

만약 민정이가 진실을 말한다면 영재가 거짓, 세희가 진실, 준수가 거짓, 성은이의 '민정이와 영재 중 한 명만 진실만을 말한다.'가 진실이 되면서 모든 조건이 성립한다.
반면, 만약 민정이가 거짓을 말한다면 영재가 진실, 세희가 거짓, 준수가 진실, 성은이의 '민정이와 영재 중 한 명만 진실만을 말한다.'가 거짓이 되면서 모순이 생긴다.
따라서 거짓을 말한 사람은 영재와 준수이다.

02

C사원과 E사원의 근무 연수를 정확히 알 수 없으므로 근무 연수가 높은 순서대로 나열하면 'B－A－C－E－D' 또는 'B－A－E－C－D'가 된다.
따라서 근무 연수가 가장 높은 B사원의 경우 주어진 조건에 따라 최대 근무 연수인 4년 차에 해당한다.

03

주어진 조건에 따라 A~H가 앉을 수 있는 경우는 'A－B－D－E－C－F－H－G'이다. 여기서 D와 E의 자리를 서로 바꿔도 모든 조건이 성립하고, A－G－H와 D－E－C를 통째로 바꿔도 모든 조건이 성립한다.
따라서 8명의 자리 배치 경우의 수는 총 2×2=4가지이다.

01 ▶ 언어논리력

01	02			
④	③			

01
정답 ④

오답분석
① 알차다
② 옴팡지다
③ 앙칼지다

02
정답 ③

글의 맥락상 '뒤섞이어 있음'을 의미하는 '혼재(混在)'가 적절하다. 따라서 '잠재'로 수정하는 것은 적절하지 않다.
· 잠재(潛在) : 겉으로 드러나지 않고 속에 잠겨 있거나 숨어 있음

02 ▶ 이해력

01	02	03		
③	③	③		

01
정답 ③

제시문의 화자인 마틴 루터 킹은 '저에게는 꿈이 있습니다.'를 반복하여 청자들이 인종 차별 없는 사회를 구체적으로 열망할 수 있도록 전달력을 높이고 있다.

오답분석
① 제시문은 청자와 고통을 공감하고, 희망을 전달하기 위한 연설문으로 논쟁을 대비하기 위함이 아니며, 구체적인 사례도 제시하고 있지 않다.
② 제시문에서는 권위를 나타내거나 카리스마적 지위를 내세우고 있지 않다.
④ 제시문의 목적인 인종 차별을 방지하기 위한 구체적 방안을 제시하고 있지는 않다.

02
정답 ③

제시문에서는 청소년기에 맺은 부모와의 긍정적인 관계가 성인기의 원만한 인간관계로 이어져 개인의 삶에 영향을 미침을 설명하고 있다. 따라서 글의 제목으로 ③이 가장 적절하다.

03
정답 ③

이소크라테스는 영원불변하는 보편적 지식의 무용성을 주장했을 뿐, 존재 자체를 부정했다는 내용은 제시문에서 확인할 수 없다.

오답분석
① 플라톤의 이데아론은 삶과 행위의 구체적이고 실제적인 일상이 무시된 채 본질적이고 이념적인 영역을 추구하고 있다는 비판을 받고 있다.
② 물질만능주의는 모든 관계를 돈과 같은 가치에 연관시켜 생각하는 행위로, 탐욕과 사리사욕을 위한 교육에 매진하는 소피스트들과 일맥상통하는 면이 있다.
④ 이소크라테스는 이데아론의 무용성을 주장하면서 동시에 비도덕적이고 지나치게 사리사욕을 위한 소피스트들의 교육을 비판했다.

03 ▶ 수리력

01	02	03		
④	②	②		

01

정답 ④

• 평균 속력으로 날아간 거리 : $860 \times \left\{ 3 + \dfrac{(30-15)}{60} \right\} =$ 2,795km

• 기상 악화 중 날아간 거리 : $(860-40) \times \dfrac{15}{60} = 205$km

따라서 비행기가 3시간 30분 동안 날아간 거리는 2,795 + 205 = 3,000km이다.

02

정답 ②

(좋아하는 색이 다를 확률) = 1 − (좋아하는 색이 같을 확률)

• 두 명 모두 빨간색을 좋아할 확률 : $\dfrac{2}{10} \times \dfrac{1}{9} = \dfrac{2}{90}$

• 두 명 모두 노란색을 좋아할 확률 : $\dfrac{5}{10} \times \dfrac{4}{9} = \dfrac{20}{90}$

• 두 명 모두 하늘색을 좋아할 확률 : $\dfrac{3}{10} \times \dfrac{2}{9} = \dfrac{6}{90}$

따라서 좋아하는 색이 다를 확률은 $1 - \left(\dfrac{2}{90} + \dfrac{20}{90} + \dfrac{6}{90} \right)$

$= 1 - \dfrac{14}{45} = \dfrac{31}{45}$ 이다.

03

정답 ②

80팀을 5팀씩 묶어서 리그전을 진행하면 16개의 리그가 만들어 진다. 한 리그에 속한 5명이 서로 한 번씩 경기를 진행하면 4+3+2+1=10회의 경기가 진행된다. 즉, 리그전으로 진행되는 경기 수는 10×16=160회이다.

다음으로 토너먼트 방식으로 경기를 진행하면 16팀이 경기에 참가하게 된다. 토너먼트 경기 수는 참가 팀이 n팀이라고 하면 $(n-1)$번이므로, 총 16−1=15회이다. 즉, 최종 우승팀이 나올 때까지의 경기 수는 160+16=175회이다.

우승팀의 상금은 175×2,000=350,000원이고, 준우승팀의 상금은 175×1,000=175,000원이다.

따라서 상금은 총 350,000+175,000=525,000원이다.

04 ▶ 공간지각력

01	02	03		
①	④	③		

01

정답 ①

Ⓐ

뒤로 2칸

Ⓑ

왼쪽으로 1칸, 앞으로 1칸

Ⓒ

오른쪽 1칸

02

정답 ④

03

정답 ③

01	02	03	04
②	③	②	③

01

부서별로 배치 가능한 인력들을 정리하면 다음과 같다.

- 총무부의 경우 경영 전공자인 갑, 기 중 인턴 경험이 있는 갑이 배치된다.
- 투자전략부의 경우 재무분석이 가능한 병, 정, 기 중 석사 이상의 학위를 보유한 기가 배치된다.
- 대외협력부의 경우 제2외국어 가능자인 갑, 정 중 총무부로 배치되어야 하는 갑을 제외한 정이 배치된다.
- 품질관리부의 요건에 부합하는 직원은 을뿐이므로 을이 배치된다.
- 나머지 인력인 병, 무 중 인턴 경험이 있는 병은 인사부로 배치되며, 데이터분석이 가능한 무는 기술개발부로 배치된다.

부서명	신입직원
총무부	갑
투자전략부	기
인사부	병
대외협력부	정
품질관리부	을
기술개발부	무

따라서 신입직원과 배치될 부서가 잘못 연결된 것은 ②이다.

02

제시된 명제는 삼단 논법에 의해 '농구 → 키 → 운동'이 성립하며 이의 대우인 '~운동 → ~키 → ~농구'도 항상 참이 된다. 따라서 '운동 → 농구'인 ③은 항상 참이 아니다.

03

A와 B의 진술은 둘이 모두 참이 될 수 없는 상황이므로 이를 경우의 수로 나누어 판단하면 다음과 같다.

ⅰ) A : 참, B : 거짓
둘 중 B만 거짓말을 하고 있는 상황이므로 C는 참이 되어야 모순이 발생하지 않는다. 따라서 이 경우 B는 가해자로, A와 C는 가해자가 아닌 것으로 추정된다.

ⅱ) A : 거짓, B : 참
B가 참을 말하고 있다면 C는 거짓이 되어야 하는데 A와 B 중 한 명만 거짓을 말하고 있다고 가정하고 있으므로 C는 참이 되어야 하는 모순된 상황이 발생한다. 따라서 이 경우는 제외된다.

ⅲ) A : 거짓, B : 거짓
이미 A와 B가 모두 거짓을 말하고 있는 상황이므로 C 역시 거짓이 되어야 모순이 발생하지 않는다. 따라서 이 경우는 A, B, C 모두 가해자로 추정된다.

결국 모순이 발생하지 않는 두 가지 경우 ⅰ)과 ⅲ)을 통해 B는 가해자인 것이 확실하지만 나머지 A와 C는 가해자의 여부를 확정지을 수 없는 상황임을 알 수 있다.

04

A~D 네 명의 진술을 정리하면 다음과 같다.

구분	진술 1
A	C는 B를 이길 수 있는 것을 냈다.
B	A는 C와 같은 것을 냈다.
C	B는 바위를 냈다.
D	A, B, C 모두 참 또는 거짓을 말한 순서가 동일하다.

구분	진술 2
A	B는 가위를 냈다.
B	A가 편 손가락의 수는 B보다 적다.
C	A~D는 같은 것을 내지 않았다.
D	이 판은 승자가 나온 판이었다.

먼저 A~D는 반드시 가위, 바위, 보 세 가지 중 하나를 내야 하므로 그 누구도 같은 것을 내지 않았다는 C의 진술 2는 거짓이 된다. 따라서 C의 진술 중 진술 1이 참이 되므로 B가 바위를 냈다는 것을 알 수 있다.

이때, B가 가위를 냈다는 A의 진술 2는 참인 C의 진술 1과 모순되므로 A의 진술 중 진술 2가 거짓이 된다. 결국 A의 진술 1이 참이 되므로 C는 바위를 낸 B를 이길 수 있는 보를 냈다는 것을 알 수 있다.

한편, 바위를 낸 B는 손가락을 펴지 않으므로 A가 편 손가락의 수가 자신보다 적었다는 B의 진술 2는 거짓이 된다. 따라서 B의 진술 중 진술 1이 참이 되므로 A는 C와 같은 보를 냈다는 것을 알 수 있다. 이를 바탕으로 A~C의 진술에 대한 참, 거짓 여부와 가위바위보를 정리하면 다음과 같다.

구분	진술 1	진술 2	가위바위보
A	참	거짓	보
B	참	거짓	바위
C	참	거짓	보

참 또는 거짓에 대한 A~C의 진술 순서가 동일하므로 D의 진술 1은 참이 되고, 진술 2는 거짓이 되어야 한다. 이때, 승자가 나오지 않으려면 D는 반드시 A~C와 다른 것을 내야 하므로 가위를 낸 것을 알 수 있다.

오답분석

① B와 같은 것을 낸 사람은 없다.
② 보를 낸 사람은 두 명이다.
④ B가 기권했다면 가위를 낸 D가 이기게 된다.

03 | 2021년 기출복원문제

01 ▶ 언어논리력

01	02			
④	③			

01

정답 ④

여름 내 → 여름내

'여름내'는 '여름 한 철 동안 내내'라는 뜻의 부사이므로, 붙여 쓴다.

02

정답 ③

'소한'은 작은 추위라는 뜻으로, 본격적인 추위가 시작되는 절기이다.

오답분석

① 처서 : 더위가 식고 일교차가 커지면서 식물들이 성장을 멈추고 겨울 준비를 하는 절기
② 소만 : 조금씩 차기 시작한다는 뜻으로, 곡식이나 과일의 열매가 생장하여 가득 차기 시작하는 절기
④ 입동 : 겨울의 문턱에 들어섰다는 뜻으로, 겨울의 시작을 알리는 절기

02 ▶ 이해력

01	02	03		
③	③	①		

01

정답 ③

'최고의 진리는 언어 이전, 혹은 언어 이후의 무언(無言)의 진리이다.', '동양 사상의 정수(精髓)는 말로써 말이 필요 없는 경지'라는 문장을 보았을 때 '동양 사상은 언어적 지식을 초월하는 진리를 추구한다.'가 제시문의 주제로 가장 적절하다.

02

정답 ③

두 번째 문단에 따르면 농업경제의 역사에서 정원이 갖는 의미는 시대와 지역에 따라 매우 달랐으나, 여성들의 입장은 지역적인 편차가 없었으므로 ③은 적절하지 않다.

03

정답 ①

제시문에 언급되지 않은 내용이다.

오답분석

② 두 번째 문단에서 확인할 수 있다.
③ 첫 번째 문단에서 '위기(爲己)란 자아가 성숙하는 것을 추구하며'라고 하였다.
④ 첫 번째 문단에서 '공자는 공부하는 사람의 관심이 어디에 있느냐를 가지고 학자를 두 부류로 구분했다.'라고 하였다.

03 ▶ 수리력

01	02	03	04	
④	④	④	③	

01

정답 ④

아버지의 나이를 x세, 형의 나이를 y세라고 하자.
동생의 나이는 $(y-2)$세이므로 $y+(y-2)=40 \rightarrow y=21$
어머니의 나이는 $(x-4)$세이므로 $x+(x-4)=6\times21 \rightarrow 2x$
$=130 \rightarrow x=65$
따라서 아버지의 나이는 65세이다.

02

정답 ④

11%의 오렌지 주스의 양을 xg이라고 하자.
$$\frac{5}{100}\times(400-x)+\frac{11}{100}\times x=\frac{8}{100}\times400$$
$$\rightarrow 2,000-5x+11x=3,200$$
$$\therefore x=200$$
따라서 농도 11%의 오렌지 주스는 200g을 섞어야 한다.

03

정답 ④

• 1학기의 기간 : $15\times7=105$일
• 연체료가 부과되는 기간 : $105-10=95$일
• 연체료가 부과되는 시점에서부터 한 달 동안의 연체료 : $30\times100=3,000$원
• 두 번째 달 동안의 연체료 : $30\times(100\times2)=6,000$원
• 세 번째 달 동안의 연체료 : $30\times(100\times2\times2)=12,000$원
• 95일(3개월 5일) 연체료 : $3,000+6,000+12,000+\{5\times(100\times2\times2\times2)\}=25,000$원
따라서 1학기 동안 대학 서적을 도서관에서 빌려 사용하는 데 25,000원의 비용이 든다.

04

정답 ③

그림을 통해 최단 경로를 나타내면 다음과 같다.

04 ▶ 공간지각력

01	02	03		
②	③	①		

01

정답 ②

02

정답 ③

03

정답 ①

그림을 시계 방향으로 270° 회전하면 이 나오고,

이를 시계 반대 방향으로 90° 회전하면 이 된다.

05 ▶ 문제해결력

01	02	03	04	
③	③	③	②	

01

정답 ③

1행과 2행에 빈자리가 한 곳씩 있고 a자동차는 대각선을 제외하고 주변에 주차된 차가 없다고 하였으므로 a자동차는 1열이나 3열에 주차되어 있다. b자동차와 c자동차는 바로 옆에 주차되어 있다고 하였으므로 같은 행에 주차되어 있다. 또한 1행과 2행에 빈자리가 한 곳씩 있다고 하였으므로 b자동차와 c자동차가 주차된 행에는 a자동차와 d자동차가 주차되어 있을 수 없다. 따라서 a자동차와 d자동차는 같은 행에 주차되어 있다. 이를 정리하면 다음과 같다.

• 경우 1

a		d
	b	c

• 경우 2

a		d
	c	b

• 경우 3

d		a
b	c	

• 경우 4

d		a
c	b	

따라서 a자동차가 항상 2열에 주차되어 있다는 것은 거짓이다.

오답분석

① 경우 1, 4에서는 b자동차의 앞 주차공간이 비어있지만, 경우 2, 3에서는 b자동차의 앞 주차공간에 d자동차가 주차되어 있으므로 항상 거짓은 아니다.
② 경우 1, 4에서는 c자동차의 옆 주차공간에 빈자리가 없지만, 경우 2, 3에서는 c자동차의 옆 주차공간에 빈자리가 있으므로 항상 거짓은 아니다.
④ 모든 경우에서 a자동차와 d자동차는 1행에 주차되어 있으므로 항상 참이다.

02

정답 ③

세 조건 중 적어도 하나는 옳고, 하나는 틀린다는 전제하에 문제를 푼다.
• 첫 번째 조건이 틀렸을 경우
  강아지는 검정색이므로 두 번째 조건과 세 번째 조건도 모두 틀린 경우가 된다.
• 두 번째 조건이 틀렸을 경우
  강아지는 검정색이므로 첫 번째 조건과 세 번째 조건도 모두 틀린 경우가 된다.
• 세 번째 조건이 틀렸을 경우
  강아지는 검정색이거나 노란색이다. 첫 번째 조건에서 검정색이 아니라고 했으므로 강아지는 노란색이다.

03

정답 ③

A사와 B사의 전체 직원 수를 알 수 없으므로, 자료에 주어진 비율만으로는 판단할 수 없다.

오답분석

① 여직원 대비 남직원 비율은 여직원 비율이 높을수록, 남직원 비율이 낮을수록 값이 작아진다. 따라서 여직원 비율이 가장 높으면서, 남직원 비율이 가장 낮은 D사가 비율이 가장 낮고, 남직원 비율이 여직원 비율보다 높은 A사의 비율이 가장 높다.
② B, C, D사 각각 남직원보다 여직원의 비율이 높으므로 B, C, D사 각각에서 남직원 수보다 여직원 수가 많다. 따라서 B, C, D사의 여직원 수의 합은 남직원 수의 합보다 크다.
④ A사의 전체 직원 수를 a명, B사의 전체 직원 수를 b명이라 하면, A사의 남직원 수는 $0.6a$명, B사의 남직원 수는 $0.4b$명이다.

$$\frac{0.6a+0.4b}{a+b}\times100=55 \rightarrow 60a+40b=55(a+b)$$

$$\therefore a=3b$$

따라서 A사의 전체 직원 수는 B사 전체 직원 수의 3배이다.

04

정답 ②

서울, 베이징, 도쿄 모두 해당 기간 동안 지속적으로 인구가 증가하고 있다.

오답분석

① 2010년을 기점으로 서울과 베이징의 인구 순위가 뒤바뀐다.
③ 1990년 대비 2000년의 서울의 인구 증가율은 $\frac{120-80}{80}\times100=50\%$이다.
④ 2000년 대비 2010년의 인구 증가폭은 서울이 25십만 명, 베이징이 78십만 명, 도쿄가 26십만 명으로 베이징이 가장 높다.

01 ▶ 언어논리력

01	02			
②	④			

01
정답 ②

'봬요'는 '뵈어요'의 준말로 올바른 표현이다.

오답분석
① '웃어른을 만나러 가서 보다'를 의미하는 '찾아뵈다'의 활용형이므로 '찾아뵐'로 표기한다.
③ '뵈다'의 어간 '뵈-'에 동사의 과거 관형사형 어미 '-ㄴ'이 결합된 말은 '뵌'이 올바른 표현이다. '봰'는 '뵈어'를 줄여 쓴 말이므로 어미 '-ㄴ' 앞에 올 수 없다.
④ '뵙다'의 활용형인 '뵙겠습니다'가 올바른 표현이다.

02
정답 ④

제시문은 공포증을 정의한 뒤 공포증은 모든 사람에게 생기는 것이 아니며, 왜 공포증이 생기는 것인지에 대한 심리학자 와이너의 설명이 담긴 글이다.
따라서 (라) 공포증의 정의 – (나) 공포증이 생기는 대상 – (가) 공포증이 생기는 이유를 밝힌 와이너 – (다) 와이너가 밝힌 공포증이 생기는 이유 순으로 나열하는 것이 적절하다.

02 ▶ 이해력

01	02			
①	①			

01
정답 ①

세 번째 문단에 따르면, 외부 후드는 열 교환 환기 장치의 구성 요소로 실내외 공기를 교환하는 역할을 한다.

02
정답 ①

마지막 문단에서 정치 문화 유형 연구는 어떤 사회의 민주주의 구현에 필요한 것이 무엇인가에 대한 답을 제시하고 있다고 하였다.
제시문은 국민의 정치 참여 정도를 주요 변인으로 하여 정치 문화 유형에 대한 변화를 기술하고 있으므로, 궁극적으로 국민의 적극적인 정치 참여가 필요함을 말하고 있다고 할 수 있다.

03 ▶ 수리력

01	02	03		
④	①	①		

01

정답 ④

아들의 나이를 x세라고 하자.

$42+x=2(42-x)$

$\therefore x=14$

따라서 아들의 나이는 14세이다.

02

정답 ①

가지고 있는 화분의 개수를 n개라고 하자.

화분을 앞문과 뒷문에 각각 1개씩 배치한다고 하였으므로 배치하는 경우의 수는 $_nP_2=30$이다.

$_nP_2=n\times(n-1)=30$

$\rightarrow (n+5)(n-6)=0$

$\therefore n=6$

따라서 전체 화분의 개수는 6개이다.

03

정답 ①

각 기계의 생산량을 보면 A기계는 100개/분이고, B기계는 150개/분이다.

총 나사 수 15,000=(100개/분)×(걸린 시간)+(150개/분)×(걸린 시간)이다.

따라서 총 15,000개의 나사를 두 기계가 동시에 생산하는 데 걸리는 시간은 1시간이다.

04 ▶ 공간지각력

01	02	03		
①	④	①		

01

정답 ①

오답분석

③·④ 앞으로 접었을 때 나오는 모양이다.

② 뒤로 접었을 때 나오는 모양이다.

02

정답 ④

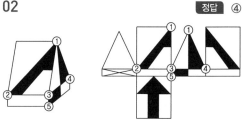

03

정답 ①

(각기둥의 부피)=(밑면적의 넓이)×(높이)이고, 현재 액체는 삼각기둥 모양이다.

따라서 액체의 부피는 $\left(\dfrac{1}{2}\times2\times5\right)\times3=15\text{cm}^3$이다.

05 ▶ 문제해결력

01	02	03		
④	①	①		

01

정답 ④

2015년과 2019년에는 출생아 수와 사망자 수의 차이가 20만 명이 되지 않는다.

02

정답 ①

D와 E의 주장이 서로 상반되므로 둘 중에 한 명은 거짓을 말하고 있는 범인인 것을 알 수 있다.

• D가 범인인 경우
  D가 거짓을 말하고 있으므로 A는 범인이 아니다. A가 범인이 아니며, E는 진실을 말하고 있으므로 B 또한 범인이 아니다. 따라서 B가 범인이라고 주장한 C가 범인이고, 나머지는 진실만을 말하므로 범인이 아니다.

• E가 범인인 경우
  E가 거짓을 말하고 있으므로 A와 B는 범인이다. 즉, 범인은 모두 3명이 되어 모순이 발생된다. 따라서 C와 D가 범인이므로 정답은 ①이다.

03

정답 ①

6명이 앉은 테이블은 빈 자리가 없고, 4명이 앉은 테이블에만 빈 자리가 있으므로 첫 번째, 세 번째 조건에 따라 A, I, F는 4명이 앉은 테이블에 앉아 있음을 알 수 있다. 4명이 앉은 테이블에서 남은 자리는 1개뿐이므로, 두 번째, 다섯 번째, 여섯 번째 조건에 따라 C, D, G, H, J는 6명이 앉은 테이블에 앉아야 한다. 마주보고 앉는 H와 J를 6명이 앉은 테이블에 먼저 배치하면 G는 H의 왼쪽 또는 오른쪽 자리에 앉으므로 C와 D는 J를 사이에 두고 앉아야 한다. 이때 네 번째 조건에 따라 어떤 경우에도 E는 6명이 앉은 테이블에 앉을 수 없으므로, 4명이 앉은 테이블에 앉아야 한다.

그러므로 4명이 앉은 테이블에는 A, E, F, I가, 6명이 앉은 테이블에는 B, C, D, G, H, J가 앉는다.

이를 정리하면 다음과 같다.

• 4명이 앉은 테이블
  A와 I 사이에 빈 자리가 하나 있고, F는 양 옆 중 오른쪽 자리만 비어 있다. 따라서 다음과 같이 4가지 경우의 수가 발생한다.

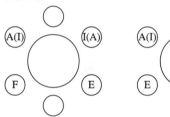

• 6명이 앉은 테이블
  H와 J가 마주본 상태에서 G가 H의 왼쪽 또는 오른쪽 자리에 앉고, C와 D는 J를 사이에 두고 앉는다. 따라서 다음과 같이 4가지 경우의 수가 발생한다.

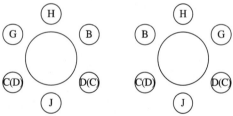

따라서 어떤 경우에도 A와 B는 다른 테이블이므로, ①은 항상 거짓이다.

합 격 의
공 식
SD에듀

S D E D U

교육은 우리 자신의 무지를 점차 발견해 가는 과정이다.

- 윌 듀란트 -

PART

1

인성검사

01 | 인성검사 소개

개인이 업무를 수행하면서 능률적인 성과물을 만들기 위해서는 개인의 능력과 경험 그리고 회사에서의 교육 및 훈련 등이 필요하지만, 개인의 성격이나 성향 역시 중요하다. 여러 직무분석 연구에서 나온 결과들에 따르면, 직무에서의 성공과 관련된 특성들 중 최고 70% 이상이 능력보다는 성격과 관련이 있다고 한다. 따라서 최근 공공기관뿐만 아니라 대부분의 기업들은 인성검사의 비중을 높이고 있는 추세이다.

01 ▶ 인성검사의 개요

1. 인성검사의 의의

인성검사는 1943년 미국 미네소타 대학교의 임상심리학자 Hathaway 박사와 정신과 의사 Mckinley 박사가 제작한 MMPI(Minnesota Multiphasic Personality Inventory)를 원형으로 한 다면적 인성검사를 말한다.

다면적이라 불리는 것은 여러 가지 정신적인 증상들을 동시에 측정할 수 있도록 고안되어 있기 때문이다. 풀이하자면, 개인이 가지고 있는 다면적인 성격을 많은 문항수의 질문을 통해 수치로 나타내는 것이다. 그렇다면 성격이란 무엇인가?

성격은 일반적으로 개인 내부에 있는 특징적인 행동과 생각을 결정해 주는 정신적·신체적 체제의 역동적 조직이라고 말할 수 있으며, 환경에 적응하게 하는 개인적인 여러 가지 특징과 행동양식의 잣대라고 정의할 수 있다.

다시 말하면, 성격이란 한 개인이 환경적 변화에 적응하는 특징적인 행동 및 사고유형이라고 할 수 있으며, 인성검사란 그 개인의 행동 및 사고유형을 서면을 통해 수치적·언어적으로 기술하거나 예언해 주는 도구라 할 수 있다.

신규 채용 또는 평가에 활용하는 인성검사로 MMPI 원형을 그대로 사용하는 기업도 있지만, 대부분의 기업에서는 MMPI 원형을 기준으로 연구, 조사, 정보수집, 개정 등의 과정을 통해서 자체 개발한 유형을 사용하고 있다.

인성검사의 구성은 여러 가지 하위 척도로 구성되어 있는데, MMPI 다면적 인성검사의 척도를 살펴보면 기본 척도가 8개 문항으로 구성되어 있고, 2개의 임상 척도와 4개의 타당성 척도를 포함, 총 14개 척도로 구성되어 있다.

캘리포니아 심리검사(CPI; California Psychological Inventory)의 경우는 48개 문항, 18개의 척도로 구성되어 있다.

2. 인성검사의 해석단계

해석단계는 첫 번째, 각 타당성 및 임상 척도에 대한 피검사자의 점수를 검토하는 방법으로 각 척도마다 피검사자의 점수가 정해진 범위에 속하는지 여부를 검토하게 된다.

두 번째, 척도별 연관성에 대한 분석으로 각 척도에서의 점수 범위가 의미하는 것과 그것들이 나타낼 가설들을 종합하고, 어느 특정 척도의 점수를 근거로 하여 다른 척도들에 대한 예측을 시도하게 된다.

세 번째, 척도 간의 응집 또는 분산을 찾아보고 그에 따른 해석적 가설을 형성하는 과정으로 두 개 척도 간의 관계만을 가지고 해석하게 된다.

네 번째, 매우 낮은 임상 척도에 대한 검토로서, 일부 척도에서 낮은 점수가 특별히 의미 있는 경우가 있기 때문에 신중히 다뤄지게 된다.

다섯 번째, 타당성 및 임상 척도에 대한 형태적 분석으로서, 타당성 척도들과 임상 척도들 전체의 형태적 분석이다. 주로 척도들의 상승도와 기울기 및 굴곡을 해석해서 피검사자에 대한 종합적이고 총체적인 추론적 해석을 하게 된다.

---

02 ▶ 척도구성

1. MMPI 척도구성

(1) 타당성 척도

타당성 척도는 피검사자가 검사에 올바른 태도를 보였는지, 또 피검사자가 응답한 검사 문항들의 결론이 신뢰할 수 있는 결론인가를 알아보는 라이스케일(허위척도)이라 할 수 있다. 타당성 4개 척도는 잘못된 검사 태도를 탐지하게 할 뿐만 아니라, 임상 척도와 더불어 검사 이외의 행동에 대하여 유추할 수 있는 자료를 제공해 줌으로써, 의미있는 인성요인을 밝혀주기도 한다.

〈타당성 4개 척도구성〉

무응답 척도 (?)	무응답 척도는 피검사자가 응답하지 않은 문항과 '그렇다'와 '아니다'에 모두 답한 문항들의 총합이다. 척도점수의 크기는 다른 척도점수에 영향을 미치게 되므로, 빠뜨린 문항의 수를 최소로 줄이는 것이 중요하다.
허구 척도 (L)	L 척도는 피검사자가 자신을 좋은 인상으로 나타내 보이기 위해 하는 고의적이고 부정직하며 세련되지 못한 시도를 측정하는 허구 척도이다. L 척도의 문항들은 정직하지 못하거나 결점들을 고의적으로 감춰 자신을 좋게 보이려는 사람들의 장점마저도 부인하게 된다.
신뢰성 척도 (F)	F 척도는 검사 문항에 빗나간 방식의 답변을 응답하는 경향을 평가하기 위한 척도로 정상적인 집단의 10% 이하가 응답한 내용을 기준으로 일반 대중의 생각이나 경험과 다른 정도를 측정한다.
교정 척도 (K)	K 척도는 분명한 정신적인 장애를 지니면서도 정상적인 프로파일을 보이는 사람들을 식별하기 위한 것이다. K 척도는 L 척도와 유사하게 거짓 답안을 확인하지만 L 척도보다 더 미세하고 효과적으로 측정한다.

(2) 임상 척도

임상 척도는 검사의 주된 내용으로써 비정상 행동의 종류를 측정하는 10가지 척도로 되어 있다. 임상 척도의 수치는 높은 것이 좋다고 해석하는 경우도 있지만, 개별 척도별로 해석을 참고하는 경우가 대부분이다.

건강염려증(Hs) Hypochondriasis	개인이 말하는 신체적 증상과 이러한 증상들이 다른 사람을 조정하는 데 사용되고 있지는 않은지 여부를 측정하는 척도로서, 측정 내용은 신체의 기능에 대한 과도한 집착 및 이와 관련된 질환이나 비정상적인 상태에 대한 불안감 등이다.
우울증(D) Depression	개인의 비관 및 슬픔의 정도를 나타내는 기분상태의 척도로서, 자신에 대한 태도와 타인과의 관계에 대한 태도, 절망감, 희망의 상실, 무력감 등을 원인으로 나타나는 활동에 대한 흥미의 결여, 불면증과 같은 신체적 증상 및 과도한 민감성 등을 표현한다.
히스테리(Hy) Hysteria	현실에 직면한 어려움이나 갈등을 회피하는 방법인 부인기제를 사용하는 경향 정도를 진단하려는 것으로서 특정한 신체적 증상을 나타내는 문항들과 아무런 심리적·정서적 장애도 가지고 있지 않다고 주장하는 것을 나타내는 문항들의 두 가지 다른 유형으로 구성되어 있다.
반사회성(Pd) Psychopathic Deviate	가정이나 일반사회에 대한 불만, 자신 및 사회와의 격리, 권태 등을 주로 측정하는 것으로서 반사회적 성격, 비도덕적인 성격 경향 정도를 알아보기 위한 척도이다.
남성-여성특성(Mf) Masculinity-Femininity	직업에 관한 관심, 취미, 종교적 취향, 능동·수동성, 대인 감수성 등의 내용을 담고 있으며, 흥미 형태의 남성 특성과 여성 특성을 측정하고 진단하는 검사이다.
편집증(Pa) Paranoia	편집증을 평가하기 위한 것으로서 정신병적인 행동과 과대의심, 관계망상, 피해망상, 과대망상, 과민함, 비사교적 행동, 타인에 대한 불만감 같은 내용의 문항들로 구성되어 있다.
강박증(Pt) Psychasthenia	병적인 공포, 불안감, 과대근심, 강박관념, 자기 비판적 행동, 집중력 곤란, 죄책감 등을 검사하는 내용으로 구성되어 있으며, 주로 오랫동안 지속된 만성적인 불안을 측정한다.
정신분열증(Sc) Schizophrenia	정신적 혼란을 측정하는 척도로서 가장 많은 문항에 내포하고 있다. 이 척도는 별난 사고방식이나 행동양식을 지닌 사람을 판별하는 것으로서 사회적 고립, 가족관계의 문제, 성적 관심, 충동억제불능, 두려움, 불만족 등의 내용으로 구성되어 있다.
경조증(Ma) Hypomania	정신적 에너지를 측정하는 것으로서, 사고의 다양성과 과장성, 행동 영역의 불안정성, 흥분성, 민감성 등을 나타낸다. 이 척도가 높으면 무엇인가를 하지 않고는 못 견디는 정력적인 사람이다.
내향성(Si) Social Introversion	피검사자의 내향성과 외향성을 측정하기 위한 척도로서, 개인의 사회적 접촉 회피, 대인관계의 기피, 비사회성 등의 인성요인을 측정한다. 이 척도의 내향성과 외향성은 어느 하나가 좋고 나쁨을 나타내는 것이 아니라, 피검사자가 어떤 성향의 사람인가를 알아내는 것이다.

2. CPI 척도구성

〈18 척도〉

지배성 척도 (Do)	강력하고 지배적이며, 리더십이 강하고 대인관계에서 주도권을 잡는 지배적인 사람을 변별하고자 하는 척도이다.
지위능력 척도 (Cs)	현재의 개인 자신의 지위를 측정하는 것이 아니라, 개인의 내부에 잠재되어 있어 어떤 지위에 도달하게끔 하는 자기 확신, 야심, 자신감 등을 평가하기 위한 척도이다.
사교성 척도 (Sy)	사교적이고 활달하며 참여 기질이 좋은 사람과, 사회적으로 자신을 나타내기 싫어하고 참여 기질이 좋지 않은 사람을 변별하고자 하는 척도이다.
사회적 태도 척도 (Sp)	사회생활에서의 안정감, 활력, 자발성, 자신감 등을 평가하기 위한 척도로서, 사교성과 밀접한 관계가 있다. 고득점자는 타인 앞에 나서기를 좋아하고, 타인의 방어기제를 공격하여 즐거움을 얻고자 하는 성격을 가지고 있다.
자기수용 척도 (Sa)	자신에 대한 믿음, 자신의 생각을 수용하는 자기확신을 가지고 있는 사람을 변별하기 위한 척도이다.
행복감 척도 (Wb)	근본 목적은 행복감을 느끼는 사람과 그렇지 않은 사람을 변별해 내는 척도 검사이지만, 긍정적인 성격으로 가장하기 위해서 반응한 사람을 변별해 내는 타당성 척도로서의 목적도 가지고 있다.
책임감 척도 (Re)	법과 질서에 대해서 철저하고 양심적이며 책임감이 강해 신뢰할 수 있는 사람과 인생은 이성에 의해서 지배되어야 한다고 믿는 사람을 변별하기 위한 척도이다.
사회성 척도 (So)	사회생활에서 이탈된 행동이나 범죄의 가능성이 있는 사람을 변별하기 위한 척도로서 범죄자 유형의 사람은 정상인보다 매우 낮은 점수를 나타낸다.
자기통제 척도 (Sc)	자기통제의 유무, 충동, 자기중심에서 벗어날 수 있는 통제의 적절성, 규율과 규칙에 동의하는 정도를 측정하는 척도로서, 점수가 높은 사람은 지나치게 자신을 통제하려 하며, 낮은 사람은 자기통제가 잘 안되므로 충동적이 된다.
관용성 척도 (To)	침묵을 지키고 어떤 사실에 대하여 성급하게 판단하기를 삼가고 다양한 관점을 수용하려는 사회적 신념과 태도를 재려는 척도이다.
좋은 인상 척도 (Gi)	타인이 자신에 대해 어떻게 반응하는가, 타인에게 좋은 인상을 주었는가에 흥미를 느끼는 사람을 변별하고, 자신을 긍정적으로 보이기 위해 솔직하지 못한 반응을 하는 사람을 찾아내기 위한 타당성 척도이다.
추종성 척도 (Cm)	사회에 대한 보수적인 태도와 생각을 측정하는 척도검사이다. 아무렇게나 적당히 반응한 피검사자를 찾아내는 타당성 척도로서의 목적도 있다.
순응을 위한 성취 척도 (Ac)	강한 성취욕구를 측정하기 위한 척도로서 학업성취에 관련된 동기요인과 성격요인을 측정하기 위해서 만들어졌다.
독립성을 통한 성취 척도 (Ai)	독립적인 사고, 창조력, 자기실현을 위한 성취능력의 정도를 측정하는 척도이다.
지적 능률 척도 (Ie)	지적 능률성을 측정하기 위한 척도이며, 지능과 의미 있는 상관관계를 가지고 있는 성격특성을 나타내는 항목을 제공한다.
심리적 예민성 척도 (Py)	동기, 내적 욕구, 타인의 경험에 공명하고 흥미를 느끼는 정도를 재는 척도이다.
유연성 척도 (Fx)	개인의 사고와 사회적 행동에 대한 유연성, 순응성 정도를 나타내는 척도이다.
여향성 척도 (Fe)	흥미의 남향성과 여향성을 측정하기 위한 척도이다.

03 ▶ 인성검사 수검요령

인성검사는 특별한 수검요령이 없다. 다시 말하면 모범답안이 없고, 정답이 없다는 이야기이다. 국어 문제처럼 말의 뜻을 풀이하는 것도 아니다. 굳이 수검요령을 말하자면, 진실하고 솔직한 내 생각을 답하는 것이라고 할 수 있다.

인성검사에서 가장 중요한 것은 첫째, 솔직한 답변이다. 지금까지 경험을 통해서 축적된 내 생각과 행동을 거짓 없이 솔직하게 기재하는 것이다. 예를 들어, "나는 타인의 물건을 훔치고 싶은 충동을 느껴 본 적이 있다."라는 질문에 피검사자들은 많은 생각을 하게 된다. 생각해 보라. 유년기에 또는 성인이 되어서도 타인의 물건을 훔치는 일을 저지른 적은 없더라도, 훔치고 싶은 충동은 누구나 조금이라도 다 느껴보았을 것이다. 그런데 간혹 이 질문에 고민을 하는 사람이 있다. 과연 이 질문에 "예"라고 대답하면 담당 검사관들이 나를 사회적으로 문제가 있는 사람으로 여기지는 않을까 하는 생각에 "아니요"라는 답을 기재하게 된다. 이런 솔직하지 않은 답변이 답변의 신뢰와 솔직함을 나타내는 타당성 척도에 좋지 않은 점수를 주게 된다. 둘째, 일관성 있는 답변이다. 인성검사의 수많은 질문 중에는 비슷한 내용의 물음이 여러 개 숨어 있는 경우가 많이 있다. 그 질문들은 피검사자의 '솔직한 답변'과 '심리적인 상태'를 알아보기 위해 반복적으로 나오는 것이다. 가령 "나는 유년 시절 타인의 물건을 훔친 적이 있다."라는 질문에 "예"라고 대답했는데, "나는 유년 시절 타인의 물건을 훔쳐보고 싶은 충동을 느껴본 적이 있다."라는 질문에는 "아니요"라는 답을 기재한다면 어떻겠는가. 일관성 없이 '대충 기재하자'라는 식의 심리적 무성의성 답변이 되거나, 정신적으로 문제가 있는 사람으로 보일 수 있다.

인성검사는 많은 문항을 풀어야 하기 때문에 피검사자들은 지루함과 따분함을 느낄 수 있고 반복된 내용의 질문 때문에 인내심이 바닥날 수도 있다. 그럴수록 인내를 가지고 솔직하게 내 생각을 대답하는 것이 무엇보다 중요한 요령이 될 것이다.

04 ▶ 인성검사 시 유의사항

(1) 충분한 휴식으로 불안을 없애고 정서적인 안정을 취한다. 심신이 안정되어야 자신의 마음을 표현할 수 있다.

(2) 생각나는 대로 솔직하게 응답한다. 자신을 너무 과대포장하지도, 너무 비하시키지도 마라. 답변을 꾸며서 하면 앞뒤가 맞지 않게끔 구성돼 있어 불리한 평가를 받게 되므로 솔직하게 답하도록 한다.

(3) 검사 문항에 대해 지나치게 생각해서는 안 된다. 지나치게 몰두하면 엉뚱한 답변이 나올 수 있으므로 불필요한 생각은 삼간다.

(4) 인성검사는 대개 문항 수가 많기에 자칫 건너뛰는 경우가 있는데, 가능한 한 모든 문항에 답해야 한다. 응답하지 않은 문항이 많을 경우 평가자가 정확한 평가를 내리지 못해 불리한 평가를 내릴 수 있기 때문이다.

05 ▶ 인성검사 유형

유형 1

※ 다음 질문내용을 읽고 본인에 해당하는 응답의 '예', '아니요'에 ○표 하시오. [1~30]

번호	질문	응답	
1	조심스러운 성격이라고 생각한다.	예	아니요
2	사물을 신중하게 생각하는 편이라고 생각한다.	예	아니요
3	동작이 기민한 편이다.	예	아니요
4	포기하지 않고 노력하는 것이 중요하다.	예	아니요
5	일주일의 예정을 만드는 것을 좋아한다.	예	아니요
6	노력의 여하보다 결과가 중요하다.	예	아니요
7	자기주장이 강하다.	예	아니요
8	장래의 일을 생각하면 불안해질 때가 있다.	예	아니요
9	소외감을 느낄 때가 있다.	예	아니요
10	훌쩍 여행을 떠나고 싶을 때가 자주 있다.	예	아니요
11	대인관계가 귀찮다고 느낄 때가 있다.	예	아니요
12	자신의 권리를 주장하는 편이다.	예	아니요
13	낙천가라고 생각한다.	예	아니요
14	싸움을 한 적이 없다.	예	아니요
15	자신의 의견을 상대에게 잘 주장하지 못한다.	예	아니요
16	좀처럼 결단하지 못하는 경우가 있다.	예	아니요
17	하나의 취미를 오래 지속하는 편이다.	예	아니요
18	한 번 시작한 일은 끝을 맺는다.	예	아니요
19	행동으로 옮기기까지 시간이 걸린다.	예	아니요
20	다른 사람들이 하지 못하는 일을 하고 싶다.	예	아니요
21	해야 할 일은 신속하게 처리한다.	예	아니요
22	병이 아닌지 걱정이 들 때가 있다.	예	아니요
23	다른 사람의 충고를 기분 좋게 듣는 편이다.	예	아니요
24	다른 사람에게 의존적이 될 때가 많다.	예	아니요
25	타인에게 간섭받는 것은 싫다.	예	아니요
26	의식 과잉이라는 생각이 들 때가 있다.	예	아니요
27	수다를 좋아한다.	예	아니요
28	잘못된 일을 한 적이 한 번도 없다.	예	아니요
29	모르는 사람과 이야기하는 것은 용기가 필요하다.	예	아니요
30	끙끙거리며 생각할 때가 있다.	예	아니요

※ 다음 질문내용을 읽고 A, B 중 해당되는 곳에 ○표 하시오. [1~15]

번호	질문	응답	
1	A 사람들 앞에서 잘 이야기하지 못한다.	A	B
	B 사람들 앞에서 이야기하는 것을 좋아한다.		
2	A 엉뚱한 생각을 잘한다.	A	B
	B 비현실적인 것을 싫어한다.		
3	A 친절한 사람이라는 말을 듣고 싶다.	A	B
	B 냉정한 사람이라는 말을 듣고 싶다.		
4	A 예정에 얽매이는 것을 싫어한다.	A	B
	B 예정이 없는 상태를 싫어한다.		
5	A 혼자 생각하는 것을 좋아한다.	A	B
	B 다른 사람과 이야기하는 것을 좋아한다.		
6	A 정해진 절차에 따르는 것을 싫어한다.	A	B
	B 정해진 절차가 바뀌는 것을 싫어한다.		
7	A 친절한 사람 밑에서 일하고 싶다.	A	B
	B 이성적인 사람 밑에서 일하고 싶다.		
8	A 그때그때의 기분으로 행동하는 경우가 많다.	A	B
	B 미리 행동을 정해두는 경우가 많다.		
9	A 다른 사람과 만났을 때 화제를 찾는 데 고생한다.	A	B
	B 다른 사람과 만났을 때 화제에 부족함이 없다.		
10	A 학구적이라는 인상을 주고 싶다.	A	B
	B 실무적이라는 인상을 주고 싶다.		
11	A 친구가 돈을 빌려달라고 하면 거절하지 못한다.	A	B
	B 본인에게 도움이 되지 않는 차금은 거절한다.		
12	A 조직 안에서는 독자적으로 움직이는 타입이라고 생각한다.	A	B
	B 조직 안에서는 우등생 타입이라고 생각한다.		
13	A 문장을 쓰는 것을 좋아한다.	A	B
	B 이야기하는 것을 좋아한다.		
14	A 직감으로 판단한다.	A	B
	B 경험으로 판단한다.		
15	A 다른 사람이 어떻게 생각하는지 신경 쓰인다.	A	B
	B 다른 사람이 어떻게 생각하든 신경 쓰지 않는다.		

※ 다음 질문을 읽고, '아니다', '대체로 아니다', '대체로 그렇다', '그렇다'에 체크하시오. [1~30]

번호	질문	아니다	대체로 아니다	대체로 그렇다	그렇다
1	충동구매는 절대 하지 않는다.				
2	컨디션에 따라 기분이 잘 변한다.				
3	옷 입는 취향이 오랫동안 바뀌지 않고 그대로이다.				
4	남의 물건이 좋아 보인다.				
5	반성하는 일이 거의 없다.				
6	남의 말을 호의적으로 받아들인다.				
7	혼자 있을 때가 편안하다.				
8	친구에게 불만이 있다.				
9	남의 말을 좋은 쪽으로 해석한다.				
10	남의 의견을 절대 참고하지 않는다.				
11	일을 시작할 때 계획을 세우는 편이다.				
12	부모님과 여행을 자주 간다.				
13	쉽게 짜증을 내는 편이다.				
14	사람을 상대하는 것을 좋아한다.				
15	컴퓨터로 일을 하는 것을 좋아한다.				
16	하루 종일 말하지 않고 지낼 수 있다.				
17	감정조절이 잘 안되는 편이다.				
18	평소 꼼꼼한 편이다.				
19	다시 태어나고 싶은 순간이 있다.				
20	운동을 하다가 다친 적이 있다.				
21	다른 사람의 말보다는 자신의 믿음을 믿는다.				
22	귀찮은 일이 있으면 먼저 해치운다.				
23	정리 정돈하는 것을 좋아한다.				
24	다른 사람의 대화에 끼고 싶다.				
25	카리스마가 있다는 말을 들어본 적이 있다.				
26	미래에 대한 고민이 많다.				
27	친구들의 성공 소식에 씁쓸한 적이 있다.				
28	내가 못하는 것이 있으면 참지 못한다.				
29	계획에 없는 일을 시키면 짜증이 난다.				
30	화가 나면 물건을 집어 던지는 버릇이 있다.				

※ 다음 질문을 읽고, ① ~ ⑥ 중 자신에게 해당되는 것을 고르시오. [1~3]

01 최대리가 신약을 개발했는데 치명적이지는 않지만 유해한 부작용이 발견됐다. 그런데 최대리는 묵인하고 신약을 유통시켰다.

1-(1) 당신은 이 상황에 대해 얼마나 동의하는가?
① 0%   ② 20%   ③ 40%   ④ 60%   ⑤ 80%   ⑥ 100%

1-(2) 자신이라도 그렇게 할 것인가?
① 0%   ② 20%   ③ 40%   ④ 60%   ⑤ 80%   ⑥ 100%

02 같은 팀 최대리가 자신의 성과를 높이기 위해 중요한 업무를 상사에게 요구한다.

2-(1) 다른 팀원도 그 상황에 동의할 것 같은가?
① 0%   ② 20%   ③ 40%   ④ 60%   ⑤ 80%   ⑥ 100%

2-(2) 자신이라도 그렇게 할 것인가?
① 0%   ② 20%   ③ 40%   ④ 60%   ⑤ 80%   ⑥ 100%

03 최대리가 회계 보고서 작성 후 오류를 발견했지만 바로잡기엔 시간이 부족하여 그냥 제출했다.

3-(1) 다른 직원들도 그 상황에 동의할 것 같은가?
① 0%   ② 20%   ③ 40%   ④ 60%   ⑤ 80%   ⑥ 100%

3-(2) 자신이라도 그렇게 할 것인가?
① 0%   ② 20%   ③ 40%   ④ 60%   ⑤ 80%   ⑥ 100%

유형 5

※ 각 문항을 읽고, ① ~ ⑥ 중 자신의 성향과 가까운 정도에 따라 ① 전혀 그렇지 않다, ② 그렇지 않다, ③ 조금 그렇지 않다, ④ 조금 그렇다, ⑤ 그렇다, ⑥ 매우 그렇다 중 하나를 선택하시오. 그리고 3개의 문장 중 자신의 성향에 비추어볼 때 가장 먼 것(멀다)과 가장 가까운 것(가깝다)을 하나씩 선택하시오. [1~4]

01

질문	답안 1						답안 2	
	①	②	③	④	⑤	⑥	멀다	가깝다
1. 사물을 신중하게 생각하는 편이라고 생각한다.	☐	☐	☐	☐	☐	☐	☐	☐
2. 포기하지 않고 노력하는 것이 중요하다.	☐	☐	☐	☐	☐	☐	☐	☐
3. 자신의 권리를 주장하는 편이다.	☐	☐	☐	☐	☐	☐	☐	☐

02

질문	답안 1						답안 2	
	①	②	③	④	⑤	⑥	멀다	가깝다
1. 노력의 여하보다 결과가 중요하다.	☐	☐	☐	☐	☐	☐	☐	☐
2. 자기주장이 강하다.	☐	☐	☐	☐	☐	☐	☐	☐
3. 어떠한 일이 있어도 출세하고 싶다.	☐	☐	☐	☐	☐	☐	☐	☐

03

질문	답안 1						답안 2	
	①	②	③	④	⑤	⑥	멀다	가깝다
1. 다른 사람의 일에 관심이 없다.	☐	☐	☐	☐	☐	☐	☐	☐
2. 때로는 후회할 때도 있다.	☐	☐	☐	☐	☐	☐	☐	☐
3. 진정으로 마음을 허락할 수 있는 사람은 없다.	☐	☐	☐	☐	☐	☐	☐	☐

04

질문	답안 1						답안 2	
	①	②	③	④	⑤	⑥	멀다	가깝다
1. 타인에게 간섭받는 것은 싫다.	☐	☐	☐	☐	☐	☐	☐	☐
2. 신경이 예민한 편이라고 생각한다.	☐	☐	☐	☐	☐	☐	☐	☐
3. 난관에 봉착해도 포기하지 않고 열심히 해본다.	☐	☐	☐	☐	☐	☐	☐	☐

※ 다음 질문을 읽고, ①~⑤ 중 자신에게 해당하는 것을 고르시오(① 전혀 그렇지 않다, ② 그렇지 않다, ③ 보통이다, ④ 그렇다, ⑤ 매우 그렇다). 그리고 4개의 문장 중 자신과 가장 먼 것(멀다)과 가장 가까운 것(가깝다)을 하나씩 선택하시오. [1~4]

01

		멀다	가깝다
A. 야망이 있다.	① ② ③ ④ ⑤	☐	☐
B. 평소 사회 문제에 관심이 많다.	① ② ③ ④ ⑤	☐	☐
C. 친구들의 생일을 잘 잊는 편이다.	① ② ③ ④ ⑤	☐	☐
D. 누군가를 챙겨주는 것에 행복을 느낀다.	① ② ③ ④ ⑤	☐	☐

02

		멀다	가깝다
A. 지시하는 것보다 명령에 따르는 것이 편하다.	① ② ③ ④ ⑤	☐	☐
B. 옆에 사람이 있는 것이 싫다.	① ② ③ ④ ⑤	☐	☐
C. 친구들과 남의 이야기를 하는 것을 좋아한다.	① ② ③ ④ ⑤	☐	☐
D. 모두가 싫증을 내는 일에도 혼자서 열심히 한다.	① ② ③ ④ ⑤	☐	☐

03

		멀다	가깝다
A. 완성된 것보다 미완성인 것에 흥미가 있다.	① ② ③ ④ ⑤	☐	☐
B. 능력을 살릴 수 있는 일을 하고 싶다.	① ② ③ ④ ⑤	☐	☐
C. 내 분야에서는 최고가 되고 싶다.	① ② ③ ④ ⑤	☐	☐
D. 다른 사람의 충고를 잘 받아들이지 못한다.	① ② ③ ④ ⑤	☐	☐

04

		멀다	가깝다
A. 다소 산만한 편이라는 이야기를 자주 듣는다.	① ② ③ ④ ⑤	☐	☐
B. 주변에 호기심이 많고, 새로운 상황에 잘 적응한다.	① ② ③ ④ ⑤	☐	☐
C. 타인의 의견을 잘 듣는 편이다.	① ② ③ ④ ⑤	☐	☐
D. 단체 생활을 좋아하지는 않지만 적응하려고 노력한다.	① ② ③ ④ ⑤	☐	☐

02 | 모의테스트

PART 1

※ 인성검사 모의테스트는 질문 및 답변 유형 연습용이므로 실제 시험과 다를 수 있으며, 인성검사에는 정답이 존재하지 않습니다.

제1회 ▶ 인성검사

※ 다음 질문을 읽고, ① ~ ⑤ 중 자신에게 해당하는 것을 고르시오(① 전혀 그렇지 않다 ② 약간 그렇지 않다 ③ 보통이다 ④ 약간 그렇다 ⑤ 매우 그렇다). [1~200]

번호	질문	응답				
01	결점을 지적받아도 아무렇지 않다.	①	②	③	④	⑤
02	피곤할 때도 명랑하게 행동한다.	①	②	③	④	⑤
03	실패했던 경험을 생각하면서 고민하는 편이다.	①	②	③	④	⑤
04	언제나 생기가 있다.	①	②	③	④	⑤
05	선배의 지적을 순수하게 받아들일 수 있다.	①	②	③	④	⑤
06	매일 목표가 있는 생활을 하고 있다.	①	②	③	④	⑤
07	열등감으로 자주 고민한다.	①	②	③	④	⑤
08	남에게 무시당하면 화가 난다.	①	②	③	④	⑤
09	무엇이든지 하면 된다고 생각하는 편이다.	①	②	③	④	⑤
10	자신의 존재를 과시하고 싶다.	①	②	③	④	⑤
11	사람을 많이 만나는 것을 좋아한다.	①	②	③	④	⑤
12	보고 들은 것을 문장으로 옮기는 것을 좋아한다.	①	②	③	④	⑤
13	특정한 사람과 교제를 하는 편이다.	①	②	③	④	⑤
14	친구에게 먼저 말을 하는 편이다.	①	②	③	④	⑤
15	친구만 있으면 된다고 생각한다.	①	②	③	④	⑤
16	많은 사람 앞에서 말하는 것이 서툴다.	①	②	③	④	⑤
17	반 편성과 교실 이동을 싫어한다.	①	②	③	④	⑤
18	다과회 등에서 자주 책임을 맡는다.	①	②	③	④	⑤
19	새로운 환경에 쉽게 적응하지 못하는 편이다.	①	②	③	④	⑤
20	누구하고나 친하게 교제한다.	①	②	③	④	⑤

번호	질문	응답
21	충동구매는 절대 하지 않는다.	① ② ③ ④ ⑤
22	컨디션에 따라 기분이 잘 변한다.	① ② ③ ④ ⑤
23	옷 입는 취향이 오랫동안 바뀌지 않고 그대로이다.	① ② ③ ④ ⑤
24	남의 물건이 좋아보인다.	① ② ③ ④ ⑤
25	광고를 보면 그 물건을 사고 싶다.	① ② ③ ④ ⑤
26	자신이 낙천주의자라고 생각한다.	① ② ③ ④ ⑤
27	에스컬레이터에서 걷지 않는다.	① ② ③ ④ ⑤
28	꾸물대는 것을 싫어한다.	① ② ③ ④ ⑤
29	고민이 생겨도 심각하게 생각하지 않는다.	① ② ③ ④ ⑤
30	반성하는 일이 거의 없다.	① ② ③ ④ ⑤
31	남의 말을 호의적으로 받아들인다.	① ② ③ ④ ⑤
32	혼자 있을 때가 편안하다.	① ② ③ ④ ⑤
33	친구에게 불만이 있다.	① ② ③ ④ ⑤
34	남의 말을 좋은 쪽으로 해석한다.	① ② ③ ④ ⑤
35	남의 의견을 절대 참고하지 않는다.	① ② ③ ④ ⑤
36	기분 나쁜 일은 금세 잊는 편이다.	① ② ③ ④ ⑤
37	선배와 쉽게 친해진다.	① ② ③ ④ ⑤
38	슬럼프에 빠지면 좀처럼 헤어나지 못한다.	① ② ③ ④ ⑤
39	자신의 소문에 관심을 기울인다.	① ② ③ ④ ⑤
40	주위 사람에게 인사하는 것이 귀찮다.	① ② ③ ④ ⑤
41	기호에 맞지 않으면 거절하는 편이다.	① ② ③ ④ ⑤
42	여간해서 흥분하지 않는 편이다.	① ② ③ ④ ⑤
43	옳다고 생각하면 밀고 나간다.	① ② ③ ④ ⑤
44	항상 무슨 일이든지 해야만 한다.	① ② ③ ④ ⑤
45	휴식시간에도 일하고 싶다.	① ② ③ ④ ⑤
46	걱정거리가 생기면 머릿속에서 떠나지 않는 편이다.	① ② ③ ④ ⑤
47	매일 힘든 일이 너무 많다.	① ② ③ ④ ⑤
48	시험 전에도 노는 계획을 세운다.	① ② ③ ④ ⑤
49	슬픈 일만 머릿속에 남는다.	① ② ③ ④ ⑤
50	사는 것이 힘들다고 느낀 적은 없다.	① ② ③ ④ ⑤

번호	질문	응답
51	처음 만난 사람과 이야기하는 것이 피곤하다.	① ② ③ ④ ⑤
52	비난을 받으면 신경이 쓰인다.	① ② ③ ④ ⑤
53	실패해도 또 다시 도전한다.	① ② ③ ④ ⑤
54	남에게 비판을 받으면 불쾌하다.	① ② ③ ④ ⑤
55	다른 사람의 지적을 순수하게 받아들일 수 있다.	① ② ③ ④ ⑤
56	자신의 프라이드가 높다고 생각한다.	① ② ③ ④ ⑤
57	자신의 입장을 잊어버릴 때가 있다.	① ② ③ ④ ⑤
58	남보다 쉽게 우위에 서는 편이다.	① ② ③ ④ ⑤
59	목적이 없으면 마음이 불안하다.	① ② ③ ④ ⑤
60	일을 할 때에 자신이 없다.	① ② ③ ④ ⑤
61	상대방이 말을 걸어오기를 기다리는 편이다.	① ② ③ ④ ⑤
62	친구 말을 듣는 편이다.	① ② ③ ④ ⑤
63	싸움으로 친구를 잃은 경우가 있다.	① ② ③ ④ ⑤
64	모르는 사람과 말하는 것은 귀찮다.	① ② ③ ④ ⑤
65	아는 사람이 많아지는 것이 즐겁다.	① ② ③ ④ ⑤
66	신호 대기 중에도 조바심이 난다.	① ② ③ ④ ⑤
67	매사에 심각하게 생각하는 것을 싫어한다.	① ② ③ ④ ⑤
68	자신이 경솔하다고 자주 느낀다.	① ② ③ ④ ⑤
69	상대방이 통화 중이어도 자꾸 전화를 건다.	① ② ③ ④ ⑤
70	충동적인 행동을 하지 않는 편이다.	① ② ③ ④ ⑤
71	칭찬도 나쁘게 받아들이는 편이다.	① ② ③ ④ ⑤
72	자신이 손해를 보고 있다고 생각한다.	① ② ③ ④ ⑤
73	어떤 상황에서나 만족할 수 있다.	① ② ③ ④ ⑤
74	무슨 일이든지 자신의 생각대로 하지 못한다.	① ② ③ ④ ⑤
75	부모님에게 불만을 느낀다.	① ② ③ ④ ⑤
76	깜짝 놀라면 당황하는 편이다.	① ② ③ ④ ⑤
77	주위의 평판이 좋다고 생각한다.	① ② ③ ④ ⑤
78	자신이 소문에 휘말려도 좋다.	① ② ③ ④ ⑤
79	긴급사태에도 당황하지 않고 행동할 수 있다.	① ② ③ ④ ⑤
80	윗사람과 이야기하는 것이 불편하다.	① ② ③ ④ ⑤

번호	질문	응답				
81	정색하고 화내기 쉬운 화제를 올릴 때가 있다.	①	②	③	④	⑤
82	자신이 좋아하는 연예인을 남들이 욕해도 화가 나지 않는다.	①	②	③	④	⑤
83	남을 비판할 때가 있다.	①	②	③	④	⑤
84	주체할 수 없을 만큼 여유가 많은 것은 싫어한다.	①	②	③	④	⑤
85	의견이 어긋날 때는 한발 양보한다.	①	②	③	④	⑤
86	싫은 사람과도 협력할 수 있다.	①	②	③	④	⑤
87	사람은 너무 고통거리가 많다고 생각한다.	①	②	③	④	⑤
88	걱정거리가 있으면 잠을 잘 수가 없다.	①	②	③	④	⑤
89	즐거운 일보다는 괴로운 일이 더 많다.	①	②	③	④	⑤
90	싫은 사람이라도 인사를 한다.	①	②	③	④	⑤
91	사소한 일에도 신경을 많이 쓰는 편이다.	①	②	③	④	⑤
92	누가 나에게 말을 걸기 전에 내가 먼저 말을 걸지 않는다.	①	②	③	④	⑤
93	이따금 결심을 빨리 하지 못하기 때문에 손해 보는 경우가 많다.	①	②	③	④	⑤
94	사람들은 누구나 곤경에서 벗어나기 위해 거짓말을 할 수 있다.	①	②	③	④	⑤
95	어떤 일을 실패하면 두고두고 생각한다.	①	②	③	④	⑤
96	비교적 말이 없는 편이다.	①	②	③	④	⑤
97	기왕 일을 한다면 꼼꼼하게 하는 편이다.	①	②	③	④	⑤
98	지나치게 깔끔한 척을 하는 편에 속한다.	①	②	③	④	⑤
99	나를 기분 나쁘게 한 사람을 쉽게 잊지 못하는 편이다.	①	②	③	④	⑤
100	수줍음을 많이 타서 많은 사람 앞에 나서길 싫어한다.	①	②	③	④	⑤
101	혼자 지내는 시간이 즐겁다.	①	②	③	④	⑤
102	주위 사람이 잘 되는 것을 보면 상대적으로 내가 실패한 것 같다.	①	②	③	④	⑤
103	어떤 일을 시도하다가 잘 안되면 금방 포기한다.	①	②	③	④	⑤
104	이성 친구와 웃고 떠드는 것을 별로 좋아하지 않는다.	①	②	③	④	⑤
105	낯선 사람과 만나는 것을 꺼리는 편이다.	①	②	③	④	⑤
106	밤낮없이 같이 다닐만한 친구들이 거의 없다.	①	②	③	④	⑤
107	연예인이 되고 싶은 마음은 조금도 가지고 있지 않다.	①	②	③	④	⑤
108	여럿이 모여서 이야기하는 데 잘 끼어들지 못한다.	①	②	③	④	⑤
109	사람들은 이득이 된다면 옳지 않은 방법이라도 쓸 것이다.	①	②	③	④	⑤
110	사람들이 정직하게 행동하는 것은 다른 사람의 비난이 두렵기 때문이다.	①	②	③	④	⑤

번호	질문	응답
111	처음 보는 사람들과 쉽게 이야기하거나 친해지는 편이다.	① ② ③ ④ ⑤
112	모르는 사람들이 많이 모여 있는 곳에서도 활발하게 행동하는 편이다.	① ② ③ ④ ⑤
113	여기저기에 친구나 아는 사람들이 많이 있다.	① ② ③ ④ ⑤
114	모임에서 말을 많이 하고 적극적으로 행동한다.	① ② ③ ④ ⑤
115	슬프거나 기쁜 일이 생기면 부모나 친구에게 이야기하는 편이다.	① ② ③ ④ ⑤
116	활발하고 적극적이라는 말을 자주 듣는다.	① ② ③ ④ ⑤
117	시간이 걸리는 일이나 놀이에 싫증을 내고, 새로운 놀이나 활동을 원한다.	① ② ③ ④ ⑤
118	혼자 조용히 있거나 책을 읽는 것보다는 사람들과 어울리는 것을 좋아한다.	① ② ③ ④ ⑤
119	새로운 유행이 시작되면 다른 사람보다 먼저 시도해 보는 편이다.	① ② ③ ④ ⑤
120	기분을 잘 드러내기 때문에 남들이 본인의 기분을 금방 알게 된다.	① ② ③ ④ ⑤
121	비유적이고 상징적인 표현보다는 구체적이고 정확한 표현을 더 잘 이해한다.	① ② ③ ④ ⑤
122	주변 사람들의 외모나 다른 특징들을 자세히 기억한다.	① ② ③ ④ ⑤
123	꾸준하고 참을성이 있다는 말을 자주 듣는다.	① ② ③ ④ ⑤
124	공부할 때 세부적인 내용을 암기할 수 있다.	① ② ③ ④ ⑤
125	손으로 직접 만지거나 조작하는 것을 좋아한다.	① ② ③ ④ ⑤
126	상상 속에서 이야기를 잘 만들어 내는 편이다.	① ② ③ ④ ⑤
127	종종 물건을 잃어버리거나 어디에 두었는지 기억을 못하는 때가 있다.	① ② ③ ④ ⑤
128	창의력과 상상력이 풍부하다는 이야기를 자주 듣는다.	① ② ③ ④ ⑤
129	다른 사람들이 생각하지도 않는 엉뚱한 행동이나 생각을 할 때가 종종 있다.	① ② ③ ④ ⑤
130	이것저것 새로운 것에 관심이 많고 새로운 것을 배우고 싶어 한다.	① ② ③ ④ ⑤
131	'왜'라는 질문을 자주 한다.	① ② ③ ④ ⑤
132	의지와 끈기가 강한 편이다.	① ② ③ ④ ⑤
133	궁금한 점이 있으면 꼬치꼬치 따져서 궁금증을 풀고 싶어 한다.	① ② ③ ④ ⑤
134	참을성이 있다는 말을 자주 듣는다.	① ② ③ ④ ⑤
135	남의 비난에도 잘 견딘다.	① ② ③ ④ ⑤
136	다른 사람의 감정에 민감하다.	① ② ③ ④ ⑤
137	자신의 잘못을 쉽게 인정하는 편이다.	① ② ③ ④ ⑤
138	싹싹하다는 소리를 잘 듣는다.	① ② ③ ④ ⑤
139	쉽게 양보를 하는 편이다.	① ② ③ ④ ⑤
140	음식을 선택할 때 쉽게 결정을 못 내릴 때가 많다.	① ② ③ ④ ⑤

번호	질문	응답
141	계획표를 세밀하게 짜 놓고 그 계획표에 따라 생활하는 것을 좋아한다.	① ② ③ ④ ⑤
142	대체로 할 일을 먼저 해 놓고 나서 노는 편이다.	① ② ③ ④ ⑤
143	시험보기 전에 미리 여유 있게 공부 계획표를 짜 놓는다.	① ② ③ ④ ⑤
144	마지막 순간에 쫓기면서 일하는 것을 싫어한다.	① ② ③ ④ ⑤
145	계획에 따라 규칙적인 생활을 하는 편이다.	① ② ③ ④ ⑤
146	자기 것을 잘 나누어주는 편이다.	① ② ③ ④ ⑤
147	자심의 소지품을 덜 챙기는 편이다.	① ② ③ ④ ⑤
148	신발이나 옷이 떨어져도 무관심한 편이다.	① ② ③ ④ ⑤
149	자기 것을 덜 주장하고, 덜 고집하는 편이다.	① ② ③ ④ ⑤
150	활동이 많으면서도 무난하고 점잖다는 말을 듣는 편이다.	① ② ③ ④ ⑤
151	몇 번이고 생각하고 검토한다.	① ② ③ ④ ⑤
152	여러 번 생각한 끝에 결정을 내린다.	① ② ③ ④ ⑤
153	어떤 일이든 따지려 든다.	① ② ③ ④ ⑤
154	일단 결정하면 행동으로 옮긴다.	① ② ③ ④ ⑤
155	앞에 나서기를 꺼린다.	① ② ③ ④ ⑤
156	규칙을 잘 지킨다.	① ② ③ ④ ⑤
157	나의 주장대로 행동한다.	① ② ③ ④ ⑤
158	지시나 충고를 받는 것이 싫다.	① ② ③ ④ ⑤
159	급진적인 변화를 좋아한다.	① ② ③ ④ ⑤
160	규칙은 반드시 지킬 필요가 없다.	① ② ③ ④ ⑤
161	혼자서 일하기를 좋아한다.	① ② ③ ④ ⑤
162	미래에 대해 별로 염려를 하지 않는다.	① ② ③ ④ ⑤
163	새로운 변화를 싫어한다.	① ② ③ ④ ⑤
164	조용한 분위기를 좋아한다.	① ② ③ ④ ⑤
165	도전적인 직업보다는 안정적인 직업이 좋다.	① ② ③ ④ ⑤
166	친구를 잘 바꾸지 않는다.	① ② ③ ④ ⑤
167	남의 명령을 듣기 싫어한다.	① ② ③ ④ ⑤
168	모든 일에 앞장서는 편이다.	① ② ③ ④ ⑤
169	다른 사람이 하는 일을 보면 답답하다.	① ② ③ ④ ⑤
170	남을 지배하는 사람이 되고 싶다.	① ② ③ ④ ⑤

번호	질문	응답
171	규칙적인 것이 싫다.	① ② ③ ④ ⑤
172	매사에 감동을 자주 받는다.	① ② ③ ④ ⑤
173	새로운 물건과 일에 대한 생각을 자주 한다.	① ② ③ ④ ⑤
174	창조적인 일을 하고 싶다.	① ② ③ ④ ⑤
175	나쁜 일은 오래 생각하지 않는다.	① ② ③ ④ ⑤
176	사람들의 이름을 잘 기억하는 편이다.	① ② ③ ④ ⑤
177	외딴 곳보다는 사람들이 북적거리는 곳에 살고 싶다.	① ② ③ ④ ⑤
178	제조업보다는 서비스업이 마음에 든다.	① ② ③ ④ ⑤
179	농사를 지으면서 자연과 더불어 살고 싶다.	① ② ③ ④ ⑤
180	예절 같은 것은 별로 신경 쓰지 않는다.	① ② ③ ④ ⑤
181	거칠고 반항적인 사람보다 예의바른 사람들과 어울리고 싶다.	① ② ③ ④ ⑤
182	대인관계에서 상황을 빨리 파악하는 편이다.	① ② ③ ④ ⑤
183	계산에 밝은 사람은 꺼려진다.	① ② ③ ④ ⑤
184	친구들과 노는 것보다 혼자 노는 것이 편하다.	① ② ③ ④ ⑤
185	교제범위가 넓은 편이라 사람을 만나는 데 많은 시간을 소비한다.	① ② ③ ④ ⑤
186	손재주는 비교적 있는 편이다.	① ② ③ ④ ⑤
187	기획과 섭외 중 기획을 더 잘할 수 있을 것 같다.	① ② ③ ④ ⑤
188	도서실 등에서 책을 정리하고 관리하는 일을 싫어하지 않는다.	① ② ③ ④ ⑤
189	선입견으로 판단하지 않고 이론적으로 판단하는 편이다.	① ② ③ ④ ⑤
190	예술제나 미술전 등에 관심이 많다.	① ② ③ ④ ⑤
191	행사의 사회나 방송 등 마이크를 사용하는 분야에 관심이 많다.	① ② ③ ④ ⑤
192	하루 종일 방에 틀어 박혀 연구하거나 몰두해야 하는 일은 싫다.	① ② ③ ④ ⑤
193	공상이나 상상을 많이 하는 편이다.	① ② ③ ④ ⑤
194	모르는 사람과도 마음이 맞으면 쉽게 마음을 터놓고 바로 친해진다.	① ② ③ ④ ⑤
195	물건을 만들거나 도구를 사용하는 일이 싫지는 않다.	① ② ③ ④ ⑤
196	새로운 아이디어를 생각해내는 일이 좋다.	① ② ③ ④ ⑤
197	회의에서 사회나 서기를 맡는다면 서기 쪽이 맞을 것 같다.	① ② ③ ④ ⑤
198	사건 뒤에 숨은 본질을 생각해 보기를 좋아한다.	① ② ③ ④ ⑤
199	색채감각이나 미적 센스가 풍부한 편이다.	① ② ③ ④ ⑤
200	다른 사람들의 눈길을 끌고 주목을 받는 것이 아무렇지도 않다.	① ② ③ ④ ⑤

※ 다음 질문을 읽고, ① ~ ⑤ 중 자신에게 해당하는 것을 고르시오(① 전혀 그렇지 않다 ② 약간 그렇지 않다 ③ 보통이다 ④ 약간 그렇다 ⑤ 매우 그렇다). [1~200]

번호	질문	응답
01	문화재 위원과 체육대회 위원 중 체육대회 위원을 하고 싶다.	① ② ③ ④ ⑤
02	보고 들은 것을 문장으로 옮기기를 좋아한다.	① ② ③ ④ ⑤
03	남에게 뭔가 가르쳐 주는 일이 좋다.	① ② ③ ④ ⑤
04	많은 사람과 장시간 함께 있으면 피곤하다.	① ② ③ ④ ⑤
05	엉뚱한 일을 하기 좋아하고 발상도 개성적이다.	① ② ③ ④ ⑤
06	전표 계산 또는 장부 기입 같은 일을 싫증내지 않고 할 수 있다.	① ② ③ ④ ⑤
07	책이나 신문을 열심히 읽는 편이다.	① ② ③ ④ ⑤
08	신경이 예민한 편이며, 감수성도 풍부하다.	① ② ③ ④ ⑤
09	연회석에서 망설임 없이 노래를 부르거나 장기를 보이는 편이다.	① ② ③ ④ ⑤
10	즐거운 캠프를 위해 계획 세우기를 좋아한다.	① ② ③ ④ ⑤
11	데이터를 분류하거나 통계내는 일을 싫어하지는 않는다.	① ② ③ ④ ⑤
12	드라마나 소설 속 등장인물의 생활과 사고방식에 흥미가 있다.	① ② ③ ④ ⑤
13	자신의 미적 표현력을 살리면 상당히 좋은 작품이 나올 것 같다.	① ② ③ ④ ⑤
14	화려한 것을 좋아하며 주위의 평판에 신경을 쓰는 편이다.	① ② ③ ④ ⑤
15	여럿이서 여행할 기회가 있다면 즐겁게 참가한다.	① ② ③ ④ ⑤
16	여행 소감 쓰기를 좋아한다.	① ② ③ ④ ⑤
17	상품 전시회에서 상품 설명을 한다면 잘할 수 있을 것 같다.	① ② ③ ④ ⑤
18	변화가 적고 손이 많이 가는 일도 꾸준히 하는 편이다.	① ② ③ ④ ⑤
19	신제품 홍보에 흥미가 있다.	① ② ③ ④ ⑤
20	열차 시간표 한 페이지 정도라면 정확하게 옮겨 쓸 자신이 있다.	① ② ③ ④ ⑤
21	자신의 장래에 대해 자주 생각한다.	① ② ③ ④ ⑤
22	혼자 있는 것에 익숙하다.	① ② ③ ④ ⑤
23	별 근심이 없다.	① ② ③ ④ ⑤
24	나의 환경에 아주 만족한다.	① ② ③ ④ ⑤
25	상품을 고를 때 디자인과 색에 신경을 많이 쓴다.	① ② ③ ④ ⑤
26	극단이나 연기학원에서 공부해 보고 싶다는 생각을 한 적이 있다.	① ② ③ ④ ⑤
27	외출할 때 날씨가 좋지 않아도 그다지 신경 쓰지 않는다.	① ② ③ ④ ⑤
28	손님을 불러들이는 호객행위도 마음만 먹으면 할 수 있을 것 같다.	① ② ③ ④ ⑤
29	신중하고 주의 깊은 편이다.	① ② ③ ④ ⑤
30	하루 종일 책상 앞에 앉아 있어도 지루해하지 않는 편이다.	① ② ③ ④ ⑤

번호	질문	응답
31	알기 쉽게 요점을 정리한 다음 남에게 잘 설명하는 편이다.	① ② ③ ④ ⑤
32	생물 시간보다는 미술 시간에 흥미가 있다.	① ② ③ ④ ⑤
33	남이 자신에게 상담을 해오는 경우가 많다.	① ② ③ ④ ⑤
34	친목회나 송년회 등의 총무 역할을 좋아하는 편이다.	① ② ③ ④ ⑤
35	실패하든 성공하든 그 원인은 꼭 분석한다.	① ② ③ ④ ⑤
36	실내 장식품이나 액세서리 등에 관심이 많다.	① ② ③ ④ ⑤
37	남에게 보이기 좋아하고 지기 싫어하는 편이다.	① ② ③ ④ ⑤
38	대자연 속에서 마음대로 몸을 움직이는 일이 좋다.	① ② ③ ④ ⑤
39	파티나 모임에서 자연스럽게 돌아다니며 인사하는 성격이다.	① ② ③ ④ ⑤
40	무슨 일에 쉽게 빠져드는 편이며 주인의식도 강하다.	① ② ③ ④ ⑤
41	우리나라 분재를 파리에서 파는 방법 따위를 생각하기 좋아한다.	① ② ③ ④ ⑤
42	하루 종일 거리를 돌아다녀도 그다지 피로를 느끼지 않는다.	① ② ③ ④ ⑤
43	컴퓨터의 키보드 조작도 연습하면 잘할 수 있을 것 같다.	① ② ③ ④ ⑤
44	자동차나 모터보트 등의 운전에 흥미를 갖고 있다.	① ② ③ ④ ⑤
45	연예인의 인기 비결을 곧잘 생각해 본다.	① ② ③ ④ ⑤
46	과자나 빵을 판매하는 일보다 만드는 일이 나에게 맞을 것 같다.	① ② ③ ④ ⑤
47	대체로 걱정하거나 고민하지 않는다.	① ② ③ ④ ⑤
48	비판적인 말을 들어도 쉽게 상처받지 않는다.	① ② ③ ④ ⑤
49	초등학교 선생님보다는 등대지기가 더 재미있을 것 같다.	① ② ③ ④ ⑤
50	남의 생일이나 명절에 선물을 사러 다니는 일은 귀찮다.	① ② ③ ④ ⑤
51	조심스러운 성격이라고 생각한다.	① ② ③ ④ ⑤
52	훌쩍 여행을 떠나고 싶을 때가 자주 있다.	① ② ③ ④ ⑤
53	사물을 신중하게 생각하는 편이라고 생각한다.	① ② ③ ④ ⑤
54	다른 사람들이 하지 못하는 일을 하고 싶다.	① ② ③ ④ ⑤
55	소외감을 느낄 때가 있다.	① ② ③ ④ ⑤
56	노력의 여하보다 결과가 중요하다.	① ② ③ ④ ⑤
57	다른 사람에게 의존적이 될 때가 많다.	① ② ③ ④ ⑤
58	타인에게 간섭받는 것은 싫다.	① ② ③ ④ ⑤
59	동작이 기민한 편이다.	① ② ③ ④ ⑤
60	다른 사람에게 항상 움직이고 있다는 말을 듣는다.	① ② ③ ④ ⑤

번호	질문	응답
61	해야 할 일은 신속하게 처리한다.	① ② ③ ④ ⑤
62	일주일의 예정을 만드는 것을 좋아한다.	① ② ③ ④ ⑤
63	잘하지 못하는 게임은 하지 않으려고 한다.	① ② ③ ④ ⑤
64	자기주장이 강하다.	① ② ③ ④ ⑤
65	의식 과잉이라는 생각이 들 때가 있다.	① ② ③ ④ ⑤
66	포기하지 않고 노력하는 것이 중요하다.	① ② ③ ④ ⑤
67	어떠한 일이 있어도 출세하고 싶다.	① ② ③ ④ ⑤
68	대인관계가 귀찮다고 느낄 때가 있다.	① ② ③ ④ ⑤
69	수다를 좋아한다.	① ② ③ ④ ⑤
70	장래의 일을 생각하면 불안해질 때가 있다.	① ② ③ ④ ⑤
71	쉽게 침울해 한다.	① ② ③ ④ ⑤
72	한 번 시작한 일은 끝을 맺는다.	① ② ③ ④ ⑤
73	막무가내라는 말을 들을 때가 많다.	① ② ③ ④ ⑤
74	자신의 권리를 주장하는 편이다.	① ② ③ ④ ⑤
75	쉽게 싫증을 내는 편이다.	① ② ③ ④ ⑤
76	하나의 취미를 오래 지속하는 편이다.	① ② ③ ④ ⑤
77	옆에 사람이 있으면 싫다.	① ② ③ ④ ⑤
78	자신의 의견을 상대에게 잘 주장하지 못한다.	① ② ③ ④ ⑤
79	토론에서 이길 자신이 있다.	① ② ③ ④ ⑤
80	좀처럼 결단하지 못하는 경우가 있다.	① ② ③ ④ ⑤
81	남과 친해지려면 용기가 필요하다.	① ② ③ ④ ⑤
82	활력이 있다.	① ② ③ ④ ⑤
83	다른 사람의 일에 관심이 없다.	① ② ③ ④ ⑤
84	통찰력이 있다고 생각한다.	① ② ③ ④ ⑤
85	다른 사람에게 위해를 가할 것 같은 기분이 든 때가 있다.	① ② ③ ④ ⑤
86	지루하면 마구 떠들고 싶어진다.	① ② ③ ④ ⑤
87	매사에 느긋하고 차분하게 매달린다.	① ② ③ ④ ⑤
88	친구들이 진지한 사람으로 생각하고 있다.	① ② ③ ④ ⑤
89	때로는 후회할 때도 있다.	① ② ③ ④ ⑤
90	친구들과 남의 이야기를 하는 것을 좋아한다.	① ② ③ ④ ⑤

번호	질문	응답
91	사소한 일로 우는 일이 많다.	① ② ③ ④ ⑤
92	내성적이라고 생각한다.	① ② ③ ④ ⑤
93	당황하면 갑자기 땀이 나서 신경 쓰일 때가 있다.	① ② ③ ④ ⑤
94	어떤 일이 있어도 의욕을 가지고 열심히 하는 편이다.	① ② ③ ④ ⑤
95	진정으로 마음을 허락할 수 있는 사람은 없다.	① ② ③ ④ ⑤
96	집에서 가만히 있으면 기분이 우울해진다.	① ② ③ ④ ⑤
97	굳이 말하자면 시원시원하다.	① ② ③ ④ ⑤
98	난관에 봉착해도 포기하지 않고 열심히 해본다.	① ② ③ ④ ⑤
99	기다리는 것에 짜증내는 편이다.	① ② ③ ④ ⑤
100	감정적으로 될 때가 많다.	① ② ③ ④ ⑤
101	눈을 뜨면 바로 일어난다.	① ② ③ ④ ⑤
102	친구들로부터 줏대 없는 사람이라는 말을 듣는다.	① ② ③ ④ ⑤
103	리더로서 인정을 받고 싶다.	① ② ③ ④ ⑤
104	누구나 권력자를 동경하고 있다고 생각한다.	① ② ③ ④ ⑤
105	다른 사람들이 남을 배려하는 마음씨가 있다는 말을 한다.	① ② ③ ④ ⑤
106	인간관계가 폐쇄적이라는 말을 듣는다.	① ② ③ ④ ⑤
107	누구와도 편하게 이야기할 수 있다.	① ② ③ ④ ⑤
108	몸으로 부딪혀 도전하는 편이다.	① ② ③ ④ ⑤
109	가만히 있지 못할 정도로 침착하지 못할 때가 있다.	① ② ③ ④ ⑤
110	사물을 과장해서 말하지 않는 편이다.	① ② ③ ④ ⑤
111	그룹 내에서는 누군가의 주도하에 따라가는 경우가 많다.	① ② ③ ④ ⑤
112	굳이 말하자면 자의식 과잉이다.	① ② ③ ④ ⑤
113	무슨 일이든 자신을 가지고 행동한다.	① ② ③ ④ ⑤
114	여행을 가기 전에는 세세한 계획을 세운다.	① ② ③ ④ ⑤
115	다른 사람에게 자신이 소개되는 것을 좋아한다.	① ② ③ ④ ⑤
116	차분하다는 말을 듣는다.	① ② ③ ④ ⑤
117	몸을 움직이는 것을 좋아한다.	① ② ③ ④ ⑤
118	의견이 다른 사람과는 어울리지 않는다.	① ② ③ ④ ⑤
119	계획을 생각하기보다 빨리 실행하고 싶어한다.	① ② ③ ④ ⑤
120	스포츠 선수가 되고 싶다고 생각한 적이 있다.	① ② ③ ④ ⑤

번호	질문	응답
121	융통성이 없는 편이다.	① ② ③ ④ ⑤
122	자신을 쓸모없는 인간이라고 생각할 때가 있다.	① ② ③ ④ ⑤
123	완성된 것보다 미완성인 것에 흥미가 있다.	① ② ③ ④ ⑤
124	작은 소리도 신경 쓰인다.	① ② ③ ④ ⑤
125	굳이 말하자면 장거리 주자에 어울린다고 생각한다.	① ② ③ ④ ⑤
126	모두가 싫증을 내는 일에도 혼자서 열심히 한다.	① ② ③ ④ ⑤
127	커다란 일을 해보고 싶다.	① ② ③ ④ ⑤
128	주위의 영향을 받기 쉽다.	① ② ③ ④ ⑤
129	잘하지 못하는 것이라도 자진해서 한다.	① ② ③ ④ ⑤
130	나는 완고한 편이라고 생각한다.	① ② ③ ④ ⑤
131	타인의 일에는 별로 관여하고 싶지 않다고 생각한다.	① ② ③ ④ ⑤
132	휴일은 세부적인 예정을 세우고 보낸다.	① ② ③ ④ ⑤
133	번화한 곳에 외출하는 것을 좋아한다.	① ② ③ ④ ⑤
134	능력을 살릴 수 있는 일을 하고 싶다.	① ② ③ ④ ⑤
135	자주 깊은 생각에 잠긴다.	① ② ③ ④ ⑤
136	지인을 발견해도 만나고 싶지 않을 때가 많다.	① ② ③ ④ ⑤
137	나는 자질구레한 걱정이 많다.	① ② ③ ④ ⑤
138	가만히 있지 못할 정도로 불안해질 때가 많다.	① ② ③ ④ ⑤
139	이유도 없이 화가 치밀 때가 있다.	① ② ③ ④ ⑤
140	이유도 없이 다른 사람과 부딪힐 때가 있다.	① ② ③ ④ ⑤
141	나는 다른 사람보다 기가 세다.	① ② ③ ④ ⑤
142	친절한 사람 밑에서 일하고 싶다.	① ② ③ ④ ⑤
143	다른 사람이 나를 어떻게 생각하는지 궁금할 때가 많다.	① ② ③ ④ ⑤
144	직접 만나는 것보다 전화로 이야기하는 것이 편하다.	① ② ③ ④ ⑤
145	침울해지면서 아무 것도 손에 잡히지 않을 때가 있다.	① ② ③ ④ ⑤
146	이성적인 사람 밑에서 일하고 싶다.	① ② ③ ④ ⑤
147	다른 사람보다 쉽게 우쭐해진다.	① ② ③ ④ ⑤
148	시를 많이 읽는다.	① ② ③ ④ ⑤
149	성격이 밝다는 말을 듣는다.	① ② ③ ④ ⑤
150	실무적이라는 인상을 주고 싶다.	① ② ③ ④ ⑤

번호	질문	응답
151	어색해지면 입을 다무는 경우가 많다.	① ② ③ ④ ⑤
152	커피가 있어야 안심이 된다.	① ② ③ ④ ⑤
153	어린 시절로 돌아가고 싶을 때가 있다.	① ② ③ ④ ⑤
154	무모할 것 같은 일에 도전하고 싶다.	① ② ③ ④ ⑤
155	하루의 행동을 반성하는 경우가 많다.	① ② ③ ④ ⑤
156	학구적이라는 인상을 주고 싶다.	① ② ③ ④ ⑤
157	내가 아는 것을 남에게 알려주고 싶다.	① ② ③ ④ ⑤
158	굳이 말하자면 기가 센 편이다.	① ② ③ ④ ⑤
159	일의 보람보단 결과를 중요시 한다.	① ② ③ ④ ⑤
160	격렬한 운동도 그다지 힘들어하지 않는다.	① ② ③ ④ ⑤
161	가능성보단 현실성에 눈을 돌린다.	① ② ③ ④ ⑤
162	부탁을 잘 거절하지 못한다.	① ② ③ ④ ⑤
163	앞으로의 일을 생각하지 않으면 진정이 되지 않는다.	① ② ③ ④ ⑤
164	상상이 되는 것을 선호한다.	① ② ③ ④ ⑤
165	빌려준 것을 받지 못하는 편이다.	① ② ③ ④ ⑤
166	인생에서 중요한 것은 높은 목표를 갖는 것이다.	① ② ③ ④ ⑤
167	잠을 쉽게 자는 편이다.	① ② ③ ④ ⑤
168	다른 사람이 부럽다고 생각하지 않는다.	① ② ③ ④ ⑤
169	학문보다는 기술이다.	① ② ③ ④ ⑤
170	무슨 일이든 선수를 쳐야 이긴다고 생각한다.	① ② ③ ④ ⑤
171	SNS를 좋아하는 편이다.	① ② ③ ④ ⑤
172	뉴스를 자주 보는 편이다.	① ② ③ ④ ⑤
173	불우이웃을 돕는 편이다.	① ② ③ ④ ⑤
174	취미활동에 돈을 아끼지 않는다.	① ② ③ ④ ⑤
175	혼자서 밥을 먹어도 이상하지 않다.	① ② ③ ④ ⑤
176	기획하는 것보다 영업하는 것이 편하다.	① ② ③ ④ ⑤
177	나만의 특기를 가지고 있다.	① ② ③ ④ ⑤
178	토론자와 사회 중에서 토론자가 더 어울린다.	① ② ③ ④ ⑤
179	아기자기한 것을 좋아한다.	① ② ③ ④ ⑤
180	통계가 맞지 않으면 신경이 쓰인다.	① ② ③ ④ ⑤

번호	질문	응답				
181	100년 전의 풍습에 흥미가 있다.	①	②	③	④	⑤
182	신제품 개발보다 기존 상품을 개선하는 것을 선호한다.	①	②	③	④	⑤
183	손으로 쓴 글씨에 자신이 있다.	①	②	③	④	⑤
184	현재의 삶에 만족한다.	①	②	③	④	⑤
185	내 미래를 밝다고 생각한다.	①	②	③	④	⑤
186	과학보다는 철학에 관심이 있다.	①	②	③	④	⑤
187	원인을 알 수 없으면 반드시 찾아야 한다.	①	②	③	④	⑤
188	무언가에 흥미를 느끼는 데 오래 걸린다.	①	②	③	④	⑤
189	처음 보는 사람에게 물건을 잘 팔 수 있다.	①	②	③	④	⑤
190	언어가 안 통하는 나라에서 잘 생활할 수 있다.	①	②	③	④	⑤
191	시각보다는 청각에 민감한 편이다.	①	②	③	④	⑤
192	큰 건물이 작은 건물보다 좋다.	①	②	③	④	⑤
193	음식을 만드는 것이 물건을 전시하는 것보다 쉽다.	①	②	③	④	⑤
194	안 쓰는 물건을 잘 버리는 편이다.	①	②	③	④	⑤
195	사람의 인상착의나 이름을 잘 외운다.	①	②	③	④	⑤
196	지시를 받는 것보다 지시를 하는 것이 어울린다.	①	②	③	④	⑤
197	규칙적으로 먹고 잔다.	①	②	③	④	⑤
198	처음 겪는 상황에도 빠르게 대처할 수 있다.	①	②	③	④	⑤
199	내가 할 수 있는 것은 내가 한다.	①	②	③	④	⑤
200	이성하고 이야기하는 것이 어렵지 않다.	①	②	③	④	⑤

2
직무능력검사

CHAPTER 01

언어논리력

합격 Cheat Key

| 출제유형 |

1 어휘력

어휘의 의미를 정확하게 알고 있는지 평가하는 유형으로, 밑줄 친 어휘와 같은 의미로 쓰인 어휘를 찾는 문제, 주어진 문장 속에서 사용이 적절하지 않은 어휘를 찾는 문제, 주어진 여러 단어의 뜻을 포괄하는 어휘를 찾는 문제 등이 출제되고 있다.

2 나열하기

문장과 문장 사이의 관계 및 글 전체의 흐름을 읽어낼 수 있는지 평가하는 유형으로, 논리적인 순서에 따라 주어진 글의 문장이나 문단을 나열하는 문제가 출제되고 있다.

3 추론하기

앞뒤 문맥과 글의 전체 흐름을 파악하여 제시된 글의 빈칸에 들어갈 알맞은 문장을 고르는 문제가 출제되고 있다.

| 학습전략 |

1 어휘력

- 어휘가 가진 다양한 의미를 묻는 문제가 주로 출제되므로 어휘의 의미를 정확하게 알고 있어야 한다.
- 다의어의 경우 문장 속에서 어떤 의미로 활용되는지 파악하는 것이 중요하므로 예문과 함께 학습하도록 한다.

2 나열하기

- 문장과 문장을 연결하는 접속어의 쓰임에 대해 정확히 알고 있어야 문제를 풀 수 있다.
- 문장 속에 나타나는 지시어는 해당 문장의 앞에 어떤 내용이 오는지에 대한 힌트가 되므로 이에 집중한다.

3 추론하기

- 지문을 처음부터 끝까지 다 읽기보다는 빈칸의 앞뒤 문장만으로 그 사이에 들어갈 내용을 유추하는 연습을 해야 한다.
- 선택지를 읽으며 빈칸에 들어갈 답을 고른 후 해설과 비교한다. 확실하게 정답을 선택한 경우를 제외하고, 왜 틀렸는지 파악하고 놓친 부분을 반드시 체크하는 습관을 들인다.

01 | 언어논리력 핵심이론

01 ▶ 어휘의 의미

1. 의미 관계

(1) 유의 관계

유의어는 두 개 이상의 어휘가 서로 소리는 다르나 의미가 비슷한 경우로, 유의 관계의 대부분은 개념적 의미의 동일성을 전제로 한다.

(2) 반의 관계

반의어는 둘 이상의 단어에서 의미가 서로 짝을 이루어 대립하는 경우로, 어휘의 의미가 서로 대립되는 단어를 말하며, 이러한 어휘들의 관계를 반의 관계라고 한다. 한 쌍의 단어가 반의어가 되려면, 두 어휘 사이에 공통적인 의미 요소가 있으면서도 동시에 하나의 의미 요소만 달라야 한다.

(3) 상하 관계

상하 관계는 단어의 의미적 계층 구조에서 한쪽이 의미상 다른 쪽을 포함하거나 다른 쪽에 포섭되는 관계를 말한다. 상하 관계를 형성하는 단어들은 상위어일수록 일반적이고 포괄적인 의미를 지니며, 하위어일수록 개별적이고 한정적인 의미를 지니므로 하위어는 상위어를 의미적으로 함의하게 된다. 즉, 상위어가 가지고 있는 의미 특성을 하위어가 자동적으로 가지게 된다.

(4) 부분 관계

부분 관계는 한 단어가 다른 단어의 부분이 되는 관계를 말하며, 전체 – 부분 관계라고도 한다. 부분 관계에서 부분을 가리키는 단어를 부분어, 전체를 가리키는 단어를 전체어라고 한다. 예를 들면, '머리, 팔, 몸통, 다리'는 '몸'의 부분어이며, 이러한 부분어들에 의해 이루어진 '몸'은 전체어이다.

2. 다의어와 동음이의어

다의어(多義語)는 뜻이 여러 개인 낱말을 뜻하고, 동음이의어(同音異義語)는 소리는 같으나 뜻이 다른 낱말을 뜻한다. 중심의미(본래의 의미)와 주변의미(변형된 의미)로 나누어지면 다의어이고, 중심의미와 주변의미로 나누어지지 않고 전혀 다른 의미를 지니면 동음이의어라 한다.

1. 나이와 관련된 어휘

충년(沖年) 지학(志學)	10세 안팎의 어린 나이 15세가 되어 학문에 뜻을 둠
약관(弱冠)	남자 나이 20세 스무 살 전후의 여자 나이는 묘령(妙齡), 묘년(妙年), 방년(芳年), 방령(芳齡) 등이라 칭함
이립(而立)	30세, 『논어』에서 공자가 서른 살에 자립했다고 한 데서 나온 말로 인생관이 섰다는 뜻
불혹(不惑)	40세, 세상의 유혹에 빠지지 않음을 뜻함
지천명(知天命)	50세, 하늘의 뜻을 깨달음
이순(耳順) 화갑(華甲) 진갑(進甲)	60세, 경륜이 쌓이고 사려와 판단이 성숙하여 남의 어떤 말도 거슬리지 않음 61세, 회갑(回甲), 환갑(還甲) 62세, 환갑의 이듬해
고희(古稀) 희수(喜壽)	70세, 두보의 시에서 유래. 마음대로 한다는 뜻의 종심(從心)이라고도 함 77세, '喜'자의 초서체가 '七十七'을 세로로 써놓은 것과 비슷한 데서 유래
산수(傘壽) 망구(望九) 미수(米壽)	80세, '傘'자를 풀면 '八十'이 되는 데서 유래 81세, 90세를 바라봄 88세, '米'자를 풀면 '八十八'이 되는 데서 유래
졸수(卒壽) 망백(望百) 백수(白壽)	90세, '卒'의 초서체가 '九十'이 되는 데서 유래 91세, 100세를 바라봄 99세, '百'에서 '一'을 빼면 '白'
상수(上壽) 다수(茶壽) 천수(天壽)	100세, 사람의 수명 중 최상의 수명 108세, '茶'를 풀면, '十'이 두 개라서 '二十'이고, 아래 '八十八'이니 합하면 108 120세, 병 없이 늙어서 죽음을 맞이하면 하늘이 내려 준 나이를 다 살았다는 뜻

2. 단위와 관련된 어휘

길이	자	한 치의 열 배로 약 30.3cm
	마장	5리나 10리가 못 되는 거리
	발	두 팔을 양옆으로 펴서 벌렸을 때 한쪽 손끝에서 다른 쪽 손끝까지의 길이
	길	여덟 자 또는 열 자로 약 2.4m 또는 3m. 사람 키 정도의 길이
	치	한 자의 10분의 1 또는 약 3.03cm
	칸	여섯 자로, 1.81818m
	뼘	엄지손가락과 다른 손가락을 완전히 펴서 벌렸을 때에 두 끝 사이의 거리
넓이	길이	논밭 넓이의 단위. 소 한 마리가 하루에 갈 만한 넓이로, 약 2,000평 정도
	단보	땅 넓이의 단위. 1단보는 남한에서는 300평으로 991.74m², 북한에서는 30평으로 99.174m²
	마지기	논밭 넓이의 단위. 볍씨 한 말의 모 또는 씨앗을 심을 만한 넓이로, 논은 약 150 ~ 300평, 밭은 약 100평 정도
	되지기	논밭 넓이의 단위. 볍씨 한 되의 모 또는 씨앗을 심을 만한 넓이로 한 마지기의 10분의 1
	섬지기	논밭 넓이의 단위. 볍씨 한 섬의 모 또는 씨앗을 심을 만한 넓이로 한 마지기의 열 배이며 논은 약 2,000평, 밭은 약 1,000평
	간	건물의 칸살의 넓이를 잴 때 사용. 한 간은 보통 여섯 자 제곱의 넓이

부피	홉	곡식, 가루, 액체 따위의 부피를 잴 때 쓰는 단위. 한 되의 10분의 1로 약 180mL
	되	곡식, 가루, 액체 따위의 부피를 잴 때 쓰는 단위. 한 말의 10분의 1, 한 홉의 열 배로 약 1.8L
	말	곡식, 액체, 가루 따위의 부피를 잴 때 쓰는 단위. 한 되의 10배로 약 18L
	섬	곡식, 액체, 가루 따위의 부피를 잴 때 쓰는 단위. 한 말의 10배로 약 180L
	되들이	한 되를 담을 수 있는 분량
	줌	한 손에 쥘 만한 분량
	춤	가늘고 기름한 물건을 한 손으로 쥘 만한 분량
무게	냥	귀금속이나 한약재 따위의 무게를 잴 때 쓰는 단위. 귀금속의 무게를 잴 때는 한 돈의 열 배이고, 한약재의 무게를 잴 때는 한 근의 16분의 1로 37.5g
	돈	귀금속이나 한약재 따위의 무게를 잴 때 쓰는 단위. 한 냥의 10분의 1, 한 푼의 열 배로 3.75g
	푼	귀금속이나 한약재 따위의 무게를 잴 때 쓰는 단위. 한 돈의 10분의 1로, 약 0.375g
	냥쭝	한 냥쯤 되는 무게
	돈쭝	한 돈쯤 되는 무게
묶음	갓	굴비·비웃 따위 10마리, 또는 고비·고사리 따위 10모숨을 한 줄로 엮은 것
	강다리	쪼갠 장작을 묶어 세는 단위. 쪼갠 장작 100개비
	거리	오이나 가지 50개
	고리	소주를 사발에 담은 것을 묶어 세는 단위로, 한 고리는 소주 10사발
	꾸러미	꾸리어 싼 물건을 세는 단위. 달걀 10개를 묶어 세는 단위
	담불	곡식이나 나무를 높이 쌓아 놓은 무더기. 벼 100섬씩 묶어 세는 단위
	동	물건을 묶어 세는 단위. 먹 10정, 붓 10자루, 생강 10접, 피륙 50필, 백지 100권, 곶감 100접, 볏짚 100단, 조기 1,000마리, 비웃 2,000마리
	마투리	곡식의 양을 섬이나 가마로 잴 때, 한 섬이나 한 가마가 되지 못하고 남은 양
	모숨	길고 가느다란 물건의, 한 줌 안에 들어올 만한 분량
	뭇	짚, 장작, 채소 따위의 작은 묶음을 세는 단위. 볏단을 세는 단위. 생선 10마리, 미역 10장
	새	피륙의 날을 세는 단위. 한 새는 날실 여든 올
	쌈	바늘을 묶어 세는 단위. 한 쌈은 바늘 24개
	손	한 손에 잡을 만한 분량을 세는 단위. 고등어 따위의 생선 2마리
	우리	기와를 세는 단위. 한 우리는 기와 2,000장
	접	채소나 과일 따위를 묶어 세는 단위. 한 접은 100개
	제	한약의 분량을 나타내는 단위. 한 제는 탕약 20첩
	죽	옷, 그릇 따위의 열 벌을 묶어 이르는 말
	축	오징어를 묶어 세는 단위. 한 축은 오징어 20마리
	쾌	북어를 묶어 세는 단위. 한 쾌는 북어 20마리
	톳	김을 묶어 세는 단위. 한 톳은 김 100장
	필	명주 40자

3. 지칭과 관련된 어휘

구분		생존	사망
본인	아버지	가친(家親), 엄친(嚴親), 가군(家君)	선친(先親), 선군(先君), 망부(亡父)
	어머니	자친(慈親)	선비(先妣), 선자(先慈), 망모(亡母)
타인	아버지	춘부장(椿府丈)	선대인(先大人)
	어머니	자당(慈堂)	선대부인(先大夫人)

4. 절기와 관련된 어휘

봄	입춘	봄의 문턱에 들어섰다는 뜻으로, 봄의 시작을 알리는 절기 [2월 4일경]
	우수	봄비가 내리는 시기라는 뜻 [2월 18일경]
	경칩	개구리가 잠에서 깨어난다는 의미로, 본격적인 봄의 계절이라는 뜻 [3월 5일경]
	춘분	봄의 한가운데로, 낮이 길어지는 시기 [3월 21일경]
	청명	하늘이 맑고 높다는 뜻으로, 전형적인 봄 날씨가 시작되므로 농사 준비를 하는 시기 [4월 5일경]
	곡우	농사에 필요한 비가 내리는 시기라는 뜻 [4월 20일경]
여름	입하	여름의 문턱에 들어섰다는 뜻으로, 여름의 시작을 알리는 절기 [5월 5일경]
	소만	조금씩 차기 시작한다는 뜻으로, 곡식이나 과일의 열매가 생장하여 가득 차기 시작하는 절기 [5월 21일경]
	망종	수염이 있는 곡식, 즉 보리·수수 같은 곡식은 추수를 하고 논에 모를 심는 절기 [6월 6일경]
	하지	여름의 중간으로 낮이 제일 긴 날 [6월 21일경]
	소서	작은 더위가 시작되는 절기로 한여름에 들어선 절기 [7월 7~8일경]
	대서	큰 더위가 시작되는 절기로 가장 더운 여름철이란 뜻 [7월 24일경]
가을	입추	가을의 문턱에 들어섰다는 뜻으로, 가을의 시작을 알리는 절기 [8월 8~9일경]
	처서	더위가 식고 일교차가 커지면서 식물들이 성장을 멈추고 겨울 준비를 하는 절기 [8월 23일경]
	백로	흰 이슬이 내리는 시기로 기온은 내려가고 본격적인 가을이 시작되는 시기 [9월 8일경]
	추분	밤이 길어지는 시기이며 가을의 한가운데라는 뜻 [9월 23일경]
	한로	찬 이슬이 내린다는 뜻 [10월 8일경]
	상강	서리가 내린다는 뜻 [10월 23일경]
겨울	입동	겨울의 문턱에 들어섰다는 뜻으로, 겨울의 시작을 알리는 절기 [11월 8일경]
	소설	작은 눈이 내린다는 뜻으로, 눈이 내리고 얼음이 얼기 시작하는 절기 [11월 22~23일경]
	대설	큰 눈이 내리는 절기 [12월 8일경]
	동지	밤이 가장 긴 날로 겨울의 한가운데라는 뜻 [12월 22~23일경]
	소한	작은 추위라는 뜻으로, 본격적인 추위가 시작되는 절기 [1월 6~7일경]
	대한	큰 추위가 시작된다는 뜻으로, 한겨울 [1월 20일경]

5. 접속어

순접	앞의 내용을 순조롭게 받아 연결시켜 주는 역할 예 그리고, 그리하여, 그래서, 이와 같이, 그러므로 등
역접	앞의 내용과 상반된 내용을 이어 주는 역할 예 그러나, 그렇지만, 하지만, 그래도, 반면에 등
인과	앞뒤의 문장을 원인과 결과로, 또는 결과와 원인으로 연결시켜 주는 역할 예 그래서, 따라서, 그러므로, 왜냐하면 등
환언·요약	앞 문장을 바꾸어 말하거나 간추려 짧게 말하며 이어 주는 역할 예 즉, 요컨대, 바꾸어 말하면, 다시 말하면 등
대등·병렬	앞 내용과 뒤의 내용을 대등하게 이어 주는 역할 예 또는, 혹은, 및, 한편 등
전환	뒤의 내용이 앞의 내용과는 다른, 새로운 생각이나 사실을 서술하여 화제를 바꾸어 이어 주는 역할 예 그런데, 한편, 아무튼, 그러면 등
예시	앞 문장에 대한 구체적인 예를 들어 설명하며 이어 주는 역할 예 예컨대, 이를테면, 가령, 예를 들어 등

논리구조에서는 주로 단락과 문장 간의 관계나 글 전체의 논리적 구조를 정확히 파악했는지를 묻는다. 글의 순서를 바르게 배열하는 유형이 출제되고 있다. 제시문의 전체적인 흐름을 바탕으로 각 문단의 특징, 단락 간의 역할 등을 논리적으로 구조화할 수 있는 능력을 길러야 한다.

(1) 문장의 관계와 원리

① 문장과 문장 간의 관계

㉠ 상세화 관계 : 주지 → 구체적 설명(비교, 대조, 유추, 분류, 분석, 인용, 예시, 비유, 부연, 상술 등)

㉡ 문제(제기)와 해결 관계 : 한 문장이 문제를 제기하고, 다른 문장이 그 해결책을 제시하는 관계(과제 제시 → 해결 방안, 문제 제기 → 해답 제시)

㉢ 선후 관계 : 한 문장이 먼저 발생한 내용을 담고, 다음 문장이 나중에 발생한 내용을 담고 있는 관계

㉣ 원인과 결과 관계 : 한 문장이 원인이 되고, 다른 문장이 그 결과가 되는 관계(원인 제시 → 결과 제시, 결과 제시 → 원인 제시)

㉤ 주장과 근거 관계 : 한 문장이 필자가 말하고자 하는 바(주지)가 되고, 다른 문장이 그 문장의 증거(근거)가 되는 관계(주장 제시 → 근거 제시, 의견 제안 → 의견 설명)

㉥ 전제와 결론 관계 : 앞 문장에서 조건이나 가정을 제시하고, 뒤 문장에서 이에 따른 결론을 제시하는 관계

② 문장의 연결 방식

㉠ 순접 : 원인과 결과, 부연 설명 등의 문장 연결에 쓰임

예 그래서, 그리고, 그러므로 등

㉡ 역접 : 앞글의 내용을 전면적 또는 부분적으로 부정

예 그러나, 그렇지만, 그래도, 하지만 등

㉢ 대등·병렬 : 앞뒤 문장의 대비와 반복에 의한 접속

예 및, 혹은, 또는, 이에 반하여 등

㉣ 보충·첨가 : 앞글의 내용을 보다 강조하거나 부족한 부분을 보충하기 위해 다른 말을 덧붙이는 문맥

예 단, 곧, 즉, 더욱이, 게다가, 왜냐하면 등

㉤ 화제 전환 : 앞글과는 다른 새로운 내용을 이야기하기 위한 문맥

㉥ 비유·예시 : 앞글에 대해 비유적으로 다시 말하거나 구체적인 예를 보임

예 예를 들면, 예컨대, 마치 등

③ 원리 접근법

앞뒤 문장의 중심의미 파악	→	앞뒤 문장의 중심 내용이 어떤 관계인지 파악	→	문장 간의 접속어, 지시어의 의미와 기능	→	문장의 의미와 관계성 파악
각 문장의 의미를 어떤 관계로 연결해서 글을 전개하는지 파악해야 한다.		지문 안의 모든 문장은 서로 논리적 관계성이 있다.		접속어와 지시어를 음미하는 것은 독해의 길잡이 역할을 한다.		문단의 중심 내용을 알기 위한 기본 분석 과정이다.

04 ▶ 논리적 이해

(1) 전제의 추론

전제의 추론은 원칙적으로 주어진 내용의 이면에 내포되어 있는 이미 옳다고 인정된 사실을 유추하는 유형이다.
① 먼저 주장이 무엇인지 명확하게 파악해야 한다.
② 주장이 성립하기 위해서 논리적으로 필요한 요건이 무엇인지 생각해 본다.
③ 선택지 중 주장과 논리적으로 인과 관계를 형성할 수 있는 조건을 찾아낸다.

(2) 결론의 추론

주어진 내용을 명확히 이해한 다음, 이를 근거로 이끌어 낼 수 있는 올바른 결론이나 관련 사항을 논리적인 관점에서 찾는 문제 유형이다. 이와 같은 문제는 평상시 비판적이고 논리적인 관점으로 글을 읽는 연습을 충분히 해 두어야 유리하다고 볼 수 있다.

(3) 주제의 추론

주제와 관련된 추론 문제는 적성검사에서 자주 출제되는 유형으로서, 글의 표제, 부제, 주제, 주장, 의도를 파악하는 형태의 문제와 같은 유형이다. 이러한 유형의 문제는 주제를 글의 첫 문단이나 마지막 문단을 통해서 찾을 수 있으며, 그렇지 않으면 문단의 병렬·대등 관계를 파악하면 쉽게 찾을 수 있다. 여러 문단에서 공통된 주제를 추론할 때는, 각각의 제시문을 먼저 요약한 뒤, 핵심 키워드를 찾은 다음, 이를 토대로 주제문을 가려내어 하나의 주제를 유추하면 된다. 평소에 제시문을 읽고, 핵심 키워드를 찾아 문장을 구성하는 연습을 많이 해두어야 한다. 또한, 겉으로 드러난 주제나 정보를 찾는 데 그치지 않고 글 속에 숨겨진 의도나 정보를 찾기 위해 꼼꼼히 관찰하는 태도가 필요하다.

01 | 언어논리력 기출예상문제

정답 및 해설 p.002

01 ▶ 어휘력

대표유형 1 유의어

다음 제시된 단어와 같거나 유사한 의미를 가진 것은?

아성

① 근거

② 유예

③ 유린

④ 요원

| 해설 | • 아성(牙城) : 아주 중요한 근거지를 비유적으로 이르는 말
• 근거 : 근본이 되는 거점. 또는 어떤 일이나 의논, 의견에 그 근본이 됨

오답분석
② 유예 : 망설여 일을 결행하지 아니함
③ 유린 : 남의 권리나 인격을 짓밟음
④ 요원 : 까마득함

정답 ①

※ 다음 제시된 단어와 같거나 유사한 의미를 가진 것을 고르시오. [1~10]

01

선언

① 공표

② 추종

③ 거절

④ 주장

02

희망

① 특별　　　　　　　　　　② 효과

③ 효능　　　　　　　　　　④ 염원

03

개선

① 개량　　　　　　　　　　② 부족

③ 허용　　　　　　　　　　④ 승낙

04

풍부하다

① 넉넉하다　　　　　　　　② 부족하다

③ 소박하다　　　　　　　　④ 한적하다

05

읍소하다

① 읍례하다　　　　　　　　② 간색하다

③ 가붓하다　　　　　　　　④ 애걸하다

06

비추다

① 조명하다　　　　　　　　② 조회하다

③ 대조하다　　　　　　　　④ 투조하다

07

간담상조(肝膽相照)

① 해로동혈(偕老同穴)　　② 반포보은(反哺報恩)
③ 문경지교(刎頸之交)　　④ 각골통한(刻骨痛恨)

08

주장낙토(走獐落兔)

① 이록위마(以鹿爲馬)　　② 정저지와(井底之蛙)
③ 견란구계(見卵求鷄)　　④ 사공중곡(射空中鵠)

09

조율이시(棗栗梨柿)

① 주과포혜(酒果脯醯)　　② 과숙체락(瓜熟蒂落)
③ 도방고리(道傍苦李)　　④ 석과불식(碩果不食)

10

일람첩기(一覽輒記)

① 과목성송(過目成誦)　　② 기문지학(記問之學)
③ 미진보벌(迷津寶筏)　　④ 현두자고(懸頭刺股)

다음 제시된 단어와 반대되는 의미를 가진 것은?

존경

① 존중　　　　　　　　　　② 관심

③ 숭배　　　　　　　　　　④ 멸시

> | 해설 |　• 존경 : 남의 인격, 사상, 행위 따위를 받들어 공경함
> 　　　　• 멸시 : 업신여기거나 하찮게 여겨 깔봄
>
> 오답분석
> ① 존중 : 높이어 귀중하게 대함
> ② 관심 : 어떤 것에 마음이 끌려 주의를 기울임. 또는 그런 마음이나 주의
> ③ 숭배 : 우러러 공경함
>
> 정답 ④

※ 다음 제시된 단어와 반대되는 의미를 가진 것을 고르시오. [11~20]

11

손방

① 손바람　　　　　　　　　② 난든집

③ 잡을손　　　　　　　　　④ 매무시

12

겸양하다

① 섬세하다　　　　　　　　② 거만하다

③ 고수하다　　　　　　　　④ 지정하다

13

취직

① 퇴직   ② 직업

③ 직장   ④ 직무

14

저열하다

① 졸렬하다   ② 야비하다

③ 고매하다   ④ 천하다

15

겸손

① 거만   ② 고정

③ 기발   ④ 염세

16

든직하다

① 붓날다   ② 사랑옵다

③ 무덕지다   ④ 얄망궂다

17

금의환향(錦衣還鄕)

① 입신양명(立身揚名)　　　　　　② 부귀공명(富貴功名)
③ 무면도강(無面渡江)　　　　　　④ 의금주행(衣錦晝行)

18

군계일학(群鷄一鶴)

① 철중쟁쟁(鐵中錚錚)　　　　　　② 태산북두(泰山北斗)
③ 천재일우(千載一遇)　　　　　　④ 낭중지추(囊中之錐)

19

혼용무도(昏庸無道)

① 일사불란(一絲不亂)　　　　　　② 평지풍파(平地風波)
③ 옥석혼효(玉石混淆)　　　　　　④ 지리멸렬(支離滅裂)

20

만시지탄(晚時之歎)

① 망양보뢰(亡羊補牢)　　　　　　② 서제막급(噬臍莫及)
③ 견기이작(見機而作)　　　　　　④ 사후약방문(死後藥方文)

다음 제시된 의미를 가진 단어로 가장 적절한 것은?

> 근육 따위가 오그라들거나 사물의 부피나 규모가 줆

① 수상   ② 수축
③ 수준   ④ 수렴

|해설| 제시된 의미를 가진 단어는 '수축(收縮)'이다.
오답분석
① 수상(殊常) : 보통과는 달리 이상하여 의심스러움
③ 수준(水準) : 사물의 가치나 질 따위의 기준이 되는 일정한 표준이나 정도
④ 수렴(收斂) : 돈이나 물건 따위를 거두어들임. 또는 사물을 오그라들게 함

정답 ②

※ 다음 제시된 의미를 가진 단어로 가장 적절한 것을 고르시오. [21~23]

21

> 행동이나 성질이 너절하고 더럽다.

① 비루하다   ② 비대하다
③ 비약하다   ④ 비장하다

22

> 이미 제출하였던 것이나 주장하였던 것을 다시 회수하거나 번복하다.

① 정리하다   ② 가다듬다
③ 철회하다   ④ 개선하다

23

> 서슬에 불쑥 일어난 감정이 풀어지다.

① 섰삭다   ② 어름지다
③ 설설하다   ④ 여울지다

24

> ㉠ 사람이 살고 있는 모든 사회
> ㉡ 지구상의 모든 나라
> ㉢ 각각 내놓거나 나옴
> ㉣ 같은 목적을 위하여 여러 사람이 돈을 나누어 냄

	㉠	㉡	㉢	㉣
①	세상	세계	갹출	각출
②	세상	세계	각출	갹출
③	세계	세상	갹출	각출
④	세계	세상	각출	갹출

25

> ㉠ 힘이나 능력이 남에게 눌리다.
> ㉡ 무릎을 구부려 바닥에 닿게 하다.
> ㉢ 감정이 북받쳐 목소리가 잘 나지 않게 되다.
> ㉣ 끈이나 줄 따위로 풀어지지 않게 하다.

	㉠	㉡	㉢	㉣
①	꿇리다	꿇리다	메이다	매이다
②	꿇리다	꿇리다	매이다	메이다
③	꿀리다	꿇리다	메이다	매이다
④	꿀리다	꿇리다	매이다	메이다

※ 다음 제시된 뜻을 모두 가진 단어를 고르시오. [26~28]

26

⊙ 어떤 위치에서 물러나다.
ⓒ 의무나 책임을 면하다.
ⓒ 누명을 씻다.
ⓔ 어수룩하거나 미숙한 태도를 없애다.

① 가다   ② 쓰다
③ 씻다   ④ 벗다

27

⊙ 대상물을 힘껏 건드리다.
ⓒ 분한 마음을 일으키다.
ⓒ 양쪽 사이를 막대기나 줄로 가로 건너막거나 내리꽂다.
ⓔ 후각을 자극하다.

① 지르다   ② 가르다
③ 비집다   ④ 데치다

28

⊙ 물건을 찾기 위해 뒤지다.
ⓒ 어깨를 위로 올리다.
ⓒ 일정한 목표를 향하여 이동하다.
ⓔ 업거나 진 것을 치밀어서 위로 올리다.

① 추다   ② 기다
③ 쑤다   ④ 비다

29

> 이번 기회에 꼭 합격하기로 마음을 <u>먹었다</u>.

① 상대의 반칙에 앙금을 <u>먹고</u> 복수하였다.
② 실수로 연탄가스를 <u>마셨다</u>.
③ 상대방의 공격에 겁을 <u>먹어</u> 움직일 수가 없었다.
④ 주어진 시험에서 1등을 <u>먹었다</u>.

30

> 구석에 숨어 찾아 그곳에서 일어나는 상황을 <u>엿볼</u> 수 있었다.

① 너무 궁금해서 쥐구멍을 통해 <u>엿보았다</u>.
② 좁은 문틈으로 무엇을 하고 있는지 <u>엿보았다</u>.
③ 골목 뒤에서 기회를 <u>엿보다가</u> 친구를 놀라게 해 주었다.
④ 이번에 고백할 여인의 마음을 <u>엿보고</u> 싶다.

대표유형 1 문단 나열

다음 문장을 논리적 순서대로 바르게 나열한 것은?

> (가) 그런데 책으로 된 종이 사전과 머릿속 사전의 조직은 서로 다른 것으로 보인다.
> (나) 예컨대 '청진기'라는 단어 대신에, 사전에서 그 다음에 배열될 것으로 예상되는 '청진선'이 선택되는 식이다. 그러나 그런 경우는 드물다.
> (다) '사전'하면 흔히 'ㄱ, ㄴ, ㄷ' 순으로 배열된 국어사전을 떠올리지만, 인간의 머릿속에도 사전이 있는 것으로 생각된다. 이를 '머릿속 사전'이라 부른다.
> (라) 만약 머릿속 사전도 이와 동일한 방식으로 조직되어 있다면 말실수를 할 때 한글 자모 순서상 가장 근접해 있는 단어가 선택될 것이다.
> (마) 종이 사전은 한글 자모 순서로 단어들을 배열하는 것이 표준이다.
> (바) 가장 가까이 있으므로 그 단어를 얼른 생각해 낼 것으로 예측되기 때문이다.

① (다) – (가) – (마) – (라) – (바) – (나)
② (다) – (나) – (마) – (라) – (가) – (바)
③ (마) – (다) – (가) – (나) – (라) – (바)
④ (마) – (바) – (나) – (다) – (가) – (라)

| 해설 | 제시문은 머릿속 사전에 관한 글이다. 따라서 (다) 머릿속 사전에 대한 정보 – (가) 종이 사전과 머릿속 사전의 차이 – (마) 종이 사전의 배열 : 한글 자모 순서 – (라) 머릿속 사전의 배열 – (바) 머릿속 사전이 종이사전과 다른 이유 – (나) 예시 순으로 나열하는 것이 적절하다.

정답 ①

※ 다음 문장을 논리적 순서대로 바르게 나열한 것을 고르시오. [1~5]

01

> (가) 그래서 부모나 교사로부터 영향을 받을 가능성이 큽니다.
> (나) 이는 성인이 경험을 통해서 자신의 판단력을 향상시킬 수 있는 데 비해 청소년은 그럴 기회가 별로 없기 때문입니다.
> (다) 대다수 청소년은 정치적 판단 능력이 성숙하지 않습니다.
> (라) 따라서 청소년에게 정치적 판단에 대한 책임을 지우기 전에 이를 감당할 수 있도록 돕는 것이 우선이라고 봅니다.

① (다) – (가) – (나) – (라)　　　　② (다) – (나) – (라) – (가)
③ (다) – (라) – (가) – (나)　　　　④ (다) – (라) – (나) – (가)

02

(가) 친환경 농업은 최소한의 농약과 화학비료만을 사용하거나 전혀 사용하지 않은 농산물을 일컫는다. 친환경 농산물이 주목받는 이유는 우리가 먹고 마시는 것들이 우리네 건강과 직결되기 때문이다.

(나) 사실상 병충해를 막고 수확량를 늘리는 데 있어, 농약은 전 세계에 걸쳐 관행적으로 사용됐다. 깨끗이 씻어도 쌀에 남아있는 잔류농약을 완전히 제거하기는 어렵다. 잔류농약은 아토피와 각종 알레르기를 유발한다. 출산율을 저하하고 유전자 변이의 원인이 되기도 한다. 특히 제초제 성분이 체내에 들어올 경우, 면역체계에 치명적인 손상을 일으킨다.

(다) 미국환경보호청은 제초제 성분의 60%를 발암물질로 규정했다. 결국 더 많은 농산물을 재배하기 위한 농약과 제초제 사용이 오히려 인체에 치명적인 피해를 줄지 모를 '잠재적 위험요인'으로 자리매김한 셈이다.

① (가) – (나) – (다) 　　② (나) – (가) – (다)
③ (나) – (다) – (가) 　　④ (다) – (가) – (나)

03

(가) 환경영향평가제도는 각종 개발 사업이 환경에 끼치는 영향을 예측하고 분석하여 부정적인 환경 영향을 줄이는 방안을 마련하는 수단이다.

(나) 그리하여 각종 개발 계획의 추진 단계에서부터 환경을 고려하는 환경영향평가제도가 도입되었다.

(다) 개발로 인해 환경오염이 심각해지고 자연 생태계가 파괴됨에 따라 오염 물질의 처리시설 설치와 같은 사후 대책만으로는 환경 문제에 대한 해결이 어려워졌다.

(라) 그 결과 환경영향평가제도는 환경 훼손을 최소화하고 환경 보전에 대한 사회적 인식을 제고하는 등 개발과 보전 사이의 균형추 역할을 수행해 왔다.

① (가) – (다) – (나) – (라) 　　② (가) – (다) – (라) – (나)
③ (나) – (라) – (다) – (가) 　　④ (라) – (다) – (나) – (가)

04

(가) 이에 대하여 다른 쪽에서는 그것은 하나만 알고 둘은 모르는 소리라고 반박한다. 자연에 손을 댄 편의 시설을 만들면 지금 당장은 편리하겠지만, 나중에는 인간이 큰 손해가 될 수 있다는 것이다.

(나) 한쪽에서는 현재 인간이 겪고 있는 상황을 고려해 볼 때 자연에 손을 대는 일은 불가피하며, 그 과정에서 생기는 일부 손실은 감내해야 한다고 주장한다.

(다) 최근 들어 나라 곳곳에서 큰 규모로 이루어지는 여러 가지 '자연 개발'에 대하여 상반된 주장이 맞서고 있다.

(라) 한편으로는 이 두 주장 모두 편향적인 시각이라는 비판도 있다. 두 주장 모두 어디까지나 인간을 모든 것의 중심에 놓고, 막상 그 대상인 자연의 입장은 전혀 고려하지 않았다는 것이다.

① (나) – (가) – (라) – (다)   ② (나) – (라) – (가) – (다)
③ (다) – (나) – (가) – (라)   ④ (라) – (가) – (다) – (나)

05

(가) 그렇지만 그러한 위험을 감수하면서 기술 혁신에 도전했던 기업가와 기술자의 노력 덕분에 산업의 생산성은 지속적으로 향상되었고, 지금 우리는 그 혜택을 누리고 있다.

(나) 산업 기술은 적은 비용으로 더 많은 생산이 가능하도록 제조 공정의 효율을 높이는 방향으로 발전해 왔다.

(다) 기술 혁신의 과정은 과다한 비용 지출이나 실패의 위험이 도사리고 있는 험난한 길이기도 하다.

(라) 이러한 기술 발전은 제조 공정의 일부를 서로 결합함으로써 대폭적인 비용 절감을 가능하게 하는 기술 혁신을 통하여 이루어진다.

① (나) – (다) – (가) – (라)   ② (나) – (라) – (다) – (가)
③ (다) – (나) – (가) – (라)   ④ (다) – (라) – (가) – (나)

다음 글에서 〈보기〉의 문장이 들어갈 위치로 가장 적절한 곳은?

그럼 이제부터 제형에 따른 특징과 복용 시 주의점을 알아보겠습니다. 먼저 산제나 액제는 복용해야 하는 용량에 맞게 미세하게 조절이 가능합니다. 그리고 정제나 캡슐제에 비해 노인이나 소아가 약을 삼키기 쉽고 약효도 빠르게 나타납니다. (가) 캡슐제는 캡슐로 약물을 감싸서 자극이 강한 약물을 복용할 때 생기는 불편을 줄일 수 있고, 정제로 만들면 약효가 떨어질 수 있는 경우에 사용되어 약효를 유지할 수 있습니다. (나) 하지만 캡슐제는 캡슐이 목구멍이나 식도에 달라붙을 수 있기 때문에 충분한 양의 물과 함께 복용해야 합니다. (다)

그리고 정제는 일정한 형태로 압축되어 있어 산제나 액제에 비해 보관이 간편하고 정량을 복용하기 쉽습니다. 이러한 정제는 약물의 성분이 빠르게 방출되는 속방정과 서서히 지속적으로 방출되는 서방정으로 구분할 수 있습니다. (라) 서방정은 오랜 시간 일정하게 약의 효과를 유지할 수 있어 복용 횟수를 줄일 수 있습니다. 그런데 서방정은 함부로 쪼개거나 씹어서 먹으면 안 됩니다. 왜냐하면 약물의 방출 속도가 달라져 부작용의 위험이 커질 수 있기 때문입니다.

오늘 강연 내용은 유익하셨나요? 이번 강연이 약에 대한 이해를 높일 수 있는 계기가 되었으면 합니다. 또한 약과 관련해 더 궁금한 내용이 있다면 '의약품 안전나라'를 통해 찾아보실 수 있습니다. 마지막으로 상세한 복약 정보는 꼭 의사나 약사에게 확인하시기 바랍니다. 경청해 주셔서 감사합니다.

> **보기**
>
> 하지만 이 둘은 정제에 비해 변질되기 쉬우므로 특히 보관에 주의해야 하고 복용 전 변질 여부를 잘 확인해야 합니다.

① (가)　　　　　　　　　　　② (나)

③ (다)　　　　　　　　　　　④ (라)

| **해설** | 보기의 '이 둘'은 제시문의 산제와 액제를 의미하므로 이 둘에 관해 설명하고 있는 위치에 들어가야 함을 알 수 있다. 또 상반되는 사실을 나타내는 두 문장을 이어 줄 때 사용하는 접속어 '하지만'을 통해 산제와 액제의 단점을 이야기하는 보기 문장 앞에는 산제와 액제의 장점에 관한 내용이 와야 함을 알 수 있다. 따라서 (가)에 들어가는 것이 가장 적절하다.

정답 ①

PART 2

06

(가) 자연계는 무기적인 환경과 생물적인 환경이 상호 연관되어 있으며 그것은 생태계로 불리는 한 시스템을 이루고 있음이 밝혀진 이래, 이 이론은 자연을 이해하기 위한 가장 기본이 되는 것으로 받아들여지고 있다. (나) 그동안 인류는 더 윤택한 삶을 누리기 위하여 산업을 일으키고 도시를 건설하며 문명을 이룩해왔다. (다) 이로써 우리의 삶은 매우 윤택해졌으나 우리의 생활환경은 오히려 훼손되고 있으며 환경오염으로 인한 공해가 누적되고 있고, 우리 생활에서 없어서는 안 될 각종 자원도 바닥이 날 위기에 놓이게 되었다. (라) 따라서 낭비되는 자원, 그리고 날로 황폐해져 가는 자연에 대하여 우리가 해야 할 시급한 임무가 무엇인지를 깨닫고, 이를 실천하기 위해 모두의 지혜와 노력을 모아야만 한다.

> **보기**
>
> 만약 우리가 이 위기를 슬기롭게 극복해내지 못한다면 인류는 머지않아 파멸에 이르게 될 것이다.

① (가) ② (나)
③ (다) ④ (라)

07

유기농 농법으로 키운 작물보다 유전자 변형 식품이 더 안전할 수 있다. 사람들은 식품에 '자연산'이라는 표시가 있으면 무조건 안전하려니 믿는 경향이 있다. (가) 특히 유기농 식품이라면 무조건 좋다고 생각하는 사람이 많다. (나) 하지만 유기농 식품이 더 위험할 수 있다. (다) 이렇게 보면 자연식품이 안전하고 더 몸에 좋을 것이라는 생각은 편견일 가능성이 많다. (라) 자연 또는 천연이라는 말이 반드시 안전을 의미하지는 않는 것이다.

> **보기**
>
> 세균 오염으로 인한 치명적인 결과를 초래할 수 있기 때문이다.

① (가) ② (나)
③ (다) ④ (라)

08

(가) 턱관절(악관절)이란 양쪽 손가락을 바깥귀길(외이도) 앞쪽에 대고 입을 벌릴 때 움직이는 것을 알 수 있는 얼굴 부위의 유일한 관절이다. 사람의 머리뼈는 여러 개의 뼈가 맞물려 뇌를 보호하도록 되어 있는 구조인데, 그중 머리 옆을 덮고 있는 좌우 관자뼈의 아래쪽에는 턱관절오목(하악와, 하악골과 접하기 때문에 붙여진 이름)이라 불리는 오목한 곳이 있다. (나) 국민건강보험공단이 2010년부터 2015년까지 건강보험 지급 자료를 분석한 내용에 따르면, 주 진단명으로 '턱관절 장애'를 진료받은 환자는 2010년 25만 명에서 2015년 35만 명으로 40.5% 증가하였으며, 여성이 남성보다 1.5배 정도 더 많은 것으로 나타났다. (다) 2015년 성별·연령대별 진료 현황을 살펴보면, 20대(9만 4천 명, 26.9%)가 가장 많았고, 10대(6만 명, 17.1%), 30대(5만 6천 명, 16.1%) 순이었으며, 젊은 연령층의 여성 진료 인원이 많은 것으로 나타났다. 20대 여성이 5만 5천 명으로 같은 연령대 남성 3만 8천 명보다 1.4배 많았으며, 30대와 40대는 1.7배 등 9세 이하를 제외한 전 연령대에서 여성 진료 인원이 많았다. (라) 2015년 연령대별 인구 10만 명당 진료 인원에서도 20대 여성이 1,736명으로 가장 많았고, 다음으로 10대 1,283명, 30대 927명 순으로 나타났다. 남성은 20대가 1,071명으로 가장 많았고, 9세 이하가 45명으로 가장 적었다. 진료 형태별로 '턱관절 장애' 진료 인원을 비교해 본 결과, 외래 진료 인원은 2010년 24만 8천 명에서 2015년 34만 8천 명으로 40.4%로 증가하였고, 입원 진료자 수도 2010년 322명에서 2015년 445명으로 38.2% 증가하였다.

보기

국민건강보험공단 일산병원 치과 김○○ 교수는 20대 여성 환자가 많은 이유에 대해 "턱관절 장애는 턱관절과 주위 저작근 등의 이상으로 나타나는 기질적 요인도 있으나, 정서적(또는 정신적) 기여 요인 또한 영향을 미치는 것으로 알려져 있다. 턱관절 장애는 스트레스, 불안감 또는 우울증 등이 요인으로 작용할 수 있다. 일반적으로 여성이 턱관절 이상 증상에 대해서 더 민감하게 받아들이는 것으로 알려져 있다. 한 가지 고려 사항으로는 아직 명확하게 밝혀진 것은 아니나, 최근 여성호르몬이 턱관절 장애의 병인에 영향을 줄 수 있는 것으로 보고된 바 있다."라고 설명하였다.

① (가)   ② (나)

③ (다)   ④ (라)

09

(가) '원시인'이라는 말은 아프리카·남태평양·아메리카 및 아시아 등지의 지역에 사는 원주민을 일컫는 일반적인 명칭이다. 원주민들이 유럽인들에 의해 발견된 것은 주로 15세기에서 19세기 사이였으며, 어떤 경우에는 20세기까지 포함되기도 한다. 현대에 발견되는 원시인은 대부분 선사 시대인이나 현대 유럽인과 신체적으로 다르지만, 그들을 원시인이라고 판단하는 기준은 그들의 신체적 특징이 아닌 문화적 발달단계에 의한 것이다. 원시인의 문화적 발달단계는 혹자가 '야만적'이라고 표현하는 단계부터 비교적 고도로 발달된 단계까지 다양하다. 그래서 원시인이라는 단어는 그 자체의 의미상 규정이 명확하지 않다.

(나) 우리들 자신의 문명을 표준으로 삼는 일조차 그 문명의 어떤 측면이나 특징을 결정적인 것으로 생각하는가 하는 문제가 발생한다. 보통 규범체계, 과학지식, 기술적 성과와 같은 요소를 생각할 수 있다. 이러한 측면에서 원시 문화를 살펴보면, 현대의 문화와 동일한 종류는 아니지만, 같은 기준 선상에서의 평가가 가능하다. 대부분의 원시 부족은 고도로 발달된 규범 체계를 갖고 있었다. 헌법으로 규정된 국가 조직과 관습으로 규정된 부족 조직 사이에는 본질적인 차이가 없으며, 원시인들 또한 국가를 형성하기도 했다. 또한 원시인들의 법은 단순한 체계를 가지고 있었지만 정교한 현대의 법체계와 마찬가지로 효과적인 강제력을 지니고 있었다. 과학이나 기술 수준 역시 마찬가지이다. 폴리네시아의 선원들은 천문학 지식이 매우 풍부하였는데 그것은 상당한 정도의 과학적 관찰을 필요로 하는 일이었다. 에스키모인은 황폐한 국토에 내장되어 있는 빈곤한 자원을 최대한 활용할 수 있는 기술을 발전시켰다. 현대의 유럽인이 같은 조건 하에서 생활한다면, 북극지방 생활에 적응하기 위하여 그들보다 더 좋은 도구를 만들어내지 못할 것이며, 에스키모인의 생활 양식을 응용해야 한다.

(다) 원시인을 말 그대로 원시인이라고 느낄 수 있는 부분은 그나마 종교적인 면에서일 뿐이다. 우리의 관점에서 보면 다양한 형태의 원시종교는 비논리적이지는 않더라도 매우 불합리하다. 원시종교에서는 주술이 중요한 역할을 담당하지만, 문명사회에서는 주술이나 주술사의 힘을 믿는 경우는 거의 찾아볼 수 없다.

보기

'문명인'과 구분하여 '원시인'에 대해 적당한 정의를 내리는 일은 불가능하지 않지만 어려운 일이다.

① (가) 문단의 앞   ② (나) 문단의 앞
③ (나) 문단의 뒤   ④ (다) 문단의 뒤

10

한때 우리나라의 4대강에서 녹조 현상이 두드러지게 나타난 적이 있다. 이때 낙동강에서 심한 녹조 현상이 나타남에 따라 '녹조라테'라는 말이 등장했다. 녹조라테란 녹조 현상을 녹차라테에 빗대어, 녹색으로 변한 강을 비꼬아 이르는 말이다.

(가) 녹조는 부영양화된 호수나 유속이 느린 하천이나 정체된 바다에서 부유성의 조류가 대량 증식하여 물색을 녹색으로 변화시키는 현상을 말한다. (나) 부영양화는 물에 탄소, 질소 및 인과 같은 플랑크톤의 번식에 양분이 되는 물질들이 쌓여 일어난다. 이런 물질들은 주로 공장폐수나 가정하수 등에 많이 들어 있고, 연못처럼 고여 있는 물에서 빠른 속도로 부영양화가 진행된다. (다) 대량으로 증식된 조류는 물속의 산소량을 줄여 수중생물들의 생명을 위협하고, 독성물질을 생성하면서 악취를 풍긴다.

(라) 사실 조류는 물속에 있어서 꼭 필요한 존재이다. 조류는 먹이사슬의 1차 생산자로 수생태계 유지에 중요한 역할을 담당하기 때문이다. 단지 인간에 의해 과도한 조류로 발생한 녹조가 문제일 뿐, 적당한 녹조는 생태계에 꼭 필요한 존재이다.

보기

물론 녹조라고 해서 무조건 나쁜 것은 아니다.

① (가)   ② (나)

③ (다)   ④ (라)

대표유형 빈칸 추론

다음 글의 빈칸에 들어갈 문장을 〈보기〉에서 찾아 순서대로 바르게 나열한 것은?

뉴스는 언론이 현실을 '틀 짓기(Framing)'하여 전달한 것이다. 여기서 틀 짓기란 일정한 선택과 배제의 원리에 따라 현실을 구성하는 것을 말한다. 그런데 수용자는 이러한 뉴스를 그대로 받아들이지는 않는다. 수용자는 수동적인 존재가 아닌 능동적인 행위자가 되어 언론이 전하는 뉴스의 의미를 재구성한다. _____(가)_____ 이를 뉴스 틀 짓기에 대한 수용자의 '다시 틀 짓기(Reframing)'라고 한다. '다시 틀 짓기'가 가능한 이유는 수용자가 주체적인 의미 해석자로, 사회 속에서 사회와 상호작용을 하는 존재이기 때문이다.

그렇다면 수용자의 주체적인 의미 해석은 어떻게 가능할까? _____(나)_____ 인지 구조는 경험과 지식, 편향성 등으로 구성되는데, 뉴스 틀과 수용자의 인지 구조는 일치하기도 하고 갈등하기도 한다. 이 과정에서 수용자는 자신의 경험, 지식, 편향성 등에 따라 뉴스가 전달하는 의미를 재구성하게 된다. 수용자의 이러한 재구성, 즉 해석은 특정 화제에 대해 어떤 태도를 취할 것인가, 그 화제와 관련된 다른 화제나 행위자들을 어떻게 평가할 것인가 등을 결정하는 근거가 된다. 이렇게 특정 화제에 대한 수용자의 다양한 해석들은 수용자들이 사회 속에서 상호 작용하는 과정에서 여론의 형태로 나타난다. _____(다)_____ 이렇게 형성된 여론은 다시 뉴스 틀에 영향을 주며, 이에 따라 새로운 틀과 여론이 만들어진다. 새로운 틀이 만들어짐으로써 특정 화제에 대한 사회적 논의들은 후퇴하거나 발전할 수 있으며, 보다 다양해질 수 있다.

보기

㉠ 이렇게 재구성된 의미들을 바탕으로 여론이 만들어지고, 이것은 다시 뉴스 구성의 '틀(Frame)'에 영향을 준다.
㉡ 그것은 수용자가 외부 정보를 해석하는 인지 구조를 갖고 있기 때문이다.
㉢ 여론은 사회적 차원에서 벌어지는 특정 화제에 대한 사회적 공방들과 개인적 차원에서의 대화, 논쟁들로 만들어지는 의견들을 모두 포괄한다.

	(가)	(나)	(다)		(가)	(나)	(다)
①	㉠	㉡	㉢	②	㉠	㉢	㉡
③	㉡	㉠	㉢	④	㉡	㉢	㉠

|해설| (가) : ㉠의 '이렇게 재구성된 의미들'은 빈칸 앞 문장에서의 '수용자가 재구성한 뉴스의 의미'와 연결되며, ㉠의 '만들어진 여론이 뉴스 구성의 틀에 영향을 주는 것'은 빈칸 뒤 문장의 '다시 틀 짓기'와 연결된다. 따라서 빈칸에는 ㉠이 적절함을 알 수 있다.

(나) : 빈칸 앞 문장에서는 수용자의 주체적인 의미 해석이 가능한 이유를 묻고 있으므로 빈칸에는 그러한 질문에 대한 답으로 '외부 정보를 해석하는 수용자의 인지 구조' 때문이라는 내용의 ㉡이 적절함을 알 수 있다.

(다) : ⓒ은 빈칸 앞 문장에서 언급한 '수용자의 다양한 해석으로 형성되는 여론'에 대해 설명하고 있다. 따라서 빈칸에는 ⓒ이 적절하다.

정답 ①

※ 다음 글의 빈칸에 들어갈 문장을 〈보기〉에서 찾아 순서대로 바르게 나열한 것을 고르시오. [1~3]

01

　　　(가)　　　 완전 국가가 퇴화해 가는 최초의 형태, 곧 야심 있는 귀족들이 지배하는 명예 정치체제는 거의 모든 점에서 완전 국가 자체와 비슷하다고 한다. 주목할 만한 점은 플라톤이 현존하는 국가 중에서 가장 우수하고 가장 오래된 이 국가를 명백히 스파르타와 크레타의 도리아식 정체와 동일시했으며, 이들 부족적인 귀족 정치체제는 그리스 안에 남아 있는 가장 오랜 정치형태를 대표했다는 것이다.

　　　(나)　　　 한때는 통일되어 있던 가부장적 지배계급이 이제 분열되며, 이 분열이 바로 다음 단계인 과두체제로의 퇴화를 초래한다. 분열을 가져온 것은 야심이다. 플라톤은 젊은 명예 정치가에 관해 이야기하면서 "처음 그는 자기 아버지가 지배자에 들지 않았음을 한탄하는 어머니의 말을 듣는다."라고 말하고 있다. 이리하여 그는 야심을 가지게 되고 저명해지기를 갈망한다.

　　　(다)　　　 플라톤의 기술은 탁월한 정치적 선전이다. 뛰어난 학자이며, 『국가』의 편찬자인 애덤과 같은 이도 플라톤의 아테네에 대한 힐난의 변론술에 맞설 수 없다는 점을 감안하면, 그것이 끼쳤을 해독이 어떠했으리라는 것을 짐작할 수 있다. 애덤은 "민주적 인간의 출현에 대한 플라톤의 기술은 고금의 문헌을 통틀어서 가장 고귀하고 위대한 걸작이다."라고 쓰고 있다.

> **보기**
>
> ⊙ 민주 체제에 대한 플라톤의 기술은 아테네 사람들의 정치 생활과 페리클레스가 표현했던 민주주의 신조에 대한 풍자로서, 생생하긴 하나 지극히 적대적이고 공정치 못한 풍자이다.
> ⓛ 플라톤의 완전 국가를 자세히 논하기에 앞서, 타락해 가는 네 가지 국가형태의 이행과정에서 경제적인 동기가 차지하는 역할과 계급투쟁에 대한 플라톤의 분석을 간략히 설명하기로 한다.
> ⓒ 최선의 국가 또는 이상적인 국가와 명예 정치체제의 주요한 차이는 후자가 불완전성이라는 요소를 안고 있다는 점이다.

	(가)	(나)	(다)
①	⊙	ⓛ	ⓒ
②	⊙	ⓒ	ⓛ
③	ⓛ	⊙	ⓒ
④	ⓛ	ⓒ	⊙

02 『정의론』을 통해 현대 영미 윤리학계의 정의에 대한 화두를 던진 사회철학자 '롤즈'는 전형적인 절차 주의적 정의론자이다. 그는 정의로운 사회 체제에 대한 논의를 주도해 온 공리주의가 소수자 및 개인의 권리를 고려하지 못한다는 점에 주목하여 사회계약론적 토대하에 대안적 정의론을 정립하고자 하였다.

롤즈는 개인이 정의로운 제도하에서 자유롭게 자신들의 욕구를 추구하기 위해서는 ___(가)___ 등이 필요하며 이는 사회의 기본구조를 통해서 최대한 공정하게 분배되어야 한다고 생각했다. 그리고 이를 실현할 수 있는 사회 체제에 대한 논의가 자유롭고 평등하며 합리적인 개인들이 모두 동의할 수 있는 원리들을 탐구하는 데에서 출발해야 한다고 보고 '원초적 상황'의 개념을 제시하였다.

원초적 상황은 정의로운 사회 체제의 기본 원칙들을 선택하는 합의 당사자들로 구성된 가설적 상황으로, 이들은 향후 헌법과 하위 규범들이 따라야 하는 가장 근본적인 원리들을 합의한다. 원초적 상황에서 합의 당사자들은 ___(나)___ 등에 대한 정보를 모르는 상태에 놓이게 되는데 이를 '무지의 베일'이라고 한다. 단, 합의 당사자들은 ___(다)___ 와/과 같은 사회에 대한 일반적 지식을 알고 있으며, 공적으로 합의된 규칙을 준수하고, 합리적인 욕구를 추구할 수 있는 존재로 간주된다. 롤즈는 이러한 무지의 베일 상태에서 사회 체제의 기본 원칙들에 만장일치로 합의하는 것이 보장된다고 생각하였다. 또한 무지의 베일을 벗은 후에 겪을지 모를 피해를 우려하여 합의 당사자들이 자신의 피해를 최소화할 수 있는 내용을 계약에 포함시킬 것으로 보았다.

위와 같은 원초적 상황을 전제로 합의 당사자들은 정의의 원칙들을 선택하게 된다. 제1원칙은 모든 사람이 다른 개인들의 자유와 양립 가능한 한도 내에서 '기본적 자유'에 대한 평등한 권리를 갖는다는 것인데, 이를 '자유의 원칙'이라고 한다. 여기서 롤즈가 말하는 기본적 자유는 양심과 사고 표현의 자유, 정치적 자유 등을 포함한다.

보기

㉠ 자신들의 사회적 계층, 성, 인종, 타고난 재능, 취향
㉡ 자유와 권리, 임금과 재산, 권한과 기회
㉢ 인간의 본성, 제도의 영향력

	(가)	(나)	(다)
①	㉠	㉡	㉢
②	㉡	㉢	㉠
③	㉡	㉠	㉢
④	㉢	㉠	㉡

03

전통적으로 화이사상(華夷思想)에 바탕을 둔 중화우월주의 사상을 가지고 있던 중국인들에게 아편 전쟁에서의 패배와 그 이후 서구 열강의 침탈은 너무나 큰 충격이었다. 이런 충격에 휩싸인 당시 개혁주의자들은 서구 문화에 어떻게 대응할지를 심각하게 고민하였다. 이들이 서구 문화를 어떻게 수용했는지를 시기별로 나누어 보면 다음과 같다.

1919년 5·4 운동 이전의 개혁주의자들은 중국의 정신을 서구의 물질과 구별되는 특수한 것으로 내세운 ____(가)____를 개발하였다. 이러한 논리는 자문화를 중심으로 하되 도구로서 서양 물질·문명을 선택적으로 수용하여 자기 문화를 보호·유지하려는 의도를 포함하고 있다. 문화 접변의 진행에 한도를 설정하여 서구와 구별을 시도한 것이다.

이후 중국의 개혁주의자들은 거듭되는 근대화의 실패를 경험했고 5·4 운동 즈음해서는 '전통에 대해서 계승을 생각하기 이전에 철저한 부정과 파괴를 선행해야 한다는 논리'를 통해서 전통과의 결별을 꿈꾸게 된다. 구제도의 모순을 타파하지 않은 채 서구 물질만을 섭취할 수 없다는 한계를 인식한 결과이다. 동시에 5·4 운동의 정신에 역행해서 서구의 문화를 받아들이는 데는 기본적으로 동의하면서도, 무분별하게 모방하는 것에 대해 반대하는 ____(나)____ 역시 강력하게 등장하기 시작하였다. 즉, 자신이 필요로 하는 것은 택하되 '거만하지도 비굴하지도 않은' 선택을 해야 한다며, 덮어놓고 모방하는 것에 대해 반대했다.

1978년 이후 개방의 기치하에 중국은 정치 부분에서는 사회주의를 유지한 가운데, 경제 부분에서 시장경제를 선별적으로 수용한 ____(다)____를 추진하였다. 그 결과 문화 영역에서 서구 자본주의 문화의 침투에 대한 경계심을 유지하면서 이데올로기적으로 덜 위협적이라 인식되는 문화 요소를 여과 과정을 거쳐 수입하려는 노력을 계속하고 있다.

> **보기**
>
> ㉠ 외래 문화를 그대로 받아들이지 않고 선별적으로 수용하자는 논리
> ㉡ 사회주의를 주체로 하되 자본주의를 적극적으로 이용하자는 논리
> ㉢ 중국 유학의 '도(道)'를 주체로 하고 서양의 '기(器)'를 이용하자는 논리

	(가)	(나)	(다)
①	㉠	㉡	㉢
②	㉠	㉢	㉡
③	㉡	㉠	㉢
④	㉢	㉠	㉡

04

MZ세대 직장인을 중심으로 '조용한 사직'이 유행하고 있다. 조용한 사직이라는 신조어는 2022년 7월 한 미국인이 SNS에 소개하면서 큰 호응을 얻은 것으로 실제로 퇴사하진 않지만 최소한의 일만 하는 업무 태도를 말한다. 실제로 MZ세대 직장인은 '적당히 하자'라는 생각으로 주어진 업무는 하되 더 찾아서 하거나 스트레스 받을 수준으로 많은 일을 맡지 않고, 사내 행사도 꼭 필요할 때만 참여해 일과 삶을 철저히 분리하고 있다.

한 채용플랫폼의 설문조사 결과에 따르면 직장인 10명 중 7명이 '월급받는 만큼만 일하면 끝'이라고 답했고, 20대 응답자 중 78.5%, 30대 응답자 중 77.1%가 '받은 만큼만 일한다.'라고 답했다. 설문조사 결과 연령대가 높아질수록 그 비율은 감소해 젊은 층을 중심으로 이 같은 인식이 확산하고 있음을 짐작할 수 있다.

이러한 인식이 확산하는 데는 인플레이션으로 인한 임금 감소, '돈을 많이 모아도 집 한 채를 살 수 있을까?' 등 전반적인 경제적 불만이 기저에 있다고 전문가들은 말했다. 또 MZ세대가 '노력에 상응하는 보상을 받고 있는지'에 민감하게 반응하는 특성을 가지고 있는 것도 한몫하고 있다.

문제점은 이러한 조용한 사직 분위기가 기업의 전반적인 생산성 저하로 이어지고 있는 것이다. 이에 맞서 기업도 조용한 사직으로 대응해 게으른 직원에게 업무를 주지 않는 '조용한 해고'를 하는 상황이 발생하고 있다. 이에 전문가들은 MZ세대 직장인을 나태하다고 구분 짓는 사고방식은 잘못되었다고 지적하며, 기업 차원에서는 ＿＿＿＿＿＿＿＿＿＿＿＿＿이, 개인 차원에서는 "스스로 일과 삶을 잘 조율하는 현명함을 만드는 것"이 필요하다고 언급했다.

① 직원이 일한 만큼 급여를 올려주는 것
② 직원이 스트레스를 받지 않게 적당량의 업무를 배당하는 것
③ 젊은 세대의 채용을 신중히 하는 것
④ 젊은 세대가 함께할 수 있도록 분위기를 만드는 것

오존구멍을 비롯해 성층권의 오존이 파괴되면 어떤 문제가 생길까. 지표면에서 오존은 강력한 산화 물질로 호흡기를 자극하는 대기 오염물질로 분류되지만, 성층권에서는 자외선을 막아주기 때문에 두 얼굴을 가진 물질로 불리기도 한다. 오존층은 강렬한 태양 자외선을 막아주는 역할을 하는데, 오존층이 얇아지면 자외선이 지구 표면까지 도달하게 된다.

사람의 경우 자외선에 노출되면 백내장과 피부암 등에 걸릴 위험이 커진다. 강한 자외선이 각막을 손상시키고 세포 DNA에 이상을 일으키기 때문이다. DNA 염기 중 티민(T; Thymine) 두 개가 나란히 있는 경우 자외선에 의해 티민 두 개가 한데 붙어버리는 이상이 발생하고, 세포 분열 때 DNA가 복제되면서 다른 염기가 들어가고, 이것이 암으로 이어질 수 있다.

과학 잡지 '사이언스'는 극지방 성층권의 오존구멍은 줄었지만, 많은 인구가 거주하는 중위도 지방에서는 오히려 오존층이 얇아졌다고 지적했다. 중위도 성층권에서도 상층부는 오존층이 회복되고 있지만, 저층부는 얇아졌다는 것이다. 오존층이 얇아지면 더 많은 자외선이 지구 표면에 도달하여 사람들 사이에서 피부암이나 백내장 발생 위험이 커지게 된다. 즉, ＿＿＿＿＿＿＿＿＿＿

① 극지방 성층권의 오존구멍을 줄이는 데 정부는 더 많은 노력을 기울여야 한다.

② 인구가 많이 거주하는 지역일수록 오존층의 파괴가 더욱 심하게 나타난다는 것이다.

③ 극지방의 오존구멍보다 중위도 저층부에서 얇아진 오존층이 더 큰 피해를 가져올 수도 있는 셈이다.

④ 극지방의 파괴된 오존층으로 인해 사람들이 더 많은 자외선에 노출되고, 세포 DNA에 이상이 발생한다.

CHAPTER 02

이해력

합격 Cheat Key

| 출제유형 |

독해

주어진 글의 내용과 일치하거나 일치하지 않는 것 고르기, 주제 / 제목 찾기, 글을 통해 추론할 수 있는 것이나 없는 것 고르기 등 다양한 유형의 독해 문제가 출제되고 있다.

| 학습전략 |

독해

- 다양한 분야의 지문이 제시되므로 평소에 여러 분야의 도서나 신문의 기사 등을 읽어둔다.
- 독해의 경우 단기간의 공부로 성적을 올릴 수 있는 부분이 아니므로 평소에 독서를 통해 꾸준히 연습해야 한다.
- 무작정 제시문을 읽고 문제를 풀기보다는 문제와 선택지를 먼저 읽고 지문에서 찾아야 할 내용이 무엇인지를 먼저 파악한 후 글을 읽는다면 시간을 절약할 수 있다.
- 먼저 선택지의 키워드를 체크한 후, 지문의 내용과 비교하며 내용의 일치 유무를 신속히 판단한다.
- 제시문 유형별 특징을 파악하고 이를 바탕으로 내용을 확인한다.

| 문서의 종류 |

공문서	• 정부 행정기관에서 대내적·대외적 공무를 집행하기 위해 작성하는 문서 • 정부 기관이 일반회사, 단체로부터 접수하는 문서 및 일반회사에서 정부 기관을 상대로 사업을 진행할 때 작성하는 문서 포함 • 엄격한 규격과 양식에 따라 정당한 권리를 가진 사람이 작성 • 최종 결재권자의 결재가 있어야 문서로서의 기능 성립
보고서	특정 업무에 대한 현황이나 진행 상황 또는 연구·검토 결과 등을 보고할 때 작성하는 문서 – 영업보고서 : 영업상황을 문장 형식으로 기재해 보고하는 문서 – 결산보고서 : 진행됐던 사안의 수입과 지출결과를 보고하는 문서 – 일일업무보고서 : 매일의 업무를 보고하는 문서 – 주간업무보고서 : 한 주간에 진행된 업무를 보고하는 문서 – 출장보고서 : 출장을 다녀와 외부 업무나 그 결과를 보고하는 문서 – 회의보고서 : 회의 결과를 정리해 보고하는 문서
설명서	상품의 특성이나 사물의 성질과 가치, 작동 방법이나 과정을 소비자에게 설명하는 것을 목적으로 작성한 문서 – 상품소개서 : 일반인들이 친근하게 읽고 내용을 쉽게 이해하도록 하는 문서로, 소비자에게 상품의 특징을 잘 전달해 상품을 구입하도록 유도 – 제품설명서 : 제품의 특징과 활용도에 대해 세부적으로 언급하는 문서, 제품의 사용법에 대해 알려주는 것이 주목적
기획서	하나의 프로젝트를 문서형태로 만들어 상대방에게 기획의 내용을 전달하여 해당 기획안을 시행하도록 설득하는 문서
기안서	회사의 업무에 대한 협조를 구하거나 의견을 전달할 때 작성하며 흔히 사내 공문서로 불림
보도자료	정부 기관이나 기업체, 각종 단체 등이 언론을 상대로 하여 자신들의 정보가 기사로 보도되도록 하기 위해 보내는 자료
자기소개서	개인의 가정환경과 성장과정, 입사 동기와 근무자세 등을 구체적으로 기술하여 자신을 소개하는 문서

대표유형 1 **사실적 독해**

다음 글의 내용으로 가장 적절한 것은?

지금까지 보았듯이 체계라는 개념은 많은 현실주의자들에게 있어서 중요한 개념이다. 무질서 상태라는 비록 단순한 개념이건 현대의 현실주의자가 고안한 정교한 이론이건 간에 체계라는 것은 국제적인 행위체에 영향을 주기 때문에 중요시되는 것이다. 그런데 최근의 현실주의자들은 체계를 하나의 유기체로 보고 얼핏 국가의 의지나 행동으로부터 독립한 듯이 기술하고 있다. 정치가는 거의 자율성이 없으며 또 획책할 여지도 없어서, 정책 결정 과정에서는 인간의 의지가 별 효과가 없는 것으로 본다. 행위자로서 인간은 눈앞에 버티고 선 냉혹한 체계의 앞잡이에 불과하며 그러한 체계는 이해할 수 없는 기능을 갖는 하나의 구조이며 그러한 메커니즘에 대하여 막연하게 밖에는 인지할 수 없다. 정치가들은 무수한 제약에 직면하지만 호기는 거의 오지 않는다. 정치가들은 권력 정치라고 불리는 세계 규모의 게임에 열중할 뿐이며 자발적으로 규칙을 변화시키고 싶어도 그렇게 하지 못한다. 결국 비판의 초점은 현실주의적 연구의 대부분이 숙명론적이며 결정론적이거나 혹은 비관론적인 저류가 흐르고 있다고 지적한다. 그 결과 이러한 비판 중에는 행위자로서 인간과 구조는 상호 간에 영향을 주고 있다는 것을 강조하면서 구조를 보다 동적으로 파악하는 사회학에 눈을 돌리는 학자도 있다.

① 이상주의자들에게 있어서 체계라는 개념은 그리 중요하지 않다.
② 무질서 상태는 국제적 행위체로서 작용하는 체계가 없는 혼란스러운 상태를 의미한다.
③ 현실주의자들은 숙명론 혹은 결정론을 신랄하게 비판한다.
④ 현실주의적 관점에서 정치인들은 체계 앞에서 무기력하다.

> **| 해설 |** '정치가는 거의 자율성이 없으며 또 획책할 여지도 없어서, 정책결정과정에서는 인간의 의지가 별 효과가 없는 것으로 본다.'라는 제시문의 내용을 통해서 알 수 있다.
>
> **오답분석**
> ① 제시문에서 언급되지 않은 내용이다.
> ② '무질서 상태'가 '체계가 없는' 상태라고 할 수 없다. 그것이 '혼란스러운 상태'를 의미하는지도 제시문을 통해서는 알 수 없다.
> ③ 현실주의자들이 숙명론, 결정론적이라고 비판당하는 것이다.
>
> 정답 ④

01 다음 글을 읽고 이해한 내용으로 적절하지 않은 것은?

> 세슘은 알칼리 금속에 속하는 화학 원소로 무르고 밝은 금색이며 실온에서 액체 상태로 존재하는 세 가지 금속 중 하나이다. 세슘은 공기 중에서도 쉽게 산화하며 가루 세슘 또한 자연발화를 하는 데다 물과 폭발적으로 반응하기 때문에 소방법에서는 위험물로 지정하고 있다. 나트륨이나 칼륨은 물에 넣으면 불꽃을 내며 타는데, 세슘의 경우에는 물에 넣었을 때 발생하는 반응열과 수소 기체가 만나 더욱 큰 폭발을 일으킨다. 세슘에는 약 30종의 동위원소가 있는데, 이중 세슘 – 133만이 안정된 형태이며 나머지는 모두 자연적으로 붕괴한다. 이중 세슘 – 137은 감마선을 만드는데, 1987년에 이 물질에 손을 댄 4명이 죽고 200명 이상이 피폭당한 고이아니아 방사능 유출사고가 있었다.

① 세슘은 실온에서 액체로 존재하는 세 가지 금속 중 하나이다.
② 액체 상태의 세슘은 위험물에서 제외하고 있다.
③ 세슘은 물에 넣었을 때 큰 폭발을 일으킨다.
④ 세슘 – 137을 부주의하게 다룰 경우 생명이 위독할 수 있다.

02 다음 글을 읽고 이해한 내용으로 적절한 것을 〈보기〉에서 모두 고르면?

> 과거에는 일반 시민들이 사회 문제에 관한 정보를 얻을 수 있는 수단이 거의 없었다. 따라서 일반 시민들은 신문과 같은 전통적 언론을 통해 정보를 얻었고 전통적 언론은 주요 사회 문제에 대한 여론을 형성하는 데 강한 영향을 끼쳤다. 지금도 신문에서 물가 상승 문제를 반복해서 보도하면 일반 시민들은 이를 중요하다고 생각하고, 그와 관련된 여론도 활성화된다.
> 이처럼 전통적 언론이 여론을 형성하는 것을 '의제설정기능'이라고 한다. 하지만 막강한 정보원으로 인터넷이 등장한 이후 전통적 언론의 영향력은 약화되고 있다. 그리고 인터넷을 통한 상호작용 매체인 소셜 네트워킹 서비스(이하 SNS)가 등장한 이후에는 그러한 경향이 더욱 강화되고 있다. 일반 시민들이 SNS를 통해 문제를 제기하고, 많은 사람들이 그 문제에 대해 중요하다고 생각하면 역으로 전통적 언론에서 뒤늦게 그 문제에 대해 보도하는 현상이 생기게 된 것이다. 이러한 현상을 일반 시민이 의제 설정을 주도한다는 점에서 '역의제 설정 현상'이라고 한다.

보기

> ㉠ 현대의 전통적 언론은 의제 설정 기능을 전혀 수행하지 못하고 있다.
> ㉡ SNS는 일반 시민이 의제 설정을 주도하는 것을 가능하게 했다.
> ㉢ 현대 언론은 과거 언론에 비해 의제 설정 기능의 역할이 강하다.
> ㉣ SNS로 인해 의제 설정 현상이 강해지고 있다.

① ㉡   ② ㉢
③ ㉠, ㉡   ④ ㉢, ㉣

03

저작권은 저자의 권익을 보호함으로써 활발한 저작 활동을 촉진하여 인류의 문화 발전에 기여하기 위한 것이다. 그러나 이렇게 공적 이익을 추구하기 위한 저작권이 현실에서는 일반적으로 지나치게 사적 재산권을 행사하는 도구로 인식되고 있다. 저작물 이용자들의 권리를 보호하기 위해 마련한, 공익적 성격의 법조항도 법적 분쟁에서는 항상 사적 재산권의 논리에 밀려 왔다. 저작권 소유자 중심의 저작권 논리는 실제로 저작권이 담당해야 할 사회적 공유를 통한 문화 발전을 방해한다. 2015년 '애국가 저작권'에 대한 논란은 이러한 문제를 단적으로 보여준다. 저자 사후 50년 동안 적용되는 국내 저작권법에 따라, 애국가가 포함된 〈한국 환상곡〉의 저작권이 작곡가 안익태의 유족들에게 2015년까지 주어진다는 사실이 언론을 통해 알려진 것이다. 누구나 자유롭게 이용할 수 있는 국가(國歌)마저 공공재가 아닌 개인 소유라는 사실에 많은 사람들이 놀랐다. 창작은 백지 상태에서 완전히 새로운 것을 만드는 것이 아니라 저작자와 인류가 쌓은 지식 간의 상호 작용을 통해 이루어진다. '내가 남들보다 조금 더 멀리보고 있다면, 이는 내가 거인의 어깨 위에 올라서 있는 난쟁이이기 때문'이라는 뉴턴의 겸손은 바로 이를 말한다.

이렇듯 창작자의 저작물은 인류의 지적 자원에서 영감을 얻은 결과이다. 그러한 저작물을 다시 인류에게 되돌려주는 데 저작권의 의의가 있다. 이러한 생각은 이미 1960년대 프랑스 철학자들에 의해 형성되었다. 예컨대 기호학자인 바르트는 '저자의 죽음'을 거론하면서 저자가 만들어 내는 텍스트는 단지 인용의 조합일 뿐 어디에도 '오리지널'은 존재하지 않는다고 단언한다. 전자복제 기술의 발전과 디지털 혁명은 정보나 자료의 공유가 지니는 의의를 잘 보여주고 있다. 인터넷과 같은 매체 환경의 변화는 원본을 무한히 복제하고 자유롭게 이용함으로써 누구나 창작의 주체로서 새로운 문화 창조에 기여할 수 있도록 돕는다. 인터넷 환경에서 이용자는 저작물을 자유롭게 교환할 뿐 아니라 수많은 사람들과 생각을 나눔으로써 새로운 창작물을 생산하고 있다. 이러한 상황은 저작권을 사적 재산권의 측면에서보다는 공익적 측면에서 바라볼 필요가 있음을 보여준다.

① 저작권 보호기간인 사후 50년이 지난 저작물은 누구나 자유롭게 이용할 수 있다.

② 공적 이익 추구를 위한 저작권이 사적 재산권 보호를 위한 도구로 전락하였다.

③ 창작은 이미 존재하는 지적 자원의 영향을 받아 이루어진다.

④ 저작권의 의의는 전혀 새로운 문화를 창작한다는 데 있다.

04

세상에서는 흔히 학문밖에 모르는 상아탑(象牙塔) 속의 연구 생활이 현실을 도피한 짓이라고 비난하기가 일쑤지만, 상아탑의 덕택이 큰 것임을 알아야 한다. 모든 점에서 편리해진 생활을 향락하고 있는 소위 현대인이 있기 전에, 그런 것이 가능하기 위해서도 오히려 그런 향락과는 담을 쌓고 있는 진리 탐구에 몰두한 학자들의 상아탑 속에서의 노고가 앞서 있었던 것이다. 그렇다고 남의 향락을 위하여 스스로는 고난의 길을 일부러 걷는 것이 학자는 아니다. 학자는 그저 진리를 탐구하기 위하여 학문을 하는 것뿐이다. 상아탑이 나쁜 것이 아니라, 진리를 탐구해야 할 상아탑이 제구실을 옳게 다하지 못하는 것이 탈이다. 학문에 진리 탐구 이외의 다른 목적이 섣불리 앞장을 설 때, 그 학문은 자유를 잃고 왜곡(歪曲)될 염려조차 있다. 학문을 악용하기 때문에 오히려 좋지 못한 일을 하는 경우가 얼마나 많은가? 진리 이외의 것을 목적으로 할 때, 그 학문은 한때의 신기루와도 같이 우선은 찬연함을 자랑할 수 있을지 모르나, 과연 학문이라고 할 수 있을까부터가 문제다.

진리의 탐구가 학문의 유일한 목적일 때 그리고 그 길로 매진(邁進)할 때, 그 무엇에도 속박(束縛) 됨이 없는 숭고한 학적인 정신이 만난(萬難)을 극복하는 기백(氣魄)을 길러 줄 것이요, 또 그것대로 우리의 인격 완성의 길로 통하게도 되는 것이다.

① 진리를 탐구하다 보면 생활에 유용한 것도 얻을 수 있다.

② 진리 탐구를 위해 학문을 하면 인격 완성에도 이를 수 있다.

③ 학문이 진리 탐구 이외의 것을 목적으로 하면 왜곡될 위험이 있다.

④ 학자들은 인간의 생활을 향상시킨다는 목적의식을 가져야 한다.

05

치매(Dementia)는 유발 요인에 따라 여러 종류로 나뉜다. 미국 정신의학 협회에서 발간한 '정신장애 진단 및 통계편람(DSM-5)'에서는 치매를 혈관성 치매, 두뇌 손상성 치매, 파킨슨병에 의한 치매 등 11가지 종류로 분류하고 있다. 뉴욕 알버트 아인슈타인 의과대학의 로버트 카츠만(Robert Katzman)은 1976년 이 중에서도 알츠하이머형(型) 치매 환자가 전체 치매 환자의 50 ~ 60%를 차지하는 것으로 추정했다. 이후 알츠하이머형 치매의 특징적 임상 양상을 평가하는 것이 중요하게 생각되었지만, 당시 의학 기술로는 부검으로만 특징적 병리조직을 확인할 수 있었다.

이처럼 과거에는 치매가 한참 진행된 다음에야 추정을 할 수 있었고, 사실상의 확진은 부검을 통해서만 가능했다. 하지만 최근에는 영상의학적 진단법의 발달로 치매의 진단 방법도 비약적으로 발전했다. 알츠하이머 치매는 신경섬유와 시냅스의 손실이 두드러지게 나타나는데, 이는 컴퓨터단층촬영(Computed Tomography, CT)이나 자기공명영상(Magnetic Resonance Imaging, MRI) 등의 영상의학을 통해 어렵지 않게 진단할 수 있게 되었으며, 특히 핵의학적 영상학인 단일광자 단층촬영(Single Photon Emission Computed Tomography, SPECT)과 양전자방출 단층촬영(Positron Emission Tomography, PET)을 통해 혈류의 저하를 측정하거나 치매 초기 특징적 부위의 조직기능 저하를 측정하여 과거보다 훨씬 빠르게 치매를 진단할 수 있게 되었다.

① 미국 정신의학 협회에서는 치매를 11가지 종류로 분류한다.

② 알츠하이머형 치매 환자는 전체 치매 환자의 50 ~ 60%를 차지하는 것으로 추정되었다.

③ 알츠하이머형 치매 환자에서는 혈류의 저하가 측정된다.

④ 과거에도 알츠하이머형 치매의 확진은 환자의 생전에 가능했다.

다음 중 A의 주장에 대해 반박할 수 있는 내용으로 가장 적절한 것은?

> A : 우리나라의 장기 기증률은 선진국에 비해 너무 낮아. 이게 다 부모로부터 받은 신체를 함부로 훼손해서는 안 된다는 전통적 유교 사상 때문이야.
>
> B : 맞아. 그런데 장기 기증 희망자로 등록이 돼 있어도 유족들이 장기 기증을 반대하여 기증이 이뤄지지 않는 경우도 많아.
>
> A : 유족들도 결국 유교 사상으로 인해 신체 일부를 다른 사람에게 준다는 방식을 잘 이해하지 못하는 거야.
>
> B : 글쎄, 유족들이 동의해서 기증이 이뤄지더라도 보상금을 받고 '장기를 팔았다.'는 죄책감을 느끼는 유족들도 있다고 들었어. 또 아직은 장기 기증에 대한 생소함 때문일 수도 있어.

① 캠페인을 통해 장기 기증에 대한 사람들의 인식을 변화시켜야 한다.

② 유족에게 지급하는 보상금 액수가 증가하면 장기 기증률도 높아질 것이다.

③ 장기 기증 희망자는 반드시 가족들의 동의를 미리 받아야 한다.

④ 장기 기증률이 낮은 이유에는 유교 사상 외에도 여러 가지 원인이 있을 수 있다.

> |해설| 　우리나라의 낮은 장기 기증률은 전통적 유교 사상 때문이라고 주장하고 있는 A와 달리, B는 이에 대하여 다양한 원인을 제시하고 있다. 따라서 A의 주장에 대해 반박할 수 있는 내용으로 ④가 적절하다.
>
> 정답 ④

※ 다음 글의 주장에 대한 반박으로 가장 적절한 것을 고르시오. [6~7]

06

> 최근 불안감을 느끼는 현대인들이 점점 많아져 사회 문제가 되고 있다. 경쟁이 심화된 성과 중심의 사회에서 사람들은 직장 내 다른 사람과 자신을 비교하면서 혹시 자신이 뒤처지고 있는 것은 아닌지 불안해한다. 심지어 사람들은 일어나지도 않을 일에 대해 불안감을 느끼기도 한다. 청소년도 예외는 아니다. 성장기에 있는 청소년들은 다양한 고민을 하게 되는데, 이것이 심해져 불안감을 느끼는 원인이 되곤 한다. 특히 학업에 대한 지나친 고민으로 생긴 과도한 불안은 학업에 집중하는 것을 방해하여 학업 수행에 부정적으로 작용한다.

① 상대적 평가 방식은 청소년이 불안감을 느끼는 원인이 된다.

② 친구나 부모와의 상담을 통해 고민을 해결해야 한다.

③ 청소년기의 지나친 고민은 건강을 해칠 수 있다.

④ 시험 기간에 느끼는 약간의 불안감은 성적이 향상되는 결과를 내는 경우도 있다.

07

우리는 우리가 생각한 것을 말로 나타낸다. 또 다른 사람의 말을 듣고, 그 사람이 무슨 생각을 가지고 있는가를 짐작한다. 그러므로 생각과 말은 서로 떨어질 수 없는 깊은 관계를 가지고 있다.

그러면 말과 생각이 얼마만큼 깊은 관계를 가지고 있을까? 이 문제를 놓고 사람들은 오랫동안 여러 가지 생각을 하였다. 그 가운데 가장 두드러진 것이 두 가지 있다. 하나는 말과 생각이 서로 꼭 달라붙은 쌍둥이인데 한 놈은 생각이 되어 속에 감추어져 있고 다른 한 놈은 말이 되어 사람 귀에 들리는 것이라는 생각이다. 다른 하나는 생각이 큰 그릇이고 말은 생각 속에 들어가는 작은 그릇이어서 생각에는 말 이외에도 다른 것이 더 있다는 생각이다.

이 두 가지 생각 가운데서 앞의 것은 조금만 깊이 생각해 보면 틀렸다는 것을 즉시 깨달을 수 있다. 우리가 생각한 것은 거의 대부분 말로 나타낼 수 있지만, 누구든지 가슴 속에 응어리진 어떤 생각이 분명히 있기는 한데 그것을 어떻게 말로 표현해야 할지 애태운 경험을 가지고 있을 것이다. 이것 한 가지만 보더라도 말과 생각이 서로 안팎을 이루는 쌍둥이가 아님은 쉽게 판명된다.

인간의 생각이라는 것은 매우 넓고 큰 것이며, 말이란 결국 생각의 일부분을 주워 담는 작은 그릇에 지나지 않는다. 그러나 아무리 인간의 생각이 말보다 범위가 넓고 큰 것이라고 하여도 그것을 가능한 한 말로 바꾸어 놓지 않으면 그 생각의 위대함이나 오묘함이 다른 사람에게 전달되지 않기 때문에 생각이 형님이요, 말이 동생이라고 할지라도 생각은 동생의 신세를 지지 않을 수가 없다.

① 말이 통하지 않아도 생각은 얼마든지 전달될 수 있다.
② 생각을 드러내는 가장 직접적인 수단은 말이다.
③ 말은 생각이 바탕이 되어야 생산될 수 있다.
④ 말과 생각은 서로 영향을 주고받는 긴밀한 관계를 유지한다.

08 2000년대 이르러 글로벌 금융위기 등 전 세계적 저성장기가 고착화되는 상황에서 수출 주도형 성장전략에 대한 비판이 제기되었다. 다음 중 비판의 대상으로 적절하지 않은 것은?

> 우리나라를 비롯한 아시아의 대만, 홍콩, 싱가포르 등의 신흥 강대국들은 1960년대 이후 수출 주도형 성장전략을 국가의 주요한 성장전략으로 활용하면서 눈부신 경제성장을 이루어 왔다. 이러한 수출 주도형 성장전략은 신흥 강대국들의 부상을 이끌면서 전 세계적인 전략으로 자리매김을 하였으며, 이의 전략을 활용하고자 하는 국가가 나타나면서 그 효과에 대한 인정을 받아온 측면이 존재하였다.
>
> 기본적으로 수출주도형 성장전략은 수요가 외부에 존재한다는 측면에서 공급중시 경제학적 관점을 띄고 있다고 볼 수 있다. 이는 수출 주도형 국가가 물품을 생산하여 수출하면, 타 국가에서 이를 소비한다는 측면에서 공급이 수요를 창출한다고 하는 '세이의 법칙(Say's Law)'과 같은 맥락으로 설명될 수 있다. 고전학파 – 신고전학파로 이어지는 주류경제학 중 공급중시 경제학에서는 기업부분의 역할을 강조하면서 이를 위해 민간 부문의 지속적인 투자의식 고취를 위한 세율 인하 등 규제 완화에 주력해 왔던 측면이 있다.

① 외부의 수요에 의존하기 때문에 세계 경제변동의 영향이 너무 커요.
② 외부 의존성을 낮추고 국내의 수요에 기반한 안정적 정책 마련이 필요해요.
③ 내부의 수요를 증대시키는 것이 결국 기업의 투자활동을 촉진할 수 있어요.
④ 내부의 수요를 증대시키기 위해 물품을 생산하여 공급하는 것이 중요해요.

09 다음 글에서 주장하는 정보화 사회의 문제점에 대한 반대 입장으로 적절하지 않은 것은?

> 정보화 사회에서 지식과 정보는 부가가치의 원천이다. 지식과 정보에 접근할 수 없는 사람들은 소득을 얻는 데 불리할 수밖에 없다. 고급 정보에 대한 접근이 용이한 사람들은 부를 쉽게 축적하고, 그 부를 바탕으로 고급 정보 획득에 많은 비용을 투입할 수 있다. 이렇게 벌어진 정보 격차는 시간이 갈수록 심화될 가능성이 높아지고 있다. 정보나 지식이 독점되거나 진입 장벽을 통해 이용이 배제되는 경우도 문제이다. 특히 정보가 상품화됨에 따라 정보를 둘러싼 불평등은 더욱 심화될 것이다.

① 인터넷이나 컴퓨터 유지비 측면에서의 격차 발생
② 정보의 확산으로 기존의 자본주의에 의한 격차 완화 가능성
③ 정보 기기의 보편화로 인한 정보 격차 완화
④ 인터넷의 발달에 따라 전 계층의 고급 정보 접근 용이

10 다음 글을 토대로 〈보기〉의 밑줄 친 주장에 대해 반박하려고 할 때, 그 논거로 적절하지 않은 것은?

> 기자 : 교수님, 영국에서 탄생한 복제 양과 우리의 복제 송아지의 차이점은 무엇이라고 생각하시는 지요.
>
> 교수 : 두 가지 차원에서 이야기할 수 있습니다. 지금까지는 생명을 복제하기 위해서 반드시 생식 세포를 이용해야 한다는 것이 정설이었습니다. 그런데 복제 양은 생식 세포가 아닌 일반 체 세포, 그중에서도 젖샘 세포를 이용했습니다. 이는 노화 등의 이유로 생식 세포가 죽은 개체 들로 체세포를 통해 복제가 가능하다는 얘기가 됩니다. 체세포를 통한 복제는 기존 생물학 적 개념을 완전히 바꾼 것입니다. 반면 산업적 측면에서는 문제가 있습니다. 동물 복제는 순수 발생학적 관심 못지않게 경제적으로도 중요합니다. 생산력이 뛰어난 가축을 적은 비용 으로 복제 생산해야 한다는 것입니다. 이 점에서는 체세포를 통한 복제는 아직 한계가 있습 니다. 경제적인 측면에서는 생식 세포를 이용한 복제가 훨씬 효과적입니다.
>
> 기자 : 이런 복제 기술들이 인간에게도 적용이 가능한가요?
>
> 교수 : 기술적으로는 그렇습니다. 그러나 인간에게 적용했을 때는 기존 인간관계의 근간을 파괴하 는 사회 문제를 발생시킬 것입니다. 또 생명체 복제 기술의 적용 영역을 확대하다 보면, 자 의로 또는 적용 과정에서 우연히 인체에 치명적이거나 통제 불능한 생물체가 만들어질 가능 성도 있습니다. 이것을 생물 재해라고 합니다. 생명공학에 종사하는 학자들은 이 두 가지 문제들을 늘 염두에 두어야 합니다. 물론 아직까지는 이런 문제들이 발생하지 않았지만, 어 느 국가 또는 특정 집단이 복제 기술을 악용할 위험성을 배제할 수는 없습니다.

보기

미국 위스콘신 생명 윤리 연구 센터의 아서더스 박사는 '인간에게 동물 복제 기술을 적용하면 왜 안 되는지에 대한 논리적 이유가 없다.'고 하면서, 인간 복제를 규제한다 하더라도 대단한 재력가나 권력가는 이를 충분히 피해갈 것이라고 말했다.

① 사람들 사이의 신뢰가 무너질 수 있다.
② 범죄 집단에 악용될 위험이 있다.
③ 인구가 폭발적으로 증가할 염려가 있다.
④ 통제 불능한 인간을 만들어 낼 수 있다.

다음 글을 통해 추론할 수 있는 내용으로 가장 적절한 것은?

우리는 도구를 사용하고, 다양한 종류의 음식을 먹는 본능과 소화력을 갖췄다. 어떤 동물은 한 가지 음식만 먹는다. 이렇게 음식 하나에 모든 것을 거는 '단일 식품 식생활'은 도박이다. 그 음식의 공급이 끊기면 그 동물도 끝이기 때문이다.

400만 년 전, 우리 인류의 전 주자였던 오스트랄로피테쿠스는 고기를 먹었다. 한때 오스트랄로피테쿠스가 과일만 먹었을 것이라고 믿은 적도 있었다. 따라서 오스트랄로피테쿠스 속과 사람 속을 가르는 선을 고기를 먹는지 여부로 정했었다. 그러나 남아프리카공화국의 한 동굴에서 발견된 200만 년 된 유골 4구의 치아에서는 이와 다른 증거가 발견됐다. 인류학자 맷 스폰하이머와 줄리아 리소프는 이 유골의 치아사기질의 탄소 동위 원소 구성 중 13C의 비율이 과일만 먹은 치아보다 열대 목초를 먹은 치아와 훨씬 더 가깝다는 것을 발견했다. 식생활 동위 원소는 체내 조직에 기록되기 때문에 이 발견은 오스트랄로피테쿠스가 상당히 많은 양의 풀을 먹었거나 이 풀을 먹은 동물을 먹었다는 추측을 가능케 한다. 그런데 같은 치아에서 풀을 씹어 먹을 때 생기는 마모는 전혀 보이지 않았기 때문에 오스트랄로피테쿠스 식단에서 풀을 먹는 동물이 큰 부분을 차지했다는 결론을 내릴 수 있다.

오래 전에 멸종되어 260만 년이라는 긴 시간을 땅속에 묻혀 있던 동물의 뼈 옆에서는 석기들이 함께 발견되기도 한다. 이 뼈와 석기가 들려주는 이야기는 곧 우리의 이야기다. 어떤 뼈에는 이로 씹은 흔적 위에 도구로 자른 흔적이 겹쳐있다. 그 반대의 흔적이 남은 뼈들도 있다. 도구로 자른 흔적 다음에 날카로운 이빨 자국이 남은 경우다. 이런 것은 무기를 가진 인간이 먼저 먹고 동물이 이빨로 뜯어 먹은 것이다.

① 오스트랄로피테쿠스는 풀을 전혀 먹지 않았다.

② 육식 여부는 오스트랄로피테쿠스의 진화 과정을 보여주는 중요한 기준이다.

③ 단일 식품 섭취의 위험성 때문에 단일 식품을 섭취하는 동물은 없다.

④ 맷 스폰하이머와 줄리아 리소프의 연구는 육식 여부로 오스트랄로피테쿠스와 사람을 구분하던 방법이 잘못되었음을 보여준다.

| 해설 | 맷 스폰하이머와 줄리아 리소프의 연구는 오스트랄로피테쿠스가 육식을 하였음을 증명하였으므로, 육식 여부로 오스트랄로피테쿠스와 사람을 구분하던 과거의 방법이 잘못되었음을 증명한 것이라 볼 수 있다.

[오답분석]
① 두 번째 문단의 마지막 문장에서 오스트랄로피테쿠스의 식단에서 풀을 먹는 동물이 큰 부분을 차지했다는 결론을 내렸다고 했을 뿐, 풀을 전혀 먹지 않았는지는 알 수 없다.

② 오스트랄로피테쿠스의 진화과정과 육식의 관계를 알 수 있을 만한 부분은 없다.

③ 단일 식품을 섭취하는 것이 위험하다고 했을 뿐, 단일 식품을 섭취하는 동물이 없다고 보기는 어렵다.

정답 ④

11 다음 글을 읽고 난 후의 반응으로 가장 적절한 것은?

국가 간의 경제 거래 가운데 가장 기본적이고 중요한 거래는 국제무역이다. 각 나라의 정부는 무역 활동에 개입하지 않고 자유방임의 입장을 취할 수도 있고, 자국의 산업을 보호하고 육성하기 위하여 수입을 규제하거나 수출을 지원하는 등 무역에 개입할 수도 있다. 그렇다면 정부는 어떤 방법으로 수입을 규제할 수 있을까?

수입 규제 수단 가운데 대표적인 것은 관세와 수입 수량 할당이다. 관세란 수입 상품에 부과하는 세금을 말한다. 관세가 부과되면 해당 상품의 국내 가격이 상승하여 수요가 감소하게 되고 그렇게 되면 수입량도 감소한다. 예를 들어 우리나라가 농산물을 관세 없이 자유롭게 수입하다가 정부에서 농산물에 관세를 부과하였다고 하자. 그러면 수입 농산물의 국내 가격은 관세를 더한 만큼 높아져 소비자들의 수요량은 감소한다.

수입 수량 할당은 일정 기간의 수입량을 일정 수준으로 제한하는 것이다. 자유무역에서는 국내 생산이 수요를 충족시키지 못할 경우 부족한 만큼을 수입할 수 있다. 이때의 시장가격은 수요와 공급이 만나는 지점에서 형성되고 시장거래량은 수요량과 일치한다. 그런데 수입 수량을 제한할 경우에는 수입이 자유로운 경우보다 수입량이 감소하게 된다. 예를 들어 포도주의 국내 생산이 수요를 충족시키지 못한다면 생산량을 늘리거나 초과수요만큼 수입을 해야 한다. 그런데 국내 생산량에 변함이 없고 수입도 일정량만 할 수 있다면 수요에 비해 공급이 부족한 상황이 된다. 그러면 국내에서의 포도주 가격이 상승하게 되고 이것은 수요량 감소로 이어지게 된다.

수입 수량 할당이 적용되거나 관세가 부과되면 수입 상품의 국내 가격이 상승하면서 수입 상품에 대한 소비를 억제하는 한편 해당 품목의 국내 생산을 촉진하는 효과가 있다. 이때 수입 상품의 가격 상승분은 관세를 부과하는 경우에는 정부의 수입이 되는 반면에 수입 수량을 할당하는 경우에는 수입업자의 이윤이 된다.

한편 현실 경제에서는 관세를 인하하고 수입 수량 할당을 완화하는 경우가 많다. 가계나 기업의 경우는 소득이 지출보다 많은 것이 바람직하지만 국가 경제에서는 무역수지가 균형을 이루는 것이 바람직하기 때문이다. 물론 단기적으로 보면 국제 거래에서도 흑자가 바람직하다. 수출이 잘되어 생산이 늘면 고용이 증가하고 소득이 증대되는 효과가 있기 때문이다. 그러나 장기적인 흑자는 국내 경기를 과열시키고 물가를 상승시킬 우려가 있고 거래 상대국과의 마찰을 초래할 수 있다. 따라서 한 국가의 물가 안정과 경제 성장을 위해서는 무역수지가 균형을 이루는 것이 바람직하다.

① 정부가 수입을 규제하는 정책을 펼 경우에 수입 상품의 가격 상승은 국내 생산자와 소비자 모두에게 영향을 끼치겠군.
② 정부가 수입을 규제하고 수출을 지원하는 정책을 늘린다면 국제 거래 상대국과의 마찰을 없앨 수 있겠군.
③ 국제 거래에서 장기적인 흑자를 기록한다면 국내 상품의 수출이 활발해지면서 물가가 안정되겠군.
④ 무역 활동 가운데 정부가 수출을 지원할 수 있는 품목은 미리 정해져 있겠군.

12 다음 중 갑과 을의 주장을 도출할 수 있는 질문으로 가장 적절한 것은?

> 갑 : 현재 우리나라는 저출산 문제가 심각하기 때문에 영유아를 배려하는 정책이 필요하다. 노키즈 존과 같은 정책을 통해 더 좋은 서비스를 제공한다고 하는 것은 표면상의 이유하에 영유아를 배려하지 않는 위험한 생각이다. 이는 어린이들의 사회적·문화적 활동을 가로막고, 어린이들 개개인이 우리 사회의 구성원이라는 인식을 갖게 하는 데 어려움을 준다. 또한 특정 집단에 대한 차별 문화를 정당화할 수 있으며, 헌법에서 보장하는 평등의 원리, 차별 금지의 원칙에도 위배된다.
>
> 을 : 공공장소에서 자신의 아이를 제대로 돌보지 않는 부모들이 늘고 있어, 주변 손님들에게 피해를 주고 가게의 매출이 줄어드는 등의 피해가 일어나고 있다. 특히 어린이들의 안전사고가 발생하는 경우 오히려 해당 가게에 피해보상을 요구하는 일까지 있다. 이러한 상황에서 점주나 아이가 없는 손님의 입장에서는 아이가 없는 환경에서 서비스를 제공받고 영업을 할 권리가 있다. 더군다나 특정 손님의 입장 거부는 민법상 계약 과정에서 손님을 선택하고 서비스를 제공하지 않을 수 있는 자유에 속하므로, 어떤 법적·도덕적 기준에도 저촉되지 않는다.

① 공공장소에서 부모들은 아이의 행동을 감시해야 하는가?
② 영유아 복지제도를 시행해야 하는가?
③ 차별 금지 원칙의 적용 범위는 어디까지인가?
④ 가게에서 노키즈존을 운영할 수 있는가?

13 다음 글을 읽고 추론한 내용으로 가장 적절한 것은?

모필은 붓을 말한다. 이 붓은 종이, 먹과 함께 문인들이 인격화해 불렀던 문방사우(文房四友)에 속하는데, 문인들은 이것을 품성과 진리를 탐구하는 데에 없어서는 안 되는 중요한 벗으로 여기고 이것들로 글씨를 쓰거나 그림을 그렸다. 이렇게 그려진 그림을 동양에서는 문인화(文人畵)라 불렀으며 이 방면에 뛰어난 면모를 보인 이들을 문인화가라고 지칭했다. 그리고 문인들은 화공(畵工)과는 달리 그림을, 심성을 기르고 심의(心意)와 감흥을 표현하는 교양적 매체로 보고, 전문적이고 정교한 기법이나 기교에 바탕을 둔 장식적인 채색풍을 의식적으로 멀리했다. 또한 시나 서예와의 관계를 중시하여 시서화일치(詩書畵一致)의 경지를 지향하고, 대상물의 정신, 그리고 고매한 인품을 지닌 작가의 내면을 구현하는 것이 그림이라고 보았다. 이런 의미에서 모필로 대표되는 지·필·묵(紙·筆·墨, 종이·붓·먹)은 문인들이 자신의 세계를 표현하는 데 알맞은 매체가 되면서 동양의 문화 현상으로 자리 잡게 되었던 것이다.

중국 명나라 말기의 대표적 문인인 동기창(董其昌)은 정통적인 화공들의 그림보다 문인사대부들이 그린 그림을 더 높이 평가했다. 동양에서 전문적인 화공의 그림과 문인사대부들의 그림이 대립되는 양상을 형성한 것은 이에서 비롯되는데, 이처럼 두 개의 회화적 전통이 성립된 곳은 오로지 극동 문화권뿐이다. 전문 화가들의 그림보다 아마추어격인 문인사대부들의 그림을 더 높이 사는 이러한 풍조야말로 동양 특유의 문화 현상에서만 나타나는 것이다.

동양에서 지·필·묵은 단순한 그림의 매체라는 좁은 영역에 머무는 것이 아니라 동양의 문화를 대표한다는 보다 포괄적인 의미를 지닌다. 지·필·묵이 단순한 도구나 재료의 의미를 벗어나 그것을 통해 파생되는 모든 문화적 현상 자체를 대표하는 것이다. 나아가 수학(修學)의 도구로 사용되었던 지·필·묵이 점차 자신의 생각과 예술을 담아내는 매체로 발전하면서 이미 그것은 단순한 도구가 아니라 하나의 사유 매체로서 기능을 하게 되었다. 말하자면 종이와 붓과 먹을 통해 사유하게 되었다는 것이다.

① 동기창(董其昌)은 정교한 기법이나 기교에 바탕을 둔 그림을 높이 평가했을 것이다.
② 동양 문화와 같이 서양 문화에도 두 개의 회화적 전통이 성립되어 있었을 것이다.
③ 정통적인 화공(畵工)들은 주로 문인화(文人畵)를 그렸을 것이다.
④ 서양 문화에서는 문인사대부들보다 전문 화가들의 그림을 더 높게 평가할 것이다.

14 다음 글을 읽은 독자의 반응으로 적절하지 않은 것은?

우주로 쏘아진 인공위성들은 지구 주위를 돌며 저마다의 임무를 충실히 수행한다. 이들의 수명은 얼마나 될까? 인공위성들은 태양 전지판으로 햇빛을 받아 전기를 발생시키는 태양전지와 재충전용 배터리를 장착하여 지구와의 통신은 물론 인공위성의 온도를 유지하고 자세와 궤도를 조정하는데, 이러한 태양전지와 재충전용 배터리의 수명은 평균 15년 정도이다.

방송 통신 위성은 원활한 통신을 위해 안테나가 늘 지구의 특정 위치를 향해 있어야 하는데, 안테나 자세 조정을 위해 추력기라는 작은 로켓에서 추진제를 소모한다. 자세 제어용 추진제가 모두 소진되면 인공위성은 자세를 유지할 수 없기 때문에 더 이상의 임무 수행이 불가능해지고 자연스럽게 수명을 다하게 된다.

첩보 위성의 경우는 임무의 특성상 아주 낮은 궤도를 비행한다. 하지만 낮은 궤도로 비행하게 될 경우 인공위성은 공기의 저항 때문에 마모가 훨씬 빨라지므로 수명이 몇 개월에서 몇 주일까지 짧아진다. 게다가 운석과의 충돌 등 예기치 못한 사고로 인하여 부품이 훼손돼 수명이 다하는 경우도 있다.

① 수명이 다 된 인공위성들은 어떻게 되는 걸까?

② 첩보 위성을 높은 궤도로 비행시키면 더욱 오래 임무를 수행할 수 있을 거야.

③ 안테나가 특정 위치를 향하지 않더라도 통신이 가능하도록 만든다면 방송 통신 위성의 수명을 늘릴 수 있을지도 모르겠군.

④ 별도의 충전 없이 오래가는 배터리를 사용한다면 인공위성의 수명을 더 늘릴 수 있지 않을까?

15 다음 글을 읽고 추론한 내용으로 적절하지 않은 것은?

> 어떤 경제 주체의 행위가 자신과 거래하지 않는 제3자에게 의도하지 않게 이익이나 손해를 주는 것을 '외부성'이라 한다. 과수원의 과일 생산이 인접한 양봉업자에게 벌꿀 생산과 관련한 이익을 준다든지, 공장의 제품 생산이 강물을 오염시켜 주민들에게 피해를 주는 것 등이 대표적인 사례이다. 외부성은 사회 전체로 보면 이익이 극대화되지 않는 비효율성을 초래할 수 있다. 개별경제 주체가 제3자의 이익이나 손해까지 고려하여 행동하지는 않을 것이기 때문이다. 예를 들어, 과수원의 이윤을 극대화하는 생산량이 A라고 할 때, 생산량을 A보다 늘리면 과수원의 이윤은 줄어든다. 하지만 이로 인한 과수원의 이윤 감소보다 양봉업자의 이윤 증가가 더 크다면, 생산량을 A보다 늘리는 것이 사회적으로 바람직하다. 하지만 과수원이 자발적으로 양봉업자의 이익까지 고려하여 생산량을 A보다 늘릴 이유는 없다.
>
> 전통적인 경제학은 이러한 비효율성의 해결책이 보조금이나 벌금과 같은 정부의 개입이라고 생각한다. 보조금을 받거나 벌금을 내게 되면 제3자에게 주는 이익이나 손해가 더 이상 자신의 이익과 무관하지 않게 되므로, 자신의 이익에 충실한 선택이 사회적으로 바람직한 결과로 이어진다는 것이다. 그러나 전통적인 경제학은 모든 시장 거래와 정부 개입에 시간과 노력, 즉 비용이 든다는 점을 간과하고 있다. 외부성은 이익이나 손해에 관한 협상이 너무 어려워 거래가 일어나지 못하는 경우이므로, 보조금이나 벌금뿐만 아니라 협상을 쉽게 해주는 법과 규제도 해결책이 될 수 있다. 어떤 방식이든, 정부 개입은 비효율성을 줄이는 측면도 있지만 개입에 드는 비용으로 인해 비효율성을 늘리는 측면도 있다.

① 제3자에게 이익을 주는 외부성은 사회 전체적으로 비효율성을 초래하지 않는다.

② 개별경제 주체는 사회 전체가 아니라 자신의 이익을 기준으로 행동한다.

③ 전통적인 경제학은 보조금을 지급하거나 벌금을 부과하는 데 따르는 비용을 고려하지 않는다.

④ 사회 전체적으로 보아 이익을 더 늘릴 여지가 있다면 그 사회는 사회적 효율성이 충족된 것이 아니다.

※ 다음 글을 읽고 이어지는 질문에 답하시오. [1~2]

여름내 보이지 않던 'ㅈ' 양이 며칠 전에 불쑥 나타났다. 말수가 많아진 그녀는 가을에 결혼을 하기로 했다는 것이다. 평소에 결혼 같은 것은 않겠다고 우기던 그녀라 장난삼아 이유를 물었더니, 좋아하는 사람이 생겼는데 늘 함께 있고 싶어서라는 것이었다. 그러면서 그 사람에 대한 이야기를 신이 나서 늘어놓았다. 좋아하는 사람과 늘 함께 있고 싶다는, 소박하면서도 간절한 그 뜻에 복이 있으라 빌어 주었다.

그런데 좋아하는 사람끼리 함께 있을 수 없을 때, 인간사(人間事)에 그늘이 진다. 우수(憂愁)의 그늘이 진다. 그런데 함께 있고 싶다는 것은 어디까지나 희망 사항일 뿐, 인간은 본질적으로 혼자일 수밖에 없는 그러한 존재가 아닐까. 사람은 분명히 홀로 태어난다. 그리고 죽을 때에도 혼자서 죽어간다. 뿐만 아니라 우리가 살아가는 데도 혼자서 살 수밖에 없다는 데에 문제가 있는 것이다. 숲을 이루고 있는 나무들도 저마다 홀로 서 있듯이, 지평선 위로 자기 그림자를 이끌고 휘적휘적 걸어가는 인간의 모습은, 시인의 날개를 빌지 않더라도 알 만한 일이다.

사람은 저마다 업(業)이 다르기 때문에 생각을 따로 해야 되고 행동도 같이 할 수 없다. 인연에 따라 모였다가 그 인연이 다하면 흩어지게 마련이다. 물론 인연의 주재자는 그 누구도 아닌 자기 자신이다. 이것은 어떤 종교의 도그마이기에 앞서 무량겁을 두고 되풀이 될 우주질서 같은 것이다. 죽네 사네 세상이 떠들썩하게 만난 사람들도 그 맹목적인 열기가 가시고 나면, 빛이 바랜 자신들의 언동(言動)에 고소(苦笑)를 머금게 되는 것이 세상일 아닌가. 모든 현상은 고정해 있지 않고 항상 변하기 때문이다.

늘 함께 있고 싶은 희망 사항이 지속되려면, 들여다보려고 하는 시선을 같은 방향으로 돌려야 할 것이다. 서로 얽어매기보다는 혼자 있게 할 일이다. 거문고가 한가락에 울리면서도 그 줄은 따로따로이듯이, 그러한 떨어짐이 있어야 할 것이다.

– 법정스님, 『함께 있고 싶어서』

---

01 다음 중 윗글에서 제시하는 인생관을 파악한 내용으로 가장 적절한 것은?

① 함께 있기 위해서는 시선을 같은 방향으로 돌려야 한다.
② 빛이 바랜 언동에 고소(苦笑)를 보내지 않아야 한다.
③ 모였다가 흩어지는 인연의 주재가 되어야 한다.
④ 함께 있을 수 없더라도 슬퍼하지 않아야 한다.

> | 해설 | 인간은 본질적으로는 홀로 존재하면서 동시에 좋아하는 사람과 함께 있고 싶어 한다는 역설에 초점을 맞추고 있다. 따라서 서로를 들여다보려는 시선을 같은 방향으로 돌려, 혼자 있으면서 또한 함께 있는 상태를 지향할 필요가 있음을 충고하고 있다.
>
> 정답 ①

02 다음 중 윗글의 서술방식으로 적절하지 않은 것은?

① 인생에 대한 성찰을 구체적으로 서술하고 있다.

② 개인이나 사회적 인간관계를 고려하여 다양한 측면을 두루 서술하고 있다.

③ 필자는 자신이 경험한 이야기를 직접적으로 서술하고 있다.

④ 고독한 인간 사회를 사물에 빗대어 표현하고 있다.

| 해설 | 수필이라는 장르적 특성으로 살펴보았을 때 자신이 경험한 이야기를 서술한다는 것은 옳다고 할 수 있다. 하지만 법정은 '주제의식의 간접화'를 통해 수필의 문학성을 형상화하였다. 따라서 직접적인 서술방식을 취하고 있다는 설명은 적절하지 않다.

정답 ③

오늘날 특정한 국가에서 순수하게 하나의 언어만을 사용하는 경우는 드물다. 한 국가의 언어 상황은 아주 복잡한 양상을 띠고 있는데, 특히 한 개인이나 사회가 둘 또는 그 이상의 언어를 사용하는 언어적 다양성을 보이는 경우에는, '이중 언어 사용'과 '양층 언어 사용'의 두 상황으로 나누어 볼 수 있다.

먼저 이중 언어 사용은 한 개인이나 사회가 일상생활에서 두 개 혹은 그 이상의 언어를 어느 정도 유창하게 사용하는 것을 말하는데, 이때 둘 이상의 언어들은 사회적으로 기능상의 차이 없이 통용된다. 이중 언어 사용은 개인적 이중 언어 사용과 사회적 이중 언어 사용의 두 가지로 나누어 볼 수 있는데, 전자는 개인이 이중 언어 사용 공동체에 속해 있는지의 여부와 상관없이 두 개 이상의 언어를 사용하는 것을 말하며, 후자는 공동체 내에 두 개 이상의 언어가 실제로 사용되고 있는 상황을 가리킨다. 이중 언어 사회의 구성원은 반드시 이중 언어 사용자가 될 필요는 없다. 대다수 구성원들이 두 언어를 모두 사용할 수 있기 때문에 자신은 하나의 언어만 알고 있어도 사회생활의 거의 모든 분야에서 의사소통이 되지 않을 염려는 없다.

이중 언어 사회에서 통용되는 둘 이상의 언어들은 공용어로서 대등한 지위를 가질 수 있지만 대체로 구성원 대다수가 사용하는 언어가 '다수자 언어'가 되고, 상대적으로 사용 인원이 적은 언어는 '소수자 언어'가 된다. 일반적으로 다수자 언어는 힘이나 권위의 문제에 있어 소수자 언어보다 우세한 지위를 가지는 경우가 많고, 소수자 언어는 그 사회에서의 영향력이 작다는 이유로 정치, 교육, 경제 등 여러 분야에서 상대적으로 소홀히 취급되는 경향이 있다.

양층 언어 사용은 언어학자 퍼거슨이 처음으로 사용한 개념이다. 양층 언어 사용은 언어적 유사성이 희미하게 남아 있지만 방언 수준 이상으로 음운, 문법, 어휘 등의 층위에서 서로 다른 모습을 보이는 두 개 이상의 변이어를 사용하는 것을 말한다. 변이어들은 사회적 차원에서 서로 독립적인 기능을 하면서, 사용하는 장소나 상황이 엄격하게 구분되어 쓰인다. 양층 언어 사회에서 변이어들은 언어 사용자 수와 무관하게 '상층어'와 '하층어'로 구분되어 사용되며 상보적 관계에 있다. 상층어는 주로 종교, 법률, 교육, 행정 등과 같은 '높은 차원'의 언어적 기능을 수행하기 위해 사용되며, 주로 학교에서 이루어지는 정식 교육을 통해 배우게 된다. 반면 하층어는 가족 간의 비격식적인 대화, 친교를 위한 일상 담화 등 '낮은 차원'의 언어적 기능을 수행하기 위해 사용되며, 가정에서 모어로 습득되는 경우가 많다. 양층 언어 사용 상황에 있는 구성원은 특정 상황에서 사용되는 언어를 모를 경우 불이익을 받을 수 있다. 예를 들어 정치 분야에서 사용되는 특정 상층어를 모른다면 일상생활에는 지장이 없겠지만, 투표와 같은 참정권을 행사하는 과정에서 불편을 겪게 될 가능성이 크다.

퍼거슨과 달리 피시먼은 그의 연구에서, 언어적 유사성이 없는 서로 다른 두 언어가 각자의 기능을 엄격하게 구별하여 수행하는 상황까지를 포함하여 양층 언어 사용을 설명하였다. 피시먼의 연구 결과를 뒷받침하는 대표적인 사례로는 파라과이의 언어 사용 상황을 들 수 있다. 파라과이에서는 스페인어가 상층어로서 각종 행정이나 교육 현장에서 사용되고, 스페인어와 언어적 유사성이 없는 토착어인 과라니어는 인구의 90%가 사용하고 있음에도 불구하고 하층어로 사용되고 있다.

16 윗글에 대한 설명으로 적절하지 않은 것은?

① 용어의 개념을 밝혀 독자의 이해를 돕고 있다.

② 예시의 방법으로 설명 내용을 뒷받침하고 있다.

③ 대조의 방법으로 대상의 특성을 부각하고 있다.

④ 인과의 방법으로 대상의 변화 과정을 소개하고 있다.

17 윗글의 내용과 일치하지 않는 것은?

① 양층 언어 사회에서는 사용되는 변이어들이 상보적 관계에 있다.

② 양층 언어 사회에서는 특정 변이어를 모르면 불편을 겪을 수 있다.

③ 양층 언어 사회에서는 구성원들이 각 변이어에 부여하는 가치가 다르다.

④ 이중 언어 사회에서는 소수자 언어가 공용어로서의 지위를 얻을 수 없다.

18 윗글을 바탕으로 다음 내용을 이해한 것으로 적절하지 않은 것은?

> • A지역에서는 현대 표준 아랍어와 구어체 아랍어 두 개의 언어가 사용된다. 사회 구성원들 대다수
> 는 현대 표준 아랍어가 구어체 아랍어보다 우위에 있다고 생각하며, 현대 표준 아랍어를 사용해야
> 하는 종교 시설에서 구어체 아랍어를 사용하면 비난을 받게 된다.
> • B지역에서는 프랑스어와 영어 두 개의 언어가 사용된다. 이 두 언어를 모두 유창하게 구사할 수
> 있는 공무원들은 공공기관에 찾아온 민원인에게 프랑스어와 영어 중 무엇을 사용할 것인지에 대한
> 선택권을 주기 위해 'Bonjour(봉주르), Hello(헬로)!'와 같이 인사를 건넨다.

① A지역에서는 두 개의 언어를 습득하는 환경이 다를 수 있겠군.

② B지역에서는 구성원 모두가 두 개의 언어를 유창하게 구사할 수 있어야 하겠군.

③ A지역에서는 B지역에서와 달리 두 개의 언어가 사회적으로 그 기능에 차이가 있겠군.

④ B지역에서는 A지역에서와 달리 두 개의 언어가 사용되는 장소의 구분이 없겠군.

보험은 같은 위험을 보유한 다수인이 위험 공동체를 형성하여 보험료를 납부하고, 보험 사고가 발생하면 보험금을 지급받는 제도이다. 보험 상품을 구입한 사람은 장래의 우연한 사고로 인한 경제적 손실에 ㉠ 대비할 수 있다. 보험금 지급은 사고 발생이라는 우연적 조건에 따라 결정되는데, 이처럼 보험은 조건의 실현 여부에 따라 받을 수 있는 재화나 서비스가 달라지는 조건부 상품이다.

위험 공동체의 구성원이 납부하는 보험료와 지급받는 보험금은 그 위험 공동체의 사고 발생 확률을 근거로 산정된다. 특정 사고가 발생할 확률은 정확히 알 수 없지만 그동안 발생된 사고를 바탕으로 그 확률을 예측한다면, 관찰 대상이 많아짐에 따라 실제 사고 발생 확률에 ㉡ 근접하게 된다.

본래 보험 가입의 목적은 금전적 이득을 취하는 데 있는 것이 아니라 장래의 경제적 손실을 보상받는 데 있으므로 위험 공동체의 구성원은 자신이 속한 위험 공동체의 위험에 상응하는 보험료를 납부하는 것이 공정할 것이다. 따라서 공정한 보험에서는 구성원 각자가 납부하는 보험료와 그가 지급받을 보험금에 대한 기댓값이 일치해야 하며 구성원 전체의 보험료 총액과 보험금 총액이 일치해야 한다. 이때 보험금에 대한 기댓값은 사고가 발생할 확률에 사고 발생 시 수령할 보험금을 곱한 값이다.

보험금에 대한 보험료의 비율(보험료/보험금)을 보험료율이라 하는데, 보험료율이 사고 발생 확률보다 높으면 구성원 전체의 보험료 총액이 보험금 총액보다 더 많고, 그 반대의 경우에는 구성원 전체의 보험료 총액이 보험금 총액보다 더 적다. 따라서 공정한 보험에서는 보험료율과 사고 발생 확률이 같아야 한다. 물론 현실에서 보험사는 영업 활동에 소요되는 비용 등을 보험료에 반영하기 때문에 공정한 보험이 적용되기 어렵지만 기본적으로 위와 같은 원리를 바탕으로 보험료와 보험금을 산정한다.

그런데 보험 가입자들이 자신이 가진 위험의 정도에 대해 진실한 정보를 알려 주지 않는 한, 보험사는 보험 가입자 개개인이 가진 위험의 정도를 정확히 파악하여 거기에 ㉢ 상응하는 보험료를 책정하기 어렵다. 이러한 이유로 사고 발생 확률이 비슷하다고 예상되는 사람들로 구성된 어떤 위험 공동체에 사고 발생 확률이 더 높은 사람들이 동일한 보험료를 납부하고 진입하게 되면, 그 위험 공동체의 사고 발생 빈도가 높아져 보험사가 지급하는 보험금의 총액이 증가한다. 보험사는 이를 ㉣ 보전하기 위해 구성원이 납부해야 할 보험료를 인상할 수밖에 없다. 결국 자신의 위험 정도에 상응하는 보험료보다 더 높은 보험료를 납부하는 사람이 생기게 되는 것이다.

이러한 문제는 정보의 비대칭성에서 비롯되는데 보험 가입자의 위험 정도에 대한 정보는 보험 가입자가 보험사보다 더 많이 갖고 있기 때문이다. 이를 해결하기 위해 보험사는 보험 가입자의 감춰진 특성을 파악할 수 있는 수단이 필요하다. 우리 상법에 규정되어 있는 고지 의무는 이러한 수단이 법적으로 구현된 제도이다. 보험 계약은 보험 가입자의 청약과 보험사의 승낙으로 성립된다. 보험 가입자는 반드시 계약을 체결하기 전에 '중요한 사항'을 알려야 하고, 이를 사실과 다르게 진술해서는 안 된다. 여기서 '중요한 사항'은 보험사가 보험 가입자의 청약에 대한 승낙을 결정하거나 차등적인 보험료를 책정하는 근거가 된다. 따라서 고지 의무는 결과적으로 다수의 사람들이 자신의 위험 정도에 상응하는 보험료보다 더 높은 보험료를 납부해야 하거나, 이를 이유로 아예 보험에 가입할 동기를 상실하게 되는 것을 방지한다.

19 윗글의 내용으로 적절하지 않은 것은?

① 보험은 조건부 상품으로 제공되는 재화나 서비스가 달라질 수 있다.

② 현실에서 공정한 보험이 적용되기 어려운 이유는 보험사의 영업 활동 비용 등이 보험료에 반영되기 때문이다.

③ 사고 발생 확률이 보험료율보다 높으면 구성원 전체의 보험료 총액이 보험금 총액보다 더 많게 된다.

④ 보험 가입자는 보험사보다 보험 가입자의 위험 정도에 대한 정보를 많이 가지고 있다.

20 윗글의 밑줄 친 ㉠~㉣을 대체할 수 있는 단어로 적절하지 않은 것은?

① ㉠ – 대처   ② ㉡ – 인접

③ ㉢ – 상당   ④ ㉣ – 보존

CHAPTER 03

수리력

합격 Cheat Key

| 출제유형 |

1 응용수리

수의 관계에 대해 알고 그것을 응용하여 계산할 수 있는지 그리고 미지수를 구하기 위해 필요한 계산식을 세울 수 있는지를 평가하는 유형이다. 기초적인 유형을 정확하게 알고, 이를 활용하는 난이도 있는 문제도 연습해야 한다.

2 자료해석

표나 그래프 등 주어진 자료를 보고 필요한 정보를 빠르게 찾아 해석할 수 있는지를 평가하는 유형이다. 자료계산, 자료해석은 그래프 해석이나 변환, 묶음 문제 추리 등 다양한 유형으로 출제하고 있으므로 여러 문제 풀이를 통해 익숙해질 수 있도록 한다.

| 학습전략 |

1 응용수리

- 정확하게 답을 구하지 못하면 답을 맞출 수 없게 출제되고 있으므로 정확하게 계산하는 연습을 해야 한다.
- 정형화된 유형을 풀어보고 숙지하여 기본을 튼튼히 해야 한다.
- 경우의 수나 확률과 같은 유형은 고등학교 수준의 문제를 풀어 보는 것이 도움이 될 수 있다.

2 자료해석

- 표, 꺾은선그래프, 막대그래프, 원그래프 등 다양한 형태의 자료를 눈에 익힌다. 그래야 실제 시험에서 자료가 제시되었을 때 중점을 두고 파악해야 할 부분이 더욱 선명하게 보일 것이다.
- 자료해석 유형의 문제는 제시되는 정보의 양이 매우 많으므로, 시간을 절약하기 위해서는 문제를 읽은 후 바로 자료 분석에 들어가는 것보다는 선택지를 먼저 읽고 필요한 정보만 추출하여 답을 찾는 것이 좋다.

03 | 수리력 핵심이론

01 ▶ 응용수리

1. 수의 관계

(1) 약수와 배수

a가 b로 나누어떨어질 때, a는 b의 배수, b는 a의 약수

(2) 소수

1과 자기 자신만을 약수로 갖는 수, 즉 약수의 개수가 2개인 수

(3) 합성수

1과 자신 이외의 수를 약수로 갖는 수, 즉 소수가 아닌 수 또는 약수의 개수가 3개 이상인 수

(4) 최대공약수

2개 이상의 자연수의 공통된 약수 중에서 가장 큰 수

(5) 최소공배수

2개 이상의 자연수의 공통된 배수 중에서 가장 작은 수

(6) 서로소

1 이외에 공약수를 갖지 않는 두 자연수, 즉 최대공약수가 1인 두 자연수

(7) 소인수분해

주어진 합성수를 소수의 거듭제곱의 형태로 나타내는 것

(8) 약수의 개수

자연수 $N = a^m \times b^n$에 대하여, N의 약수의 개수는 $(m+1) \times (n+1)$개

(9) 최대공약수와 최소공배수의 관계

두 자연수 A, B에 대하여, 최소공배수와 최대공약수를 각각 L, G라고 하면 $A \times B = L \times G$가 성립한다.

2. 방정식의 활용

(1) 날짜·요일·시계

① 날짜·요일
  ㉠ 1일=24시간=1,440분=86,400초
  ㉡ 날짜·요일 관련 문제는 대부분 나머지를 이용해 계산한다.

② 시계
  ㉠ 시침이 1시간 동안 이동하는 각도 : 30°
  ㉡ 시침이 1분 동안 이동하는 각도 : 0.5°
  ㉢ 분침이 1분 동안 이동하는 각도 : 6°

(2) 시간·거리·속력

① $(\text{시간})=\dfrac{(\text{거리})}{(\text{속력})}$

② $(\text{거리})=(\text{속력})\times(\text{시간})$
  ㉠ 기차가 터널을 통과하거나 다리를 지나가는 경우
    : (기차가 움직인 거리)=(기차의 길이)+(터널 또는 다리의 길이)
  ㉡ 두 사람이 반대 방향 또는 같은 방향으로 움직이는 경우
    : (두 사람 사이의 거리)=(두 사람이 움직인 거리의 합 또는 차)

③ $(\text{속력})=\dfrac{(\text{거리})}{(\text{시간})}$
  ㉠ 흐르는 물에서 배를 타는 경우
    : (하류로 내려갈 때의 속력)=(배 자체의 속력)+(물의 속력)
     (상류로 올라갈 때의 속력)=(배 자체의 속력)−(물의 속력)

(3) 나이·인원·개수

구하고자 하는 것을 미지수로 놓고 식을 세운다. 동물의 경우 다리의 개수에 유의해야 한다.

(4) 원가·정가

① (정가)=(원가)+(이익), (이익)=(정가)−(원가)

② a원에서 $b\%$ 할인한 가격$=a\times\left(1-\dfrac{b}{100}\right)$

(5) 일률·톱니바퀴

① 일률

전체 일의 양을 1로 놓고, 시간 동안 한 일의 양을 미지수로 놓고 식을 세운다.

- $(일률) = \dfrac{(작업량)}{(작업기간)}$

- $(작업기간) = \dfrac{(작업량)}{(일률)}$

- $(작업량) = (일률) \times (작업기간)$

② 톱니바퀴

$(톱니\ 수) \times (회전수) = (총\ 맞물린\ 톱니\ 수)$

즉, A, B 두 톱니에 대하여, $(A의\ 톱니\ 수) \times (A의\ 회전수) = (B의\ 톱니\ 수) \times (B의\ 회전수)$가 성립한다.

(6) 농도

① $(농도) = \dfrac{(용질의\ 양)}{(용액의\ 양)}$

② $(용질의\ 양) = \dfrac{(농도)}{100} \times (용액의\ 양)$

(7) 수 Ⅰ

① 연속하는 세 자연수 : $x-1,\ x,\ x+1$

② 연속하는 세 짝수(홀수) : $x-2,\ x,\ x+2$

(8) 수 Ⅱ

① 십의 자릿수가 x, 일의 자릿수가 y인 두 자리 자연수 : $10x+y$

　이 수에 대해, 십의 자리와 일의 자리를 바꾼 수 : $10y+x$

② 백의 자릿수가 x, 십의 자릿수가 y, 일의 자릿수가 z인 세 자리 자연수 : $100x+10y+z$

(9) 증가·감소에 관한 문제

① x가 $a\%$ 증가 : $\left(1 + \dfrac{a}{100}\right)x$

② y가 $b\%$ 감소 : $\left(1 - \dfrac{b}{100}\right)y$

3. 경우의 수·확률

(1) 경우의 수

① 경우의 수 : 어떤 사건이 일어날 수 있는 모든 가짓수

② 합의 법칙

  ㉠ 두 사건 A, B가 동시에 일어나지 않을 때, A가 일어나는 경우의 수를 m, B가 일어나는 경우의 수를 n이라고 하면, 사건 A 또는 B가 일어나는 경우의 수는 $m+n$이다.

  ㉡ '또는', '~이거나'라는 말이 나오면 합의 법칙을 사용한다.

③ 곱의 법칙

  ㉠ A가 일어나는 경우의 수를 m, B가 일어나는 경우의 수를 n이라고 하면, 사건 A와 B가 동시에 일어나는 경우의 수는 $m \times n$이다.

  ㉡ '그리고', '동시에'라는 말이 나오면 곱의 법칙을 사용한다.

④ 여러 가지 경우의 수

  ㉠ 동전 n개를 던졌을 때, 경우의 수 : 2^n

  ㉡ 주사위 m개를 던졌을 때, 경우의 수 : 6^m

  ㉢ 동전 n개와 주사위 m개를 던졌을 때, 경우의 수 : $2^n \times 6^m$

  ㉣ n명을 한 줄로 세우는 경우의 수 : $n! = n \times (n-1) \times (n-2) \times \cdots \times 2 \times 1$

  ㉤ n명 중, m명을 뽑아 한 줄로 세우는 경우의 수 : $_n\mathrm{P}_m = n \times (n-1) \times \cdots \times (n-m+1)$

  ㉥ n명을 한 줄로 세울 때, m명을 이웃하여 세우는 경우의 수 : $(n-m+1)! \times m!$

  ㉦ 0이 아닌 서로 다른 한 자리 숫자가 적힌 n장의 카드에서, m장을 뽑아 만들 수 있는 m자리 정수의 개수 : $_n\mathrm{P}_m$

  ㉧ 0을 포함한 서로 다른 한 자리 숫자가 적힌 n장의 카드에서, m장을 뽑아 만들 수 있는 m자리 정수의 개수 : $(n-1) \times {}_{n-1}\mathrm{P}_{m-1}$

  ㉨ n명 중, 자격이 다른 m명을 뽑는 경우의 수 : $_n\mathrm{P}_m$

  ㉩ n명 중, 자격이 같은 m명을 뽑는 경우의 수 : $_n\mathrm{C}_m = \dfrac{_n\mathrm{P}_m}{m!}$

  ㉪ 원형 모양의 탁자에 n명을 앉히는 경우의 수 : $(n-1)!$

⑤ 최단거리 문제 : A에서 B 사이에 P가 주어져 있다면, A와 P의 최단거리, B와 P의 최단거리를 각각 구하여 곱한다.

(2) 확률

① (사건 A가 일어날 확률) $= \dfrac{(\text{사건 A가 일어나는 경우의 수})}{(\text{모든 경우의 수})}$

② 여사건의 확률

  ㉠ 사건 A가 일어날 확률이 p일 때, 사건 A가 일어나지 않을 확률은 $(1-p)$이다.

  ㉡ '적어도'라는 말이 나오면 주로 사용한다.

③ 확률의 계산

    ㉠ 확률의 덧셈

      두 사건 A, B가 동시에 일어나지 않을 때, A가 일어날 확률을 p, B가 일어날 확률을 q라고 하면, 사건 A 또는 B가 일어날 확률은 $(p+q)$이다.

    ㉡ 확률의 곱셈

      A가 일어날 확률을 p, B가 일어날 확률을 q라고 하면, 사건 A와 B가 동시에 일어날 확률은 $(p \times q)$이다.

④ 여러 가지 확률

    ㉠ 연속하여 뽑을 때, 꺼낸 것을 다시 넣고 뽑는 경우 : 처음과 나중의 모든 경우의 수는 같다.

    ㉡ 연속하여 뽑을 때, 꺼낸 것을 다시 넣지 않고 뽑는 경우 : 나중의 모든 경우의 수는 처음의 모든 경우의 수보다 1만큼 작다.

    ㉢ (도형에서의 확률)$=\dfrac{(\text{해당하는 부분의 넓이})}{(\text{전체 넓이})}$

02 ▶ 자료해석

(1) 꺾은선(절선)그래프

① 시간적 추이(시계열 변화)를 표시하는 데 적합하다.

    예 연도별 매출액 추이 변화 등

② 경과·비교·분포를 비롯하여 상관관계 등을 나타낼 때 사용한다.

〈한국 자동차부품 수입 국가별 의존도〉

(단위 : %)

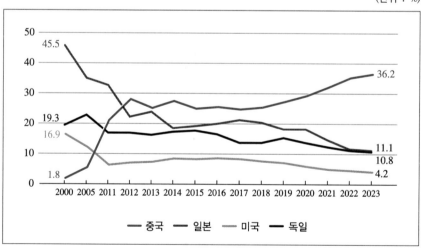

(2) 막대그래프

① 비교하고자 하는 수량을 막대 길이로 표시하고, 그 길이를 비교하여 각 수량 간의 대소 관계를 나타내는 데 적합하다.

　　예 영업소별 매출액, 성적별 인원분포 등

② 가장 간단한 형태로 내역·비교·경과·도수 등을 표시하는 용도로 사용한다.

〈경상수지 추이〉

(잠정치, 단위 : 억 달러)

(3) 원그래프

① 내역이나 내용의 구성비를 분할하여 나타내는 데 적합하다.

　　예 제품별 매출액 구성비 등

② 원그래프를 정교하게 작성할 때는 수치를 각도로 환산해야 한다.

〈C국의 가계 금융자산 구성비〉

(4) 점그래프

① 지역분포를 비롯하여 도시, 지방, 기업, 상품 등의 평가나 위치, 성격을 표시하는 데 적합하다.

    예 광고비율과 이익률의 관계 등

② 종축과 횡축에 두 요소를 두고, 보고자 하는 것이 어떤 위치에 있는가를 알고자 할 때 사용한다.

〈OECD 국가의 대학졸업자 취업률 및 경제활동인구 비중〉

(5) 층별그래프

① 합계와 각 부분의 크기를 백분율로 나타내고 시간적 변화를 보는 데 적합하다.

② 합계와 각 부분의 크기를 실수로 나타내고 시간적 변화를 보는 데 적합하다.

    예 상품별 매출액 추이 등

③ 선의 움직임보다는 선과 선 사이의 크기로써 데이터 변화를 나타내는 그래프이다.

〈경제고통지수 추이〉

	2020년	2021년	2022년	2023년
합계	9.0%	4.3%	6.6%	8.4%
실업률	3.7%		4.0%	3.0%
물가 상승률 (전년 동월 대비)	5.3%	4.5%	2.6%	5.4%

-0.2%

■ 실업률
■ 물가 상승률 (전년 동월 대비)

※ 5월 기준

(6) 레이더 차트(거미줄그래프)

① 다양한 요소를 비교할 때, 경과를 나타내는 데 적합하다.

예 매출액의 계절변동 등

② 비교하는 수량을 직경, 또는 반경으로 나누어 원의 중심에서의 거리에 따라 각 수량의 관계를 나타내는 그래프이다.

〈외환위기 전후 한국의 경제상황〉

03 | 수리력 기출예상문제

01 ▶ 기본계산

대표유형 1   기본연산

다음 식의 값을 구하면?

$$7,743 \div 87 \times 78 + 87$$

① 7,029   ② 7,129

③ 7,229   ④ 7,329

| 해설 | $7,743 \div 87 \times 78 + 87 = 89 \times 78 + 87 = 6,942 + 87 = 7,029$

정답 ①

※ 다음 식의 값을 구하시오. [1~7]

01

$$2,620 + 1,600 \div 80$$

① 28.20   ② 2,820

③ 26.40   ④ 2,640

02

$$3,684 - 62.48 \div 0.55$$

① 6,584.6   ② 6,574.4

③ 3,560.6   ④ 3,570.4

03

$$15,312+32,213-3,412$$

① 42,113　　　　　　　② 43,113
③ 44,113　　　　　　　④ 45,113

04

$$40.5\times0.23+1.185$$

① 10.45　　　　　　　② 10.5
③ 9.5　　　　　　　　④ 9.45

05

$$342\div6\times13-101$$

① 610　　　　　　　　② 620
③ 630　　　　　　　　④ 640

06

$$(182,100-86,616)\div146$$

① 624　　　　　　　　② 654
③ 687　　　　　　　　④ 691

07

$$454,469\div709+879$$

① 1,471　　　　　　　② 1,492
③ 1,520　　　　　　　④ 1,573

※ 다음 식을 계산하여 이와 같은 값을 갖는 것을 고르시오. [8~9]

08

$3\times8\div2$

① $7+6$ ② $77\div7$

③ $3\times9-18+3$ ④ $1+2+3+4$

09

$36\times145+6,104$

① $901\times35+27$ ② $385\times12+5,322$

③ $16,212\div28+8,667$ ④ $516\times31-4,672$

10 다음 중 계산한 값이 다른 하나는?

① $2\times3\times9$ ② $(12+6)\times3$

③ $8\times8-8$ ④ $100\div2+4$

11 6,540의 4푼은 얼마인가?

① 2,616 ② 261.6

③ 26.16 ④ 2.616

12 B는 농구공을 40번 던져서 7번을 바스켓에 넣었다. B의 성공률은?

① 1푼 5리 ② 1할 5리

③ 1할 1푼 ④ 1할 7푼 5리

13 438의 6할 1리는 얼마인가?

① 263.238

② 277.23

③ 283.144

④ 285.542

14 1,500의 2할 2푼은 얼마인가?

① 3.3

② 33

③ 330

④ 3,300

15 3개의 당첨 제비가 들어있는 20개의 제비가 있다. 당첨 제비를 뽑을 확률은?

① 1할 5푼

② 6할

③ 1푼 5리

④ 1할 5리

※ 다음 〈조건〉을 보고 주어진 식을 계산하시오. [1~2]

조건

$$a \star b = a^2 - 4ab$$
$$a \bigstar b = (b\sqrt{a} - a\sqrt{b})^2$$

01

$$6 \star \frac{17}{12}$$

① 1

② 2

③ 3

④ 4

| 해설 | $6 \star \dfrac{17}{12} = 6^2 - 4 \times 6 \times \dfrac{17}{12} = 36 - 34 = 2$

정답 ②

02

$$2 \bigstar 8$$

① 32

② 35

③ 38

④ 40

| 해설 | $2 \bigstar 8 = (8\sqrt{2} - 2\sqrt{8})^2 = (8\sqrt{2} - 4\sqrt{2})^2 = (4\sqrt{2})^2 = 32$

정답 ①

16 두 실수 a, b에 대하여 연산 ◎을 $a ◎ b = (a - b) + (b \times 10 + 2)$로 정의할 때, $(1 ◎ 6) + (4 ◎ 2)$의 값은?

① -23

② 23

③ -81

④ 81

17 두 실수 a, b에 대하여 연산 $\Diamond$를 $a \Diamond b = \begin{cases} a-b \, (a \geq b) \\ a+b \, (a < b) \end{cases}$ 로 정의할 때, $(6 \Diamond 2) \Diamond (2 \Diamond 6)$의 값은?

① 8   ② 10

③ 12   ④ 14

18 두 실수 a, b에 대하여 연산 $\blacksquare$를 $a \blacksquare b = a^2 - 2ab + b^2$로 정의할 때, $4 \blacksquare 11$의 값은?

① 38   ② 39

③ 48   ④ 49

※ 다음 〈조건〉을 보고 주어진 식을 계산하시오. [19~20]

> **조건**
>
> $$a \triangledown b = a^2 + b^2 - ab$$
> $$a \blacktriangledown b = a^2 + b^2 + ab$$

19

$17 \triangledown 9$

① 214   ② 215

③ 216   ④ 217

20

$3 \blacktriangledown 23$

① 606   ② 607

③ 608   ④ 609

다음 빈칸에 들어갈 수로 옳은 것은?

$$0.792 < (\quad) < \frac{31}{32}$$

① $\dfrac{12}{17}$

② $\dfrac{17}{22}$

③ $\dfrac{33}{34}$

④ $\dfrac{13}{15}$

| 해설 |　$0.792 < (\quad) < \dfrac{31}{32} ≒ 0.969$

따라서 $\dfrac{13}{15} ≒ 0.867$이 적절하다.

오답분석

① $\dfrac{12}{17} ≒ 0.706$,　② $\dfrac{17}{22} ≒ 0.773$,　③ $\dfrac{33}{34} ≒ 0.971$

정답 ④

※ 다음 빈칸에 들어갈 수로 옳은 것을 고르시오. [21~25]

21

$$1.138 > (\quad) > 1.119$$

① $\dfrac{16}{13}$

② $\dfrac{17}{15}$

③ $\dfrac{19}{17}$

④ $\dfrac{21}{20}$

22

$$\frac{86}{25} > (\quad) > \frac{25}{11}$$

① 2.345

② 2.270

③ 2.199

④ 2.199

23

$$-\frac{13}{8} < (\quad) < -\frac{2}{5}$$

① $-\frac{16}{9}$ ② $-\frac{14}{11}$

③ $-\frac{3}{8}$ ④ $-\frac{1}{7}$

24

$$\frac{1}{5} < (\quad) < \frac{5}{7}$$

① $\frac{1}{7}$ ② $\frac{12}{35}$

③ $\frac{21}{25}$ ④ $\frac{1}{6}$

25

$$0.544 < (\quad) < \frac{26}{29}$$

① $\frac{77}{79}$ ② 0.901

③ $\frac{91}{96}$ ④ 0.758

대표유형 1 방정식 · 부등식의 활용

01 영희는 3시에 학교 수업이 끝난 후 할머니를 모시고 병원에 간다. 학교에서 집으로 갈 때는 4km/h의 속력으로 이동하고 집에서 10분 동안 할머니를 기다린 후, 할머니와 병원까지 3km/h의 속력으로 이동한다고 한다. 학교와 집, 집과 병원 사이의 거리 비가 2 : 1일 때, 병원에 도착한 시각은 4시 50분이다. 병원에서 집까지의 거리는?

① 1km ② 2km
③ 3km ④ 4km

| 해설 | 영희가 집에서 할머니를 기다린 10분을 제외하면, 학교에서 병원까지 이동시간은 총 1시간 40분이다.

1시간 40분은 $1+\dfrac{40}{60}=1+\dfrac{2}{3}=\dfrac{5}{3}$ 시간이고, 집과 병원 사이의 거리를 $x$km라고 하면 식은 다음과 같다.

$$\dfrac{2x}{4}+\dfrac{x}{3}=\dfrac{5}{3} \rightarrow \dfrac{5}{6}x=\dfrac{5}{3}$$

∴ $x=2$

따라서 병원에서 집까지의 거리는 2km이다.

정답 ②

02 할머니와 손자의 나이 차는 55세이고, 아버지와 아들의 나이 차는 20세이다. 아들의 나이가 11세이면 할머니와 아버지의 나이의 합은?

① 96세 ② 97세
③ 98세 ④ 99세

| 해설 | • 할머니의 나이 : 55+11=66세
• 아버지의 나이 : 20+11=31세
∴ 66+31=97
따라서 할머니와 아버지의 나이의 합은 97세이다.

정답 ②

03 원가가 a인 물품에 30% 이익을 예상하고 정가를 붙였지만 팔리지 않아 결국 정가의 20%를 할인하여 팔았다고 한다. 이때, 이익은?

① $0.04a$원 ② $0.05a$원

③ $0.06a$원 ④ $0.07a$원

| 해설 | (정가)−(원가)=(이익)이므로 $a \times (1+0.3) \times (1-0.2) = 1.04a \rightarrow 1.04a - a = 0.04a$원

정답 ①

04 어떤 물통에 물을 가득 채우는 데 A관은 10분, B관은 15분이 걸린다. A관과 B관을 동시에 틀면 몇 분 만에 물통에 물이 가득 차는가?

① 3분 ② 4분

③ 5분 ④ 6분

| 해설 | 물통의 총량을 1이라고 하면 A관은 1분에 물통의 $\frac{1}{10}$을 채우고, B관은 $\frac{1}{15}$을 채운다.

A, B관을 동시에 틀면 1분에 $\frac{1}{10} + \frac{1}{15} = \frac{1}{6}$을 채울 수 있다.

따라서 물통을 가득 채우는 데 걸리는 시간은 6분이다.

정답 ④

05 어떤 콘텐츠에 대한 네티즌 평가에서 1,000명이 참여한 A사이트에서는 평균 평점이 5.0이었으며, 500명이 참여한 B사이트의 평균 평점은 8.0이었다. 이 콘텐츠에 대한 두 사이트 전체 참여자의 평균 평점은?

① 4.0점 ② 5.5점

③ 6.0점 ④ 7.5점

| 해설 | $\dfrac{1,000 \times 5.0 + 500 \times 8.0}{1,000 + 500} = \dfrac{9,000}{1,500} = 6.0$점

정답 ③

06 농도가 5%인 소금물 400g이 있다. 여기서 몇 g의 물을 증발시켜야 농도가 10%인 소금물을 얻을 수 있는가?

① 100g   ② 200g

③ 300g   ④ 400g

| 해설 | 농도가 5%인 소금물 400g에 들어있는 소금의 양은 $\frac{5}{100} \times 400 = 20$g이다.

증발을 시키면 소금의 양은 그대로이고 소금물의 양과 농도만 변화한다. 증발시킬 물의 양을 xg이라고 하면 식은 다음과 같다.

$$\frac{10}{100} \times (400 - x) = 20$$

$$\therefore \ x = 200$$

따라서 200g의 물을 증발시켜야 한다.

정답 ②

07 화장실에 정사각형 모양의 타일을 채우려고 하는데 벽면이 가로 360cm, 세로 648cm이다. 타일의 개수를 최소로 사용하여 붙이려고 할 때, 필요한 타일의 개수는?

① 30개   ② 35개

③ 40개   ④ 45개

| 해설 | 360, 648의 최대공약수를 구하면, 타일의 한 변의 길이는 72cm이다.

따라서 가로에 5개, 세로에 9개 들어가므로 총 타일의 개수는 45개이다.

정답 ④

01 농도가 5%인 설탕물 500g을 가열하였다. 1분 동안 가열하면 50g의 물이 증발할 때, 5분 동안 가열하면 설탕물의 농도는 얼마인가?(단, 설탕물을 가열했을 때 시간에 따라 증발하는 물의 양은 일정하다)

① 6%

② 7%

③ 8%

④ 10%

02 조각 케이크 1조각을 정가로 팔면 3,000원의 이익을 얻는다. 만일, 장사가 되지 않아 정가보다 20%를 할인하여 5개 팔았을 때 순이익과 조각 케이크 1개당 정가에서 2,000원씩 할인하여 4개를 팔았을 때의 매출액이 같다면 조각 케이크 1조각의 정가는 얼마인가?

① 4,100원

② 4,300원

③ 4,400원

④ 4,600원

03 가방의 원가에 40%의 이익을 붙여서 정가를 정한 후, 이벤트로 정가의 25%를 할인하여 물건을 판매하면 1,000원의 이익이 남는다. 이 가방의 원가는?

① 16,000원

② 18,000원

③ 20,000원

④ 22,000원

04 벤치 1개에 5명씩 앉으면 12명이 남고, 6명씩 앉으면 아무도 앉지 않은 벤치가 7개 남는다고 한다. 이때, 벤치의 개수가 될 수 없는 것은?

① 53개   ② 54개

③ 55개   ④ 56개

05 어떤 물건의 정가에서 30%를 할인한 가격을 1,000원 더 할인하였다. 이 물건을 2개 사면 그 가격이 처음 정가와 같다고 할 때, 처음 정가는 얼마인가?

① 4,000원   ② 5,000원

③ 6,000원   ④ 7,000원

06 민솔이가 박물관에 가는데 자전거로 시속 12km로 가면 2시 50분에 도착하고, 시속 6km로 걸어가면 3시 20분에 도착한다고 한다. 정각 3시에 도착하려면 시속 몇 km로 가야 하는가?

① 7.8km/h   ② 8.5km/h

③ 9km/h   ④ 9.5km/h

07 세빈이는 이번 주말에 등산을 하였다. 올라갈 때에는 시속 4km로 걷고 내려올 때에는 올라갈 때보다 2km 더 먼 거리를 시속 6km의 속력으로 걸어 내려왔다. 올라갈 때와 내려올 때 걸린 시간이 같았다면 내려올 때 걸린 시간은?

① 1시간

② 1.5시간

③ 2시간

④ 2.5시간

08 B회사는 신입사원들을 대상으로 3개월 동안 의무적인 강연을 듣게 하였다. 강연은 월요일과 수요일에 1회씩 열리고 금요일에는 격주로 1회씩 열린다고 할 때, 8월 1일 월요일에 처음 강연을 들은 신입사원이 13번째 강연을 듣게 되는 날은?(단, 첫 주 금요일 강연은 열리지 않았다)

① 8월 31일

② 9월 2일

③ 9월 5일

④ 9월 7일

09 4년 전 김대리의 나이는 조카 나이의 4배였고, 3년 후에는 김대리의 나이가 조카 나이의 2배보다 7살이 많다고 한다. 이때, 현재 김대리의 조카는 몇 살인가?

① 11살

② 12살

③ 13살

④ 14살

10 그릇 A에는 농도 9%의 소금물 200g, 그릇 B에는 농도 4%의 소금물 150g이 있다. 그릇 A에서 100g의 소금물을 그릇 B로 옮겼을 때, 그릇 B에 들어있는 소금물의 농도는 몇 %인가?

① 4.5%

② 5%

③ 5.5%

④ 6%

01 세 자연수 a, b, c가 있다. $a+b+c=5$일 때, 순서쌍 (a, b, c)의 값이 될 수 있는 경우의 수는?(단, a, b, c는 자연수이다)

① 1가지　　　　　　　　　　② 3가지

③ 4가지　　　　　　　　　　④ 6가지

> |해설| $a+b+c=5$
> ⅰ) $a=1$일 경우 : $(1, 1, 3)$, $(1, 2, 2)$, $(1, 3, 1)$
> ⅱ) $a=2$일 경우 : $(2, 1, 2)$, $(2, 2, 1)$
> ⅲ) $a=3$일 경우 : $(3, 1, 1)$
> ∴ 6가지
>
> 정답 ④

02 동전을 연속하여 3번 던졌을 때, 앞면이 2번 나올 확률은?

① $\dfrac{1}{4}$　　　　　　　　　　② $\dfrac{2}{3}$

③ $\dfrac{3}{8}$　　　　　　　　　　④ $\dfrac{1}{2}$

> |해설| 앞면을 ○, 뒷면을 ×라고 하면
> $(○○×)$, $(○×○)$, $(×○○)$ → 3가지
> 전체 경우의 수는 $2^3=8$가지
> ∴ (앞면이 2번 나올 확률)$=\dfrac{3}{8}$
>
> 정답 ③

11 A, B 두 명이 호텔에 묵으려고 한다. 선택할 수 있는 호텔 방이 301, 302, 303호 3개일 때, 호텔 방을 선택할 수 있는 경우의 수는?(단, 한 명당 한 방만 선택할 수 있고, 둘 중 한 명이 방을 선택을 하지 않거나 두 명 모두 방을 선택하지 않을 수도 있다)

① 10가지　　　　　　　　　　② 11가지

③ 12가지　　　　　　　　　　④ 13가지

12 A, B 주사위 2개를 동시에 던졌을 때, A에서는 짝수의 눈이 나오고, B에서는 3 또는 5의 눈이 나올 확률은?

① $\dfrac{1}{6}$

② $\dfrac{1}{3}$

③ $\dfrac{1}{2}$

④ $\dfrac{2}{3}$

13 한국인의 혈액형 중 O, A, B, AB형이 차지하는 비율이 3 : 4 : 2 : 1이라면 한국인 2명을 임의로 선택할 때, 혈액형이 다를 확률은?

① $\dfrac{1}{10}$

② $\dfrac{3}{10}$

③ $\dfrac{1}{2}$

④ $\dfrac{7}{10}$

14 민석이의 지갑에는 1,000원, 5,000원, 10,000원짜리 지폐가 각각 8장씩 있다. 거스름돈 없이 물건 값 23,000원을 내려고 할 때 돈을 낼 수 있는 방법의 가짓수는?

① 2가지

② 3가지

③ 4가지

④ 5가지

15 어느 제조 공장에서 생산하는 제품을 상자에 10개 담았는데 3개의 불량품이 들어 있다고 한다. 이 상자에서 1개씩 두 번 계속하여 꺼낼 때, 두 번째에 불량품이 나올 확률은?

① $\dfrac{1}{10}$

② $\dfrac{1}{5}$

③ $\dfrac{3}{10}$

④ $\dfrac{2}{5}$

03 ▶ 자료해석

※ 다음은 2021 ~ 2023년 한국의 스포츠 관련 비용의 통계자료이다. 이어지는 질문에 답하시오. [1~2]

〈한국의 스포츠 관련 비용〉

구분	2023년		2022년		2021년	
	규모(억 원)	비율(%)	규모(억 원)	비율(%)	규모(억 원)	비율(%)
합계	46,539	100	43,277	100	49,590	100
스포츠용품 소비	17,002	36.5	14,426	33.3	23,090	46.5
시설이용료·강습비	29,195	62.8	28,680	66.3	25,270	51
스포츠 관람료	342	0.7	171	0.4	1,230	2.5

01 2023년 스포츠 관련 비용 중 2022년 대비 증가율이 가장 큰 품목의 비용 차이는?

① 171억 원   ② 515억 원

③ 2,576억 원   ④ 3,262억 원

| 해설 | • 스포츠용품 소비 증가율 : $\dfrac{17,002-14,426}{14,426} \times 100 \fallingdotseq 17.86\%$

• 시설이용료·강습비 증가율 : $\dfrac{29,195-28,680}{28,680} \times 100 \fallingdotseq 1.80\%$

• 스포츠 관람료 증가율 : $\dfrac{342-171}{171} \times 100 = 100\%$

따라서 2023년 증가율이 가장 큰 품목은 스포츠 관람료이고, 비용 차이는 342-171=171억 원이다.

정답 ①

02 2021년 스포츠용품 소비 대비 스포츠 관람료 비율은?(단, 소수점 셋째 자리에서 반올림한다)

① 약 5.31%   ② 약 5.32%

③ 약 5.33%   ④ 약 5.34%

| 해설 | • 2021년 스포츠용품 소비 : 23,090억 원

• 2021년 스포츠 관람료 : 1,230억 원

따라서 2021년 스포츠용품 소비 대비 스포츠 관람료 비율은 $\dfrac{1,230}{23,090} \times 100 \fallingdotseq 5.33\%$이다.

정답 ③

01 다음은 A ~ D 네 국가의 정부신뢰에 대한 자료이다. 〈조건〉에 근거하여 A ~ D에 해당하는 국가를 바르게 짝지은 것은?

〈국가별 전체 국민 정부신뢰율〉

국가	값
A	14.0
B	35.0
C	48.0
D	82.0

〈국가별 청년층의 상대적 정부신뢰지수〉

국가	값
A	6.4
B	−14.1
C	−9.1
D	2.0

※ 전체 국민 정부신뢰율(%)＝$\dfrac{\text{정부를 신뢰한다고 응답한 응답자 수}}{\text{전체 응답자 수}}×100$

※ 청년층 정부신뢰율(%)＝$\dfrac{\text{정부를 신뢰한다고 응답한 응답자 수}}{\text{청년층 응답자 수}}×100$

※ 청년층의 상대적 정부신뢰지수＝전체 국민 정부신뢰율(%)−청년층 정부신뢰율(%)

> **조건**
> • 청년층 정부신뢰율은 스위스가 그리스의 10배 이상이다.
> • 영국과 미국에서는 청년층 정부신뢰율이 전체 국민 정부신뢰율보다 높다.
> • 청년층 정부신뢰율은 미국이 스위스보다 30%p 이상 낮다.

	A	B	C	D
①	그리스	영국	미국	스위스
②	스위스	영국	미국	그리스
③	스위스	미국	영국	그리스
④	그리스	미국	영국	스위스

다음은 B공사에서 공개한 2023년 구분 손익계산서이다. 이에 대한 설명으로 옳은 것은?

〈2023년 구분 손익계산서〉

(단위 : 억 원)

구분	합계	손실보전대상사업					토지은행 사업	일반 사업
		공공주택 (보금자리)	산업단지 개발	주택관리 사업	행정중심 복합도시	혁신도시 개발		
매출액	180,338	68,245	7,349	13,042	6,550	2,617	2,486	80,049
매출원가	146,978	55,230	4,436	22,890	3,421	1,846	2,327	56,828
매출총이익	33,360	13,015	2,913	−9,848	3,129	771	159	23,221
판매비와 관리비	7,224	2,764	295	1,789	153	7	60	2,156
영업이익	26,136	10,251	2,618	−11,637	2,976	764	99	21,065
기타수익	9,547	296	77	96	56	133	0	8,889
기타비용	3,451	68	5	1	1	11	1	3,364
기타이익(손실)	−60	−7	0	0	0	−3	0	−50
금융수익	2,680	311	18	0	112	13	0	2,226
금융원가	6,923	−2,610	487	6,584	585	−7	57	1,827
지분법적용관계 기업이익(손실)	33	0	0	0	0	0	0	33
법인세비용 차감 전 순이익	27,962	13,393	2,221	−18,126	2,558	903	41	26,972
법인세비용	7,195	3,446	572	−4,664	658	232	11	6,940
당기순이익	20,767	9,947	1,649	−13,462	1,900	671	30	20,032

① 주택관리사업의 판매비와 관리비는 공공주택사업의 판매비와 관리비의 80% 이상이다.

② 금융원가가 높은 사업의 순위와 기타수익이 높은 사업의 순위는 동일하다.

③ 행정중심복합도시의 영업이익이 2023년 총영업이익에서 차지하는 비율은 20% 이상이다.

④ 혁신도시개발의 매출총이익은 법인세비용 차감 전 순이익의 75% 이상이다.

03 퇴직 후 네일아트를 전문적으로 하는 뷰티숍을 개점하려는 B씨는 평소 눈여겨 본 지역의 고객 분포를 알아보기 위해 직접 설문조사를 하였다. 설문조사 결과가 다음과 같을 때, B씨가 이해한 내용으로 적절한 것은?(단, 복수 응답과 무응답은 없다)

〈응답자의 연령대별 방문 횟수〉

(단위 : 명)

방문횟수 \ 연령대	20 ~ 25세	26 ~ 30세	31 ~ 35세	합계
1회	19	12	3	34
2 ~ 3회	27	32	4	63
4 ~ 5회	6	5	2	13
6회 이상	1	2	0	3
합계	53	51	9	113

〈직업별 응답자 수〉

(단위 : 명)

구분	응답자
학생	49
회사원	43
공무원	2
전문직	7
자영업	9
가정주부	3
합계	113

① 전체 응답자 중 20 ~ 25세 응답자가 차지하는 비율은 50% 이상이다.

② 26 ~ 30세 응답자 중 4회 이상 방문한 응답자 비율은 10% 이상이다.

③ 31 ~ 35세 응답자의 1인당 평균 방문 횟수는 2회 미만이다.

④ 전체 응답자 중 직업이 학생 또는 공무원인 응답자 비율은 50% 이상이다.

04 다음은 주중과 주말 교통상황에 대한 자료이다. 이에 대한 〈보기〉의 설명 중 옳은 것을 모두 고르면?

〈주중·주말 예상 교통량〉

(단위 : 만 대)

구분	전국	수도권 → 지방	지방 → 수도권
주중 예상 교통량	40	4	2
주말 예상 교통량	60	5	3

〈대도시 간 예상 최대 소요 시간〉

구분	서울 – 대전	서울 – 부산	서울 – 광주	서울 – 강릉	남양주 – 양양
주중	1시간	4시간	3시간	2시간	1시간
주말	2시간	5시간	4시간	3시간	2시간

보기

ㄱ. 대도시 간 예상 최대 소요 시간은 모든 구간에서 주중이 주말보다 적게 걸린다.
ㄴ. 주중 전국 예상 교통량 중 수도권에서 지방으로 가는 예상 교통량의 비율은 10%이다.
ㄷ. 지방에서 수도권으로 가는 주말 예상 교통량은 주중 예상 교통량의 2배이다.
ㄹ. 서울 – 광주 구간 주중 예상 소요 시간은 서울 – 강릉 구간 주말 예상 소요 시간과 같다.

① ㄱ, ㄴ
② ㄴ, ㄷ
③ ㄷ, ㄹ
④ ㄱ, ㄴ, ㄹ

05 다음은 학교 수 현황에 대한 그래프이다. 〈보기〉의 설명 중 적절한 것을 모두 고르면?

〈연도별 초·중·고등학교 수 현황〉

학교 수(교)

■ 초등학교   ■ 중학교   ▨ 고등학교

보기

ㄱ. 2020년부터 2023년까지 전년 대비 증감 추이는 초등학교와 고등학교가 동일하다.
ㄴ. 2019년부터 2023년까지 초등학교 수와 중학교 수의 차이가 가장 큰 해는 2022년이다.
ㄷ. 초·중·고등학교 수의 총합은 2021년 대비 2023년에 증가하였다.

① ㄱ   ② ㄷ
③ ㄱ, ㄴ   ④ ㄴ, ㄷ

06 다음은 시·도별 농가 현황에 대한 자료이다. 이에 대한 설명으로 옳지 않은 것은?(단, 증감률은 소수 둘째자리에서 반올림한다)

〈시·도별 농가 현황〉

(단위 : 천 가구)

구분	2022년		2023년		증감
	농가 수	구성비	농가 수	구성비	
전국	1,088	100	1,069	100	−20
특별·광역시	82	7.5	81	7.6	−1
경기	127	11.6	120	11.3	−6
강원	73	6.7	73	6.8	0
충북	75	6.9	75	7	0
충남	132	12.1	128	12	−4
전북	100	9.2	99	9.3	−1
전남	150	13.8	151	14.1	1
경북	185	17	181	16.9	−4
경남	131	12.1	128	11.9	−4
제주	33	3.1	33	3.1	0

① 2022년과 2023년 모두 경북 지역의 농가가 가장 많다.

② 2022년 대비 2023년 농가 수가 변하지 않은 지역은 세 곳이다.

③ 2022년 대비 2023년 경북 지역의 농가 감소율은 전국 평균 농가 감소율보다 크다.

④ 특별·광역시를 제외한 2022년의 구성비 순위와 2023년의 구성비 순위는 같다.

※ 다음은 국유재산 종류별 규모현황에 대한 표이다. 이를 보고 이어지는 질문에 답하시오. [7~8]

〈국유재산 종류별 규모현황〉

(단위 : 억 원)

구분	2019년	2020년	2021년	2022년	2023년
합계	9,384,902	9,901,975	10,444,088	10,757,551	10,817,554
토지	4,374,692	4,485,830	4,670,080	4,630,098	4,677,016
건물	580,211	616,824	652,422	677,188	699,211
공작물	2,615,588	2,664,379	2,756,345	2,821,660	2,887,831
입목죽	108,049	110,789	80,750	128,387	88,025
선박·항공기	21,775	20,882	23,355	23,178	25,524
기계·기구	4,124	4,096	6,342	9,252	10,524
무체재산	10,432	10,825	11,334	11,232	11,034
유가증권	1,670,031	1,988,350	2,243,460	2,456,556	2,418,389

07 다음 중 2021년에 국유재산의 규모가 10조를 넘는 국유재산 종류의 개수는?

① 2개 ② 3개
③ 4개 ④ 5개

08 다음 중 자료에 대한 설명으로 적절한 것을 〈보기〉에서 모두 고르면?

보기
ㄱ. 2021년과 2023년에 국유재산 종류별로 규모가 큰 순서는 동일하다.
ㄴ. 2019년과 2020년에 규모가 가장 작은 국유재산은 동일하다.
ㄷ. 2020년 국유재산 중 건물과 무체재산, 유가증권 규모의 합계는 260조 원보다 크다.
ㄹ. 2019년부터 2022년까지 국유재산 중 선박·항공기와 기계·기구의 전년 대비 증감 추이는 동일하다.

① ㄴ, ㄷ ② ㄷ, ㄹ
③ ㄱ, ㄴ, ㄷ ④ ㄴ, ㄷ, ㄹ

※ 다음 자료를 보고 이어지는 질문에 답하시오. [9~10]

<지역별 의료기관 종별 100병상당 간호사 수 추이>

(단위 : 명)

구분		2018년	2019년	2020년	2021년	2022년	2023년
서울	상급종합병원	61.52	67.1	81.44	88.84	94.31	111.78
	종합병원	52.61	54.73	57.23	59.06	64.32	74.88
	병원	21.86	20.53	23.61	23.78	25.65	27.05
	요양병원	9.69	9.42	10.33	10.69	13.28	13.83
	의원	6.71	6.88	7.13	7.88	9.5	9.97
서울 외 지역	상급종합병원	55.63	54.07	64.12	76.85	79.26	92.52
	종합병원	38.43	38.91	43.38	44.96	46.32	54.66
	병원	11.55	11.25	11.75	12.73	13.69	14.37
	요양병원	6.74	5.82	6.27	6.45	7.44	8.12
	의원	5.41	5.23	5.2	5.23	5.63	5.73

09 다음 중 지역별 의료기관 종별 100병상당 간호사 수 추이에 대한 설명으로 옳은 것은?

① 서울 지역의 100병상당 간호사 수 추이는 모든 의료기관에서 증가하고 있다.

② 서울 지역에서 2018년 대비 2023년의 증가율은 상급종합병원이 요양병원보다 낮다.

③ 서울 외 지역에서 2022년의 전년 대비 증가율이 가장 높은 곳은 요양병원이다.

④ 서울 외 지역에서 2021년에 전년 대비 100병상당 간호사 수가 가장 많이 증가한 곳은 의원이다.

10 다음 <보기> 중 지역별 의료기관 종별 100병상당 간호사 수 추이에 대한 설명으로 옳은 것을 모두 고르면?

보기

ㄱ. 전체 서울 지역의 100병상당 간호사 수 추이는 계속 증가하고 있다.

ㄴ. 전체 서울과 서울 외 지역의 100병상당 간호사 차이는 계속 증가하고 있다.

ㄷ. 2023년의 전체 서울과 서울 외 지역의 100병상당 간호사 차이는 60명 이상이다.

ㄹ. 2020년의 전체 서울과 서울 외 지역의 100병상당 간호사 차이는 50명 이상이다.

① ㄱ, ㄴ

② ㄱ, ㄷ

③ ㄴ, ㄷ

④ ㄴ, ㄹ

공간지각력

합격 Cheat Key

| 출제유형 |

1 평면도형

종이를 접어 구멍을 뚫은 후 다시 펼쳤을 때의 모습을 찾는 펀칭 문제와 일정 규칙에 따른 도형의 변화를 보고 빈칸에 들어갈 도형을 찾는 패턴 찾기 문제, 전개도를 접었을 때 나올 수 없는 도형을 찾는 전개도 문제 등이 출제되고 있다.

2 입체도형

단면도를 보고 입체도형을 찾는 단면도 문제와 모양이 다른 하나를 찾는 투상도 문제, 블록을 결합했을 때 모습 또는 빈칸에 들어갈 블록을 찾는 블록결합 문제 등이 출제되고 있다.

1 평면도형

- 공부를 하다가 잘 이해가 되지 않는 경우에는 머릿속으로 상상하는 것에 그치지 말고 실제로 종이를 접어 구멍을 뚫어 보거나 잘라 보는 것이 좋다.

2 입체도형

- 여러 시점에서 바라본 도형의 모습을 연상하며, 보이지 않는 부분까지도 유추할 수 있는 능력을 키워야 한다.
- 입체도형은 큰 덩어리보다 작고 세밀한 부분에서 답이 나올 확률이 높다. 따라서 눈대중으로 훑어보아서는 안되며, 작은 부분까지 꼼꼼하게 체크하면서 답을 찾아야 한다.

04 | 공간지각력 핵심이론

01 ▶ 평면도형

1. 펀칭

주어진 종이를 조건에 맞게 접은 후 구멍을 뚫고 펼쳤을 때 나타나는 모양을 고르는 유형이 출제된다.

- 펀칭 유형은 종이에 구멍을 낸 후 다시 종이를 펼쳐가며 구멍의 위치와 모양을 추적하는 방법으로 해결할 수 있다.
- 종이를 펼쳤을 때 구멍의 개수와 위치를 판별하는 것이 핵심이다. 이를 위해서는 '대칭'에 대한 이해가 필요하다. 구멍은 종이를 접은 선을 기준으로 대칭되어 나타난다는 것에 유의한다.
  - 개수 : 면에 구멍을 뚫으면 종이를 펼쳤을 때 구멍이 2개 나타나고, 접은 선 위에 구멍을 뚫으면 종이를 펼쳤을 때 구멍이 1개 나타난다.
  - 위치 : 종이를 접는 방향을 주의 깊게 살펴야 한다. 종이를 왼쪽에서 오른쪽으로 접은 경우, 구멍의 위치는 오른쪽에서 왼쪽으로 표시하며 단계를 거슬러 올라간다.

2. 도형추리

(1) 180° 회전한 도형은 좌우와 상하가 모두 대칭이 된 모양이 된다.

(2) 시계 방향으로 90° 회전한 도형은 시계 반대 방향 270° 회전한 도형과 같다.

(3) 좌우 반전 → 좌우 반전, 상하 반전 → 상하 반전은 같은 도형이 된다.

(4) 도형을 거울에 비친 모습은 방향에 따라 좌우 또는 상하로 대칭된 모습이 나타난다.

1. 전개도

제시된 전개도를 이용하여 만들 수 있는 입체도형을 찾는 문제와 제시된 입체도형의 전개도로 알맞은 것을 고르는 유형이 출제된다.

• 전개도상에서는 떨어져 있지만 입체도형으로 만들었을 때 서로 연결되는 면을 주의 깊게 살핀다.
• 마주보는 면과 인접하는 면을 구분하여 학습한다.
• 평면이었던 전개도가 입체도형이 되면서 면의 그림이 회전되는 모양을 확인한다.
• 많이 출제되는 전개도는 미리 마주보는 면과 인접하는 면, 만나는 꼭짓점을 학습한다.
  – ①~⑥은 접었을 때 마주보는 면을 의미한다. 즉, 두 수의 합이 7이 되는 면끼리 마주 보는 면이다.
    또한 각 전개도에서 ①에 위치하는 면이 같다고 할 때, 전개도마다 면이 어떻게 배열되는지도 나타낸다.
  – 1~8은 접었을 때 만나는 점을 의미한다. 즉 접었을 때 같은 숫자가 적힌 점끼리 만난다.

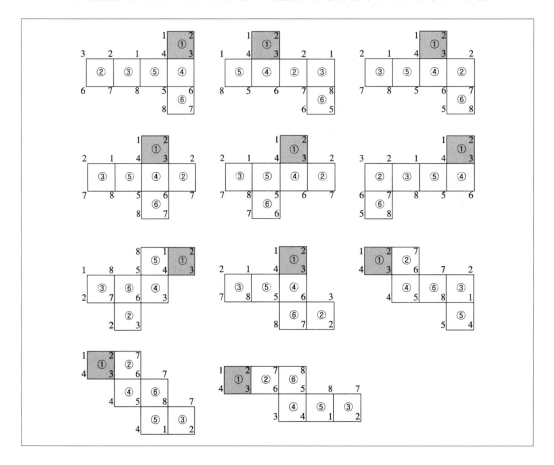

2. 단면도

입체도형을 세 방향에서 봤을 때 나타나는 단면과 일치하는 것을 고르는 유형이 출제된다.

• 제시된 세 단면이 입체도형을 어느 방향에서 바라본 단면인지 파악한다.
• 보기에 제시된 입체도형에서 서로 다른 부분을 표시한다.
• 입체도형에 표시된 부분을 기준으로 제시된 단면과 일치하지 않는 입체도형을 지워나간다.

3. 투상도

여러 방향으로 회전된 입체도형 중에 일치하지 않는 것을 고르는 유형이 출제된다.

• 주로 밖으로 나와 있는 모양이나 안으로 들어가 있는 모양이 반대로 되어 있거나 입체도형을 회전하였을 때 모양이 왼쪽, 오른쪽이 반대로 되어 있는 경우가 많으므로 이 부분을 중점으로 확인한다.

4. 블록결합

직육면체로 쌓아진 블록을 세 개의 블록으로 분리했을 때 제시되지 않은 하나의 블록을 고르는 유형이 출제된다.

• 쉽게 파악되지 않는 블록의 경우 블록을 한 층씩 나누어 생각한다.
• 블록은 다양한 방향과 각도로 회전하여 결합할 수 있으므로 결합되는 여러 가지 경우의 수를 판단한다.

직육면체의 입체도형을 세 개의 블록으로 분리했을 때, 들어갈 블록의 모양으로 옳은 것을 고르는 유형

〈전체〉　　　　　　〈A〉　　　　　〈B〉　　　〈C〉

• 개별 블록과 완성된 입체도형을 비교하여 공통된 부분을 찾는다.
• 완성된 입체도형에서 각각의 블록에 해당되는 부분을 소거한다. 전체 블록은 16개의 정육면체가 2단으로

쌓인 것으로, 〈A〉와 〈B〉를 제하면 윗단은 [그림] 이 되고, 아랫단은 [그림] 이 되어 〈C〉에는

 이 들어가야 함을 알 수 있다.

---

04 | 공간지각력 기출예상문제

정답 및 해설 p.017

01 ▶ 평면도형

대표유형 1   펀칭

01 다음 그림과 같이 화살표 방향으로 종이를 접은 후, 구멍을 뚫어 다시 펼쳤을 때의 그림으로 옳은 것은?

①

②

③

④

| 해설 |

정답 ③

02 다음과 같은 정사각형의 종이를 화살표 방향으로 접고 〈보기〉의 좌표가 가리키는 위치에 구멍을 뚫었다. 다시 펼쳤을 때 뚫린 구멍의 위치를 좌표로 나타낸 것으로 옳은 것은?(단, 좌표가 그려진 사각형의 크기와 종이의 크기는 일치하며, 종이가 접힐 때 종이의 위치는 바뀌지 않는다)

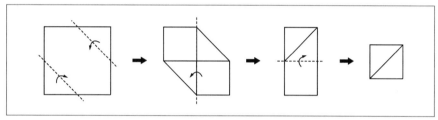

보기

C3

① A5, C3, C4, D3, D4, F5
② A6, C2, C5, D2, D5, F1
③ A6, C3, C4, D3, D4, F1
④ C3, C4, D3, D4

| 해설 | 종이에 구멍을 뚫은 상태에서 거꾸로 펼쳐가며 모양을 역추적한 후, 점선에 대하여 대칭으로 구멍의 위치를 좌표에 표시하며 답을 찾는다.

정답 ③

※ 다음 그림과 같이 화살표 방향으로 종이를 접은 후, 펀치로 구멍을 뚫어 다시 펼쳤을 때의 그림으로 옳은 것을 고르시오. [1~3]

01

02

03

①

②

③

④

PART 2

※ 다음과 같은 정사각형의 종이를 화살표 방향으로 접고 〈보기〉의 좌표가 가리키는 위치에 구멍을 뚫었다. 다시 펼쳤을 때 뚫린 구멍의 위치를 좌표로 나타낸 것으로 옳은 것을 고르시오(단, 좌표가 그려진 사각형의 크기와 종이의 크기는 일치하며, 종이가 접힐 때 종이의 위치는 바뀌지 않는다). [4~6]

04

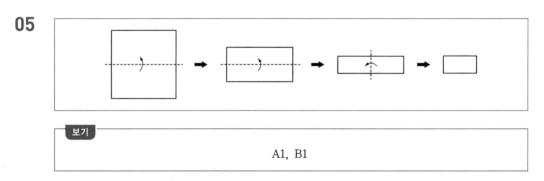

보기

C2

① A1, B4, C1, C4

② B3, B4, C2, C5

③ B4, B6, C2, C5

④ B4, C3, D1, D3

05

보기

A1, B1

① A1, A3, A4, A6, B1, B3, B4, B6, E1, E3, E4, E6, F1, F3, F4, F6

② A1, A2, A5, A6, B1, B2, B5, B6, E1, E2, E5, E6, F1, F2, F5, F6

③ A1, A6, B1, B6, E1, E6, F1, F6

④ A1, A3, A4, A6, F1, F3, F4, F6

06

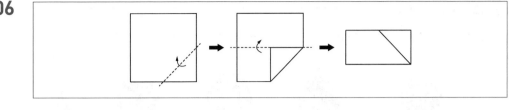

보기

D2

① A1, C2, D2, D5

② A2, C1, D2, D5

③ C2, D2, D5, E6

④ D2, D5, E6

일정한 규칙으로 도형이 변화할 때, 다음 중 ?에 들어갈 도형으로 가장 적절한 것은?

① 　　　　②

③ 　　　　④

| 해설 | 가장 큰 도형과 내부도형은 시계 방향으로 90° 회전, 외부도형은 가장 큰 도형의 회전과 관계없이 시계 반대 방향으로 가장 큰 도형의 변을 한 칸씩 이동하는 규칙이다.

정답 ③

※ 제시된 도형 또는 도형 내부의 기호들은 일정한 패턴을 가지고 변화한다. 다음 중 ?에 들어갈 도형으로
　가장 적절한 것을 고르시오. [7~10]

07

08

09

10

02 ▶ 입체도형

대표유형 1　　전개도

주어진 전개도로 입체도형을 만들 때, 만들어질 수 없는 것은?

01

02

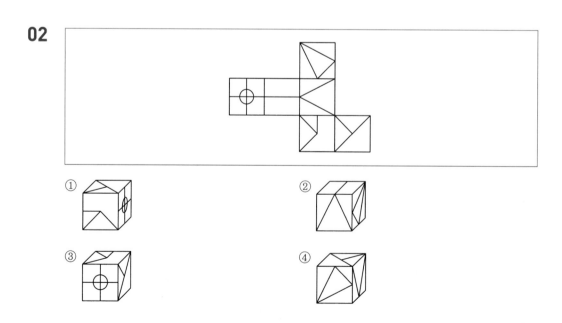

03 다음 중 입체도형을 만들었을 때, 나머지와 모양이 다른 것은?

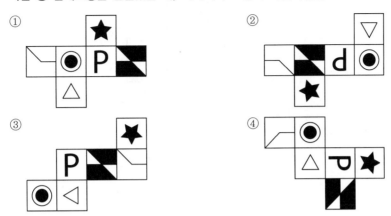

① ② ③ ④

※ 주어진 전개도로 입체도형을 만들 때, 만들어질 수 있는 것을 고르시오. [4~5]

04

① ② ③ ④

05

①

②

③

④

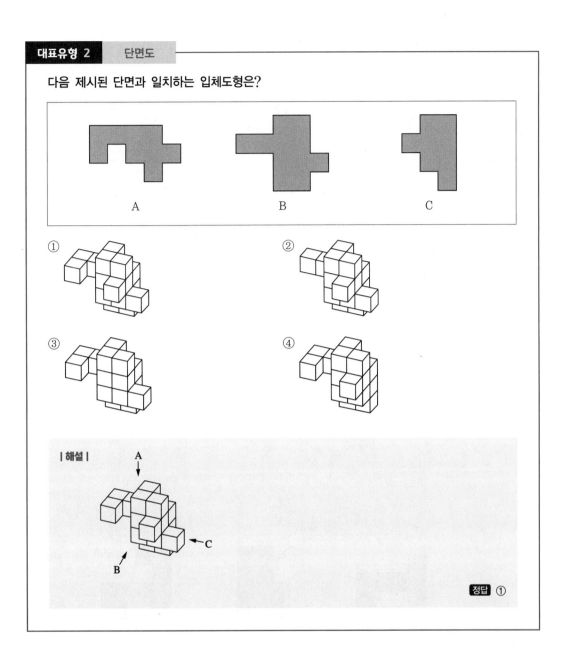

다음 제시된 단면과 일치하는 입체도형은?

A　　　　　　B　　　　　　C

① ② ③ ④

| 해설 |

A

C

B

정답 ①

06

07

08

A B C

①

②

③

④

09

A B C

①

②

③

④

10

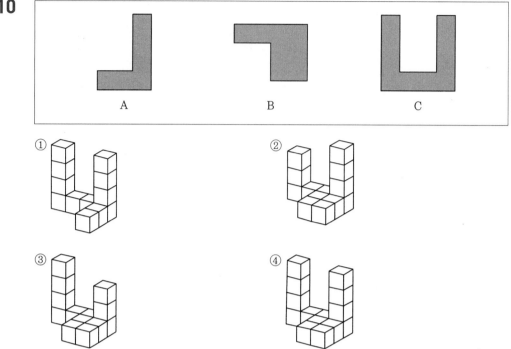

A   B   C

① ② ③ ④

다음 주어진 입체도형 중 나머지와 다른 도형은?

① ② ③ ④

| 해설 |

정답 ④

※ 다음 주어진 입체도형 중 나머지와 다른 도형을 고르시오. [11~15]

11 ① ②

③ ④

12 ① ②

③ ④

13 ① ②

③ ④

14

①

②

③

④

15

①

②

③

④

01 왼쪽에 제시된 직육면체 모양의 입체도형은 두 번째, 세 번째 입체도형과 ?를 조합하여 만들 수 있다. 다음 중 ?에 들어갈 도형으로 가장 적절한 도형은?

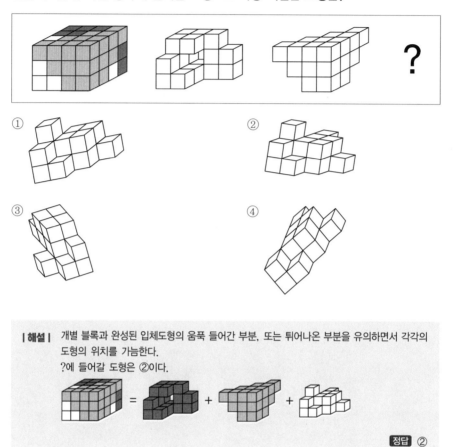

①   ②

③   ④

| 해설 | 개별 블록과 완성된 입체도형의 움푹 들어간 부분, 또는 튀어나온 부분을 유의하면서 각각의 도형의 위치를 가늠한다.
?에 들어갈 도형은 ②이다.

정답 ②

02 왼쪽의 두 입체도형을 합치면 오른쪽의 $3 \times 3 \times 3$ 정육면체가 완성된다. ?에 들어갈 도형을 회전한 모양으로 옳은 것은?

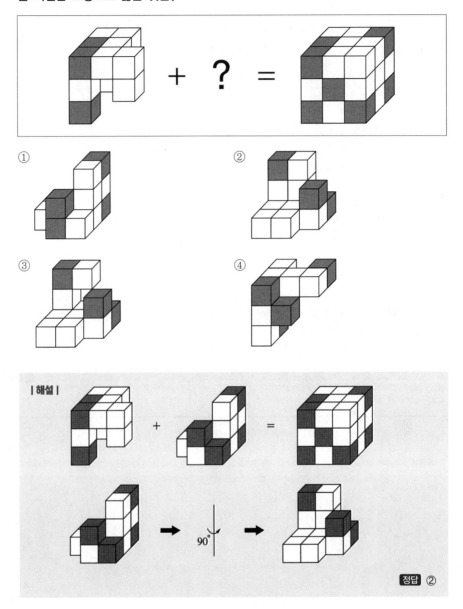

03 다음 두 블록을 합쳤을 때, 나올 수 있는 형태는?

① ② ③ ④

| 해설 |

정답 ③

16 왼쪽에 제시된 직육면체 모양의 입체도형은 두 번째, 세 번째 입체도형과 ?를 조합하여 만들 수 있다. 다음 중 ?에 들어갈 도형으로 가장 적절한 것은?

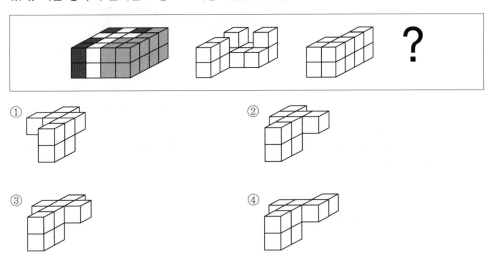

① ② ③ ④

17 왼쪽의 두 입체도형을 합치면 오른쪽의 $3 \times 3 \times 3$ 정육면체가 완성된다. ?에 들어갈 도형을 회전한 모양으로 옳은 것은?

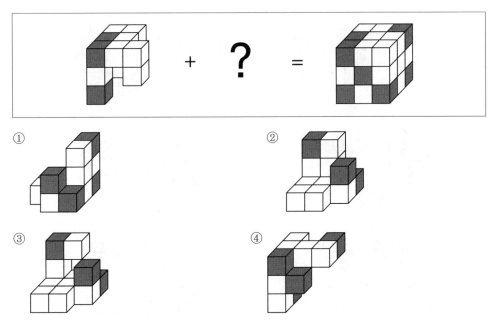

① ② ③ ④

18 다음 두 블록을 합쳤을 때, 나올 수 있는 형태로 옳은 것은?

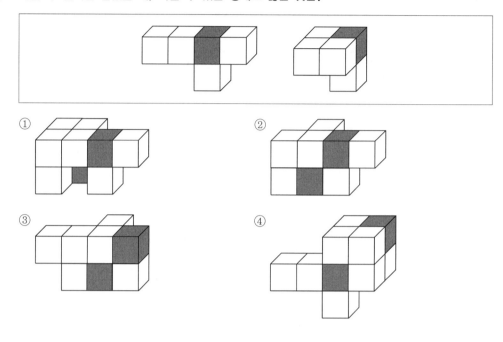

19 다음 세 블록을 합쳤을 때, 나올 수 있는 형태로 옳은 것은?

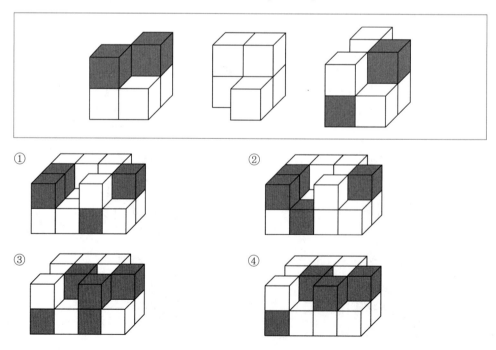

20 다음 두 블록을 합쳤을 때, 나올 수 있는 형태는?

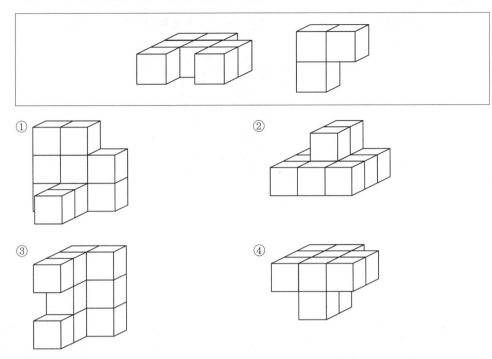

①

②

③

④

다음 블록의 개수는 몇 개인가?(단, 보이지 않는 곳의 블록은 있다고 가정한다)

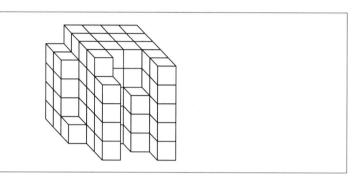

① 85개 ② 87개

③ 89개 ④ 91개

|해설| • 1층 : 3+5+3+4+5=20개
　　　• 2층 : 2+5+3+4+5=19개
　　　• 3층 : 2+5+3+4+5=19개
　　　• 4층 : 2+5+3+3+5=18개
　　　• 5층 : 0+4+3+3+5=15개
　　　∴ 20+19+19+18+15=91개

정답 ④

※ 다음 블록의 개수는 몇 개인지 고르시오(단, 보이지 않는 곳의 블록은 있다고 가정한다). [21~25]

21

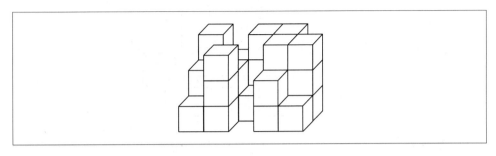

① 26개 ② 27개
③ 28개 ④ 29개

22

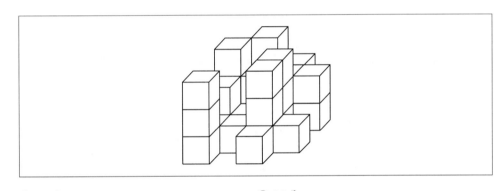

① 31개 ② 32개
③ 33개 ④ 34개

23

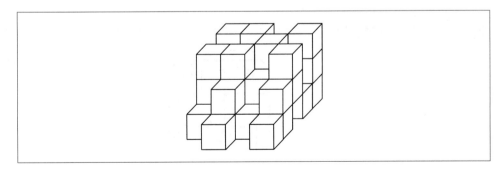

① 36개 ② 37개
③ 38개 ④ 39개

24

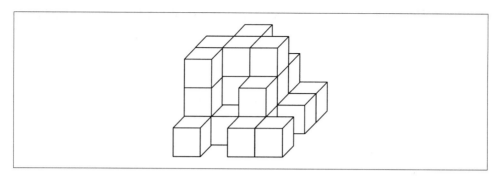

① 25개   ② 26개

③ 27개   ④ 28개

25

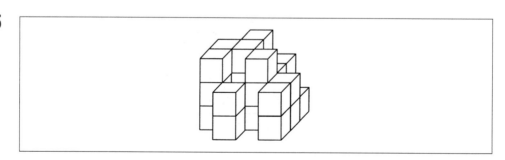

① 29개   ② 30개

③ 31개   ④ 32개

작은 기회로부터 종종 위대한 업적이 시작된다.

– 데모스테네스 –

CHAPTER 05

문제해결력

합격 Cheat Key

| 출제유형 |

1 수 · 문자추리

나열된 수열이나 문자를 보고 규칙을 찾아서 빈칸에 들어갈 알맞은 숫자나 문자를 고르는 유형으로, 기본적인 수열뿐 아니라 복잡한 형태의 종잡을 수 없는 규칙도 나오는데다가 제한시간도 매우 짧다.

2 언어추리

3 ~ 4개의 주어진 명제나 조건으로부터 결론을 도출하거나, 이를 바탕으로 옳거나 옳지 않은 보기를 고르는 문제가 출제되고 있다.

1　수ㆍ문자추리

- 눈으로만 규칙을 찾고자 할 경우 변화된 값을 모두 외우기 어려우므로 나열된 수의 변화된 값이나 문자의 규칙을 적어두면 발견하기 용이하다.
- 규칙이 발견되지 않는 경우에는 홀수 항과 짝수 항을 분리해서 파악하거나 군수열을 생각해본다.

2　언어추리

- 세 개 이상의 비교 대상이 등장하며, '~보다', '가장' 등의 표현에 유의해 풀어야 한다.
- '어떤'과 '모든'이 나오는 명제는 벤다이어그램을 활용한다.
- 주어진 규칙과 조건을 파악한 후 이를 도식화(표, 기호 등으로 정리)하여 문제에 접근한다.
- 〈조건〉에 사용된 조사의 의미와 제한사항 등을 제대로 이해해야 정답을 찾을 수 있으므로 문제와 제시된 문장을 꼼꼼히 읽는 습관을 기른다.

05 | 문제해결력 핵심이론

01 ▶ 수·문자추리

1. 수추리

(1) 등차수열 : 앞의 항에 일정한 수를 더해 이루어지는 수열

예 1　3　5　7　9　11　13　15
　　　+2　+2　+2　+2　+2　+2　+2

(2) 등비수열 : 앞의 항에 일정한 수를 곱해 이루어지는 수열

예 1　2　4　8　16　32　64　128
　　×2　×2　×2　×2　×2　×2　×2

(3) 계차수열 : 앞의 항과의 차가 일정하게 증가하는 수열

예 1　2　4　7　11　16　22　29
　　+1　+2　+3　+4　+5　+6　+7
　　　+1　+1　+1　+1　+1　+1

(4) 피보나치 수열 : 앞의 두 항의 합이 그 다음 항의 수가 되는 수열

$a_n = a_{n-1} + a_{n-2}$ $(n \geq 3, \ a_n = 1, \ a_2 = 1)$

예 1　1　2　3　5　8　13　21
　　　1+1　1+2　2+3　3+5　5+8　8+13

(5) 건너뛰기 수열 : 두 개 이상의 수열이 일정한 간격을 두고 번갈아가며 나타나는 수열

예 1　1　3　7　5　13　7　19
　• 홀수 항 : 1　3　5　7
　　　　　　　+2　+2　+2
　• 짝수 항 : 1　7　13　19
　　　　　　　+6　+6　+6

(6) 군수열 : 일정한 규칙성으로 몇 항씩 묶어 나눈 수열

예 • 1　1　2　1　2　3　1　2　3　4
　⇒ 1　1　2　｜ 1　2　3　｜ 1　2　3　4
　　　1+1=2　　　1+2=3　　　1+2+3=4

$$\bullet 1 \quad 3 \quad 4 \quad 6 \quad 5 \quad 11 \quad 2 \quad 6 \quad 8 \quad 9 \quad 3 \quad 12$$

$$\Rightarrow \underbrace{1 \quad 3 \quad 4}_{1+3=4} \quad \underbrace{6 \quad 5 \quad 11}_{6+5=11} \quad \underbrace{2 \quad 6 \quad 8}_{2+6=8} \quad \underbrace{9 \quad 3 \quad 12}_{9+3=12}$$

$$\bullet 1 \quad 3 \quad 3 \quad 2 \quad 4 \quad 8 \quad 5 \quad 6 \quad 30 \quad 7 \quad 2 \quad 14$$

$$\Rightarrow \underbrace{1 \quad 3 \quad 3}_{1 \times 3=3} \quad \underbrace{2 \quad 4 \quad 8}_{2 \times 4=8} \quad \underbrace{5 \quad 6 \quad 30}_{5 \times 6=30} \quad \underbrace{7 \quad 2 \quad 14}_{7 \times 2=14}$$

2. 문자추리

(1) 알파벳, 자음, 한자, 로마자

1	2	3	4	5	6	7	8	9	10	11	12	13	14	15	16	17	18	19	20	21	22	23	24	25	26
A	B	C	D	E	F	G	H	I	J	K	L	M	N	O	P	Q	R	S	T	U	V	W	X	Y	Z
ㄱ	ㄴ	ㄷ	ㄹ	ㅁ	ㅂ	ㅅ	ㅇ	ㅈ	ㅊ	ㅋ	ㅌ	ㅍ	ㅎ												
一	二	三	四	五	六	七	八	九	十																
i	ii	iii	iv	v	vi	vii	viii	ix	x																

(2) 일반모음

1	2	3	4	5	6	7	8	9	10
ㅏ	ㅑ	ㅓ	ㅕ	ㅗ	ㅛ	ㅜ	ㅠ	ㅡ	ㅣ

(3) 일반모음 + 이중모음(사전 등재 순서)

1	2	3	4	5	6	7	8	9	10	11	12	13	14	15	16	17	18	19	20	21
ㅏ	ㅐ	ㅑ	ㅒ	ㅓ	ㅔ	ㅕ	ㅖ	ㅗ	ㅘ	ㅙ	ㅚ	ㅛ	ㅜ	ㅝ	ㅞ	ㅟ	ㅠ	ㅡ	ㅢ	ㅣ

02 ▶ 언어추리

1. 연역 추론

이미 알고 있는 판단(전제)을 근거로 새로운 판단(결론)을 유도하는 추론이다. 연역 추론은 진리일 가능성을 따지는 귀납 추론과는 달리, 명제 간의 관계와 논리적 타당성을 따진다. 즉 연역 추론은 전제들로부터 절대적인 필연성을 가진 결론을 이끌어내는 추론이다.

(1) 직접 추론

- 한 개의 전제로부터 중간적 매개 없이 새로운 결론을 이끌어내는 추론이며, 대우 명제가 그 대표적인 예이다.

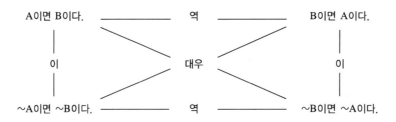

• 한국인은 모두 황인종이다.	(전제)
• 그러므로 황인종이 아닌 사람은 모두 한국인이 아니다.	(결론 1)
• 그러므로 황인종 중에는 한국인이 아닌 사람도 있다.	(결론 2)

(2) 간접 추론

둘 이상의 전제로부터 새로운 결론을 끌어내는 추론이다. 삼단논법이 가장 대표적인 예이다.

① **정언 삼단논법** : 세 개의 정언명제로 구성된 간접추론 방식이다. 세 개의 명제 가운데 두 개의 명제 는 전제이고, 나머지 한 개의 명제는 결론이다. 세 명제의 주어와 술어는 세 개의 서로 다른 개념을 표현한다.

② **가언 삼단논법** : 가언명제로 이루어진 삼단논법을 말한다. 가언명제란 두 개의 정언명제가 '만일 ~ 이라면'이라는 접속사에 의해 결합된 복합명제이다. 여기서 '만일'에 의해 이끌리는 명제를 전건이라 고 하고, 그 뒤의 명제를 후건이라고 한다. 가언 삼단논법의 종류로는 혼합 가언 삼단논법과 순수 가언 삼단논법이 있다.

　㉠ **혼합가언 삼단논법** : 대전제만 가언명제로 구성된 삼단논법이다. 긍정식과 부정식 두 가지가 있 으며, 긍정식은 'A면 B이다. A이다. 그러므로 B이다.'이고, 부정식은 'A면 B이다. B가 아니다. 그러므로 A가 아니다.'이다.

• 만약 A라면 B이다.
• B가 아니다.
• 그러므로 A가 아니다.

　㉡ **순수가언 삼단논법** : 대전제와 소전제 및 결론까지 모두 가언명제들로 구성된 삼단논법이다.

• 만약 A라면 B이다.
• 만약 B라면 C이다.
• 그러므로 만약 A라면 C이다.

③ **선언 삼단논법** : '~이거나 ~이다.'의 형식으로 표현되며 전제 속에 선언 명제를 포함하고 있는 삼단 논법이다.

• 내일은 비가 오거나 눈이 온다(A 또는 B이다).
• 내일은 비가 오지 않는다(A가 아니다).
• 그러므로 내일은 눈이 온다(그러므로 B이다).

④ 딜레마 논법 : 대전제는 두 개의 가언명제로, 소전제는 하나의 선언명제로 이루어진 삼단논법으로, 양도 추론이라고도 한다.

> • 만일 네가 거짓말을 하면, 신이 미워할 것이다.　　　　　　　　　　　　　　　(대전제)
> • 만일 네가 거짓말을 하지 않으면, 사람들이 미워할 것이다.　　　　　　　　　　(대전제)
> • 너는 거짓말을 하거나, 거짓말을 하지 않을 것이다.　　　　　　　　　　　　　(소전제)
> • 그러므로 너는 미움을 받게 될 것이다.　　　　　　　　　　　　　　　　　　　(결론)

2. 귀납 추론

특수한 또는 개별적인 사실로부터 일반적인 결론을 끌어내는 추론을 말한다. 귀납 추론은 구체적 사실들을 기반으로 하여 결론을 끌어내기 때문에 필연성을 따지기보다는 개연성과 유관성, 표본성 등을 중시하게 된다. 여기서 개연성이란, 관찰된 어떤 사실이 같은 조건하에서 앞으로도 관찰될 수 있는가 하는 가능성을 말하고, 유관성은 추론에 사용된 자료가 관찰하려는 사실과 관련되어야 하는 것을 일컬으며, 표본성은 추론을 위한 자료의 표본 추출이 공정하게 이루어져야 하는 것을 가리킨다. 이러한 귀납 추론은 일상생활 속에서 많이 사용하고, 우리가 알고 있는 과학적 사실도 이와 같은 방법으로 밝혀졌다.

그러나 전제들이 참이어도 결론이 항상 참인 것은 아니다. 단 하나의 예외로 인하여 결론이 거짓이 될 수 있다.

> • 성냥불은 뜨겁다.
> • 연탄불도 뜨겁다.
> • 그러므로 모든 불은 뜨겁다.

위 예문에서 '성냥불이나 연탄불이 뜨거우므로 모든 불은 뜨겁다.'라는 결론이 나왔는데, 반딧불은 뜨겁지 않으므로 '모든 불이 뜨겁다.'라는 결론은 거짓이 된다.

(1) 완전 귀납 추론

관찰하고자 하는 집합의 전체를 다 검증함으로써 대상의 공통 특질을 밝혀내는 방법이다. 이는 예외 없는 진실을 발견할 수 있다는 장점은 있으나, 집합의 규모가 크고 속성의 변화가 다양할 경우에는 적용하기 어려운 단점이 있다.

예 1부터 10까지의 수를 다 더하여 그 합이 55임을 밝혀내는 방법

(2) 통계적 귀납 추론

통계적 귀납 추론은 관찰하고자 하는 집합의 일부에서 발견한 몇 가지 사실을 열거함으로써 그 공통점을 결론으로 끌어내려는 방식을 가리킨다. 관찰하려는 집합의 규모가 클 때 그 일부를 표본으로 추출하여 조사하는 방식이 이에 해당하며, 표본 추출의 기준이 얼마나 적합하고 공정한가에 따라 그 결과에 대한 신뢰도가 달라진다는 단점이 있다.

예 여론조사에서 일부의 국민에 대한 설문 내용을 바탕으로, 이를 전체 국민의 여론으로 제시하는 것

(3) 인과적 귀납 추론

관찰하고자 하는 집합의 일부 원소들이 지닌 인과 관계를 인식하여 그 원인이나 결과를 끌어내려는 방식이다.

① **일치법** : 공통적인 현상을 지닌 몇 가지 사실 중에서 각기 지닌 요소 중 어느 한 가지만 일치한다면 이 요소가 공통 현상의 원인이라고 판단

　　예 마을 잔칫집에서 돼지고기를 먹은 사람들이 집단 식중독을 일으켰다. 따라서 식중독의 원인은 상한 돼지고기가 아닌가 생각한다.

② **차이법** : 어떤 현상이 나타나는 경우와 나타나지 않은 경우를 놓고 보았을 때, 각 경우의 여러 조건 중 단 하나만이 차이를 보인다면 그 차이를 보이는 조건이 원인이 된다고 판단

　　예 현수와 승재는 둘 다 지능이나 학습 시간, 학습 환경 등이 비슷한데 공부하는 태도에는 약간의 차이가 있다. 따라서 두 사람이 성적이 차이를 보이는 것은 학습 태도의 차이 때문으로 생각된다.

③ **일치·차이 병용법** : 몇 개의 공통 현상이 나타나는 경우와 몇 개의 그렇지 않은 경우를 놓고 일치법과 차이법을 병용하여 적용함으로써 그 원인을 판단

　　예 학업능력 정도가 비슷한 두 아동 집단에 대해 처음에는 같은 분량의 과제를 부여하고 나중에는 각기 다른 분량의 과제를 부여한 결과, 많이 부여한 집단의 성적이 훨씬 높게 나타났다. 이로 보아, 과제를 많이 부여하는 것이 적게 부여하는 것보다 학생의 학업성적 향상에 도움이 된다고 판단할 수 있다.

④ **공변법** : 관찰하는 어떤 사실의 변화에 따라 현상의 변화가 일어날 때 그 변화의 원인이 무엇인지 판단

　　예 담배를 피우는 양이 각기 다른 사람들의 집단을 조사한 결과, 담배를 많이 피울수록 폐암에 걸릴 확률이 높다는 사실이 발견되었다.

⑤ **잉여법** : 앞의 몇 가지 현상이 뒤의 몇 가지 현상의 원인이며, 선행 현상의 일부분이 후행 현상의 일부분이라면, 선행 현상의 나머지 부분이 후행 현상의 나머지 부분의 원인임을 판단

　　예 어젯밤 일어난 사건의 혐의자는 정은이와 규민이 두 사람인데, 정은이는 알리바이가 성립되어 혐의 사실이 없는 것으로 밝혀졌다. 따라서 그 사건의 범인은 규민이일 가능성이 높다.

3. 유비 추론

두 개의 대상 사이에 일련의 속성이 동일하다는 사실에 근거하여 그것들의 나머지 속성도 동일하리라는 결론을 끌어내는 추론, 즉 이미 알고 있는 것에서 다른 유사한 점을 찾아내는 추론을 말한다. 그렇기 때문에 유비 추론은 잣대(기준)가 되는 사물이나 현상이 있어야 한다. 유비 추론은 가설을 세우는 데 유용하다. 이미 알고 있는 사례로부터 아직 알지 못하는 것을 생각해 봄으로써 쉽게 가설을 세울 수 있다. 이때 유의할 점은 이미 알고 있는 사례와 이제 알고자 하는 사례가 매우 유사하다는 확신과 증거가 있어야 한다. 그렇지 않은 상태에서 유비 추론에 의해 결론을 이끌어 내면, 그것은 개연성이 거의 없고 잘못된 결론이 될 수도 있다.

- 지구에는 공기, 물, 흙, 햇빛이 있다(A는 a, b, c, d의 속성을 가지고 있다).
- 화성에는 공기, 물, 흙, 햇빛이 있다(B는 a, b, c, d의 속성을 가지고 있다).
- 지구에 생물이 살고 있다(A는 e의 속성을 가지고 있다).
- 그러므로 화성에도 생물이 살고 있을 것이다(그러므로 B도 e의 속성을 가지고 있을 것이다).

01 ▶ 수 · 문자추리

대표유형 1　　수추리

※ 일정한 규칙으로 수를 나열할 때, 다음 중 빈칸에 들어갈 수로 옳은 것을 고르시오. **[1~3]**

01

| 432 | 176 | 48 | -16 | -48 | -64 | ( ) |

① -80　　　　　　　　　　② -72

③ -128　　　　　　　　　④ -96

| 해설 |　앞의 항에 -2^8, -2^7, -2^6, -2^5, -2^4, -2^3, …을 더하는 수열이다.
따라서 ( )$=-64-8=-72$이다.

정답 ②

02

| $\dfrac{2}{3}$ | $\dfrac{1}{2}$ | $\dfrac{1}{3}$ | ( ) | $\dfrac{1}{21}$ |

① $\dfrac{1}{18}$　　　　　　　　　② $\dfrac{1}{6}$

③ $\dfrac{1}{36}$　　　　　　　　　④ $\dfrac{1}{4}$

| 해설 |　앞의 항에 $\dfrac{(분자)+1}{(분모)+1}$을 곱하는 수열이다.

따라서 ( )$=\dfrac{1}{3}\times\dfrac{2}{4}=\dfrac{1}{6}$이다.

정답 ②

03

$$\underline{1 \quad 2 \quad 2} \qquad \underline{2 \quad 4 \quad 2} \qquad \underline{3 \quad 12 \quad (\quad)}$$

① 4

② 5

③ 6

④ 7

> **|해설|** $\underline{A \ B \ C} \rightarrow A \times C = B$
> 따라서 ( )=12÷3=4이다.
>
> **정답** ①

※ 일정한 규칙으로 수를 나열할 때, 다음 중 빈칸에 들어갈 수로 옳은 것을 고르시오. **[1~10]**

01

$$1 \quad 6 \quad -4 \quad (\quad) \quad -9 \quad 16$$

① 5

② 9

③ 11

④ 13

02

$$2 \quad -4 \quad 8 \quad -16 \quad 32 \quad -64 \quad 128 \quad (\quad)$$

① -192

② 192

③ -256

④ 256

03

$$\underline{3 \quad 7 \quad 16} \qquad \underline{-1 \quad 3 \quad -8} \qquad \underline{(\quad) \quad -4 \quad 3}$$

① 5

② 7

③ 0

④ -2

04

| | 31 | 71 | 27 | 64 | ( ) | 57 | 19 | 50 |

① 9   ② 23

③ 41   ④ 63

05

| | 6 | 3 | 45 | 10 | ( ) | 60 | 8 | 4 | 60 |

① 2   ② 3

③ 4   ④ 5

06

| | 5 | 1 | 2 | 3 | 9 | 4 | 8 | ( ) | 6 |

① 2   ② 7

③ 10   ④ 11

07

| | 0 | 3 | 8 | ( ) | 24 | 35 | 48 |

① 12   ② 13

③ 14   ④ 15

08

| 1 | 2 | 3 | 5 | 8 | 13 | ( ) |

① 15   ② 17

③ 19   ④ 21

09

| 24 | 189 | 34 | 63 | 44 | ( ) | 54 | 7 |

① 6   ② 11

③ 16   ④ 21

10

| 6.3 | 5.6 | 7.2 | 6.5 | ( ) | 7.4 | 9 | 8.3 |

① 8.0   ② 8.1

③ 8.2   ④ 8.3

01 일정한 규칙으로 문자를 나열할 때, 다음 중 빈칸에 들어갈 문자로 옳은 것은?

| E 　 ㄹ 　 ( ) 　 ㅇ 　 I 　 ㄴ |

① A　　　　　　　　　　　　② C

③ G　　　　　　　　　　　　④ I

| 해설 | 홀수 항은 2씩 더하고, 짝수 항은 2씩 곱하는 수열이다.

E	ㄹ	(G)	ㅇ	I	ㄴ
5	4	7	8	9	16(2)

정답 ③

02 다음 중 규칙이 다른 하나는?

① 어오어어　　　　　　　　　② 러버러러

③ GNGG　　　　　　　　　　④ 유이유유

| 해설 | 오답분석

①·②·④ 앞 문자에 +2, −2, +0으로 나열한 것이다.

정답 ③

11

| F | G | E | H | D | (|) | C |

① B　　　　　　　　　　　② I
③ J　　　　　　　　　　　④ K

12

| ㅋ | ㄹ | (|) | ㅅ | ㅁ | ㅊ |

① ㄷ　　　　　　　　　　　② ㅂ
③ ㅅ　　　　　　　　　　　④ ㅇ

13

| D | C | E | F | F | L | (|) | X |

① C　　　　　　　　　　　② G
③ J　　　　　　　　　　　④ Q

14

| E | C | J | H | P | N | (|) |

① W　　　　　　　　　　　② Y
③ F　　　　　　　　　　　④ U

15

| B | B | C | B | D | F | D | L | (|) |

① M　　　　　　　　　　　② N
③ O　　　　　　　　　　　④ P

16

ㅜ ㄷ ( ) ㅅ ㅓ ㅋ

① ㅠ   ② ㅂ
③ ㅅ   ④ ㅗ

17

A ㄴ 3 ( ) E ㅂ 7 八

① 4   ② D
③ ㄹ   ④ 四

18

ㄱ ㄷ ㄴ ( ) ㄹ ㅅ

① ㅈ   ② ㅅ
③ ㅇ   ④ ㅁ

19

캐 해 새 채 매 애 ( )

① 매   ② 배
③ 래   ④ 채

20

B X D L H F P ( )

① W   ② X
③ Z   ④ C

※ 다음 중 규칙이 다른 하나를 고르시오. [21~25]

21 ① 치비기디 ② 트으드르
　　③ OKFG ④ PLGH

22 ① CFZD ② 귀뉘튀뉘
　　③ KVHL ④ 쳐츄초쵸

23 ① CFFL ② 가갸갸겨
　　③ 마차차바 ④ 사라라하

24 ① 디됴더됴 ② 퀴쉬뤼뷔
　　③ RNKV ④ QMJT

25 ① EOMZ ② 러터처허
　　③ 뱌뵤벼뷰 ④ 1312

대표유형 1 논리추론

01 다음 명제가 모두 참일 때 추론할 수 있는 것은?

- 효주는 지영이보다 나이가 많다.
- 효주와 채원이는 같은 회사에 다니고, 이 회사는 나이 많은 사람이 승진을 더 빨리 한다.
- 효주는 채원이보다 승진을 빨리 했다.

① 효주는 나이가 가장 많다.
② 채원이는 지영이보다 나이가 많다.
③ 채원이는 효주보다 나이가 많다.
④ 지영이는 채원이보다 나이가 많다.

| 해설 | 제시된 조건을 나열하면 '효주>지영', '효주>채원'임을 알 수 있다.
따라서 지영이와 채원이의 나이는 알 수 없지만 효주의 나이가 가장 많다는 것을 알 수 있다.

 정답 ①

02 다음은 자동차 외판원인 A ~ F 6명의 판매실적 비교에 대한 설명이다. 바르게 추론한 것은?

- A는 B보다 실적이 좋다.
- C는 D보다 실적이 나쁘다.
- E는 F보다 실적이 나쁘지만, A보다는 실적이 좋다.
- B는 D보다 실적이 좋지만, E보다는 실적이 나쁘다.

① 실적이 가장 좋은 외판원은 F이다.
② 외판원 C의 실적은 꼴찌가 아니다.
③ B의 실적보다 안 좋은 외판원은 3명이다.
④ 외판원 E의 실적이 가장 좋다.

| 해설 | 각각의 조건을 수식으로 비교해 보면, 다음과 같다.
A>B, D>C, F>E>A, E>B>D
∴ F>E>A>B>D>C

정답 ①

※ 다음 제시문을 읽고 각 문제가 참이면 ①, 거짓이면 ②, 알 수 없으면 ③을 고르시오. [1~2]

- ○○대학교에는 필수 전공과목으로 건축학개론이 있다.
- 건축학개론 수업을 듣는 학생들은 대부분이 1학년이다.
- 졸업을 하기 위해서는 필수 전공과목 모두 B 이상의 학점을 받아야 한다.

01 건축학개론의 점수가 B라면 재수강을 할 수 없다.

① 참 　　　　　　　② 거짓 　　　　　　　③ 알 수 없음

02 2학년이 건축학개론을 듣게 되면, 1학년들과 수업을 들어야 한다.

① 참 　　　　　　　② 거짓 　　　　　　　③ 알 수 없음

※ 다음 제시문을 읽고 각 문제가 항상 참이면 ①, 거짓이면 ②, 알 수 없으면 ③을 고르시오. [3~4]

- 6명의 친구가 달리기를 했다.
- A는 3등으로 들어왔다.
- B는 꼴찌로 들어왔다.
- C는 E 바로 앞에 들어왔다.
- D는 F 바로 앞에 들어왔다.

03 D가 4등이라면 E는 2등일 것이다.

① 참 　　　　　　　② 거짓 　　　　　　　③ 알 수 없음

04 C는 1등으로 들어왔다.

① 참 　　　　　　　② 거짓 　　　　　　　③ 알 수 없음

※ 다음 명제가 모두 참일 때 추론할 수 있는 것을 고르시오. [5~6]

05

> - 등산을 좋아하는 사람은 스케이팅을 좋아하지 않는다.
> - 영화 관람을 좋아하지 않는 사람은 독서를 좋아한다.
> - 영화 관람을 좋아하지 않는 사람은 조깅 또한 좋아하지 않는다.
> - 낮잠 자기를 좋아하는 사람은 스케이팅을 좋아한다.
> - 스케이팅을 좋아하는 사람은 독서를 좋아한다.

① 영화 관람을 좋아하는 사람은 스케이팅을 좋아한다.
② 스케이팅을 좋아하는 사람은 낮잠 자기를 좋아하지 않는다.
③ 조깅을 좋아하는 사람은 독서를 좋아한다.
④ 낮잠 자기를 좋아하는 사람은 독서를 좋아한다.

06

> - 어떤 안경은 바다를 좋아한다.
> - 바다를 좋아하는 것은 유리로 되어 있다.
> - 모든 유리로 되어 있는 것은 열쇠이다.

① 모든 안경은 열쇠이다.
② 유리로 되어 있는 어떤 것 중 안경이 있다.
③ 바다를 좋아하는 모든 것은 안경이다.
④ 바다를 좋아하는 어떤 것은 유리로 되어 있지 않다.

제시문 A를 읽고, 제시문 B가 참인지 거짓인지 혹은 알 수 없는지 고르면?

[제시문 A]
• 스페인의 수도 마드리드에서는 매년 세계 최고의 요리행사인 '마드리드 퓨전'이 열린다.
• 올해 마드리드 퓨전의 주빈국은 호주, 내후년의 주빈국은 대한민국이다.

[제시문 B]
마드리드 퓨전의 주빈국은 격년으로 바뀐다.

① 참   ② 거짓   ③ 알 수 없음

| 해설 | 제시문 A를 통해 올해와 내후년의 마드리드 퓨전의 주빈국이 다르다는 것은 알 수 있지만 주빈국이 격년
단위로 바뀌는 것인지는 알 수 없다.

정답 ③

※ 제시문 A를 읽고, 제시문 B가 참인지 거짓인지 혹은 알 수 없는지 고르시오. [7~10]

07

[제시문 A]
• 바다에 가면 문어 라면을 먹겠다.
• 산에 가면 쑥을 캐겠다.
• 문어 라면을 먹으면 쑥을 캐지 않겠다.

[제시문 B]
바다에 가면 산에 가지 않겠다.

① 참   ② 거짓   ③ 알 수 없음

08

[제시문 A]
- 야구를 좋아하는 사람은 여행을 좋아한다.
- 그림을 좋아하는 사람은 독서를 좋아한다.
- 여행을 좋아하지 않는 사람은 독서를 좋아하지 않는다.

[제시문 B]
그림을 좋아하는 사람은 여행을 좋아한다.

① 참   ② 거짓   ③ 알 수 없음

PART 2

09

[제시문 A]
- 테니스를 치는 사람은 마라톤을 한다.
- 마라톤을 하는 사람은 축구를 하지 않는다.
- 축구를 하는 사람은 등산을 한다.

[제시문 B]
축구를 하는 사람은 테니스를 치지 않는다.

① 참   ② 거짓   ③ 알 수 없음

10

[제시문 A]
- 피로가 쌓이면 휴식을 취한다.
- 마음이 안정되지 않으면 휴식을 취하지 않는다.
- 피로가 쌓이지 않으면 모든 연락을 끊지 않는다.

[제시문 B]
모든 연락을 끊으면 마음이 안정된다.

① 참   ② 거짓   ③ 알 수 없음

합격의 공식
SD에듀

S D E D U

실패는 성공의 첫걸음이다.

- 월트 디즈니 -

3

최종점검 모의고사

☑ 응시시간 : 50분　　☑ 문항 수 : 45문항　　　　　　　　　　　　　　　　정답 및 해설 p.028

01 다음 밑줄 친 단어의 한자로 옳은 것은?

> 처음에 조그마한 세력이었던 이 단체는 급속히 성장하다가 최근 쇠퇴하기 시작하였다.

① 聲張　　　　　　　　　　　② 盛裝
③ 盛粧　　　　　　　　　　　④ 成長

02 다음 제시된 단어와 같거나 유사한 의미를 가진 것은?

> 마수걸이

① 시작　　　　　　　　　　　② 시초
③ 개시　　　　　　　　　　　④ 시기

03 다음 제시문을 바탕으로 추론할 수 있는 것은?

> • 착한 사람은 거짓말을 하지 않는다.
> • 성실한 사람은 모두가 좋아한다.
> • 거짓말을 하지 않는 사람은 모두가 좋아한다.

① 착한 사람은 모두가 좋아한다.
② 거짓말을 하지 않는 사람은 성실한 사람이다.
③ 모두가 좋아하는 사람은 착한 사람이다.
④ 성실한 사람은 착한 사람이다.

04 카드게임을 하기 위해 A ~ F 6명이 원형 테이블에 앉고자 한다. 제시된 〈조건〉에 따라 이들의 좌석을 배치하고자 할 때, 다음 중 F와 이웃하여 앉을 사람은?(단, 좌우 방향은 원탁을 바라보고 앉은 상태를 기준으로 한다)

조건
- B는 C와 이웃하여 앉는다.
- A는 E와 마주보고 앉는다.
- C의 오른쪽에는 E가 앉는다.
- F는 A와 이웃하여 앉지 않는다.

① A, C ② B, D
③ C, D ④ D, E

05 테니스공, 축구공, 농구공, 배구공, 야구공, 럭비공을 각각 A, B, C상자에 넣으려고 한다. 한 상자에 공을 두 개까지 넣을 수 있고, 조건이 다음과 같다고 할 때 항상 참이 될 수 없는 것은?

조건
- 테니스공과 축구공은 같은 상자에 넣는다.
- 럭비공은 B상자에 넣는다.
- 야구공은 C상자에 넣는다.

① 농구공을 C상자에 넣으면 배구공은 B상자에 들어가게 된다.
② 테니스공과 축구공은 반드시 A상자에 들어간다.
③ 배구공과 농구공은 같은 상자에 들어갈 수 없다.
④ 럭비공은 반드시 배구공과 같은 상자에 들어간다.

06 다음 중 계산 값이 다른 하나는?

① $\dfrac{13}{12} - \dfrac{7}{12} \times 2$

② $\dfrac{5}{9} \div \dfrac{10}{9} + \dfrac{1}{2}$

③ $\dfrac{9}{4} - \dfrac{5}{8} \div \dfrac{1}{2}$

④ $\dfrac{1}{3} + \dfrac{8}{7} \times \dfrac{7}{12}$

※ 다음 식의 계산 값을 구하시오. **[7~8]**

07

$$17 \times 409 \times 23$$

① 159,917

② 159,919

③ 159,927

④ 159,935

08

$$(16 + 4 \times 5) \div 4$$

① 7

② 8

③ 9

④ 10

09 다음 글의 내용으로 적절하지 않은 것은?

꿀벌은 인간에게 단순히 달콤한 꿀을 제공하는 것을 넘어 크나큰 유익을 선사해 왔다. 꿀벌은 꽃을 찾아 다니며 자신에게 필요한 단백질과 탄수화물을 꽃가루와 꿀에서 얻는데, 이를 꽃가루받이(Pollination)라 한다. 이 과정에서 벌의 몸에 묻은 꽃가루가 암술머리로 옮겨가고, 그곳에서 씨방으로 내려간 꽃가루는 식물의 밑씨와 결합한다. 씨가 생기고 뒤이어 열매가 열린다. 인간이 재배하는 작물 중 30%는 꽃가루받이에 의존하며, 세계 식량의 90%를 차지하는 100대 농작물 중 71%는 꿀벌 덕분에 얻을 수 있는 것들이다.

그러나 오랜 시간 동안 지구의 생태계를 지켜온 꿀벌은 지구에서 급격히 사라져가고 있다. 군집 붕괴 현상(Colony Collapse Disorder)이라고 불리는 이 현상은 2006년 플로리다에서 시작되어, 아메리카와 유럽, 아시아, 오세아니아에 이르기까지 지구촌 전역으로 확산되고 있다. 벌집을 나간 벌이 다시 돌아오지 않아 여왕벌과 유충이 잇달아 집단 폐사하면서 미국은 2006년에 비해 꿀벌의 개체 수가 40% 정도 감소했고, 2007년 여름 이미 북반구 꿀벌의 약 25%가 사라졌다는 보고가 있었다. 지구상에 존재하는 식물의 상당수는 벌을 매개로 종족을 번식한다. 꽃가루받이를 할 벌이 사라진다는 것은 꿀벌을 매개로 해 번식하는 식물군 전체가 열매를 맺지 못할 위기에 놓인다는 것을 의미한다.

벌을 위협하는 요인은 비단 몇 가지로 단정 지어 설명하기는 어렵다. 살충제와 항생제, 대기오염은 꿀벌을 병들게 만들었고, 꿀벌에게 필요한 수많은 식물들이 '잡초'라는 오명을 쓰고 사라져갔다. 최근에는 휴대폰 등 전자기기의 전자파가 꿀벌의 신경계를 마비시킨다는 연구 결과도 있다. 꿀벌이 사라짐에 따라 매년 과수원에는 꽃가루받이 수작업을 위해 수천 명의 자원봉사자가 투입되고 있지만, 이는 미봉책에 불과하다. 인류의 삶에서, 나아가 전 생태계에서 양봉업과 농업이 차지하는 위상을 재확인한다. 그리하여 꿀벌과 상생할 수 있는 농업 방식과 도시 환경을 강구해야 할 것이다.

① 꿀벌이 식물의 번식에 도움을 주는 것은 자신의 먹이를 얻는 과정에서 비의도적으로 이루어지는 현상이다.

② 벌집을 나간 꿀벌이 다시 돌아오지 않아 꿀벌의 개체 수가 줄어드는 현상을 군집 붕괴 현상이라고 한다.

③ 꿀벌의 개체 수가 감소하는 원인은 현대 문명사회의 도래와 관련이 깊다.

④ 대다수 식물들은 벌을 매개로 한 방법 이외에 번식할 수 있는 방법이 없다.

다음 글의 내용으로 적절한 것은?

> 제2차 세계대전 중, 태평양의 한 전투에서 일본군은 미군 흑인 병사들에게 자신들은 유색인과 전쟁할 의도가 없으니 투항하라고 선전하였다. 이 선전물을 본 백인 장교들은 그것이 흑인 병사들에게 미칠 영향을 우려하여 급하게 부대를 철수시켰다. 사회학자인 데이비슨은 이 사례에서 아이디어를 얻어서 대중매체가 수용자에게 미치는 영향과 관련한 '제3자 효과(Third-Person Effect)' 이론을 발표하였다.
>
> 이 이론의 핵심은 대중매체의 영향력을 차별적으로 인식한다는 데에 있다. 곧 사람들은 수용자의 의견과 행동에 미치는 대중매체의 영향력이 자신보다 다른 사람들에게서 더 크게 나타나리라고 믿는 경향이 있다는 것이다. 예를 들어 선거 때 어떤 후보에게서 탈세 의혹이 있다는 신문보도를 보았다고 하자. 그때 사람들은 후보를 선택하는 데 자신보다 다른 독자들이 더 크게 영향을 받을 것이라고 여긴다.
>
> 제3자 효과는 대중매체가 전달하는 내용에 따라 다르게 나타난다. 예컨대 대중매체가 건강 캠페인과 같이 사회적으로 바람직한 내용을 전달할 때보다 폭력물이나 음란물처럼 유해한 내용을 전달할 때, 사람들은 자신보다 다른 사람들에게 미치는 영향력을 더욱 크게 인식한다는 것이다. 이러한 인식은 수용자의 구체적인 행동에도 영향을 미쳐, 제3자 효과가 크게 나타나는 사람일수록 내용물의 심의, 검열, 규제와 같은 법적·제도적 조치에 찬성하는 성향을 보인다.
>
> 제3자 효과 이론은 사람들이 다수의 의견처럼 보이는 것에 영향받을 수 있다는 이론과 연결되면서, 여론의 형성 과정을 설명하는 데도 이용되었다. 이 설명에 따르면, 사람들은 자신은 대중매체의 전달 내용에 쉽게 영향받지 않는다고 생각하면서도 다른 사람들이 영향받을 것을 고려하여 자신의 태도와 행위를 결정한다. 즉, 다른 사람들에게서 소외되어 고립되는 것을 염려한 나머지, 자신의 의견을 포기하고 다수의 의견이라고 생각하는 것을 따라가게 된다는 것이다.

① 태평양 전쟁 당시 흑인 병사들에게 나타난 제3자 효과는 미군 철수의 원인이 되었다.

② 대중매체의 영향을 크게 받는 사람일수록 대중매체에 대한 법적·제도적 조치에 반대하는 경향이 있다.

③ 사람들은 자신이 타인에 비해 대중매체의 영향을 덜 받는다 생각하면서도 결과적으로 타인과 의견을 같이하는 경향이 있다.

④ 제3자 효과가 나타나는 사람은 일단 한번 대중매체를 타면 어떤 내용이든지 동등한 수준으로 다른 이들에게 영향을 끼친다고 믿는다.

11 다음 글의 내용으로 가장 적절한 것은?

독일에서 'Fräulein'은 원래 미혼 여성을 뜻하는 말이었는데 제2차 세계대전 이후 미군과 결혼한 여성을 가리키는 말이 되면서 부정적인 색채를 띠게 되었다. 그러자 미혼 여성들은 자신들을 'Frau'(영어의 'Mrs.'와 같다)로 불러달라고 공식적으로 요청하기 시작했다. 이런 요구를 하는 여성들이 갑자기 늘어나자 언론은 '부인으로 불러달라는 여자들이라니.'라는 제목 아래 여자들이 별 희한한 요구를 다 한다는 식으로 보도했다. 'Fräulein'과 'Frau'는 한동안 함께 사용되다가 점차 'Frau'의 사용이 늘자 1984년에는 공문서상 미혼 여성도 'Frau'로 표기한다고 법으로 규정했다. 'Fräulein'이라는 말이 여성들의 의식이 달라진 이 시대에 뒤떨어졌다는 것이었다. 프랑스에서 'Mademoiselle'도 같은 운명을 겪고 있다.

① 언어는 자족적 체계이다.
② 언어는 사회적 가치를 반영한다.
③ 언어는 특정 언어공동체의 의사소통의 도구이다.
④ 언어는 의미와 형식의 결합으로 이루어진 기호의 일종이다.

12 다음 그림과 같이 화살표 방향으로 종이를 접은 후, 펀치로 구멍을 뚫어 다시 펼쳤을 때의 그림으로 가장 적절한 것은?

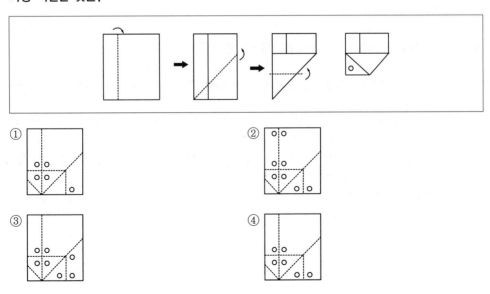

13 다음과 같은 정사각형의 종이를 화살표 방향으로 접고 〈보기〉의 좌표가 가리키는 위치에 구멍을 뚫었다. 다시 펼쳤을 때 뚫린 구멍의 위치를 좌표로 나타낸 것으로 옳은 것은?(단, 좌표가 그려진 사각형의 크기와 종이의 크기는 일치하며, 종이가 접힐 때 종이의 위치는 바뀌지 않는다)

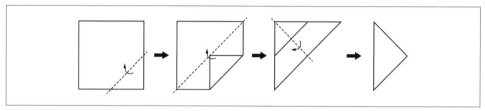

보기

B3

① A1, B2, C1, D1, E3, F4
② A1, B3, C2, E1, E6, F4
③ B3, C2, D5, E4, E6, F5
④ B4, C2, D6, E4, E6, F5

14 다음 문장을 논리적 순서대로 바르게 나열한 것은?

(가) 많은 전통적 인식론자는 임의의 명제에 대해 우리가 세 가지 믿음의 태도 중 하나만을 가질 수 있다고 본다.

(나) 반면 베이즈주의자는 믿음은 정도의 문제라고 본다. 가령 각 인식 주체는 '내일 눈이 온다.'가 참이라는 것에 대하여 가장 강한 믿음의 정도에서 가장 약한 믿음의 정도까지 가질 수 있다.

(다) 이처럼 베이즈주의자는 믿음의 정도를 믿음의 태도에 포함함으로써 많은 전통적 인식론자들과 달리 믿음의 태도를 풍부하게 표현한다.

(라) 가령 '내일 눈이 온다.'는 명제를 참이라고 믿거나, 거짓이라고 믿거나, 참이라 믿지도 않고 거짓이라 믿지도않을 수 있다.

① (가) – (나) – (라) – (다)
② (가) – (라) – (다) – (나)
③ (가) – (다) – (나) – (라)
④ (가) – (라) – (나) – (다)

15 다음 문장에서 밑줄 친 한자어의 음으로 옳은 것은?

> 프로야구 결승전이 열리는 경기장은 관람객들의 **熱氣**(으)로 가득 찼다.

① 함성　　　　　　　　　　② 온기
③ 열기　　　　　　　　　　④ 박수

16 Z그룹 신입사원인 A ～ E 5명은 각각 영업팀, 기획팀, 홍보팀 중 한 곳에 속해있다. 각 팀은 모두 같은 날, 같은 시간에 회의가 있고, Z그룹은 3층과 5층에 회의실이 두 개씩 있다. 따라서 세 팀이 모두 한 층에서 회의를 할 수는 없다. A ～ E사원의 진술 중 2명은 참을 말하고 3명은 거짓을 말할 때, 〈보기〉 중 항상 참인 것은?

> • A사원 : 기획팀은 3층에서 회의를 한다.
> • B사원 : 영업팀은 5층에서 회의를 한다.
> • C사원 : 홍보팀은 5층에서 회의를 한다.
> • D사원 : 나는 3층에서 회의를 한다.
> • E사원 : 나는 3층에서 회의를 하지 않는다.

보기

> ㉠ 영업팀과 홍보팀이 같은 층에서 회의를 한다면 E는 기획팀이다.
> ㉡ 기획팀이 3층에서 회의를 한다면, D사원과 E사원은 같은 팀일 수 있다.
> ㉢ 두 팀이 5층에서 회의를 하는 경우가 3층에서 회의를 하는 경우보다 많다.

① ㉠　　　　　　　　　　② ㉡
③ ㉡, ㉢　　　　　　　　　④ ㉠, ㉢

17

| 4 −1 2 −3 6 1 −2 −7 14 ( ) |

① 2   ② 9

③ 19   ④ −28

18

| 31 71 27 64 ( ) 57 19 50 |

① 9   ② 23

③ 41   ④ 63

19

| b g e j ( ) m k p |

① h   ② i

③ l   ④ n

20 농도 5%의 소금물 800g이 있다. 여기에서 몇 g의 물을 증발시키면 농도 8%의 소금물이 되는가?

① 100g

② 200g

③ 300g

④ 500g

21 10명의 학생들 중 2명의 임원을 뽑고 남은 학생들 중 2명의 주번을 뽑는다고 할 때, 나올 수 있는 경우의 수는?

① 1,024가지

② 1,180가지

③ 1,260가지

④ 1,320가지

22 10%의 불량품이 들어 있는 제품 중에서 임의로 4개의 제품을 택할 때, 2개의 제품이 불량품일 확률은?

① 0.0025

② 0.0125

③ 0.0486

④ 0.0492

23

서양에서는 아리스토텔레스가 중용을 강조했다. 하지만 우리의 중용과는 다르다. 아리스토텔레스가 말하는 중용은 균형을 중시하는 서양인의 수학적 의식에 기초했으며 또한 우주와 천체의 운동을 완벽한 원과 원운동으로 이해한 우주관에 기초한 것이다. 그러므로 그것은 명백한 대칭과 균형의 의미를 갖는다. 팔씨름에 비유해 보면 아리스토텔레스는 똑바로 두 팔이 서 있을 때 중용이라고 본 데 비해 우리는 팔이 한 쪽으로 완전히 기울었다 해도 아직 승부가 나지 않았으면 중용이라고 보는 것이다. 따라서 비대칭도 균형을 이루면 중용을 이룰 수 있다는 생각은 분명 서양의 중용관과는 다르다. 이러한 정신은 병을 다스리고 약을 쓰는 방법에도 나타난다. 서양의 의학은 병원체와의 전쟁이고 그 대상을 완전히 제압하는 데 반해, 우리 의학은 각 장기 간의 균형을 중시한다. 만약 어떤 이가 간장이 나쁘다면 서양 의학은 그 간장의 능력을 회생시키는 방향으로만 애를 쓴다. 그런데 우리는 만약 더 이상 간장 기능을 강화할 수 없다고 할 때 간장과 대치되는 심장의 기능을 약하게 만드는 방법을 쓰는 것이다. 한쪽의 기능이 치우치면 병이 심해진다고 보기 때문이다. 우리는 의학 처방에 있어서조차 중용관에 기초해서 서양의 그것과는 다른 가치관과 세계관을 적용하면서 살아온 것이다.

① 아리스토텔레스의 중용의 의미
② 서양 의학과 우리 의학의 차이
③ 서양과 우리의 가치관
④ 서양 중용관과 우리 중용관의 차이

24

누구나 깜빡 잊어버리는 증상을 겪을 수 있다. 나이가 들어서 자꾸 이런 증상이 나타난다면 치매가 아닐까 걱정하게 마련인데 이 중 정말 치매인 경우와 단순 건망증을 어떻게 구분해 낼 수 있을까? 치매란 기억력 장애와 함께 실행증, 집행기능의 장애 등의 증상이 나타나며 이런 증상이 사회적, 직업적 기능에 중대한 지장을 주는 경우라고 정의한다. 증상은 원인 질환의 종류 및 정도에 따라 다른데 아주 가벼운 기억장애부터 매우 심한 행동장애까지 다양하게 나타난다. 일상생활은 비교적 정상적으로 수행하지만 뚜렷한 건망증이 있는 상태를 '경도인지 장애'라고 하는데, 경도인지 장애는 매년 10 ~ 15%가 치매로 진행되기 때문에 치매의 위험인자로 불린다. 모든 치매 환자에게서 공통으로 보이는 증상은 기억장애와 사고력, 추리력, 언어능력 등의 영역에서 동시에 장애를 보이는 것이며 인격 장애, 공격성, 성격의 변화와 비정상적인 행동들도 치매가 진행됨에 따라 나타날 수 있는 증상들이다. 국민건강보험 일산병원 신경과 교수는 "치매를 예방하기 위해서는 대뇌(Cerebrum) 활동 참여, 운동, 뇌졸중 예방, 식습관 개선 및 음주, 흡연을 자제해야 한다."고 말했다.
한편 치매는 시간이 지나면 악화가 되고 여러 행동이상(공격성, 안절부절 못함, 수면장애, 배회 등)을 보인다. 병세가 깊어질수록 기억력 저하 등의 증상보다는 이런 행동이상에 의한 문제가 더 크게 발생하기 때문에 행동이상에 대한 조사도 적절히 시행돼야 한다.

① 치매의 정의와 특징　　　　　② 노환의 종류
③ 인지장애단계 구분　　　　　④ 건망증의 분류

※ 다음 도형 또는 도형 내부의 기호들은 일정한 패턴을 가지고 변화한다. 다음 중 ?에 들어갈 도형으로 가장 적절한 것을 고르시오. [25~26]

25

①

②

③

④

26

27 다음 ⊙ ~ ② 중 어법상 적절하지 않은 것은?

> 훈민정음은 크게 '예의'와 '해례'로 ⊙ 나뉘어져 있다. 예의는 세종이 직접 지었는데 한글을 만든 이유와 한글의 사용법을 간략하게 설명한 글이다. 해례는 집현전 학사들이 한글의 자음과 모음을 만든 원리와 용법을 상세하게 설명한 글이다.
>
> 서문을 포함한 예의 부분은 무척 간략해 『세종실록』과 『월인석보』 등에도 실리며 전해져 왔지만, 한글 창제 원리가 ⓒ 밝혀져 있는 해례는 전혀 알려져 있지 않았다. 그런데 예의와 해례가 모두 실려 있는 훈민정음 정본이 1940년에야 ⓒ 발견됐다. 그것이 『훈민정음 해례본』이다. 그러나 이 『훈민정음 해례본』이 대중에게, 그리고 한글학회 간부들에게 공개된 것은 해방 후에 이르러서였다.
>
> 하나의 나라, 하나의 민족정신을 담는 그릇은 바로 그들의 언어이다. 언어가 사라진다는 것은 세계를 바라보는 방법, 즉 세계관이 사라진다는 것과 ② 진배없다. 일제강점기 일제의 민족말살정책 중 가장 악랄했던 것 중 하나가 바로 우리말과 글에 대한 탄압이었다. 일제는 진정으로 우리말과 글이 사라지길 바랐다. 18세기 조선의 실학 연구자들은 중국의 중화사관에서 탈피하여 우리 고유의 문물과 사상에 대한 연구를 본격화했다. 이때 실학자들의 학문적 성과가 바로 훈민정음 해례를 한글로 풀어쓴 언해본의 발견이었다. 일제는 그것을 18세기에 만들어진 위작이라는 등 허구로 몰아갔고, 해례본을 찾느라 혈안이 되어 있었다. 해례본을 없앤다면 세종의 한글 창제를 완벽히 허구화할 수 있기 때문이었다.

① ⊙

② ⓒ

③ ⓒ

④ ②

28 다음 중 빈칸에 들어갈 내용으로 적절한 것은?

> 경기적 실업이란 경기 침체의 영향으로 기업 활동이 위축되고 이로 인해 노동에 대한 수요가 감소하여 고용량이 줄어들어 발생하는 실업이다. 다시 말해 경기적 실업은 노동 시장에서 노동의 수요와 공급이 균형을 이루고 있는 상태라고 가정할 때, 경기가 침체되어 물가가 하락하게 되면 _____ 경기적 실업은 다른 종류의 실업에 비해 생산량 측면에서 경제적으로 큰 손실을 발생시킬 수 있기에 경제학자들은 이를 해결하기 위한 정부의 역할에 대해 다양한 의견을 제시한다.

① 기업은 생산량을 줄이게 되고 이로 인해 노동에 대한 공급이 감소하여 발생한다.

② 기업은 생산량을 늘리게 되고 이로 인해 노동에 대한 수요가 증가하여 발생한다.

③ 기업은 생산량을 늘리게 되고 이로 인해 노동에 대한 공급이 감소하여 발생한다.

④ 기업은 생산량을 줄이게 되고 이로 인해 노동에 대한 수요가 감소하여 발생한다.

29 다음 글의 빈칸에 들어갈 문장을 〈보기〉에서 찾아 순서대로 나열한 것으로 가장 적절한 것은?

한 조사 기관에 따르면, 해마다 척추 질환으로 병원을 찾는 청소년들이 연평균 5만 명에 이르며 그 수가 지속적으로 증가하고 있다. 청소년의 척추 질환은 성장을 저해하고 학업의 효율성을 저하시킬 수 있다. _____(가)_____ 따라서 청소년 척추 질환의 원인을 알고 예방하기 위한 노력이 필요하다. 전문가들은 앉은 자세에서 척추에 가해지는 하중이 서 있는 자세에 비해 1.4배 정도 크기 때문에 책상 앞에 오래 앉아 있는 청소년들의 경우, 척추 건강에 적신호가 켜질 가능성이 매우 높다고 말한다. 또한 전문가들은 청소년들의 운동 부족도 청소년 척추 질환의 원인이라고 강조한다. 척추 건강을 위해서는 기립근과 장요근 등을 강화하는 근력 운동이 필요하다. 그런데 실제로 질병관리본부의 조사에 따르면, 청소년들 가운데 주 3일 이상 근력 운동을 하고 있다고 응답한 비율은 남성이 약 33%, 여성이 약 9% 정도밖에 되지 않았다.

청소년들이 생활 속에서 비교적 쉽게 척추 질환을 예방할 수 있는 방법은 무엇일까? 첫째, 바른 자세로 책상 앞에 앉아 있는 습관을 들여야 한다. _____(나)_____ 또한 책을 보기 위해 고개를 아래로 많이 숙이는 행동은 목뼈가 받는 부담을 크게 늘려 척추 질환을 유발하므로 책상 높이를 조절하여 목과 허리를 펴고 반듯하게 앉아 책을 보는 것이 좋다. 둘째, 틈틈이 척추 근육을 강화하는 운동을 해 준다. _____(다)_____

그리고 발을 어깨보다 약간 넓게 벌리고 서서 양손을 허리에 대고 상체를 서서히 뒤로 젖혀 준다. 이러한 동작들은 척추를 지지하는 근육과 인대를 강화시켜 척추가 휘어지거나 구부러지는 것을 막아 준다. 따라서 이런 운동은 척추 건강을 위해 반드시 필요하다.

보기

㉠ 허리를 곧게 펴고 앉아 어깨를 뒤로 젖히고 고개를 들어 하늘을 본다.

㉡ 그렇기 때문에 적절한 대응 방안이 마련되지 않으면 문제가 더욱 심각해질 것이다.

㉢ 의자에 앉아 있을 때는 엉덩이를 의자 끝까지 밀어 넣고 등받이에 반듯하게 상체를 기대 척추를 꼿꼿하게 유지해야 한다.

	(가)	(나)	(다)
①	㉡	㉠	㉢
②	㉡	㉢	㉠
③	㉢	㉠	㉡
④	㉢	㉡	㉠

※ 다음은 아시아 국가별 평균 교육기간을 나타낸 그래프이다. 이어지는 질문에 답하시오. [30~31]

30 다음 중 자료에 대한 설명으로 옳지 않은 것은?

① 한국은 2021 ~ 2023년까지의 평균 교육기간은 동일하다.

② 2021년보다 2022년의 평균 교육기간이 높아진 국가는 5개국이다.

③ 2022년과 2023년의 아시아 각 국가의 평균 교육기간은 동일하다.

④ 2021 ~ 2023년 동안 매년 평균 교육기간이 8년 이하인 국가는 4개국이다.

31 2021년에 평균 교육기간이 8년 이하인 국가들의 평균 교육기간 평균은?

① 7.105년   ② 7.265년

③ 7.425년   ④ 7.595년

32 다음은 기업 집중도 현황에 대한 자료이다. 이에 대한 설명으로 옳지 않은 것은?

<table>
<tr><td colspan="6" align="center">〈기업 집중도 현황〉</td></tr>
<tr><td rowspan="2">구분</td><td rowspan="2">2021년</td><td rowspan="2">2022년</td><td colspan="2">2023년</td></tr>
<tr><td>전년 대비</td></tr>
<tr><td>상위 10대 기업</td><td>25.0%</td><td>26.9%</td><td>25.6%</td><td>▽ 1.3%p</td></tr>
<tr><td>상위 50대 기업</td><td>42.2%</td><td>44.7%</td><td>44.7%</td><td>－</td></tr>
<tr><td>상위 100대 기업</td><td>48.7%</td><td>51.2%</td><td>51.0%</td><td>▽ 0.2%p</td></tr>
<tr><td>상위 200대 기업</td><td>54.5%</td><td>56.9%</td><td>56.7%</td><td>▽ 0.2%p</td></tr>
</table>

① 2023년의 상위 10대 기업의 점유율은 전년도에 비해 낮아졌다.

② 2021년 상위 101 ~ 200대 기업이 차지하고 있는 비율은 5% 미만이다.

③ 전년 대비 2023년에는 상위 50대 기업을 제외하고 모두 점유율이 감소했다.

④ 전년 대비 2023년의 상위 100대 기업이 차지하고 있는 점유율은 약간 감소했다.

33 다음은 우표 발행 현황에 대한 자료이다. 이에 대한 설명으로 가장 적절한 것은?

<table>
<tr><td colspan="6" align="center">〈우표 발행 현황〉</td></tr>
<tr><td colspan="6" align="right">(단위 : 천 장)</td></tr>
<tr><td>구분</td><td>2019년</td><td>2020년</td><td>2021년</td><td>2022년</td><td>2023년</td></tr>
<tr><td>보통우표</td><td>163,000</td><td>164,000</td><td>69,000</td><td>111,000</td><td>105,200</td></tr>
<tr><td>기념우표</td><td>47,180</td><td>58,050</td><td>43,900</td><td>35,560</td><td>33,630</td></tr>
<tr><td>나만의 우표</td><td>7,700</td><td>2,368</td><td>1,000</td><td>2,380</td><td>1,908</td></tr>
<tr><td>합계</td><td>217,880</td><td>224,418</td><td>113,900</td><td>148,940</td><td>140,738</td></tr>
</table>

① 기념우표는 나만의 우표 발행 수효와 등락폭을 같이 한다.

② 모든 종류의 우표 발행 수가 가장 낮은 연도는 2021년이다.

③ 보통우표와 기념우표 발행 수가 가장 큰 차이를 보이는 해는 2019년이다.

④ 2021년 전체 발행 수와 비교해 나만의 우표가 차지하고 있는 비율은 1% 이상이다.

PART 3

34 다음 글을 읽고 추론한 내용으로 가장 적절하지 않은 것은?

비만 환자의 경우 식사 조절을 통한 섭취량 감소가 중요하므로 적절한 식이요법이 필요하다. 먼저 환자의 표준 체중에 대한 기초대사량과 활동대사량을 파악하고, 이에 따라 3대 영양소인 단백질과 지방, 탄수화물의 섭취량을 조절해야 한다.

표준 체중은 남성의 경우 $\{키(m)\}^2 \times 22kg$으로 계산하고, 여성의 경우에는 $\{키(m)\}^2 \times 21kg$으로 계산한다. 성인의 하루 기초대사량은 $1kcal \times$ (표준 체중) $\times 24$로 계산하고, 활동대사량은 활동의 정도에 따라 기초대사량에 0.2배(정적 활동), 0.4배(보통 활동), 0.8배(격심한 활동)를 곱한다. 기초대사량에 활동대사량을 합한 값이 성인이 하루에 필요로 하는 칼로리가 된다.

필요한 칼로리가 정해지면 우선 단백질의 섭취량을 계산하고, 나머지를 지방과 탄수화물로 배분한다. 성인의 하루 단백질 섭취량은 표준 체중을 기준으로 $0.8 \sim 1.2g/kg$(평균 $1.13g/kg$)이며, 비만 환자가 저열량 식이 조절을 하는 경우에는 $1.2 \sim 1.5g/kg$(평균 $1.35g/kg$)으로 계산한다. 지방은 전체 필요 칼로리 중 20% 이하로 섭취하는 것이 좋으며, 콜레스테롤은 하루 300mg 이하로 제한하는 것이 좋다. 탄수화물의 경우 섭취량이 부족하면 단백질을 분해하여 포도당을 생성하게 되므로 케톤산증을 유발할 수 있다. 따라서 총 섭취 칼로리의 $55 \sim 60\%$ 정도의 섭취를 권장하며, 반드시 최소 100g 정도의 탄수화물을 섭취해야 한다.

① 신장 178cm인 성인 남성의 표준 체중은 약 69.7kg이 된다.
② 주로 정적 활동을 하는 남성의 표준 체중이 73kg이라면 하루에 필요한 칼로리는 2,102.4kcal이다.
③ 표준 체중이 55kg인 성인 여성의 경우 하루 평균 62.15g의 단백질을 섭취하는 것이 좋다.
④ 주로 보통 활동을 하는 성인 남성의 하루 기초대사량이 1,728kcal라면 하루 500g 이하의 지방을 섭취하는 것이 좋다.

35 다음 글을 읽고 〈보기〉와 같이 반응했을 때, 빈칸에 들어갈 단어가 바르게 연결된 것은?

> 와인을 마실 때는 와인의 종류에 따라 그에 맞는 적당한 잔을 선택하는 것이 중요하다. 와인 잔은 크게 레드 와인 잔, 화이트 와인 잔, 스파클링 와인 잔으로 나눌 수 있다. 레드 와인 잔은 화이트 와인 잔보다 둘레가 넓어 와인의 향기를 풍성하게 느낄 수 있다. 잔의 둘레가 넓어질수록 와인이 공기와 접촉하는 면적이 넓어지기 때문이다. 화이트 와인 잔은 레드 와인 잔에 비해 크기가 작다. 차게 마시는 화이트 와인의 특성상 온도가 올라가지 않도록 잔의 용량 크기를 작게 만드는 것이다. 마지막으로 스파클링 와인 잔의 길쭉한 튤립 모양은 와인의 탄산을 보존할 수 있도록 해준다. 좋은 스파클링 와인일수록 조그만 기포들이 잔 속에서 끊임없이 솟아오른다. 입구가 좁고 높이가 높은 잔을 사용하면 스파클링 와인의 기포를 감상하며 즐길 수 있다.

보기

레드 와인은 와인의 ___㉠___ 을/를, 화이트 와인은 와인의 ___㉡___ 을/를 중요하게 생각하기 때문에 서로 다른 와인 잔을 사용하는군.

	㉠	㉡			㉠	㉡
①	향	탄산		②	향	온도
③	온도	향		④	온도	맛

PART 3

36 다음 글을 읽고, 뒤르켐이 헤겔에게 비판할 수 있는 주장으로 가장 적절한 것은?

> 시민 사회라는 용어는 17세기에 등장했지만 19세기 초에 이를 국가와 구분하여 개념적으로 정교화한 인물이 헤겔이다. 그가 활동하던 시기에 유럽의 후진국인 프러시아에는 절대주의 시대의 잔재가 아직 남아 있었다. 산업 자본주의도 미성숙했던 때여서 산업화를 추진하고 자본가들을 육성하며 심각한 빈부 격차나 계급 갈등 등의 사회문제를 해결해야 하는 시대적 과제가 있었다. 그는 사익의 극대화가 국부를 증대해 준다는 점에서 공리주의를 긍정했으나 그것이 시민 사회 내에서 개인들의 무한한 사익 추구가 일으키는 빈부 격차나 계급 갈등을 해결할 수는 없다고 보았다. 그는 시민 사회가 개인들의 사적 욕구를 추구하며 살아가는 생활 영역이자 그 욕구를 사회적 의존 관계 속에서 추구하게 하는 공동체적 윤리성의 영역이어야 한다고 생각했다. 특히 시민 사회 내에서 사익 조정과 공익 실현에 기여하는 직업 단체와 복지 및 치안 문제를 해결하는 복지행정조직의 역할을 설정하면서, 이 두 기구가 시민 사회를 이상적인 국가로 이끌 연결 고리가 될 것으로 기대했다. 하지만 빈곤과 계급 갈등은 시민 사회 내에서 근원적으로 해결될 수 없는 것이었다. 따라서 그는 국가를 사회 문제를 해결하고 공적 질서를 확립할 최종 주체로 설정하면서 시민 사회가 국가에 협력해야 한다고 생각했다.
>
> 한편 1789년 프랑스 혁명 이후 프랑스 사회는 혁명을 이끌었던 계몽주의자들의 기대와는 다른 모습을 보이고 있었다. 사회는 사익을 추구하는 파편화된 개인들의 각축장이 되어 있었고 빈부 격차와 계급 갈등은 격화된 상태였다. 이러한 혼란을 극복하기 위해 노동자 단체와 고용주 단체 모두를 불법으로 규정한 르샤폴리에 법이 1791년부터 약 90년간 시행되었으나, 이 법은 분출되는 사익의 추구를 억제하지도 못하면서 오히려 프랑스 시민 사회를 극도로 위축시켰다.
>
> 뒤르켐은 이러한 상황을 아노미, 곧 무규범 상태로 파악하고 최대 다수의 최대 행복을 표방하는 공리주의가 사실은 개인의 이기심을 전제로 하고 있기에 아노미를 조장할 뿐이라고 생각했다. 그는 사익을 조정하고 공익과 공동체적 연대를 실현할 도덕적 개인주의의 규범에 주목하면서, 이를 수행할 주체로서 직업 단체의 역할을 강조하였다. 뒤르켐은 직업 단체가 정치적 중간 집단으로서 구성원의 이해관계를 국가에 전달하는 한편 국가를 견제해야 한다고 보았던 것이다.

① 직업 단체는 정치적 중간 집단의 역할로 빈곤과 계급 갈등을 근원적으로 해결하지 못해요.
② 직업 단체와 복지행정조직이 시민 사회를 이상적인 국가로 이끌어줄 열쇠에요.
③ 국가가 주체이기는 하지만 공동체적 연대의 실현을 수행할 중간 집단으로서의 주체가 필요해요.
④ 국가를 최종 주체로 설정한다면 사익을 조정할 수 있고, 공적 질서를 확립할 수 있어요.

37 주어진 전개도로 입체도형을 만들었을 때, 다음 중 만들어질 수 없는 것은?

①

②

③

④

38 주어진 전개도로 입체도형을 만들었을 때, 다음 중 만들어질 수 있는 것은?

①

②

③

④

※ 다음 주어진 입체도형 중 나머지와 다른 도형을 고르시오. [39~40]

39

①

②

③

④

40

①

②

③

④

41 다음 밑줄 친 부분의 수정 방안으로 적절하지 않은 것은?

> 옛것을 <u>본받는</u> 사람은 옛 자취에 <u>얽메이는</u> 것이 문제다. 새것을 만드는 사람은 이치에 <u>합당지</u> 않은 것이 걱정이다. 진실로 능히 옛것을 <u>변화할줄</u> 알고, 새것을 만들면서 법도에 맞을 수만 있다면 지금 글도 옛글만큼 훌륭하게 쓸 수 있을 것이다.

① 본받는 → 본 받는
② 얽메이는 → 얽매이는
③ 합당지 → 합당치
④ 변화할줄 → 변화할 줄

42 다음 밑줄 친 부분의 띄어쓰기가 모두 적절한 것은?

① 최선의 세계를 만들기 위해서 <u>무엇 보다</u> 이 세계에 있는 모든 대상들이 지닌 성질을 정확하게 <u>인식해야 만</u> 한다.
② 일과 여가 <u>두가지를</u> 어떻게 <u>조화시키느냐하는</u> 문제는 항상 인류의 관심대상이 되어 왔다.
③ <u>내로라하는</u> 영화배우 중 내 고향 출신도 상당수 된다. 그래서 자연스럽게 영화배우를 꿈꿨고, <u>그러다 보니</u> 영화는 내 생활의 일부가 되었다.
④ 실기시험은 까다롭게 <u>심사하는만큼</u> 준비를 철저히 해야 한다. <u>한 달 간</u> 실전처럼 연습하면서 시험에 대비하자.

43 다음 중 맞춤법이 옳지 않은 것은?

① 문을 잠갔다.
② 불을 보듯 뻔한 일이다.
③ 이 자리를 빌어 감사의 뜻을 전한다.
④ 변덕이 죽 끓듯 하다.

44 다음 두 블록을 합쳤을 때, 나올 수 있는 형태는?

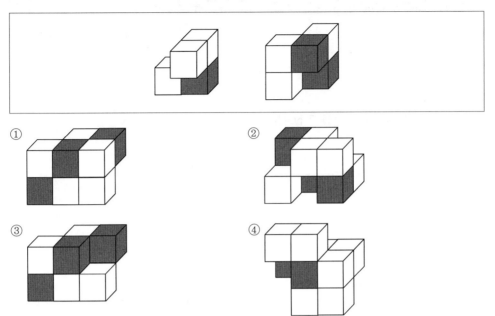

45 왼쪽에 제시된 직육면체 모양의 입체도형은 두 번째, 세 번째 입체도형과 ?를 조합하여 만들 수 있다. 다음 중 ?에 들어갈 알맞은 도형은?

제2회 최종점검 모의고사

☑ 응시시간 : 50분   ☑ 문항 수 : 45문항

정답 및 해설 p.036

01 다음 한자와 반대의 뜻을 가진 한자는?

强

① 進   ② 弱
③ 善   ④ 流

02 다음 제시된 단어와 같거나 유사한 의미를 가진 것은?

이목

① 괄목   ② 경계
③ 기습   ④ 시선

03 주어진 명제가 모두 참일 때, 다음 중 바르게 유추한 것은?

- 정직한 사람은 이웃이 많을 것이다.
- 성실한 사람은 외롭지 않을 것이다.
- 이웃이 많은 사람은 외롭지 않을 것이다.

① 이웃이 많은 사람은 성실할 것이다.
② 성실한 사람은 정직할 것이다.
③ 정직한 사람은 외롭지 않을 것이다.
④ 외롭지 않은 사람은 정직할 것이다.

※ 제시문 A를 읽고, 제시문 B가 참인지 거짓인지 혹은 알 수 없는지 고르시오. [4~5]

04

[제시문 A]
• 노화가 오면 귀가 잘 들리지 않는다.
• 귀가 잘 안 들리면 큰 소리로 이야기한다.

[제시문 B]
큰 소리로 이야기하는 사람은 노화가 온 사람이다.

① 참   ② 거짓   ③ 알 수 없음

PART 3

05

[제시문 A]
• 부모에게 칭찬을 많이 받은 사람은 인간관계가 원만하다.
• 인간관계가 원만한 모든 사람은 긍정적으로 사고한다.

[제시문 B]
부모에게 칭찬을 많이 받은 주영이는 사고방식이 긍정적이다.

① 참   ② 거짓   ③ 알 수 없음

※ 일정한 규칙으로 수를 나열할 때, 다음 중 빈칸에 들어갈 수로 옳은 것을 고르시오. [6~8]

06

| 40 | 45 | 60 | 50 | 79 | 56 | 97 | 63 | 114 | ( ) |

① 64
③ 69

② 67
④ 71

07

17   − 68   ( )   − 1,088   4,352

① 162
③ 352

② 272
④ 482

08

84   21   38   9.5   15   3.75   ( )

① 3.5
③ 5.5

② 4.5
④ 6.5

09 다음 제시문을 통해 알 수 있는 내용으로 가장 적절한 것은?

근대 산업 문명은 사람들의 정신을 병들게 하고, 끊임없이 이기심을 자극하여, 금전과 물건의 노예로 타락시킬 뿐만 아니라, 내면적인 평화와 명상의 생활을 불가능하게 만든다. 그로 인하여 유럽의 노동 계급과 빈민에게 사회는 지옥이 되고, 비서구 지역의 수많은 민중은 제국주의의 침탈 밑에서 허덕이게 되었다. 여기에서 간디 사상 속 물레가 갖는 상징적인 의미가 드러난다. 간디는 모든 인도 사람들이 매일 한두 시간만이라도 물레질을 할 것을 권유하였다. 물레질의 가치는 경제적 필요 이상의 것이라고 생각한 것이다.

물레는 무엇보다 인간의 노력에 도움을 주면서 결코 인간을 소외시키지 않는 인간적 규모의 기계 전형이다. 간디는 기계 자체에 대해 반대한 적은 없지만, 거대 기계에는 필연적으로 복잡하고 위계적인 사회 조직, 지배와 피지배의 구조, 도시화, 낭비적 소비가 수반된다는 것을 주목했다. 생산 수단이 민중 자신의 손에 있을 때 비로소 착취 구조가 종식되는 반면, 복잡하고 거대한 기계는 그 자체로 비인간화와 억압의 구조를 강화하기 때문이다.

간디는 산업화의 확대, 또는 경제 성장이 참다운 인간의 행복에 기여한다고는 결코 생각할 수 없었다. 간디가 구상했던 이상적인 사회는 자기 충족적인 소농촌 공동체를 기본 단위로 하면서 궁극적으로는 중앙 집권적인 국가 기구의 소멸과 더불어 마을 민주주의에 의한 자치가 실현되는 공간이다. 거기에서는 인간을 도외시한 이윤 추구도, 물건과 권력에 대한 맹목적인 탐욕도 있을 수가 없다. 이것은 비폭력과 사랑과 유대 속에 어울려 살 때에 사람은 가장 행복하고 자기완성이 가능하다고 믿는 사상에 매우 적합한 정치 공동체라 할 수 있다.

물레는 간디에게 그러한 공동체의 건설에 필요한 인간 심성 교육에 알맞은 수단이기도 하였다. 물레질과 같은 단순하지만 생산적인 작업의 경험은 정신노동과 육체노동의 분리 위에 기초하는 모든 불평등 사상의 문화적·심리적 토대의 소멸에 기여할 것이다.

① 거대 기계는 억압의 구조를 제거해 준다.
② 간디는 기계 자체를 반대하였다.
③ 근대 산업 문명은 인간의 내면적 평화를 가져왔다.
④ 물레는 노역에 도움을 주면서 인간을 소외시키지 않는다.

10 다음 제시문에 대한 평가로 가장 적절한 것은?

> 대중문화는 매스미디어의 급속한 발전과 더불어 급속히 대중 속에 파고든, 젊은 세대를 중심으로 이루어진 문화를 의미한다. 그들은 TV 속에서 그들의 우상을 찾아 모방하는 것으로 대리 만족을 느끼고자 한다. 그러나 대중문화라고 해서 반드시 젊은 사람을 중심으로 이루어지는 것은 아니다. 넓은 의미에서의 대중문화는 사실 남녀노소 누구나가 느낄 수 있는 우리 문화의 대부분을 의미할 수 있다. 따라서 대중문화가 우리 생활에서 차지하는 비중은 가히 상상을 초월하며, 우리의 사고 하나하나가 대중문화와 떼어놓고 생각할 수 없는 것이다.

① 앞, 뒤에서 서로 모순되는 설명을 하고 있다.
② 충분한 사례를 들어 자신의 주장을 뒷받침하고 있다.
③ 사실과 다른 내용을 사실인 것처럼 논거로 삼고 있다.
④ 말하려는 내용 없이 지나치게 기교를 부리려고 하였다.

11 다음 글의 서술상 특징으로 적절한 것은?

> 어느 의미에서는 고정불변(固定不變)의 신비로운 전통이라는 것이 존재(存在)한다기보다 오히려 우리 자신이 전통을 찾아내고 창조한다고도 할 수가 있다. 따라서 과거에는 훌륭한 문화적 전통의 소산으로 생각되던 것이, 후대에는 버림을 받게 되는 예도 허다하다. 한편 과거에는 돌보아지지 않던 것이 후대에 높이 평가되는 일도 한두 가지가 아니다. 연암의 문학은 바로 그러한 예인 것이다. 비단 연암의 문학만이 아니다. 우리가 현재 민족 문화의 전통과 명맥을 이어준 것이라고 생각하는 것의 대부분이 그러한 것이다. 신라의 향가, 고려의 가요, 조선 시대의 사설시조, 백자, 풍속화 같은 것이 그러한 것이다.

① 익살스러운 문체를 통해 풍자의 효과를 살리고 있다.
② 대상의 직접적인 평가를 피하며 상상력을 자극하고 있다.
③ 비유를 통해 대상의 다양한 속성을 드러내고 있다.
④ 설명하고자 하는 바를 예를 들어 설명하고 있다.

12 다음 그림과 같이 화살표 방향으로 종이를 접은 후, 펀치로 구멍을 뚫어 다시 펼쳤을 때의 그림으로 가장 적절한 것은?

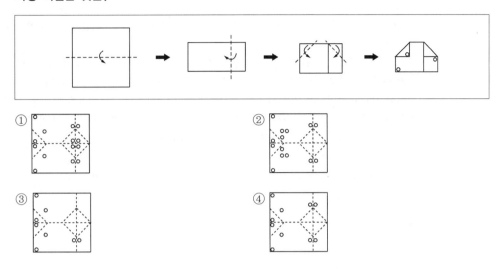

13 다음과 같은 정사각형의 종이를 화살표 방향으로 접고 〈보기〉의 좌표가 가리키는 위치에 구멍을 뚫었다. 다시 펼쳤을 때 뚫린 구멍의 위치를 좌표로 나타낸 것으로 옳은 것은?(단, 좌표가 그려진 사각형의 크기와 종이의 크기는 일치하며, 종이가 접힐 때 종이의 위치는 바뀌지 않는다)

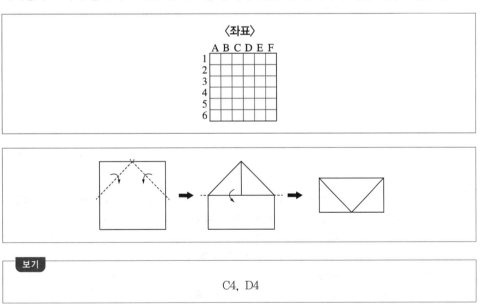

보기
C4, D4

① A1, B3, C3, C6, D6

② A1, C3, C1, D2

③ A1, C3, C4, D3, D4, F1

④ A1, C4, D4, D6

※ 다음 문장을 논리적 순서대로 바르게 나열한 것을 고르시오. [14~15]

14

(가) 여름에는 찬 음식을 많이 먹거나 냉방기를 과도하게 사용하는 경우가 많은데, 그렇게 되면 체온이 떨어져 면역력이 약해지기 때문이다.

(나) 만약 감기에 걸렸다면 탈수로 인한 탈진을 방지하기 위해 수분을 충분히 섭취해야 한다.

(다) 특히 감기로 인해 열이 나거나 기침을 할 때에는 따뜻한 물을 여러 번에 나누어 먹는 것이 좋다.

(라) 여름철 감기를 예방하기 위해서는 찬 음식은 적당히 먹어야 하고 냉방기에 장시간 노출되는 것을 피해야 하며, 충분한 휴식을 취하고, 집에 돌아온 후에는 손발을 꼭 씻어야 한다.

(마) 일반적으로 감기는 겨울에 걸린다고 생각하지만 의외로 여름에도 감기에 걸린다.

① (가) – (라) – (다) – (마) – (나)   ② (나) – (다) – (라) – (마) – (가)
③ (라) – (다) – (나) – (가) – (마)   ④ (마) – (가) – (라) – (나) – (다)

15

(가) 이렇게 버려지는 폐휴대전화 속에는 금, 은 등의 귀한 금속 자원이 들어 있으며, 이들 자원을 폐휴대전화에서 추출하여 재활용하면 자원의 낭비를 줄일 수 있다.

(나) 한편 폐휴대전화는 공해를 일으킬 수 있는 물질들이 포함되어 있고, 이런 물질들은 일반 쓰레기와 함께 태우거나 땅속에 파묻히게 되면 환경오염을 유발하기도 한다.

(다) 최근 다양한 기능을 갖춘 휴대전화들이 출시되면서 휴대전화 교체 주기가 짧아지고 있고, 이에 따라 폐휴대전화 발생량도 증가하고 있다.

(라) 그래서 우리 기업에서는 소중한 금속 자원을 재활용하고 환경오염을 줄이는 데에도 기여하자는 취지에서 '폐휴대전화 수거 운동'을 벌이기로 했다.

① (라) – (나) – (다) – (가)   ② (다) – (가) – (나) – (라)
③ (나) – (가) – (다) – (라)   ④ (가) – (다) – (나) – (라)

16 다음 글의 빈칸에 들어갈 내용으로 가장 적절한 것은?

태양은 지구의 생명체가 살아가는 데 필요한 빛과 열을 공급해 준다. 이런 막대한 에너지를 태양은 어떻게 계속 내놓을 수 있을까?

16세기 이전까지는 태양을 포함한 별들이 지구상의 물질을 이루는 네 가지 원소와 다른, 불변의 '제 5원소'로 이루어졌다고 생각했다. 하지만 밝기가 변하는 신성(新星)이 별 가운데 하나라는 사실이 알려지면서 별이 불변이라는 통념은 무너지게 되었다. 또한, 태양의 흑점 활동이 관측되면서 태양 역시 불덩어리일지도 모른다고 생각하기 시작했다. 그 후 섭씨 5,500℃로 가열된 물체에서 노랗게 보이는 빛이 나오는 것을 알게 되면서 유사한 빛을 내는 태양의 온도도 비슷할 것이라고 추측하게 되었다.

19세기에는 에너지 보존 법칙이 확립되면서 새로운 에너지 공급이 없다면 태양의 온도가 점차 낮아져야 한다는 결론을 내렸다. 그렇다면 과거에는 태양의 온도가 훨씬 높았어야 했고, 지구의 바다가 펄펄 끓어야 했을 것이다. 하지만 실제로는 그렇지 않았고, 사람들은 태양의 온도를 일정하게 유지해 주는 에너지원이 무엇인지에 대해 생각하게 되었다.

20세기 초 방사능이 발견되면서 방사능 물질의 붕괴에서 나오는 핵분열 에너지를 태양의 에너지원으로 생각하였다. 그러나 태양빛의 스펙트럼을 분석한 결과 태양에는 우라늄 등의 방사능 물질 대신 수소와 헬륨이 있다는 것을 알게 되었다. 즉, 방사능 물질의 붕괴에서 나오는 핵분열 에너지가 태양의 에너지원이 아니었던 것이다.

현재 태양의 에너지원은 수소 원자핵 네 개가 헬륨 원자핵 하나로 융합하는 과정의 질량 결손으로 인해 생기는 핵융합 에너지로 알려져 있다. 태양은 엄청난 양의 수소 기체가 중력에 의해 뭉쳐진 것으로, 그 중심으로 갈수록 밀도와 압력, 온도가 증가한다. 태양에서의 핵융합은 천만℃ 이상의 온도를 유지하는 중심부에서만 일어난다. 높은 온도에서만 원자핵들은 높은 운동 에너지를 가지게 되며, 그 결과로 원자핵들 사이의 반발력을 극복하고 융합되기에 충분히 가까운 거리로 근접할 수 있기 때문이다. 태양빛이 핵융합을 통해 나온다는 사실은 태양으로부터 온 중성미자가 관측됨으로써 더 확실해졌다.

중심부의 온도가 올라가 핵융합 에너지가 늘어나면 그 에너지로 인한 압력으로 수소를 밖으로 밀어내어 중심부의 밀도와 온도를 낮게 된다. 이렇게 온도가 낮아지면 방출되는 핵융합 에너지가 줄어들며, 그 결과 압력이 낮아져서 수소가 중심부로 들어오게 되어 중심부의 밀도와 온도를 다시 높인다. 이렇듯 태양 내부에서 중력과 핵융합 반응의 평형 상태가 유지되기 때문에 _____ _____ 태양은 이미 50억 년간 빛을 냈고, 앞으로도 50억 년 이상 더 빛날 것이다.

① 태양의 핵융합 에너지가 폭발적으로 증가할 수 있게 된다.
② 태양 외부의 밝기가 내부 상태에 따라 변할 수 있게 된다.
③ 태양이 오랫동안 안정적으로 빛을 낼 수 있게 된다.
④ 태양이 일정한 크기를 유지할 수 있었다.

※ 일정한 규칙으로 수 또는 문자를 나열할 때, 다음 중 빈칸에 들어갈 수 또는 문자로 옳은 것을 고르시오.
[17~19]

17

| N ㅅ R ㅈ T ㅊ ( ) |

① ㅁ   ② U
③ K   ④ ㅎ

18

| ㅁ ㅅ ㅅ ㅊ ㅈ ㅍ ㅋ ( ) |

① ㄴ   ② ㅂ
③ ㅈ   ④ ㅌ

19

| ( ) | 15 | 35 | 50 | 85 | 135 |

① 20   ② 15
③ 10   ④ 5

20 영희와 어머니의 나이 차는 20이다. 현재 어머니의 나이가 영희 나이의 6배라면, 영희와 어머니의 나이는?

① 영희 3살, 어머니 18살 ② 영희 4살, 어머니 24살
③ 영희 5살, 어머니 25살 ④ 영희 6살, 어머니 36살

21 소연이는 집에서 마트까지 시속 6km의 속력으로 걸어가서 40분 동안 물건을 구매 후 같은 길을 시속 4km로 걸어 집으로 돌아왔더니 2시간 30분이 걸렸다. 이때 집에서 마트까지의 거리는?

① 4.1km ② 4.4km
③ 4.9km ④ 5.4km

22 B기업에서는 조직 개편을 하려고 한다. 5명을 한 팀으로 조직하면 2명이 팀에 편성되지 않고, 6명을 한 팀으로 조직하면 팀에 편성되지 않는 사람은 없지만, 5명을 한 팀으로 조직했을 때보다 2팀이 줄어든다. 5명을 한 팀으로 조직했을 때, 총 몇 팀 만들어지는가?

① 12팀 ② 13팀
③ 14팀 ④ 15팀

23 다음 글을 읽고 '한국인의 수면 시간'과 관련된 글을 쓴다고 할 때, 글의 주제로 가장 적절하지 않은 것은?

> 인간은 평생 3분의 1 정도를 잠으로 보낸다. 잠은 낮에 사용한 에너지를 보충하고, 피로를 회복하는 중요한 과정이다. 하지만 한국인은 잠이 부족하다. 한국인의 수면 시간은 7시간 41분밖에 되지 않으며, 2016년 기준 경제협력개발기구(OECD) 회원국 가운데 꼴찌를 차지했다. 한 조사에 따르면, 전 국민의 17% 정도가 주 3회 이상 불면 증상을 갖고 있으며, 이는 연령이 높아짐에 따라 늘어났다. 이에 따라 불면증, 기면증, 수면무호흡증 등 수면장애로 병원을 찾는 사람은 2016년 기준 291만 8,976명으로 5년 새 13% 증가했다. 수면장애를 방치하면 삶의 질 저하는 물론 만성 두통, 심혈관계 질환 등이 발생할 수 있다. 불면증은 수면 질환의 대명사로, 가장 흔하고 복합적인 질환이다. 불면증은 면역기능 저하, 인지 감퇴뿐만 아니라 일상생활에 장애를 초래할 수 있으며, 우울증, 인지장애 등을 유발할 수 있다.
>
> 코를 골며 자다가 몇 초에서 몇 분 동안 호흡을 멈추는 수면무호흡증도 있다. 이 역시 인지기능 저하와 심혈관계질환 등 합병증을 일으킨다. 특히 수면무호흡증은 비만과 관계가 깊고, 졸음운전의 원인이 되기도 한다.
>
> 최근 고령 인구 증가로 뇌 퇴행성 질환인 렘수면 행동장애(RBD; Rem Sleep Behavior Disorder)도 늘고 있다. 이 병은 잠자는 동안 악몽을 꾸면서 소리를 지르고, 팔다리를 움직이고, 벽을 치고, 침대에서 뛰어내리는 등 난폭한 행동을 한다. 이 병을 앓는 상당수는 파킨슨병, 치매 환자로 이어진다. 또한 잠들기 전에 다리에 이상 감각이나 통증이 생기는 하지불안증후군도 수면의 질을 떨어뜨리는 병이다. 낮 동안 졸리는 기면증(嗜眠症) 역시 일상생활에 심각한 장애를 초래한다.
>
> 한 정신건강의학과 교수는 "수면 문제는 결국 심혈관계질환, 치매와 파킨슨병 등의 퇴행성 질환, 우울증, 졸음운전의 원인이 되므로 전문적인 치료를 받아야 한다."고 했다.

① 한국인의 부족한 수면 시간

② 수면 마취제의 부작용

③ 수면장애의 종류

④ 수면장애의 심각성

24 다음 글의 중심 내용으로 적절한 것은?

대부분의 동물에게 후각은 생존에 필수적인 본능으로 진화되었다. 수컷 나비는 몇 km 떨어진 곳에 있는 암컷 나비의 냄새를 맡을 수 있고, 돼지는 15cm 깊이의 땅 속에 숨어있는 송로버섯의 냄새를 맡을 수 있다. 그중에서도 가장 예민한 후각을 가진 동물은 개나 다람쥐처럼 냄새 분자가 가라앉은 땅에 코를 바짝 댄 채 기어 다니는 짐승이다. 때문에 지구상의 거의 모든 포유류의 공통점은 '후각'의 발달이라고 할 수 있다.

여기서 주목할 만한 점은 만물의 영장이라 하는 인간이 후각 기능만큼은 대부분의 포유류보다 한참 뒤떨어진 수준이라는 사실이다. 개는 2억 2,000만 개의 후각세포를 갖고 있고, 토끼는 1억 개를 갖고 있는 반면, 인간은 500만 개의 후각세포를 갖고 있을 뿐이며, 그마저도 실제로 기능하는 것은 평균 375개 정도라고 알려져 있다.

이처럼 인간의 진화 과정에서 유독 후각이 퇴화한 이유는 무엇일까? 새는 지면에서 멀리 떨어진 곳에 활동 영역이 있기 때문에 맡을 수 있는 냄새가 제한적이다. 자연스레 그들은 후각기관을 퇴화시키는 대신 시각기관을 발달시켰다. 인간 역시 직립보행 이후에는 냄새를 맡고 구별하는 능력보다는 시야의 확보가 생존에 더 중요해졌고, 점차 시각정보에 의존하기 시작하면서 후각은 자연스레 퇴화한 것이다.

따라서 인간의 후각 정보를 관장하는 후각 중추는 이처럼 대폭 축소된 후각 기능을 반영이라도 하듯 아주 작다. 뇌 전체의 0.1% 정도에 지나지 않는 후각 중추는 감정을 관장하는 변연계의 일부이고, 언어 중추가 있는 대뇌지역과는 직접적인 연결이 없다. 따라서 후각은 시각이나 청각을 통해 감지한 요소에 비해 언어로 분석해서 묘사하기가 어려우며, 감정이 논리적 사고와 같이 정밀하고 체계적이지 못한 것처럼, 후각도 체계적이지 않다. 인간이 후각을 언어로 표현하는 것은 시각을 언어로 표현하는 것보다 세밀하지 못하며, 동일한 냄새에 대한 인지도 현저히 떨어진다는 사실은 이미 다양한 연구를 통해 증명되었다.

그러나 후각과 뇌변연계의 연결고리는 여전히 제법 강력하다. 냄새는 감정과 욕망을 넌지시 암시하고 불러일으킨다. 또한 냄새는 일단 우리의 뇌 속에 각인되면 상당히 오랫동안 지속되고, 이와 관련된 기억들을 상기시킨다. 언어로 된 기억은 기록의 힘을 빌리지 않고는 오래 남겨두기 어렵지만, 냄새로 이루어진 기억은 작은 단서만 있으면 언제든 다시 꺼낼 수 있다. 뿐만 아니라 후각은 청각이나 시각과 달리, 차단할 수 없는 유일한 감각이기도 하다. 하루에 2만 번씩 숨을 쉴 때마다 후각은 계속해서 작동하고 있고, 지금도 우리에게 영향을 끼치고 있다.

① 후각은 다른 모든 감각을 지배하는 상위 기능을 담당한다.
② 인간은 선천적인 뇌구조로 인해 후각이 발달하지 못했다.
③ 모든 동물은 정밀한 감각을 두 가지 이상 갖기 어렵다.
④ 인간은 진화하면서 필요에 따라 후각을 퇴화시켰다.

※ 다음 도형 또는 도형 내부의 기호들은 일정한 패턴을 가지고 변화한다. 다음 중 ?에 들어갈 도형으로
가장 적절한 것을 고르시오. [25~26]

25

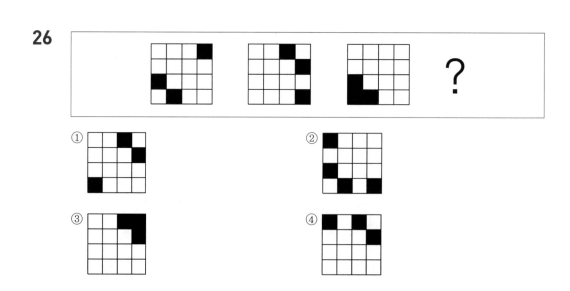

① ② ③ ④

26

① ② ③ ④

27 다음 ㉠ ~ ㉢의 빈칸에 순서대로 들어갈 알맞은 것은?

> 아리스토텔레스는 달 이상의 천상계를 완벽한 세상으로 보았다. ___㉠___ 달을 포함한 천체는 완벽한 구이며, 이러한 천체들은 완벽한 원운동을 한다고 주장하였다. ___㉡___ 갈릴레오가 망원경으로 직접 관측한 달의 모습은 달랐다. 지구처럼 울퉁불퉁한 산맥과 골짜기가 있고, 운석 구덩이도 보였다. ___㉢___ 갈릴레오는 천상계의 달 표면이 지구의 표면과 별반 다르지 않음을 알아낸 것이다.

	㉠	㉡	㉢
①	그러나	반면에	또한
②	따라서	반면에	즉
③	따라서	그러므로	즉
④	그런데	그러므로	게다가

28 다음 글의 흐름으로 보아 빈칸에 들어갈 내용으로 가장 적절한 것은?

> 동물들은 홍채에 있는 근육의 수축과 이완을 통해 눈동자를 크게 혹은 작게 만들어 눈으로 들어오는 빛의 양을 조절하므로 눈동자 모양이 원형인 것이 가장 무난하다. 그런데 고양이와 늑대와 같은 육식동물은 세로로, 양이나 염소와 같은 초식동물은 가로로 눈동자 모양이 길쭉하다. 특별한 이유가 있는 것일까?
> 육상동물 중 모든 육식동물의 눈동자가 세로로 길쭉한 것은 아니다. 주로 매복형 육식동물의 눈동자가 세로로 길쭉하다. 이는 숨어서 기습을 하는 사냥 방식과 밀접한 관련이 있는데, 세로로 길쭉한 눈동자가 _____ 일반적으로 매복형 육식동물은 양쪽 눈으로 초점을 맞춰 대상을 보는 양안시로, 각 눈으로부터 얻는 영상의 차이인 양안시차를 하나의 입체 영상으로 재구성하면서 물체와의 거리를 파악한다. 그런데 이러한 양안시차뿐만 아니라 거리지각에 대한 정보를 주는 요소로 심도 역시 중요하다. 심도란 초점이 맞는 공간의 범위를 말하며, 심도는 눈동자의 크기에 따라 결정된다. 즉 눈동자의 크기가 커져 빛이 많이 들어오게 되면, 커지기 전보다 초점이 맞는 범위가 좁아진다. 이렇게 초점의 범위가 좁아진 경우를 '심도가 얕다.'고 하며, 반대인 경우를 '심도가 깊다.'고 한다.

① 사냥감의 주변 동태를 정확히 파악하는 데 효과적이기 때문이다.

② 사냥감의 움직임을 정확히 파악하는 데 효과적이기 때문이다.

③ 사냥감의 위치를 정확히 파악하는 데 효과적이기 때문이다.

④ 사냥감과의 거리를 정확히 파악하는 데 효과적이기 때문이다.

29 다음 빈칸에 들어갈 내용으로 가장 적절한 것은?

미국 대통령 후보 선거제도 중 '코커스'는 정당 조직의 가장 하위 단위인 기초선거구의 당원들이 모여 상위의 전당대회에 참석할 대의원을 선출하는 당원회의이다. 대의원 후보들은 자신이 대통령 후보로 누구를 지지하는지 먼저 밝힌다. 상위 전당대회에 참석할 대의원들은 각 대통령 후보에 대한 당원들의 지지율에 비례해서 선출된다. 코커스에서 선출된 대의원들은 카운티 전당대회에서 투표권을 행사하여 다시 다음 수준인 의회선거구 전당대회에 보낼 대의원들을 선출한다. 여기서도 비슷한 과정을 거쳐 주(州) 전당대회 대의원들을 선출해 내고, 거기서 다시 마지막 단계인 전국 전당대회 대의원들을 선출한다. 주에 따라 의회선거구 전당대회는 건너뛰기도 한다.

1971년까지는 선거법에 따라 민주당과 공화당 모두 5월 둘째 월요일까지 코커스를 개최해야 했다. 그런데 민주당 전국위원회가 1972년부터는 대선후보 선출을 위한 전국 전당대회를 7월 말에 개최하도록 결정하면서 1972년 아이오와주 민주당의 코커스는 그 해 1월에 열렸다. 아이오와주 민주당 규칙에 코커스, 카운티 전당대회, 의회선거구 전당대회, 주 전당대회, 전국 전당대회 순서로 진행되는 각급 선거 간에 최소 30일의 시간적 간격을 두어야 한다는 규정이 있었기 때문이다. 이후 아이오와주에서 공화당이 1976년부터 코커스 개최시기를 1월로 옮기면서, ＿＿＿＿＿＿＿＿＿＿＿＿＿＿＿

아이오와주의 선거 운영 방식은 민주당과 공화당 간에 차이가 있었다. 공화당의 경우 코커스를 포함한 하위 전당대회에서 특정 대선후보를 지지하여 당선된 대의원이 상위 전당대회에서 반드시 같은 후보를 지지해야 하는 것은 아니었다. 반면 민주당의 경우 그러한 구속력을 부여하였다. 그러나 2016년부터 공화당 역시 상위 전당대회에 참여하는 대의원에게 같은 구속력을 부여함으로써 기층 당원의 대통령 후보에 대한 지지도가 전국 전당대회에 참여할 주(州) 대의원 선출에 반영되도록 했다.

① 아이오와주는 미국의 대선후보 선출 과정에서 선거 운영 방식이 달라진 최초의 주가 되었다.
② 아이오와주는 미국의 대선후보 선출 과정에서 민주당과 공화당 사이에 깊은 골을 남기게 되었다.
③ 아이오와주는 미국의 대선후보 선출 과정에서 코커스의 개정을 요구하는 최초의 주가 되었다.
④ 아이오와주는 미국의 대선후보 선출 과정에서 민주당과 공화당 모두 가장 먼저 코커스를 실시하는 주가 되었다.

※ 다음은 시 · 도별 연령에 따른 인구 비중을 나타낸 그래프이다. 다음 그래프를 보고 이어지는 질문에 답하시오. [30~31]

〈시 · 도별 연령별 인구 비중〉

30 65세 이상 인구 비중이 세 번째로 높은 지역의 64세 이하의 비율은 얼마인가?

① 81%
② 80%
③ 79%
④ 78%

31 다음 자료에 대한 설명 중 옳지 않은 것은?

① 울산의 40세 미만 비율과 대구의 40세 이상 64세 이하 비율 차이는 7.7%p이다.
② 인천 지역의 총 인구가 300만 명일 때, 65세 이상 인구는 33.4만 명이다.
③ 40세 미만의 비율이 높은 다섯 지역 순서는 '세종 – 대전 – 광주 – 경기 – 울산'이다.
④ 조사 지역의 인구가 모두 같을 경우 40세 이상 64세 이하 인구가 두 번째로 많은 지역은 대구이다.

다음은 자영업자들이 일을 그만두려는 이유에 대한 설문조사 자료이다. ⊙에 들어갈 수치로 적절한 것은?(단, 각 수치는 항목별 일정한 규칙으로 변화한다)

〈연도별 자영업자들이 일을 그만두려는 이유〉

(단위: %)

구분	더 나은 업종으로의 전환	보다 적성에 맞는 다른 일을 위해	임금근로로 취업을 위해	전망이 없거나, 사업부진	개인적인 사유	기타
2017년	14.9	6.7	4.8	44.9	24.3	4.4
2018년	10.5	⊙	3.6	47.3	23.9	6.5
2019년	14.4	7.1	2.3	48.5	26.6	1.1
2020년	14.1	6.3	4.8	38.3	35.8	0.7
2021년	8.3	7.5	6.0	38.5	34.5	5.2
2022년	8.2	6.7	5.6	41.8	31.4	6.3
2023년	12.0	7.9	9.0	51.6	16.0	3.5

① 5.9 ② 6.1

③ 6.4 ④ 6.9

33 다음은 G공단에서 근무 중인 B사원이 고용·산재보험 미가입 사업장 찾기 캠페인 포스터 제작과 관련하여 회의 내용을 메모한 것이다. B사원의 메모 내용을 통해 확인할 수 없는 것은?

- 국민이면 누구나 캠페인 참여 가능
- 고용·산재보험 집중홍보기간 운영에 따른 사회보험 대국민 인식확장 및 공익신고 활성화를 위해 추진
- 경품은 캠페인 기간 중 고용·산재보험 미가입 사업장 신고 참여자를 무작위로 추첨
- 2024년 6월 20일(목) 전후에 경품 추첨 예정
- 공단 홈페이지, 모바일 웹을 통해 고용·산재보험 가입 여부 확인 가능
- 고용·산재보험 미가입 신고센터 배너 클릭 후, 미가입된 사업장 입력·신고하면 경품 응모 가능
- 경품은 신고인 휴대전화번호로 쿠폰 전송

① 캠페인 기간 ② 캠페인 실시 목적

③ 경품 응모 방법 ④ 경품 추첨 대상자

34 다음 밑줄 친 현상에 대한 문제점 또는 해결방안으로 적절하지 않은 것은?

> 농가가 급감하고 있는 가운데 고령화 농업인의 비율은 10년 전보다 10% 이상 늘어나는 등 고령화
> 가 급속도로 진행되고 있다. 이런 농촌의 고령화 진행 속도로 보아 2020년에는 45.2%로, 2030년
> 에는 52.5%로 증가할 전망이다. 이 같은 현상이 지속될 경우 점차 소수의 고령화 농가만이 농사를
> 짓는 상황이 벌어지게 될 것이다.

① 사회 복지 비용이 증가한다.
② 대한민국의 식량 주권을 잃게 될 수 있다.
③ 농업 농촌의 6차 산업화 지원정책을 확대한다.
④ 시니어 산업을 축소해야 한다.

35 다음은 '할랄 식품'과 관련한 자료이다. 자료를 토대로 이슬람 친구에게 추천할 수 있는 식품을
바르게 고른 것은?

> ■ 할랄 식품(Halal Food)이란?
> • 이슬람 율법은 식품 섭취에 대한 여러 가지 제한을 두고 있는데, 여기에 해당하지 않는 식품을
>   '할랄 식품(Halal Food)'이라 한다.
> • 육류의 경우 양·소·닭 등은 허용되지만, 대신 이슬람식 방법에 따라 도축된 것만을 인정한다(과
>   자, 빵, 주스 등 가공식품은 돼지고기나 알코올 성분이 없어야 한다).
>
> ■ 하람(Haram)이란?
> • 아랍어로 종교적·도덕적·윤리적 금기사항을 의미하며, 「코란」과 순나(Sunnah)에 구체적인 행
>   위가 언급되어 있다.
> • 돼지고기 및 이와 관련한 음식, 피와 관련한 부산물, 파충류 및 곤충, 허용된 육류이지만 이슬람식
>   방법에 따라 도살하지 않은 육류, 다른 신의 이름으로 도살한 육류, 죽은 동물, 알코올 성분이 있
>   어 사람들을 취하게 만드는 것은 금지한다.

① 염소, 뱀, 조개   ② 복숭아, 잡곡밥, 고등어
③ 칠면조, 번데기, 우유   ④ 조기, 막걸리, 김치

36 주어진 전개도로 입체도형을 만들었을 때, 다음 중 만들어질 수 있는 것은?

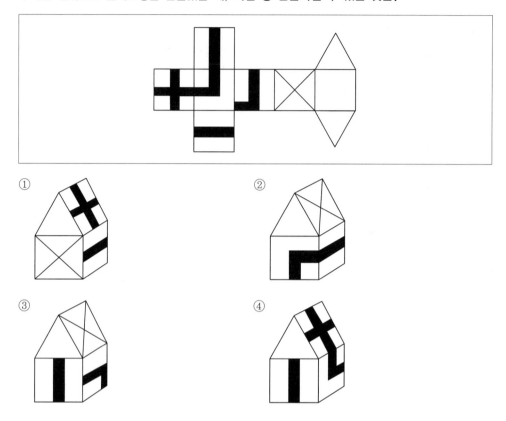

37 주어진 전개도로 입체도형을 만들었을 때, 다음 중 만들어질 수 없는 것은?

38 ① 　②

③ 　④

39 ① 　②

③ 　④

40 다음 중 띄어쓰기가 적절한 것은?

① 이 가방은 저희 매장에 <u>하나 밖에</u> 남지 않은 마지막 상품입니다.

② 이번 휴가에는 올해 <u>열살이</u> 된 조카와 놀이공원에 가려고 한다.

③ 실제로 본 백두산의 모습은 사진에서 <u>본 바와</u> 같이 아름다웠다.

④ 화가 머리끝까지 차오른 주인은 손님을 <u>쫓아내버렸다.</u>

41 다음 빈칸에 들어갈 단어의 표기로 적절한 것은?

- 성준이는 수업 시간에 ㉠<u>딴생각 / 딴 생각</u>을 많이 하는 편이다.
- 그는 내가 ㉡<u>사사받은 / 사사한</u> 교수님이다.
- 궂은 날씨로 인해 기대했던 약속이 ㉢<u>파토 / 파투</u> 났다.

	㉠	㉡	㉢
①	딴생각	사사받은	파토
②	딴생각	사사한	파투
③	딴 생각	사사받은	파토
④	딴 생각	사사받은	파투

42 다음 밑줄 친 단어의 쓰임이 적절한 것은?

① 김 팀장님, 여기 서류에 <u>결제</u> 부탁드립니다.

② 한국 남자 수영팀이 10년 만에 한국 신기록을 <u>갱신</u>했다.

③ 일제강점기 독립운동가들은 일제 경찰에게 갖은 <u>곤혹</u>을 당했다.

④ 그녀는 솔직하고 <u>담백하게</u> 자신의 마음을 표현했다.

43 다음 글에서 〈보기〉가 들어갈 가장 적절한 곳은?

한국의 전통문화는 근대화의 과정에서 보존되어야 하는가, 아니면 급격한 사회 변동에 따라 해체되어야 하는가? 한국 사회 변동 과정에서 외래문화는 전통문화에 흡수되어 토착화되는가, 아니면 전통문화 자체를 전혀 다른 것으로 변질시키는가? 이러한 질문에 대해서 오늘 한국 사회는 진보주의와 보수주의로 나뉘어 뜨거운 논란을 빚고 있다. _____ ㉠ _____ 그러나 전통의 유지와 변화에 대한 견해 차이는 단순하게 진보주의와 보수주의로 나눌 성질의 것이 아니다. 한국 사회는 한 세기 이상의 근대화 과정을 거쳐 왔으며 앞으로도 광범하고 심대한 사회 구조의 변동을 가져올 것이다. _____ ㉡ _____ 이런 변동 때문에 보수주의적 성향을 가진 사람들도 전통문화의 변질을 어느 정도 수긍하지 않을 수 없고, 진보주의 성향을 가진 사람 또한 문화적 전통의 가치를 인정하지 않을 수 없다. _____ ㉢ _____ 근대화는 전통문화의 계승과 끊임없는 변화를 다 같이 필요로 하며 외래문화의 수용과 토착화를 동시에 요구하기 때문이다. _____ ㉣ _____ 근대화에 따르는 사회 구조적 변동이 문화를 결정짓기 때문에 전통문화의 변화 문제는 특수성이나 양자택일이라는 기준으로 다룰 것이 아니라 끊임없는 사회 구조의 변화라는 시각에서 바라보고 분석하는 것이 중요하다.

> **보기**
>
> 또한 이 논란은 단순히 외래문화나 전통문화 중 양자택일을 해야 하는 문제도 아니다.

① ㉠

② ㉡

③ ㉢

④ ㉣

44 왼쪽에 제시된 직육면체 모양의 입체도형은 두 번째, 세 번째 입체도형과 ?를 조합하여 만들 수 있다. 다음 중 ?에 들어갈 도형으로 가장 적절한 것은?

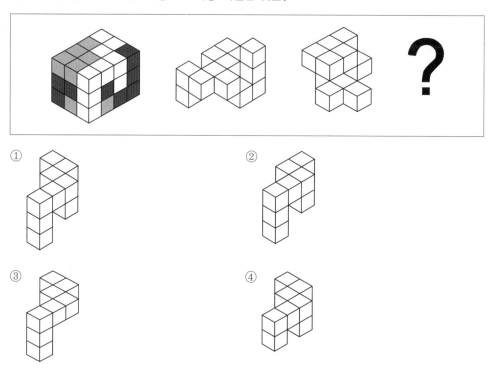

① ② ③ ④

45 다음 두 블록을 합쳤을 때, 나올 수 있는 형태는?

① ② ③ ④

☑ 응시시간 : 50분   ☑ 문항 수 : 45문항

정답 및 해설 p.043

01 다음 밑줄 친 단어와 유사한 의미를 가진 것은?

> 최악의 경우를 <u>생각</u>하고, 이에 대해 철저한 준비를 해야 한다.

① 예정   ② 사색
③ 고찰   ④ 상정

PART 3

02 다음 제시된 단어와 반대되는 의미를 가진 것은?

> 가열하다

① 감시하다   ② 가득하다
③ 냉각하다   ④ 냉철하다

03 다음 중 주어진 사실로부터 추론할 수 있는 것은?

> • 현수는 주현이보다 일찍 일어난다.
> • 주현이는 수현이보다 늦게 일어난다.

① 현수가 가장 먼저 일어난다.
② 수현이가 가장 먼저 일어난다.
③ 주현이가 가장 늦게 일어난다.
④ 수현이는 현수보다 먼저 일어난다.

04 자동차 회사에 다니는 A, B, C 세 명은 각각 대전지점, 강릉지점, 군산지점으로 출장을 다녀왔다. A, B, C의 출장지는 서로 다르며 세 명 중 한 명만 참을 말할 때, 다음 중 세 명이 다녀온 출장지를 순서대로 나열한 것은?

- A : 나는 대전지점에 가지 않았다.
- B : 나는 강릉지점에 가지 않았다.
- C : 나는 대전지점에 갔다.

	대전지점	강릉지점	군산지점
①	A	B	C
②	A	C	B
③	B	A	C
④	B	C	A

※ 다음은 물류 창고에서 제품을 보관할 때 사용하는 상품 코드번호 부여 방식이다. 이를 보고 이어지는 질문에 답하시오. **[5~6]**

[예시] 상품 코드

2023년 2월에 경상북도 제2공장에서 20번째로 생산된 거실가구 TV거실장 코드

2302	–	5L	–	02009	–	00020
[생산연월]		[생산 공장]		[제품 종류]		[생산 순서]

생산연월	생산 공장			제품 종류				생산 순서
	지역 코드		고유 번호	분류 코드		고유 번호		
	1	경기도	A 제1공장	01	침실 가구	001	침대	
			B 제2공장			002	매트리스	
			C 제3공장			003	장롱	
	2	강원도	D 제1공장			004	화장대	
			E 제2공장			005	거울	
	3	충청북도	F 제1공장			006	서랍장	
• 2305			G 제2공장	02	거실 가구	007	소파	• 00001부터 시작하여 생산 순서대로 5자리 의 번호가 매겨짐
– 2023년 5월			H 제3공장			008	테이블	
• 2212	4	충청남도	I 제1공장			009	TV거실장	
– 2022년 12월			J 제2공장			010	장식장	
• 2201	5	경상북도	K 제1공장	03	서재· 사무용 가구	011	책상	• 생산연월에 따라 번호 가 갱신됨
– 2022년 1월			L 제2공장			012	책장	
	6	경상남도	M 제1공장			013	책꽂이	
			N 제2공장			014	의자	
			O 제3공장	04	수납 가구	015	행거	
	7	전라북도	P 제1공장			016	수납장	
			Q 제2공장			017	선반	
			R 제3공장			018	공간박스	
	8	전라남도	S 제1공장			019	코너장	
			T 제2공장			020	소품수납함	

---

05 다음 중 2023년에 경상남도 제1공장에서 생산된 화장대의 상품 코드번호로 옳은 것은?

① 23068T0401900050　　② 23015L0100514789

③ 23012E0200800004　　④ 23016M0100401020

06 다음 중 생산연월과 제품 종류가 동일한 상품 코드번호로 짝지어진 것은?

① 23063G0200700123 – 23063F0200700258

② 22081C0301200025 – 22087Q0301102421

③ 22126O0100101002 – 22123H0301400274

④ 23015K0301301111 – 23016M0100401020

※ 다음 〈조건〉을 보고 주어진 식을 계산하시오. **[7~8]**

조건

$$a \blacksquare b = (a+b-6) \times (3a-2b+2) - a \times b$$
$$a \diamondsuit b = (4a-b-8) \div (a+2b-5)$$

07

$42 \diamondsuit 7$

① 3   ② 5

③ 7   ④ 9

08

$[(17 \diamondsuit 4)+(16 \blacksquare 13)] \div 4$

① 67.8   ② 68.7

③ 86.7   ④ 87.6

※ 다음 중 제시문의 내용으로 적절하지 않은 것을 고르시오. [9~10]

09

> 최근 민간부문에 이어 공공부문의 인사관리 분야에 '역량(Competency)'의 개념이 핵심 주제로 등장하고 있다. '역량'이라는 개념은 1973년 사회심리학자인 맥클랜드에 의하여 '전통적 학업 적성 검사 혹은 성취도 검사의 문제점 지적'이라는 연구에서 본격적으로 논의된 이후 다양하게 정의되어 왔으나, 여기서 역량의 개념은 직무에서 탁월한 성과를 나타내는 고성과자(High Performer)에게서 일관되게 관찰되는 행동적 특성을 의미한다. 즉 지식, 기술, 태도 등 내적 특성들이 상호작용하여 높은 성과로 이어지는 행동적 특성을 말한다. 따라서 역량은 관찰과 측정할 수 있는 구체적인 행위의 관점에서 설명된다. 조직이 필요로 하는 역량 모델이 개발된다면 이는 채용이나 선발, 경력 관리, 평가와 보상, 교육훈련 등 다양한 인사관리 분야에 적용될 수 있다.

① 역량의 개념 정의는 역사적으로 다양하였다.
② 역량은 개인의 내재적 특성을 포함하는 개념이다.
③ 역량은 직무에서 높은 성과로 이어지는 행동적 특성을 말한다.
④ 역량 모델은 공공부문보다 민간부문에서 더욱 효과적으로 작용한다.

10

> 현재의 특허법에서는 생명체나 생명체의 일부분이라도 그것이 인위적으로 분리·확인된 것이라면 발명으로 간주하고 있다. 따라서 유전자도 자연으로부터 분리·정제되어 이용 가능한 상태가 된다면 화학 물질이나 미생물과 마찬가지로 특허의 대상으로 인정된다. 그러나 유전자 특허 반대론자들은 생명체 진화 과정에서 형성된 유전자를 분리하고 그 기능을 확인했다는 이유만으로 독점적 소유권을 인정하는 일은 마치 한마을에서 수십 년 동안 함께 사용해 온 우물물의 독특한 성분을 확인했다는 이유로 특정한 개인에게 독점권을 준다는 논리만큼 부당하다고 주장한다.

① 현재의 특허법은 자연 자체에 대해서도 소유권을 인정한다.
② 유전자 특허 반대론자는 비유를 이용하여 주장을 펼치고 있다.
③ 유전자 특허 반대론자에 따르면 유전자는 특허의 대상이 아니다.
④ 현재의 특허법은 대상보다는 특허권 신청자의 인위적 행위 결과에 중점을 둔다.

11 다음 문장을 논리적 순서대로 바르게 나열한 것은?

> (가) '빅뱅 이전에 아무 일도 없었다.'는 말을 달리 해석하는 방법도 있다. 그것은 바로 빅뱅 이전에 는 시간도 없었다고 해석하는 것이다. 그 경우 '빅뱅 이전'이라는 개념 자체가 성립하지 않으므 로 그 이전에 아무 일도 없었던 것은 당연하다. 그렇게 해석한다면 빅뱅이 일어난 이유도 설명 할 수 있게 된다. 즉 빅뱅은 '0년'을 나타내는 것이다. 시간의 시작은 빅뱅의 시작으로 정의되 기 때문에 우주가 그 이전이든 이후든 왜 탄생했느냐고 묻는 것은 이치에 닿지 않는다.
>
> (나) 단지 지금 설명할 수 없다는 뜻이 아니라 설명 자체가 있을 수 없다는 뜻이다. 어떻게 설명이 가능하겠는가? 수도관이 터진 이유는 그전에 닥쳐온 추위로 설명할 수 있다. 공룡이 멸종한 이유는 그 전에 지구와 운석이 충돌했을 가능성으로 설명하면 된다. 바꿔 말해서, 우리는 한 사건을 설명하기 위해 그 사건 이전에 일어났던 사건에서 원인을 찾는다. 그러나 빅뱅의 경우 에는 그 이전에 아무것도 없었으므로 어떠한 설명도 찾을 수 없는 것이다.
>
> (다) 그런데 이런 식으로 사고하려면, 아무 일도 일어나지 않고 시간만 존재하는 것을 상상할 수 있어야 한다. 그것은 곧 시간을 일종의 그릇처럼 상상하고 그 그릇 안에 담긴 것과 무관하게 여긴다는 뜻이다. 시간을 이렇게 본다면 변화는 일어날 수 없다. 여기서 변화는 시간의 경과가 아니라 사물의 변화를 가리킨다. 이런 전제하에서 우리가 마주하는 문제는 이것이다. 어떤 변화가 생겨나기도 전에 영겁의 시간이 있었다면, 왜 우주가 탄생하게 되었는지를 설명할 수 없다.
>
> (라) 우주론자들에 따르면 우주는 빅뱅으로부터 시작되었다고 한다. 빅뱅이란 엄청난 에너지를 가 진 아주 작은 우주가 폭발하듯 갑자기 생겨난 사건을 말한다. 그게 사실이라면 빅뱅 이전에는 무엇이 있었느냐는 질문이 나오는 게 당연하다. 아마 아무것도 없었을 것이다. 하지만 빅뱅 이 전에 아무것도 없었다는 말은 무슨 뜻일까? 영겁의 시간 동안 단지 진공이었다는 뜻이다. 움직 이는 것도, 변화하는 것도 없었다는 것이다.

① (가) – (나) – (다) – (라) ② (가) – (다) – (나) – (라)
③ (라) – (가) – (나) – (다) ④ (라) – (다) – (나) – (가)

12 상걸이는 B할인 매장에서 근무하고 있다. 오늘 하루 해당 매장에서 특가 이벤트 행사를 열기로 했는데, 할인율에 따라 함께 판매할 수 있는 품목의 종류가 다르다. 아래의 〈조건〉에 따라 물건을 판매하려고 할 때 빈칸에 알맞은 명제는?

> **조건**
> 의류를 판매하면 핸드백을 판매할 수 없다.
> 핸드백을 판매하면 구두를 판매할 수 없다.
> 의류를 판매하지 않으면 모자를 판매할 수 있다.
> 모자를 판매하면 구두를 판매할 수 없다.
> _____ 의류를 판매할 수 있다.

① 구두를 판매하지 않으면
② 구두를 판매하면
③ 모자를 판매하면
④ 핸드백을 판매하지 않으면

13

| 1 | 3 | 4 | 7 | 9 | 10 | 13 | 15 | 16 | ( ) |

① 11
③ 19

② 14
④ 22

14

| 17 | 2 | 14 | 29 | 4 | 7 | 5 | 2 | 23 | 8 | 1 | ( ) |

① 15
③ 17

② 16
④ 18

15

| ㄴ | ㄷ | ㅁ | ㅇ | ㅌ | ㄷ | ( ) |

① ㅂ
③ ㅇ

② ㅅ
④ ㅈ

16 독서실 총무인 소연이는 독서실의 시계가 4시간마다 6분씩 늦어진다는 것을 확인하여 오전 8시 정각에 시계를 맞춰 놓았다. 다음 날 아침 오전 9시 30분까지 서울역에 가야하는 소연이는 오전 8시에 독서실을 나서야 하는데, 그때 독서실 시계가 가리키고 있는 시간은?

① 오전 7시 21분　　　　　　　② 오전 7시 24분

③ 오전 7시 27분　　　　　　　④ 오전 7시 30분

17 서로 맞물려 도는 두 톱니바퀴 A, B에 대하여 A의 톱니는 48개, B의 톱니는 64개이다. 두 톱니바퀴가 회전하기 시작하여 처음 시작한 부분의 톱니에서 다시 맞물릴 때까지 톱니바퀴 B의 회전수는?

① 1회　　　　　　　② 2회

③ 3회　　　　　　　④ 4회

18 농도 4%의 설탕물 400g이 들어있는 컵을 방에 두고 자고 일어나서 보니 물이 증발하여 농도가 8%가 되었다. 이때, 남아 있는 물의 양은?

① 100g　　　　　　　② 200g

③ 300g　　　　　　　④ 400g

19

사전적 정의에 의하면 재즈는 20세기 초반 미국 뉴올리언스의 흑인 문화 속에서 발아한 후 미국을 대표하는 음악 스타일이자 문화가 된 음악 장르이다. 서아프리카의 흑인 민속음악이 18세기 후반과 19세기 초반의 대중적이고 가벼운 유럽의 클래식 음악과 만나서 탄생한 것이 재즈이다. 그러나 이 정도의 정의로 재즈의 전모를 밝히기에는 역부족이다. 이미 재즈가 미국을 넘어 전 세계에서 즐겨 연주되고 있으며 그 기법 역시 트레이드 마크였던 스윙(Swing)에서 많이 벗어났기 때문이다.

한편 재즈 역사가들은 재즈를 음악을 넘어선 하나의 이상이라고 이야기한다. 그 이상이란 삶 속에서 우러나온 경험과 감정을 담고자 하는 인간의 열정적인 마음이다. 여기에서 영감을 얻은 재즈 작곡가나 연주자는 즉자적으로 곡을 작곡하고 연주해 왔으며, 그러한 그들의 의지가 바로 다사다난한 인생을 관통하여 재즈에 담겨 있다. 초기의 재즈가 미국 흑인들의 한과 고통을 담아낸 흔적이자 역사 그 자체인 점이 이를 증명한다.

억압된 자유를 되찾으려는 그들의 저항 의식은 아름답게 정제된 기존의 클래식 음악의 틀 안에서는 온전하게 표출될 수 없었다. 불규칙적으로 전개되는 과감한 불협화음, 줄곧 어긋나는 듯한 리듬, 정제되지 않은 멜로디, 이들의 총합으로 유발되는 긴장감과 카타르시스……. 당시 재즈 사운드는 충격 그 자체였다. 그렇지만 현 시점에서 이러한 기법과 형식을 담은 장르는 넘쳐날 정도로 많아졌고, 클래식 역시 아방가르드(Avantgarde)라는 새로운 영역을 개척한 지 오래이다. 그러므로 앞에서 언급한 스타일과 이를 가능하게 했던 이상은 더 이상 재즈만의 전유물이라 할 수 없다.

켄 번스(Ken Burns)의 영화 '재즈(Jazz)'에서 윈턴 마살리스(Wynton Marsalis)는 "재즈의 진정한 힘은 사람들이 모여서 즉흥적인 예술을 만들고 자신들의 예술적 주장을 타협해 나가는 것에서 나온다. 이러한 과정 자체가 곧 재즈라는 예술 행위이다."라고 말한다. 그렇다면 우리의 일상은 곧 재즈 연주와 견줄 수 있다. 출생과 동시에 우리는 다른 사람들과 관계를 맺으며 살아간다. 물론 자신과 타인은 호불호나 삶의 가치관이 제각각일 수밖에 없다. 따라서 자신과 타인의 차이가 옳고 그름의 차원이 아닌 '다름'이라는 것을 알아가는 것, 그리고 그러한 차이를 인정하고 그 속에서 서로 이해하고 배려하려는 노력이 필요하다. 이렇듯 자신과 다른 사람과 함께 '공통의 행복'이라는 것을 만들어간다면 우리 역시 바로 '재즈'라는 위대한 예술을 구현하고 있는 것이다.

① 재즈의 기원과 본질
② 재즈와 클래식의 차이
③ 재즈의 장르적 우월성
④ 재즈와 인생의 유사성과 차이점

딸기에는 비타민 C가 귤의 1.6배, 레몬의 2배, 키위의 2.6배, 사과의 10배 정도 함유되어 있어 딸기 5 ~ 6개를 먹으면 하루에 필요한 비타민 C를 전부 섭취할 수 있다. 비타민 C는 신진대사 활성화에 도움을 줘 원기를 회복하고 체력을 증진시키며, 멜라닌 색소가 축적되는 것을 막아 기미, 주근깨를 예방해준다. 멜라닌 색소가 많을수록 피부색이 검어지므로 미백 효과도 있는 셈이다. 또한 비타민 C는 피부 저항력을 높여줘 알레르기성 피부나 홍조가 짙은 피부에도 좋다. 비타민 C가 내는 신맛은 식욕 증진 효과와 스트레스 해소 효과가 있다.

한편, 딸기에 비타민 C만큼 풍부하게 함유된 성분이 항산화 물질인데, 이는 암세포 증식을 억제하는 동시에 콜레스테롤 수치를 낮춰주는 기능을 한다. 그래서 심혈관계 질환, 동맥경화 등에 좋고 눈의 피로를 덜어주며 시각기능을 개선해 주는 효과도 있다.

딸기는 식물성 섬유질 함량도 높은 과일이다. 섬유질 성분은 콜레스테롤을 낮추고, 혈액을 깨끗하게 만들어준다. 뿐만 아니라 소화 기능을 촉진하고 장운동을 활발히 해 변비를 예방한다. 딸기 속 철분은 빈혈 예방 효과가 있어 혈색이 좋아지게 한다. 더불어 모공을 축소시켜 피부 탄력도 증진시킨다. 딸기와 같은 붉은 과일에는 라이코펜이라는 성분이 들어있는데, 이 성분은 면역력을 높이고 혈관을 튼튼하게 해 노화 방지 효과를 낸다. 이처럼 딸기는 건강에 무척 좋지만 당도가 높으므로 하루에 5~10개 정도만 먹는 것이 적당하다. 물론 달달한 맛에 비해 칼로리는 100g당 27kcal로 높지 않아 다이어트 식품으로 선호도가 높다.

① 딸기 속 비타민 C를 찾아라

② 비타민 C의 신맛의 비밀

③ 제철과일, 딸기 맛있게 먹는 법

④ 다양한 효능을 가진 딸기

21

①

②

③

④

22

①

②

③

④

23

소독이란 물체의 표면 및 그 내부에 있는 병원균을 죽여 전파력 또는 감염력을 없애는 것이다. 이때, 소독의 가장 안전한 형태로는 멸균이 있다. 멸균이란 대상으로 하는 물체의 표면 또는 그 내부에 분포하는 모든 세균을 완전히 죽여 무균의 상태로 만드는 조작으로, 살아있는 세포뿐만 아니라 포자, 박테리아, 바이러스 등을 완전히 파괴하거나 제거하는 것이다.

물리적 멸균법은 열, 햇빛, 자외선, 초단파 따위를 이용하여 균을 죽여 없애는 방법이다. 열(Heat)에 의한 멸균에는 건열 방식과 습열 방식이 있는데, 건열 방식은 소각과 건식 오븐을 사용하여 멸균하는 방식이다. 건열 방식이 활용되는 예로는 미생물 실험실에서 사용하는 많은 종류의 기구를 물없이 멸균하는 것이 있다. 이는 습열 방식을 활용했을 때 유리를 포함하는 기구가 파손되거나 금속 재질로 이루어진 기구가 습기에 의해 부식할 가능성을 보완한 방법이다. 그러나 건열 멸균법은 습열 방식에 비해 멸균 속도가 느리고 효율이 떨어지며, 열에 약한 플라스틱이나 고무 제품은 대상물의 변성이 이루어져 사용할 수 없다. 예를 들어 많은 세균의 내생포자는 습열 멸균 온도 조건(121℃)에서는 5분 이내에 사멸되나, 건열 멸균법을 활용할 경우 이보다 더 높은 온도(160℃)에서도 약 2시간 정도가 지나야 사멸되는 양상을 나타낸다. 반면 습열 방식은 바이러스, 세균, 진균 등의 미생물들을 손쉽게 사멸시킨다. 습열은 효소 및 구조단백질 등의 필수 단백질의 변성을 유발하고, 핵산을 분해하며 세포막을 파괴하여 미생물을 사멸시킨다. 끓는 물에 약 10분간 노출하면 대개의 영양세포나 진핵포자를 충분히 죽일 수 있으나, 100℃의 끓는 물에서는 세균의 내생포자를 사멸시키지는 못한다. 따라서 물을 끓여서 하는 열처리는 _____ 멸균을 시키기 위해서는 100℃가 넘는 온도(일반적으로 121℃)에서 압력(약 1.1kg/cm^2)을 가해 주는 고압증기멸균기를 이용한다. 고압증기멸균기는 물을 끓여 증기를 발생시키고 발생한 증기와 압력에 의해 멸균을 시키는 장치이다. 고압증기멸균기 내부가 적정 온도와 압력(121℃, 약 1.1kg/cm^2)에 이를 때까지 뜨거운 포화 증기를 계속 유입시킨다. 해당 온도에서 포화 증기는 15분 이내에 모든 영양세포와 내생포자를 사멸시킨다. 고압증기멸균기에 의해 사멸되는 미생물은 고압에 의해서라기보다는 고압에서 수증기가 얻을 수 있는 높은 온도에 의해 사멸되는 것이다.

① 더 많은 세균을 사멸시킬 수 있다.

② 멸균 과정에서 더 많은 비용이 소요된다.

③ 멸균 과정에서 더 많은 시간이 소요된다.

④ 소독을 시킬 수는 있으나, 멸균을 시킬 수는 없다.

24

서울의 청계광장에는 「스프링(Spring)」이라는 다슬기 형상의 대형 조형물이 설치되어 있다. 이것을 기획한 올덴버그는 공공장소에 작품을 설치하여 대중과 미술의 소통을 끌어내려 했다. 이와 같이 대중과 미술의 소통을 위해 공공장소에 설치된 미술 작품 또는 공공영역에서 이루어지는 예술 행위 및 활동을 공공미술이라 한다.

1960년대 후반부터 1980년까지의 공공미술은 대중과 미술의 소통을 위해 작품이 설치되는 장소를 점차 확장하는 쪽으로 전개되었기 때문에 장소 중심의 공공미술이라 할 수 있다. 초기의 공공미술은 이전까지는 미술관에만 전시되던 작품을 사람들이 자주 드나드는 공공건물에 설치하기 시작했다. 하지만 이렇게 공공건물에 설치된 작품들은 건물의 장식으로 인식되어 대중과의 소통에 한계가 있었기 때문에, 작품이 설치되는 공간은 공원이나 광장 같은 공공장소로 확장되었다. 그러나 공공장소에 놓이게 된 작품들이 주변 공간과 어울리지 않거나, 미술가의 미학적 입장이 대중에게 수용되지 못하는 일들이 벌어졌다. 이는 소통에 대한 미술가의 반성으로 이어졌고, 시간이 지남에 따라 공공미술은 점차 주변의 삶과 조화를 이루는 방향으로 발전하였다.

1990년대 이후의 공공미술은 참된 소통이 무엇인가에 대해 진지하게 성찰하며, 대중을 작품 창작 과정에 참여시키는 쪽으로 전개되었기 때문에 참여 중심의 공공미술이라 할 수 있다. 이때의 공공미술은 대중들이 작품 제작에 직접 참여하게 하거나, 작품을 보고 만지며 체험하는 활동 속에서 작품의 의미를 완성할 수 있도록 하여 미술가와 대중, 작품과 대중 사이의 소통을 강화하였다. 장소 중심의 공공미술이 이미 완성된 작품을 어디에 놓느냐에 주목하던 '결과 중심'의 수동적 미술이라면, '과정 중심'의 능동적 미술이라고 볼 수 있다.

그런데 공공미술에서는 대중과의 소통을 위해 누구나 쉽게 다가가 감상할 수 있는 작품을 만들어야 하므로, 미술가는 자신의 미학적 입장을 어느 정도 포기해야 한다고 우려할 수도 있다. 그러나 이러한 우려는 대중의 미적 감상 능력을 무시하는 편협한 시각이다. 왜냐하면 추상적이고 난해한 작품이라도 대중과의 소통의 가능성은 늘 존재하기 때문이다. 따라서 _____ 공공미술가는 예술의 자율성과 소통의 가능성을 높이기 위해 대중의 예술적 감성이 어떠한지, 대중이 어떠한 작품을 기대하는지 면밀히 분석하여 작품을 창작해야 한다.

① 공공미술은 대중과의 소통에 한계가 있으므로 대립되기 마련이다.

② 공공영역에서 이루어지는 예술은 대중과의 소통을 위한 작품이기 때문에 수동적 미술이어야 한다.

③ 공공미술에서 예술의 자율성은 소통의 가능성과 대립하지 않는다.

④ 공공미술은 예술의 자율성이 보장되어야 하므로, 대중의 뜻이 미술작품에 반드시 반영되어야 한다.

25 다음 중 빈칸에 들어갈 접속어로 가장 적절한 것은?

우리나라는 빠른 속도로 증가하는 치매의 사회경제적 부담에 대응하기 위하여 선제적으로 치매 환자와 가족을 위한 정책 비전을 제시하고, 치매국가책임제 발표를 통해 관련한 세부 과제들을 더욱 구체화함으로써 큰 틀에서의 방향성은 확고히 마련되었다고 볼 수 있다. 하지만 이렇게 마련된 정책이 국민에게 맞춤형으로 적절히 제공되기 위해서는 수립된 계획을 적극적으로 추진해 나갈 수 있도록 재정확보, 전문 인력 양성, 국민의 인식제고 등의 노력이 함께 뒷받침되어야 한다.

이번에 제시된 치매국가책임제의 내용은 제3차 국가치매관리종합계획에서 제시한 치매 환자를 위한 보건복지 관련 정책 및 제도적 추진 방향을 보다 구체화하고 확대하였다는 점에서 큰 의의가 있다. 그럼에도 불구하고 치매안심센터가 지역 내 치매 환자를 위한 종합적인 정보제공, 상담 등의 역할을 충실히 담당해나갈 수 있도록 기능을 명확히 하고 관계자들의 전문성 확보, 효과적인 기관 설립 및 운영이 가능할 수 있도록 정부 차원의 적극적인 지원이 필요할 것으로 사료된다. _____ 치매 환자를 위한 장기요양서비스를 확충함에 있어서도 인프라 확충과 함께 관련 직종의 관계자가 치매케어를 보다 전문적으로 수행할 수 있도록 치매 증상에 맞춘 서비스 제공 기술 고도화 등의 노력이 전제되어야 할 것이며, 의료서비스 기관의 확충 역시 충분히 그 역할을 담당해 나갈 수 있도록 정책적 지원이 수반되어야 한다.

치매 환자 및 가족을 위한 관련 정책을 신속히 안착시키기 위해서는 지역주민들이 치매 환자에 대한 부정적 인식을 가지기보다는 일상생활상의 불편함을 함께 극복해 나가는 사회적 분위기가 조성될 수 있도록 국민들의 치매에 대한 관심을 높이고, 홍보를 적극적으로 추진해 나가는 노력이 필요하다. 무엇보다도 치매 질환을 갖고 있다고 해서 시설이나 병원으로 가야할 것이 아니라, 충분히 내 집에서, 우리 동네에서 살아갈 수 있음을 제시해 주는 인식 대전환의 기회들이 적극적으로 제시되어야 할 것이다.

① 그러나   ② 이렇듯
③ 하지만   ④ 또한

26 다음은 OECD 주요 국가별 삶의 만족도 및 관련 지표를 나타낸 표이다. 이에 대한 설명으로 적절하지 않은 것은?

〈OECD 주요 국가별 삶의 만족도 및 관련 지표〉

(단위 : 점, %, 시간)

구분	삶의 만족도	장시간 근로자 비율	여가·개인 돌봄시간
덴마크	7.6	2.1	16.1
아이슬란드	7.5	13.7	14.6
호주	7.4	14.2	14.4
멕시코	7.4	28.8	13.9
미국	7.0	11.4	14.3
영국	6.9	12.3	14.8
프랑스	6.7	8.7	15.3
이탈리아	6.0	5.4	15.0
일본	6.0	22.6	14.9
한국	6.0	28.1	14.9
에스토니아	5.4	3.6	15.1
포르투갈	5.2	9.3	15.0
헝가리	4.9	2.7	15.0

※ 장시간 근로자 비율은 전체 근로자 중 주 50시간 이상 근무한 근로자의 비율임

① 삶의 만족도가 가장 높은 국가는 장시간 근로자 비율이 가장 낮다.
② 한국의 장시간 근로자 비율은 삶의 만족도가 가장 낮은 국가의 장시간 근로자 비율의 10배 이상 이다.
③ 삶의 만족도가 한국보다 낮은 국가들의 장시간 근로자 비율 산술평균은 이탈리아의 장시간 근로자 비율보다 높다.
④ 여가·개인 돌봄시간이 가장 긴 국가와 가장 짧은 국가의 삶의 만족도 차이는 0.3점 이하이다.

27 다음은 우리나라 국민들의 환경오염 방지 기여도에 대한 표이다. 이에 대한 설명으로 가장 적절한 것은?

〈환경오염 방지 기여도〉

(단위 : %)

구분		합계	매우 노력함	약간 노력함	별로 노력하지 않음	전혀 노력하지 않음
성별	남성	100	13.6	43.6	37.8	5.0
	여성	100	23.9	50.1	23.6	2.4
연령	10~19세	100	13.2	41.2	39.4	6.2
	20~29세	100	10.8	39.9	42.9	6.4
	30~39세	100	13.1	46.7	36.0	4.2
	40~49세	100	15.5	52.4	29.4	2.7
	50~59세	100	21.8	50.4	25.3	2.5
	60~69세	100	29.7	46.0	21.6	2.7
	70세 이상	100	31.3	44.8	20.9	3.0
경제활동	취업	100	16.5	47.0	32.7	3.8
	실업 및 비경제활동	100	22.0	46.6	27.7	3.7

① 10세 이상 국민들 중 환경오염 방지를 위해 별로 노력하지 않는 사람 비율의 합이 가장 높다.

② 10세 이상 국민들 중 환경오염 방지를 위해 매우 노력하는 사람의 비율이 가장 높은 연령층은 60~69세이다.

③ 우리나라 국민들 중 환경오염 방지를 위해 전혀 노력하지 않는 사람의 비율이 가장 높은 연령층은 10~19세이다.

④ 매우 노력함과 약간 노력함의 비율 합은 남성보다 여성이, 취업자보다 실업 및 비경제활동자가 더 높다.

※ 다음 표는 2018 ~ 2023년 어느 나라 5개 프로 스포츠 종목의 연간 경기장 수용규모 및 관중수용률을 나타낸 것이다. 이를 보고 이어지는 질문에 답하시오. [28~29]

〈프로 스포츠 종목의 연간 경기장 수용규모 및 관중수용률〉

(단위 : 천 명, %)

구분	연도	2018년	2019년	2020년	2021년	2022년	2023년
야구	수용규모	20,429	20,429	20,429	20,429	19,675	19,450
	관중수용률	30.6	41.7	53.3	56.6	58.0	65.7
축구	수용규모	40,255	40,574	40,574	37,865	36,952	33,320
	관중수용률	21.9	26.7	28.7	29.0	29.4	34.9
농구	수용규모	5,899	6,347	6,354	6,354	6,354	6,653
	관중수용률	65.0	62.8	66.2	65.2	60.9	59.5
핸드볼	수용규모	3,230	2,756	2,756	2,756	2,066	2,732
	관중수용률	26.9	23.5	48.2	43.8	34.1	52.9
배구	수용규모	5,129	5,129	5,089	4,843	4,409	4,598
	관중수용률	16.3	27.3	24.6	30.4	33.4	38.6

28 다음 자료에 대한 설명으로 가장 적절한 것은?

① 농구의 관중수용률은 매년 감소한다.
② 관중수용률은 농구가 야구보다 매년 높다.
③ 관중수용률이 매년 증가한 종목은 3개이다.
④ 2021년 관중 수는 배구가 핸드볼보다 많다.

29 2023년 야구 관중 수와 축구 관중 수를 비교할 때, 어느 종목이 몇 명 더 많은가?(단, 관중수용률은 소수점 첫째 자리에서 반올림한다)

① 축구, 293천 명
② 야구, 614천 명
③ 축구, 887천 명
④ 야구, 1,175천 명

30 다음 글을 읽고 추론한 내용으로 가장 적절한 것은?

사람과 동물처럼 우리 몸을 구성하는 세포도 자의적으로 죽음을 선택하기도 한다. 그렇다면 왜 세포는 죽음을 선택할까? 소위 '진화'의 관점으로 본다면 개별 세포도 살기 위해 발버둥 쳐야 마땅한데 스스로 죽기로 결정한다니 역설적인 이야기처럼 들린다. 세포가 죽음을 선택하는 이유는 자신이 죽는 것이 전체 개체에 유익하기 때문이다. 도대체 '자의적'이란 말을 붙일 수 있는 세포의 죽음은 어떤 것일까?

세포의 '자의적' 죽음이 있다는 말은 '타의적' 죽음도 있다는 말일 것이다. 타의적인 죽음은 네크로시스(Necrosis), 자의적인 죽음은 아포토시스(Apoptosis)라고 부른다. 이 두 죽음은 그 과정과 형태에서 분명한 차이를 보인다. 타의적인 죽음인 네크로시스는 세포가 손상돼 어쩔 수 없이 죽음에 이르는 과정을 말한다. 세포 안팎의 삼투압 차이가 수만 배까지 나면 세포 밖의 물이 세포 안으로 급격하게 유입돼 세포가 터져 죽는다. 마치 풍선에 바람을 계속 불어넣으면 '펑!' 하고 터지듯이 말이다. 이때 세포의 내용물이 쏟아져 나와 염증 반응을 일으킨다. 이러한 네크로시스는 정상적인 발생 과정에서는 나타나지 않고 또한, 유전자의 발현이나 새로운 단백질의 생산도 필요 없다.

반면 자의적인 죽음인 아포토시스는 유전자가 작동해 단백질을 만들어 내면 세포가 스스로 죽기로 결정하고 생체 에너지인 ATP를 적극적으로 소모하면서 죽음에 이르는 과정을 말한다. 네크로시스와는 정반대로 세포는 쪼그라들고, 세포 내의 DNA는 규칙적으로 절단된다. 그 다음 쪼그라들어 단편화된 세포 조각들을 주변의 식세포가 시체 처리하듯 잡아먹는 것으로 과정이 종료된다.

인체 내에서 아포토시스가 일어나는 경우는 크게 두 가지이다. 하나는 발생과 분화의 과정 중에 불필요한 부분을 없애기 위해서 일어난다. 사람은 태아의 손이 발생할 때 몸통에서 주걱 모양으로 손이 먼저 나온 후에 손가락 위치가 아닌 나머지 부분의 세포들이 사멸해서 우리가 보는 일반적인 손 모양을 만든다. 이들은 이미 죽음이 예정돼 있다고 해서 이런 과정을 PCD(Programmed Cell Death)라고 부른다.

다른 하나는 세포가 심각하게 훼손돼 암세포로 변할 가능성이 있을 때 전체 개체를 보호하기 위해 세포는 죽음을 선택한다. 즉 방사선, 화학 약품, 바이러스 감염 등으로 유전자 변형이 일어나면 세포는 이를 감지하고 자신이 암세포로 변해 전체 개체에 피해를 입히기 전에 스스로 죽음을 결정한다. 이때 아포토시스 과정에 문제가 있는 세포는 죽지 못하고 암세포로 변한다. 과학자들은 이와 같은 아포토시스와 암의 관계를 알게 되자 암세포의 죽음을 유발하는 물질을 이용해 항암제를 개발하려는 연구를 진행하고 있다.

흥미로운 것은 외부로부터 침입한 세균 등을 죽이는 역할의 T – 면역 세포(Tk Cell)도 아포토시스를 이용한다는 사실이다. 세균이 몸 안에 침입하면 T – 면역 세포는 세균에 달라붙어서 세균의 세포벽에 구멍을 뚫고 아포토시스를 유발하는 물질을 집어넣는다. 그러면 세균은 원치 않는 죽음을 맞이하게 되는 것이다.

① 손에 난 상처가 회복되는 것은 네크로시스와 관련이 있다.
② 우리 몸이 일정한 형태를 갖추게 된 것은 아포토시스와 관련이 있다.
③ 아포토시스를 이용한 항암제는 세포의 유전자 변형을 막는 역할을 한다.
④ 화학 약품은 네크로시스를 일으켜 암세포로 진행되는 것을 막는 역할을 한다.

31 다음 글의 글쓴이가 〈보기〉의 글쓴이에게 해 줄 수 있는 말로 가장 적절한 것은?

행랑채가 퇴락하여 지탱할 수 없게끔 된 것이 세 칸이었다. … (중략) … 그 중의 두 칸은 앞서 장마에 비가 샌 지 오래되었으나, 나는 그것을 알면서도 이럴까 저럴까 망설이다가 손을 대지 못했던 것이고, 나머지 한 칸은 비를 한 번 맞고 샜던 것이라 서둘러 기와를 갈았던 것이다. 이번에 수리하려고 본즉 비가 샌 지 오래된 것은 그 서까래, 추녀, 기둥, 들보가 모두 썩어서 못 쓰게 되었던 까닭으로 수리비가 엄청나게 들었고, 한 번밖에 비를 맞지 않았던 한 칸의 재목들은 완전하여 다 쓸 수 있었던 까닭으로 그 비용이 많지 않았다.

나는 이에 느낀 것이 있었다. 사람의 몸에 있어서도 마찬가지라는 사실을. 잘못을 알고서도 바로 고치지 않으면 곧 그 자신이 나쁘게 되는 것이 마치 나무가 썩어서 못쓰게 되는 것과 같으며, 잘못을 알고 고치기를 꺼리지 않으면 해(害)를 받지 않고 다시 착한 사람이 될 수 있으니, 저 집의 재목처럼 말끔하게 다시 쓸 수 있는 것이다. 뿐만 아니라 나라의 정치도 이와 같다. 백성을 좀먹는 무리들을 내버려 두었다가는 백성들이 도탄에 빠지고 나라가 위태롭게 된다. 그런 연후에 급히 바로잡으려 하면 이미 썩어버린 재목처럼 때는 늦은 것이다. 어찌 삼가지 않겠는가.

> **보기**
>
> 임금은 하늘의 뜻을 받드는 존재이다. 그가 정치를 잘 펴서 백성들을 평안하게 하는 것은 하늘의 뜻을 바르게 펴는 증거요, 임금이 정치를 바르게 하지 않는 것 역시 하늘의 뜻이다. 하늘의 뜻은 쉽게 판단할 수 없기 때문이다. 임금이 백성들을 괴롭게 하더라도 그것에 대한 평가는 그가 죽은 뒤에 할 일이다.

① 태평천하(太平天下)인 상황에서도 한가롭게 하늘의 뜻을 생각할 겁니까?
② 가렴주구(苛斂誅求)의 결과 나라가 무너지고 나면 그때는 어떻게 할 겁니까?
③ 과유불급(過猶不及)이라고 하지 않습니까? 무엇이든 적당히 해야 좋은 법입니다.
④ 대기만성(大器晚成)이라고 했습니다. 결과는 나중에 확인하는 것이 바람직합니다.

32 다음 글에서 언급되지 않은 것은?

고전주의 예술관에 따르면 진리는 예술 작품 속에 이미 완성된 형태로 존재한다. 독자는 작가가 담아 놓은 진리를 '원형 그대로' 밝혀내야 하고 작품에 대한 독자의 감상은 언제나 작가의 의도와 일치해야 한다. 결국 고전주의 예술관에서 독자는 작품의 의미를 수동적으로 받아들이는 존재일 뿐이다. 하지만 작품의 의미를 해석하고 작가의 의도를 파악하는 존재는 결국 독자이다. 특히 현대 예술에서는 독자에 따라 작품에 대한 다양한 해석이 가능하다고 여긴다. 바로 여기서 수용미학이 등장한다.

수용미학을 처음으로 제기한 사람은 야우스이다. 그는 "문학사는 작품과 독자 간의 대화의 역사로 쓰여야 한다."라고 주장했다. 이것은 작품의 의미는 작품 속에 갇혀 있는 것이 아니라 독자에 의해 재생산되는 것임을 말한 것이다. 이로부터 문학을 감상할 때 작품과 독자의 관계에서 독자의 능동성이 강조되었다.

야우스에 의해 제기된 독자의 역할을 체계적으로 정리한 사람이 이저이다. 그는 독자의 능동적 역할을 밝히기 위해 '텍스트'와 '작품'을 구별했다. 텍스트는 독자와 만나기 전의 것을, 작품은 독자가 텍스트와의 상호작용을 통해 그 의미가 재생산된 것을 가리킨다. 그런데 이저는 텍스트에는 '빈틈'이 많다고 보았다. 이 빈틈으로 인해 텍스트는 '불명료성'을 가진다. 텍스트에 빈틈이 많다는 것은 부족하다는 의미가 아니라, 독자의 개입에 의해 언제나 새롭게 해석될 수 있다는 것을 의미한다. 텍스트가 작품이 되기 위해서는 독자 스스로 빈틈을 채우는 '구체화 과정'이 필요하다. 가령, 시에 '갈색 커피 잔'이 나온다면, 이 잔은 색깔만 가지고 있을 뿐 크기, 무게, 모양 등은 정해져 있지 않다. 반면 실재적 대상으로서 커피 잔은 무한한 속성을 갖고 있고 그 속성들은 모두 정해져 있다. 결국 텍스트에는 정해지지 않은 부분이 있기 마련이며, 이 빈틈은 독자가 스스로 채워 넣어야 할 부분인 것이다.

여기에서 이저의 독특한 독자관이 나온다. 이저는 텍스트 속에 독자의 역할이 들어 있다고 보았다. 그러나 독자가 어떠한 역할을 수행할지는 정해져 있지 않기 때문에 독자는 텍스트를 읽는 과정에서 텍스트의 내용과 형식에 끊임없이 반응한다. 이러한 상호작용 과정을 통해 독자는 작품을 재생산한다. 텍스트는 다양한 독자에 따라 다른 작품으로 태어날 수 있으며, 같은 독자라도 시간과 장소에 따라 다른 작품으로 생산될 수 있는 것이다. 이처럼 텍스트와 독자의 상호작용을 강조한 이저는 작품의 내재적 미학에서 탈피하여 작품에 대한 다양한 해석의 가능성을 열어주었다.

① 고전주의 예술관이 등장한 배경
② 고전주의 예술관에서 독자의 위상
③ 수용미학에서 작품과 독자의 관계
④ 수용미학과 이전 예술관의 차이점

33 주어진 전개도로 입체도형을 만들었을 때, 다음 중 만들어질 수 있는 것은?

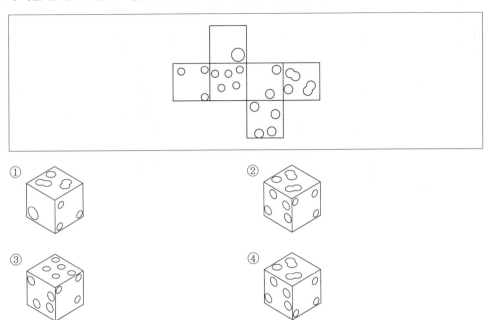

34 주어진 전개도로 입체도형을 만들었을 때, 다음 중 만들어질 수 없는 것은?

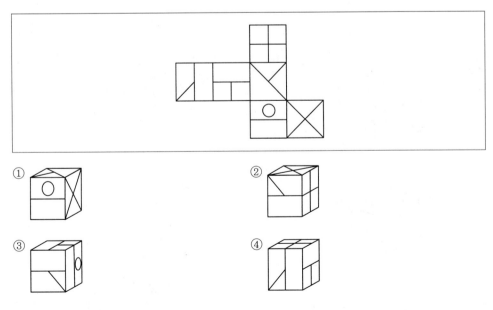

※ 다음 주어진 입체도형 중 나머지와 다른 도형을 고르시오. [35~36]

35

①

②

③

④

36

①

②

③

④

※ 다음 중 밑줄 친 부분과 같은 의미로 쓰인 것을 고르시오. [37~38]

37

> 정부가 고강도의 부동산 대책을 발표하자 일부 매도자와 매수자는 정부가 규제를 풀 때까지 부동산 거래를 하지 않겠다고 이야기했다.

① 내가 이렇게까지 사과했으면 너도 이제 그만 화를 풀 때가 되지 않았니?

② 연장 승부 끝에 우승을 차지한 선수는 마침내 무관의 한을 풀었다.

③ 비트코인은 이용자들이 컴퓨터에서 복잡한 암호를 풀 때 그 대가로 주는 가상화폐이다.

④ 지난 말 일반 소비자들의 LPG 차량 구매 제한을 풀면서 LPG 신차 판매 수요가 빠르게 증가하였다.

38

> 드디어 그동안 열심히 홍보한 효과가 나기 시작했다.

① 이번 사건은 무혐의로 최종 결론이 났다.

② 두 달 뒤에 합격자 발표가 난다.

③ 광산 깊은 곳에서 금이 난다.

④ 우리 학교에서는 유명한 인물이 많이 났다.

39 다음 그림과 같이 화살표 방향으로 종이를 접은 후, 펀치로 구멍을 뚫어 다시 펼쳤을 때의 그림으로 가장 적절한 것은?

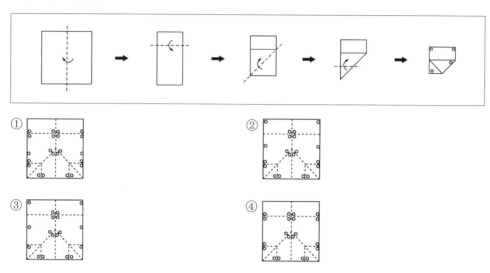

40 다음과 같은 정사각형의 종이를 화살표 방향으로 접고 〈보기〉의 좌표가 가리키는 위치에 구멍을 뚫었다. 다시 펼쳤을 때 뚫린 구멍의 위치를 좌표로 나타낸 것으로 옳은 것은?(단, 좌표가 그려진 사각형의 크기와 종이의 크기는 일치하며, 종이가 접힐 때 종이의 위치는 바뀌지 않는다)

보기

F6

① A2, B2, F1
② A1, A6, F6
③ A1, A6, F1
④ A6, F1, F6

4차 산업이라는 단어와 함께 세상의 관심을 끄는 것 중 하나가 드론이다. 드론이란 다양한 무게와 크기의 무인비행기를 무선전파로 조종하는 무인 비행장치이다. 드론은 배달, 군사, 기상, 농업, 건설 등 여러 분야에서 미래에 중요한 역할을 할 것으로 예측되어 어른 아이 할 것 없이 드론을 배우고자 하는 사람의 수가 급상승하였다. 이에 따라 저렴한 가격의 드론이 출시되어 누구나 드론을 접할 수 있게 되었다.

하지만 쉽게 드론을 구할 수 있다고 해서 덥석 드론을 샀다간 낭패를 볼 수 있다. 우리나라에서는 드론 비행이 규제되고 있기 때문이다. 현재 국내 항공안전법상 드론 비행이 제한되는 지역은 행사장 등 인구밀집지역, 공항 주변이나 군 시설 주변 등이다. 이를 위반할 경우 최대 200만 원의 벌금이 부과된다. 야간 비행과 가시권 밖 비행은 2017년 7월에 항공안전법 개정안이 통과되면서 원천 금지에서 허가제로 규제가 완화되었다. 이렇게 규제가 점점 풀리고는 있지만 국가 주요시설이 몰려있는 서울은 대부분 드론 비행이 금지된 구역이다. 그나마 규제 적용을 덜 받을 수 있는 곳은 국내에 드론 시범 사업지역 7곳과 드론 전용 비행구역 10곳뿐인데 이마저도 대부분 지방에 위치해 있다. 드론 수요를 충족하기엔 턱없이 부족하다는 지적과 함께, 드론과 관련된 사업이 많아지고 있고 드론 관련 직업이 미래 유망 직업으로 떠오르고 있어 드론 규제를 완화해야 한다는 목소리가 커지고 있다.

해외에서도 드론 비행을 규제하고 있는데 나라마다 규제 정도는 다르다. 중국의 경우는 우리나라의 규제와 비슷하지만 베이징을 제외하면 비교적 자유롭게 비행할 수 있는 지역이 많다. 일본은 드론 규제가 점점 완화되고 있는 우리나라와는 반대로 정부청사에 드론을 이용한 테러가 일어나는 등 일본 전역에서 드론 관련 사건이 발생해 규제가 강화되었다. 또한, 러시아는 규제가 강한 나라 중 하나인데 러시아 어느 지역이든지 드론을 비행시키려면 사전 허가를 받아야 할 뿐만 아니라 드론 비행을 책임질 조종사와 이를 감시할 사람으로 이루어진 2인 1조로 드론을 운행해야 한다.

41 다음 중 윗글의 내용으로 적절하지 않은 것은?

① 드론은 무선전파를 이용하여 조종할 수 있는 무인비행장치이다.
② 드론으로 야간 비행을 할 경우 최대 200만 원의 벌금이 부과된다.
③ 드론 시범사업지역과 드론 전용 비행구역은 대부분 지방에 위치해 있다.
④ 드론 비행을 할 수 있는 장소의 수용량보다 드론의 수요가 훨씬 많다.

42 다음 중 윗글의 설명 방식으로 가장 적절한 것은?

① 대상의 다른 사례를 들어 비교하며 설명하고 있다.
② 대상의 문제점을 파악하고 해결책을 제시해주고 있다.
③ 대상을 다양한 관점에서 소개하면서 여러 의견을 소개해 주고 있다.
④ 대상에 대해 찬반으로 나누어 각각의 입장을 설명하고 있다.

PART 3

43 다음 제시된 문단을 읽고 이어질 문단을 순서대로 바르게 나열한 것은?

> 낙수 이론(Trickle Down Theory)은 낙수 효과(Trickle Down Effect)에 의해서 경제 상황이 개선될 수 있다는 것을 골자로 하는 이론이다. 이 이론은 경제적 상위계층의 생산 혹은 소비 등의 전반적 경제활동에 따라 경제적 하위계층에게도 그 혜택이 돌아간다는 모델에 기반을 두고 있다.

> (가) 한국에서 이 낙수 이론에 의한 경제구조의 변화를 실증적으로 나타내는 것이 바로 70년대 경제 발전기의 경제 발전 방식과 그 결과물이다. 한국은 대기업 중심의 경제 발전을 통해서 경제의 규모를 키웠고, 이는 기대 수명 증가 등 긍정적 결과로 나타났다.
> (나) 그러나 낙수 이론에 기댄 경제정책이 실증적인 효과를 낸 전력이 있음에도 불구하고, 낙수 이론에 의한 경제발전 모델이 과연 전체의 효용을 바람직하게 증가시켰는지에 대해서는 비판들이 있다.
> (다) 사회적 측면에서는 계층 간 위화감 조성이라는 문제점 또한 제기된다. 결국 상류층이 돈을 푸는 것으로 인하여 하류층의 경제적 상황에 도움이 되는 것이므로, 상류층과 하류층의 소비력의 차이가 여실히 드러나고, 이는 사회적으로 위화감을 조성시킨다는 것이다.
> (라) 제일 많이 제기되는 비판은 경제적 상류계층이 경제활동을 할 때까지 기다려야 한다는 낙수 효과의 본질적인 문제점에서 연유한다. 결국 낙수 효과는 상류계층의 경제활동에 의해 이루어지는 것이므로, 당사자가 움직이지 않는다면 발생하지 않기 때문이다.

① (가) – (나) – (라) – (다)
② (가) – (다) – (라) – (나)
③ (가) – (라) – (나) – (다)
④ (다) – (가) – (라) – (나)

44 다음 두 블록을 합쳤을 때, 나올 수 있는 형태는?

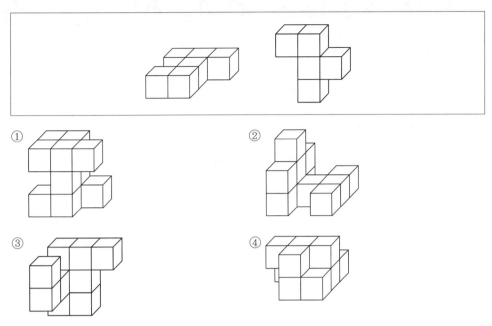

45 왼쪽에 제시된 직육면체 모양의 입체도형은 두 번째, 세 번째 입체도형과 ?를 조합하여 만들 수 있다. 다음 중 ?에 들어갈 알맞은 도형은?

제4회 최종점검 모의고사

☑ 응시시간 : 50분   ☑ 문항 수 : 45문항

정답 및 해설 p.051

01 다음 제시된 단어와 반대되는 의미를 가진 것은?

용이하다

① 이해하다   ② 난해하다
③ 분별하다   ④ 무난하다

02 다음 제시된 단어와 같거나 유사한 의미를 가진 것은?

원인

① 인접   ② 원색
③ 인지   ④ 소이

03 제시문 A를 읽고, 제시문 B가 참인지 거짓인지 혹은 알 수 없는지 고르면?

[제시문 A]
• 유화를 잘 그리는 모든 화가는 수채화를 잘 그린다.
• 수채화를 잘 그리는 모든 화가는 한국화를 잘 그린다.
• 희정이는 화가가 아니다.

[제시문 B]
유화를 잘 그리는 희정이는 한국화도 잘 그린다.

① 참   ② 거짓   ③ 알 수 없음

04 Z회사 1층 커피숍에서는 모든 음료를 주문할 때마다 음료의 수에 따라 쿠폰에 도장을 찍어준다. 10개의 도장을 모두 채울 경우 한 잔의 음료를 무료로 받을 수 있다고 할 때, 다음 〈조건〉을 읽고 바르게 추론한 것은?(단, 서로 다른 2장의 쿠폰은 1장의 쿠폰으로 합칠 수 있으며, 음료를 무료로 받을 때 쿠폰은 반납해야 한다)

> **조건**
> • A사원은 B사원보다 2개의 도장을 더 모았다.
> • C사원은 A사원보다 1개의 도장을 더 모았으나, 무료 음료를 받기엔 2개의 도장이 모자라다.
> • D사원은 오늘 무료 음료 한 잔을 포함하여 총 3잔을 주문하였다.
> • E사원은 D사원보다 6개의 도장을 더 모았다.

① A사원의 쿠폰과 D사원의 쿠폰을 합치면 무료 음료 한 잔을 받을 수 있다.

② A사원은 4개의 도장을 더 모아야 무료 음료 한 잔을 받을 수 있다.

③ C사원과 E사원이 모은 도장 개수는 서로 같다.

④ D사원이 오늘 모은 도장 개수는 B사원보다 많다.

05 무게가 서로 다른 ⓐ~ⓕ 6개 돌이 다음과 같은 〈조건〉을 가질 때, 추론할 수 없는 것은?

> **조건**
> • ⓑ는 ⓐ보다 무겁고, ⓕ보다 무겁다.
> • ⓒ는 ⓑ보다 무겁고, ⓓ보다 가볍다.
> • ⓔ는 ⓒ보다 가볍다.

① ⓐ는 ⓕ보다 무겁다.

② ⓒ는 두 번째로 무겁다.

③ ⓔ는 ⓓ보다 가볍다.

④ ⓒ와 ⓓ는 ⓑ보다 무겁다.

※ 다음 〈조건〉을 보고 주어진 식을 계산하시오. [6~7]

조건

$$a \,\square\, b = a^2 + 2ab - b$$
$$a \,\blacksquare\, b = a - 2ab + b^2$$

06

$4 \blacksquare 11$

① 36   ② 37

③ 38   ④ 39

07

$13 \square 17$

① 590   ② 592

③ 594   ④ 596

08 다음 중 글의 내용으로 가장 적절한 것은?

> 특허출원이란 발명자가 자신의 발명을 개인 또는 변리사를 통해 특허출원 명세서에 기재한 후 특허청에 등록 여부 판단을 받기 위해 신청하는 행위의 전반을 의미한다. 특허출원은 주로 경쟁자로부터 자신의 제품이나 서비스를 지키기 위해 이루어진다. 그러나 선두 업체로 기술적 우위를 표시하기 위해 또는 벤처기업 등의 인증을 받기 위해 이루어지기도 한다. 단순하게 발명의 보호를 받아 타인의 도용을 막는 것뿐만 아니라 다양한 이유로 진행되고 있는 것이다.
>
> 특허출원 시에는 특허출원서와 특허명세서를 제출해야 한다. 특허출원서는 출원인 정보, 발명자 정보 등의 서지사항을 기재하는 문서이며, 특허명세서는 발명의 구체적인 내용을 기재하는 문서이다. 특허명세서에는 발명의 명칭, 발명의 효과, 발명의 실시를 위한 구체적인 내용, 청구범위, 도면 등의 항목들을 작성하는데, 이때 권리로 보호받고자 하는 사항을 기재하는 청구범위가 명세서의 가장 핵심적인 부분이 된다. 청구범위를 별도로 구분하는 이유는 특허등록 후 권리 범위가 어디까지인지 명확히 구분하기 위한 것이다. 청구범위가 존재하지 않는다면 상세한 설명으로 권리 범위를 판단해야 하는데, 권리 범위가 다양하게 해석된다면 분쟁의 원인이 될 수 있다.
>
> 특허를 출원할 때 많은 부분을 보호받고 싶은 마음에 청구범위를 넓게 설정하는 경우가 있다. 그러나 이는 다른 선행 기술들과 저촉되는 일이 발생하게 되므로 특허가 거절될 가능성이 매우 높아진다. 그렇다고 특허등록 가능성을 높이기 위해 청구범위를 너무 좁게 설정해서도 안 된다. 청구범위가 좁을 경우 특허등록 가능성은 높아지지만, 보호 범위가 좁아져 제3자가 특허 범위를 회피할 가능성이 높아지게 된다. 따라서 기존에 존재하는 선행 기술에 저촉되지 않는 범위 내에서 청구범위를 설정하는 것이 중요하다.

① 자신의 발명을 특허청에 등록하기 위해서는 반드시 본인이 특허출원 명세서를 기재해야 한다.

② 기업체의 특허출원은 타사로부터의 기술 도용을 방지하기 위한 것일 뿐, 이를 통해 기술적 우위를 나타낼 순 없다.

③ 특허출원서는 발명의 명칭, 발명의 효과, 청구범위 등의 항목을 모두 작성하여야 한다.

④ 청구범위가 넓으면 특허 등록의 가능성이 줄어들고, 좁으면 특허등록 가능성이 커진다.

PART 3

※ 다음 글을 읽고 이어지는 질문에 답하시오. [9~10]

세계 표준시가 정해지기 전 사람들은 태양이 가장 높게 뜬 시간을 정오로 정하고, 이를 해당 지역의 기준 시간으로 삼았다. 그러다 보니 수많은 태양 정오 시간(자오시간)이 생겨 시간의 통일성을 가질 수 없었고, 다른 지역과 시간을 통일해야 한다는 필요성도 느끼지 못했다. 그러나 이 세계관은 철도의 출현으로 인해 무너졌다.

1969년 미국 최초의 대륙 횡단 철도가 개통되었다. 당시 미 대륙 철도역에서 누군가가 현재 시각을 물으면 대답하는 사람은 한참 망설여야 했다. 각기 다른 여러 시간이 공존했기 때문이다. 시간의 혼란은 철도망이 확장될수록 점점 더 심각해졌다. 이에 따라 캐나다 태평양 철도 건설을 진두지휘한 샌퍼드 플레밍은 자신의 고국인 영국에서 철도 시간 때문에 겪었던 불합리한 경험을 토대로 세계 표준시를 정하는 데 온 힘을 쏟았다. 지구를 경도에 따라 15도씩 나눠 15도마다 1시간씩 시간 간격을 두고, 이를 24개 시차 구역으로 구별한 플레밍의 제안은 1884년 미국 전역에 도입되었다. 이는 다시 1884년 10월 워싱턴에서 열린 '국제자오선 회의'로 이어졌고, 각국이 영국 그리니치 천문대를 통과하는 자오선을 본초자오선으로 지정하는 데 동의했다. 워싱턴에서 열린 회의의 주제는 본초자오선, 즉 전 세계 정오의 기준선이 되는 자오선을 어디로 설정해야 하는가에 대한 것이었다. 3주간의 일정으로 시작된 본초자오선 회의는 영국과 프랑스의 대결이었다. 어떻게 든 그리니치가 세계 표준시의 기준으로 채택되는 것을 관철하려는 영국 그리고 이를 막고 파리 본초자오선 을 세계기준으로 삼으려는 프랑스의 외교 전쟁이 불꽃을 튀겼다. 지루한 회의와 협상 끝에 마침내 1884년 10월 13일 그리니치가 세계 표준시로 채택됐다. 지구상의 경도마다 창궐했던 각각의 지역 표준시들이 사라 지고, 하나의 시간 틀에 인류가 속하게 된 것이다.

우리나라는 대한제국 때인 1908년 세계 표준시를 도입했다. 한반도 중심인 동경 127.5도 기준으로, 세계 표준시의 기준인 영국보다 8시간 30분 빨랐다. 하지만 일제강점기인 1912년, 일본의 총독부는 우리의 표준 시를 동경 135도를 기준으로 하는 일본 표준시로 변경하였다. 광복 후 1954년에는 주권 회복 차원에서 127.5도로 환원했다가 1961년 박정희 정부 때 다시 국제 교역 문제로 인해 135도로 변경되었다.

09 다음 중 윗글의 서술상 특징으로 가장 적절한 것은?

① 구체적인 사례를 들어 세계 표준시에 대한 이해를 돕고 있다.

② 세계 표준시에 대한 여러 가지 견해를 소개하고 이를 비교, 평가하고 있다.

③ 세계 표준시가 등장하게 된 배경을 구체적으로 소개하고 있다.

④ 세계 표준시의 변화 과정과 그것의 문제점을 언급하고 있다.

10 다음 중 윗글의 내용으로 적절하지 않은 것은?

① 표준시가 정해지기 전에는 수많은 시간이 존재하였다.

② 철도의 발달이 세계 표준시 정립에 결정적인 역할을 하였다.

③ 영국과 프랑스는 본초자오선 설정을 두고 치열하게 대립했다.

④ 현재 우리나라의 시간은 대한제국 때 지정한 시각보다 30분 느리다.

11 다음 그림과 같이 화살표 방향으로 종이를 접은 후, 펀치로 구멍을 뚫어 다시 펼쳤을 때의 그림으로 옳은 것은?

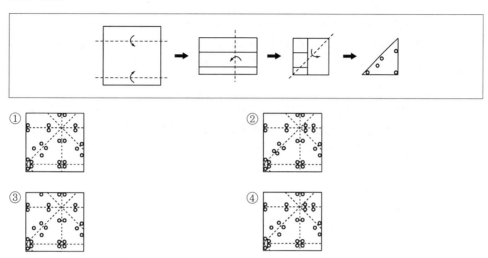

12 다음과 같은 정사각형의 종이를 화살표 방향으로 접고 〈보기〉의 좌표가 가리키는 위치에 구멍을 뚫었다. 다시 펼쳤을 때 뚫린 구멍의 위치를 좌표로 나타낸 것으로 옳은 것은?(단, 좌표가 그려진 사각형의 크기와 종이의 크기는 일치하며, 종이가 접힐 때 종이의 위치는 바뀌지 않는다)

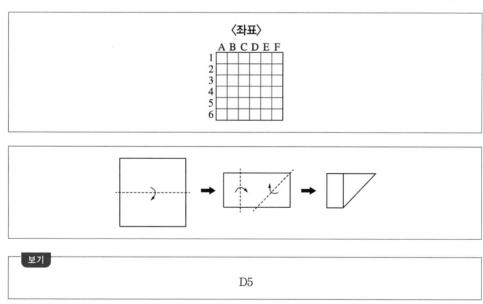

① C3, C4, D2, D5, D6

② C3, C5, C6, D6

③ C3, C6, D5, D6

④ D2, D5, E1, E6

13

> 과거에 우리 사회의 미래가 어떻게 될 것인가를 고민하던 소설가가 두 명 있었다. 한 명은 '조지 오웰(George Orwell)'이고, 한 명은 '올더스 헉슬리(Aldous Huxley)'이다. 둘 다 미래 세계에 대해 비관적이었지만 그들이 그린 미래 세계는 각각 달랐다.

> (가) 모든 성적인 활동은 자유롭고, 아이들은 인공수정으로 태어나며, 모든 아이의 양육은 국가가 책임진다. 그러나 사랑의 방식은 성애로 한정되고, 시나 음악과 같은 방법을 통한 낭만적인 사랑, 혹은 결혼이나 부모라는 개념은 비문명적인 것으로 인식된다. 그리고 태어나기 전의 지능에 따라서 사회적 계급은 이미 결정되어 있는 사회이다.
> (나) '조지 오웰'은 그의 소설 『1984』에서 국가권력에 감시당하는 개인과 사회를 설정했다. 이제는 신문에서도 자주 볼 수 있는, 감시적 국가권력의 상징인 '빅브라더'가 바로 『1984』에서 가공의 나라 오세아니아의 최고 권력자를 일컫는 명칭이다.
> (다) 『1984』와 『멋진 신세계』 중 어느 쪽이 미래의 암울한 면을 잘 그려냈는지 우열을 가려내기는 어렵다. 현재 산업 발전의 이면에 있는 사회의 어두운 면은 『1984』와 『멋진 신세계』에 나타난 모든 부분을 조금씩 포함하고 있다. 즉, 우리가 두려워해야 할 것은 현대 사회에 두 작품이 예상한 단점 중 한쪽만 나타나지 않고, 중첩되어 나타나고 있다는 점이다.
> (라) 반면에 '올더스 헉슬리'는 그의 소설 『멋진 신세계』에서 다른 미래를 생각해냈다. 『1984』가 '빅브라더'에게 지배받고 감시당함으로써 시민들의 개인적 자유와 권리가 보장받지 못하는, 우리가 생각하는 전형적인 디스토피아였다면, 『멋진 신세계』가 그려내는 미래는 그와는 정반대에 있다.

① (나) – (가) – (라) – (다) ② (나) – (라) – (가) – (다)
③ (나) – (라) – (다) – (가) ④ (라) – (가) – (나) – (다)

14

현대 대부분 국가가 선택하는 정치체제는 민주주의이다. 민주주의는 물론 단점도 가지고 있지만, 여태까지 성립된 정치체제 중에서 가장 나은 체제라는 평가를 받고 있다.

(가) 일반적으로 민주주의에서 가장 중요한 것은 국민주권이며, 따라서 사회적 계급은 존재할 수 없다. 민주주의 체제가 성립되기 이전에 대부분 국가의 정치체제는 전제주의였는데, 전제주의에서는 특권자인 국왕에게 주권이 있는 것과 극명히 대비되는 부분이다.

(나) 입헌군주제에서 국왕은 통치 능력이 없다. 일종의 국가 상징으로서만 받아들여지는 것이다. 이러한 입헌군주제에서의 국왕을 가장 잘 표현하는 말이 '군림하나 통치하지 않는다.'일 것이다.

(다) 아무리 상징으로서만 국왕이 존재한다고 해도 영국에서 입헌군주제를 폐기하자는 움직임이 존재한다. 이들은 입헌군주제를 옹호하는 '근왕파'와 대비되어 '공화파'라 불리며, 어떤 신문은 공화파를 위한 신문 사이트를 따로 개설하여 국왕의 소식이 보이지 않게 하기도 했다.

(라) 그럼에도 불구하고 민주주의가 시작된 나라 중 하나인 영국에는 아직도 국왕이 있다. 이러한 정치체제를 입헌군주제라 하는데, 입헌군주제에서의 왕은 입법, 사법, 행정의 모든 권력을 행사하던 전제주의에서의 국왕과는 다르다.

① (가) – (다) – (나) – (라)
② (가) – (라) – (나) – (다)
③ (가) – (라) – (다) – (나)
④ (라) – (나) – (다) – (가)

15

DNA는 이미 1896년에 스위스의 생물학자 프리드리히 미셔가 발견했지만, 대다수의 과학자들은 1952년까지는 DNA에 별로 관심을 보이지 않았다. 미셔는 고름이 배인 붕대에 끈적끈적한 회색 물질이 남을 때까지 알코올과 돼지 위액을 쏟아부은 끝에 DNA를 발견했다. 그것을 시험한 미셔는 DNA는 생물학에서 아주 중요한 물질로 밝혀질 것이라고 선언했다. 그러나 불행하게도 화학 분석 결과, 그 물질 속에 인이 다량 함유된 것으로 드러났다. 그 당시 생화학 분야에서는 오로지 단백질에만 관심을 보였는데, 단백질에는 인이 전혀 포함돼 있지 않으므로 DNA는 분자 세계의 충수처럼 일종의 퇴화 물질로 간주하였다.

(가) 그래서 유전학자인 알프레드 허시와 마사 체이스는 방사성 동위원소 추적자를 사용해 바이러스에서 인이 풍부한 DNA의 인과, 황이 풍부한 단백질의 황을 추적해 보았다. 이 방법으로 바이러스가 침투한 세포들을 조사한 결과, 방사성 인은 세포에 주입되어 전달됐지만 황이 포함된 단백질은 그렇지 않은 것으로 드러났다.

(나) 그러나 그 유전 정보가 바이러스의 DNA에 들어 있는지 단백질에 들어 있는지는 아무도 몰랐다.

(다) 따라서 유전 정보의 전달자는 단백질이 될 수 없으며 전달자는 DNA인 것으로 밝혀졌다.

(라) 1952년에 바이러스를 대상으로 한 극적인 실험이 그러한 편견을 바꾸어 놓았다. 바이러스는 다른 세포에 무임승차하여 피를 빠는 모기와는 반대로 세포 속에 악당 유전 정보를 주입한다.

① (가) – (다) – (나) – (라)
② (나) – (가) – (다) – (라)
③ (다) – (가) – (나) – (라)
④ (라) – (나) – (가) – (다)

※ 일정한 규칙으로 수 또는 문자를 나열할 때, 다음 중 빈칸에 들어갈 수 또는 문자로 옳은 것을 고르시오.
[16~18]

16

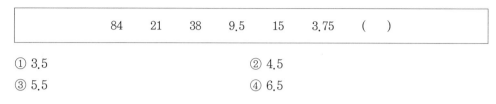

| 84 | 21 | 38 | 9.5 | 15 | 3.75 | ( ) |

① 3.5 ② 4.5
③ 5.5 ④ 6.5

17

5 2 6 15   4 6 18 12   15 5 ( ) 75

① 5 ② 10
③ 20 ④ 25

18

E C J H P N ( )

① F ② U
③ W ④ Y

19 어느 회사의 작년 직원 수는 올해보다 5% 많았고, 내년에는 올해보다 4% 늘려 28명을 추가로 고용할 예정이다. 이 회사의 작년 직원 수와 내년 직원 수의 차이는?

① 7명
② 8명
③ 9명
④ 10명

20 항공기를 세워 둘 수 있는 최대 수가 70대인 어떤 공항이 있다. 현재 30대가 세워져 있고 활주로로 항공기가 착륙하여 들어오는 숫자가 시간당 9대이고 이륙하여 나가는 숫자가 시간당 3대일 때, 몇 시간이 지나면 더는 항공기를 세워 둘 수 없는 시점이 도래하겠는가?

① 5시간 50분
② 6시간 20분
③ 6시간 30분
④ 6시간 40분

21 온라인 쇼핑몰에서 두 유형의 설문조사를 실시하였다. A형 설문조사는 2,000명이 응했고 만족도는 평균 8점이었으며, B형 설문조사는 500명이 응했고 만족도는 평균 6점이었다. A, B형 설문조사 전체 평균 만족도 점수는?

① 7.6점
② 7.8점
③ 8.0점
④ 8.2점

※ 다음 제시문의 주제로 가장 적절한 것을 고르시오. [22~23]

22

힘 있는 나라를 가지고 싶어 하는 것은 인류의 공통적인 염원이다. 이것은 시간의 고금(古今)을 가리지 아니하고 공간의 동서(東西)를 따질 것이 없는 한결같은 진리다. 그래서 위대하지 아니한 나라에서 태어난 사람은 태어난 나라를 위대하게 만들기 위하여 혼신의 힘을 기울인다. 보잘것없는 나라의 국민이 된다는 것은 내세울 것 없는 집안의 후손인 것 이상으로 우리를 슬프게 한다. 세계 여러 나라 사람이 모인 곳에 간다고 가정해 보자. 누가 여기서 가장 큰소리치면서 위세 당당하게 처신할 것인가? 얼핏 생각하면 이목구비가 시원하게 생긴 사람, 지식과 화술이 뛰어난 사람, 교양과 인품이 훌륭한 사람, 외국어에 능통한 사람이 돋보일 것처럼 생각된다. 실제로 그런 사람들이 국제무대에서 뛰어난 활약을 하는 것은 사실이다. 그래서 사람은 스스로 다듬고 기르는 것이 아닌가? 그러나 실제에 있어서 어떤 사람으로 하여금 국제사회에서 돋보이게 하는 것은 그가 등에 업고 있는 조국의 국력이다.

① 배움에 힘쓰자.
② 일등 국민을 본받자.
③ 역경을 이겨내자.
④ 국력을 키우자.

23

임신 중 고지방식 섭취가 태어날 자식의 생식기에서 종양의 발생 가능성을 높일 수 있다는 것이 밝혀졌다. 이 결과는 임신한 암쥐 261마리 중 130마리의 암쥐에게는 고지방식을, 131마리의 암쥐에게는 저지방식을 제공한 연구를 통해 얻었다. 실험 결과, 고지방식을 섭취한 암쥐에게서 태어난 새끼 가운데 54%가 생식기에 종양이 생겼지만 저지방식을 섭취한 암쥐가 낳은 새끼 중에서 그러한 종양이 생긴 것은 21%였다.
한편, 사지 중 하나 이상의 절단 수술이 심장병으로 사망할 가능성을 증가시킬 수 있다는 것이 밝혀졌다. 이것은 제2차 세계대전 중에 부상을 당한 9,000명의 군인에 대한 진료 기록을 조사한 결과이다. 이들 중 4,000명은 사지 중 하나 이상의 절단 수술을 받은 사람이었고, 5,000명은 사지 절단 수술을 받지 않았지만 중상을 입은 사람이었다. 이들에 대한 기록을 추적 조사한 결과, 사지 중 하나 이상의 절단 수술을 받은 사람이 심장병으로 사망한 비율은 그렇지 않은 사람의 1.5배였다. 즉, 사지 중 하나 이상의 절단 수술을 받은 사람 중 600명은 심장병으로 사망하였고, 그렇지 않은 사람 중 500명이 심장병으로 사망하였다.

① 발생 부위에 따른 뇌종양 증상
② 염색체 이상 유전병의 위험을 높이는 요인
③ 절단 수술과 종양의 상관관계
④ 의외의 질병 원인과 질병 사이의 상관관계

※ 다음 도형 또는 도형 내부의 기호들은 일정한 패턴을 가지고 변화한다. 다음 중 ?에 들어갈 도형으로 가장 적절한 것을 고르시오. [24~25]

24

① ② ③ ④

25

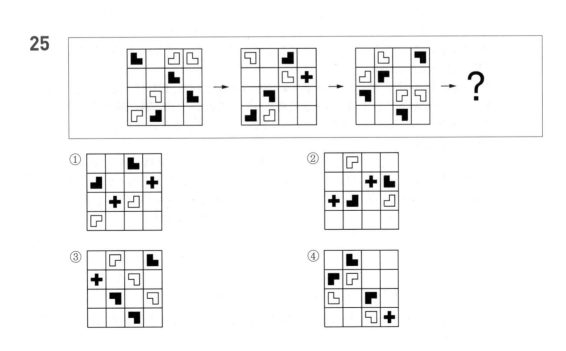

26 다음 중 빈칸에 들어갈 접속어로 가장 적절한 것은?

날이 추우면 통증이 커질 수 있는 질환이 몇 가지 있다. 골관절염이나 류머티즘 관절염 등 관절 관련 질환이 여기에 해당한다. 통증은 신체에 어떤 이상이 있으니 상황이 악화되지 않도록 피할 방법을 준비하라고 스스로에게 알리는 경고이다.

골관절염과 류머티즘 관절염은 여러 면에서 차이가 있으나 환절기에 추워지면 증상이 악화될 수 있다는 공통점이 있다. 날씨에 따라 관절염 증상이 악화되는 이유를 의학적으로 명확하게 설명할 수 있는 근거는 다소 부족하지만 추위로 인해 관절염 통증이 심해질 수 있다. 우리는 신체의 신경을 통해 통증을 느끼는데, 날이 추워지면 신체의 열을 빼앗기지 않고자 조직이 수축한다. 이 과정에서 신경이 자극을 받아 통증을 느끼게 되는 것이다. 즉, 관절염의 질환 상태에는 큰 변화가 없을지라도 평소보다 더 심한 통증을 느끼게 된다.

_____ 날이 추워질수록 외부 온도 변화에 대응할 수 있도록 가벼운 옷을 여러 개 겹쳐 입어 체온을 일정하게 유지해야 한다. 특히 일교차가 큰 환절기에는 아침, 점심, 저녁으로 변화하는 기온에 따라 옷을 적절하게 입고 벗을 필요가 있다. 오전에 첫 활동을 시작할 때는 가벼운 스트레칭을 통해 체온을 올린 후 활동하는 것도 효과적이다. 춥다고 웅크린 상태에서 움직이지 않으면 체온이 유지되지 않을 수 있으므로 적절한 활동을 지속하는 것이 중요하다.

① 그러나
② 따라서
③ 한편
④ 그리고

27 다음 중 빈칸에 들어갈 문장으로 가장 적절한 것은?

과거, 민화를 그린 사람들은 정식으로 화업을 전문으로 하는 사람이 아니었다. 대부분 타고난 그림 재주를 밑천으로 그림을 그려 가게에 팔거나 필요로 하는 사람에게 그려주고 그 대가로 생계를 유지했던 사람들이었던 것이다. 그들은 민중의 수요를 충족시키기 위해 정형화된 내용과 상투적 양식의 그림을 반복적으로 그렸다.

민화는 당초부터 세련된 예술미 창조를 목표로 하는 그림이 아니었다. 단지 이 세상을 살아가는 데 필요한 진경(珍景)의 염원과 장식 욕구를 충족할 수만 있으면 그것으로 족한 그림이었던 것이다. 그래서 표현 기법이 비록 유치하고, 상투적이라 해도 화가나 감상자(수요자) 모두에게 큰 문제가 되지 않았던 것이다.

_____ 다시 말해 민화는 필력보다 소재와 그것에 담긴 뜻이 더 중요한 그림이었던 것이다. 문인 사대부들이 독점 향유해 온 소재까지도 서민들은 자기 식으로 해석, 번안하고 그 속에 현실적 욕망을 담아 생활 속에 향유했다. 민화에 담은 주된 내용은 세상에 태어나 죽을 때까지 많은 자손을 거느리고 부귀를 누리면서 편히 오래 사는 것이었다.

① '어떤 기법을 쓰느냐.'에 따라 민화는 색채가 화려하거나 단조로울 수 있다.
② '어떤 기법을 쓰느냐.'보다 '무엇을 어떤 생각으로 그리느냐.'를 중시하는 것이 민화였다.
③ '어떤 기법을 쓰느냐.'보다 '감상자가 작품에 만족을 하는지.'를 중시하는 것이 민화였다.
④ '어떤 기법을 쓰느냐.'에 따라 세련된 그림이 나올 수도 있고, 투박한 그림이 나올 수 있다.

28 다음 글의 빈칸에 들어갈 문장을 〈보기〉에서 찾아 순서대로 나열한 것으로 가장 적절한 것은?

요즘에는 낯선 곳을 찾아갈 때, 지도를 해석하며 어렵게 길을 찾지 않아도 된다. 기술력의 발달에 따라, 제공되는 공간 정보를 바탕으로 최적의 경로를 탐색할 수 있게 되었기 때문이다. _____(가)_____ 이처럼, 공간 정보가 시간에 따른 변화를 반영할 수 있게 된 것은 정보를 수집하고 분석하는 정보 통신 기술의 발전과 밀접한 관련이 있다.

공간 정보의 활용은 '위치정보시스템(GPS)'과 '지리정보시스템(GIS)' 등의 기술적 발전과 휴대 전화나 태블릿 PC 등 정보 통신 기기의 보급을 기반으로 한다. 위치정보시스템은 공간에 대한 정보를 수집하고 지리정보시스템은 정보를 저장, 분류, 분석한다. 이렇게 분석된 정보는 사용자의 요구에 따라 휴대 전화나 태블릿 PC 등을 통해 최적화되어 전달된다.

길 찾기를 예로 들어 이 과정을 살펴보자. 휴대 전화 애플리케이션을 이용해 사용자가 가려는 목적지를 입력하고 이동 수단으로 버스를 선택하였다면, 우선 사용자의 현재 위치가 위치정보시스템에 의해 실시간으로 수집된다. 그리고 목적지와 이동 수단 등 사용자의 요구와 실시간으로 수집된 정보에 따라 지리정보시스템은 탑승할 버스 정류장의 위치, 다양한 버스 노선, 최단 시간 등을 분석하여 제공한다. _____(나)_____
_____(다)_____ 예를 들어, 여행지와 관련한 공간 정보는 여행자의 요구와 선호에 따라 선별적으로 분석되어 활용된다. 나아가 유동 인구를 고려한 상권 분석과 교통의 흐름을 고려한 도시 계획 수립에도 공간 정보 활용이 가능하게 되었다. 획기적으로 발전되고 있는 첨단 기술이 적용된 공간 정보가 국가 차원의 자연재해 예측 시스템에도 활발히 활용된다면 한층 정밀한 재해 예방 및 대비가 가능해질 것이다. 이로 인해 우리의 삶도 더 편리하고 안전해질 것으로 기대된다.

보기

㉠ 이는 어떤 곳의 위치 좌표나 지리적 형상에 대한 정보뿐만 아니라 시간에 따른 공간의 변화를 포함한 공간 정보를 이용할 수 있게 되면서 가능해진 것이다.
㉡ 더 나아가 교통 정체와 같은 돌발 상황과 목적지에 이르는 경로의 주변 정보까지 분석하여 제공한다.
㉢ 공간 정보의 활용 범위는 계속 확대되고 있다.

	(가)	(나)	(다)
①	㉠	㉡	㉢
②	㉠	㉢	㉡
③	㉡	㉠	㉢
④	㉡	㉢	㉠

29 다음은 연도별 황사 발생횟수와 지속일수에 대한 그래프이다. 이에 대한 설명으로 적절하지 않은 것은?

① 황사의 지속일수는 2021년에 25일로 가장 높았다.

② 황사의 발생횟수는 2016년에 최고치를 기록했다.

③ 2021년 이후 연도별 황사 발생횟수는 감소하는 추세이다.

④ 2021년 이후 연도별 황사 지속일수는 감소하는 추세이다.

30 다음은 2019 ~ 2023년 B국의 사회간접자본(SOC) 투자규모에 대한 표이다. 이에 대한 설명으로 적절하지 않은 것은?(단, 소수점 둘째 자리에서 반올림한다)

〈B국의 사회간접자본(SOC) 투자규모〉

(단위 : 조 원, %)

연도 구분	2019년	2020년	2021년	2022년	2023년
SOC 투자규모	20.5	25.4	25.1	24.4	23.1
총지출 대비 SOC 투자규모 비중	7.8	8.4	8.6	7.9	6.9

① 2023년 총지출은 300조 원 이상이다.

② 2020년 SOC 투자규모의 전년 대비 증가율은 30% 이하이다.

③ 2020 ~ 2023년 동안 SOC 투자규모가 전년에 비해 가장 큰 비율로 감소한 해는 2023년이다.

④ 2020 ~ 2023년 동안 SOC 투자규모와 총지출 대비 SOC 투자규모 비중의 전년 대비 증감방향은 동일하다.

※ 다음은 농촌·도시 간 유동인구 현황에 대한 표이다. 이를 참고하여 이어지는 질문에 답하시오.
　[31~32]

〈농촌·도시 간 유동인구 현황〉

(단위 : 백 명)

구분	2021년	2022년	2023년
농촌 → 도시	500	600	700
도시 → 농촌	400	300	100

31 2020년의 농촌의 인구가 150,000명, 도시의 인구가 300,000명이라면, 다음 중 2023년의 도시와 농촌의 인구로 올바른 것은?

	도시의 인구	농촌의 인구
①	430,000명	20,000명
②	420,000명	30,000명
③	410,000명	40,000명
④	400,000명	50,000명

32 2020년의 농촌의 인구가 150,000명, 도시의 인구가 300,000명이라면, 다음 중 2023년 도시와 농촌의 2021년 대비 인구 증감률은?(단, 소수점 이하는 버림한다)

	도시	농촌
①	27%	− 66%
②	28%	− 65%
③	29%	− 64%
④	30%	− 63%

33 다음 글을 읽고 추론한 내용으로 적절하지 않은 것은?

> 우리는 도시화, 산업화, 고도성장 과정에서 우리 경제의 뒷방살이 신세로 전락한 한국 농업의 새로운 가치에 주목해야 한다. 농업은 경제적 효율성이 뒤처져서 사라져야 할 사양산업이 아니다. 전 지구적인 기후변화와 식량 및 에너지 등 자원 위기에 대응하여 나라와 생명을 살릴 미래산업으로서 농업의 전략적 가치가 크게 부각되고 있다. 농본주의의 기치를 앞세우고 농업 르네상스 시대의 재연을 통해 우리 경제가 당면한 불확실성의 터널을 벗어나야 한다.
>
> 우리는 왜 이런 주장을 하는가? 농업은 자원 순환적이고 환경 친화적인 산업이기 때문이다. 땅의 생산력에 기초해서 한계적 노동력을 고용하는 지연(地緣) 산업인 동시에 식량과 에너지를 생산하는 원천적인 생명산업이기 때문이다. 물질적인 부의 극대화를 위해서 한 지역의 자원을 개발하여 이용한 뒤에 효용가치가 떨어지면 다른 곳으로 이동하는 유목민적 태도가 오늘날 위기를 낳고 키워 왔는지 모른다. 급변하는 시대의 흐름에 부응하지 못하는 구시대의 경제 패러다임으로는 오늘날의 역사에 동승하기 어렵다. 이런 맥락에서, 지키고 가꾸어 후손에게 넘겨주는 문화적 지속성을 존중하는 농업의 가치가 새롭게 조명 받는 이유에 주목할 만하다. 과학기술의 눈부신 발전성과를 수용하여 새로운 상품과 시장을 창출할 수 있는 녹색 성장산업으로서 농업의 잠재적 가치가 중시되고 있는 것이다.

① 산업화를 위한 국가의 정책 추진 과정에서 농업은 소외되어 왔다.

② 농업의 성장을 위해서는 먼저 과학기술의 문제점을 성찰해야 한다.

③ 지나친 경제적 효율성 추구로 세계는 현재 자원 위기에 처해 있다.

④ 자원 순환적·환경 친화적 산업의 가치가 부각되고 있다.

34 다음 글을 읽고 추론한 내용으로 가장 적절한 것은?

> 효(孝)가 개인과 가족, 곧 일차적인 인간관계에서 일어나는 행위를 규정한 것이라면, 충(忠)은 가족이 아닌 사람들과의 관계, 곧 이차적인 인간관계에서 일어나는 사회적 행위를 규정한 것이었다. 그런데 언제부턴가 우리는 효를 순응적 가치관을 주입하는 봉건 가부장제 사회의 유습이라고 오해하는가 하면, 충과 효를 동일시하는 오류를 저지르는 경향이 많아졌다.
> "부모에게 효도하고 형제를 사랑하는 사람은 윗사람의 명령을 거역하는 경우가 드물다. 또 윗사람의 명령을 어기지 않는 사람은 난동을 일으키는 경우도 드물다. 군자는 근본에 힘쓴다. 근본이 확립되면 도가 생기기 때문이다. 효도와 우애는 인(仁)의 근본이다."
> 위 구절에 담긴 입장을 기준으로 보면 효는 윗사람에 대한 절대 복종으로 연결된다. 곧 종족 윤리의 기본이 되는 연장자에 대한 예우는 물론이고 신분 사회의 엄격한 상하 관계까지 포괄적으로 인정하는 것이다. 하지만 이 구절만을 근거로 효를 복종의 윤리라고 보는 것은 성급한 판단이다. 왜냐하면 원래부터 효란 가족 윤리 또는 종족 윤리로서 사회 윤리였던 충보다 우선시되었을 뿐만 아니라, 유교의 기본 입장은 설사 부모의 명령이라 하더라도 옳고 그름을 가리지 않는 맹목적인 복종은 그 자체가 불효라고 보았기 때문이다.
> 유교에서는 부모와 자식의 관계가 자연에 의해서 결정된다고 한다. 이 때문에 부모와 자식의 관계는 인위적으로 끊을 수 없다고 본다. 이에 비해 임금과 신하의 관계는 공동의 목표를 위한 관계로서 의리에 의해서 맺어진 관계로 본다. 의리가 맞지 않는다면 언제라도 끊을 수 있다고 생각하는 것이다.

① 효는 봉건 가부장제 사회의 영향 아래 규정된 가족관계에서의 행위이다.
② 인(仁)의 원리에 따르면 충을 다하면 효는 자연스럽게 따라온다.
③ 충은 상호 신뢰를 바탕으로 이루어진 임금과 신하 사이의 관계에서 지켜져야 한다.
④ 유교적 윤리에 따르면 부모와 윗사람의 명령은 거역할 수 없다.

35 다음 중 글쓴이의 입장과 가장 거리가 먼 것은?

> 문화상대주의는 다른 문화를 서로 다른 역사, 환경의 맥락에서 이해해야 한다는 인식론이자 방법론이며 관점이고 원칙이다. 하지만 문화상대주의가 차별을 정당화하거나 빈곤과 인권침해, 저개발상태를 방치하는 윤리의 백지상태를 정당화하는 수단이 될 수는 없다. 만일 문화상대주의가 타문화를 이해하는 방법이 아니라, 윤리적 판단을 회피하거나 보류하는 도덕적 문화상대주의에 빠진다면, 이는 문화상대주의를 남용한 것이다. 문화상대주의는 다른 문화를 강요하거나 똑같이 적용해서는 안 된다는 의견일 뿐이므로 보편윤리와 인권을 부정하는 윤리적 회의주의와 혼동되어서는 안 된다.

① 문화상대주의와 윤리적 회의주의는 구분되어야 한다.
② 문화상대주의가 도덕적 문화상대주의에 빠지는 것을 경계해야 한다.
③ 문화상대주의자는 일반적으로 도덕적 판단에 대해 가치중립적이어야 한다.
④ 문화상대주의는 타문화에 대한 관용의 도구가 될 수 있다.

36 주어진 전개도로 입체도형을 만들 때, 다음 중 만들어질 수 없는 것은?

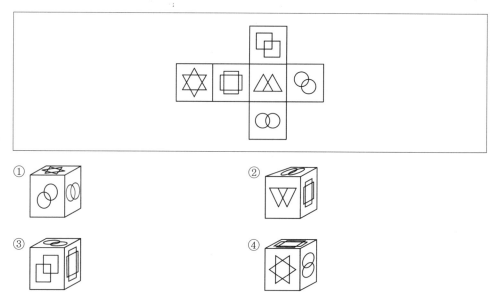

37 주어진 전개도로 입체도형을 만들 때, 다음 중 만들어질 수 있는 것은?

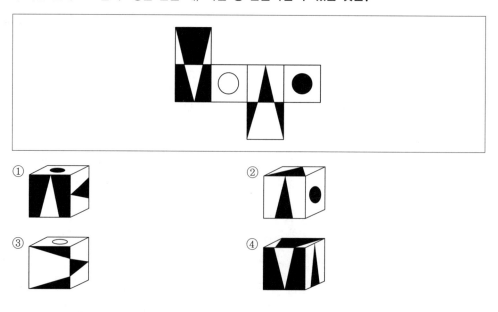

※ 다음 주어진 입체도형 중 나머지와 다른 도형을 고르시오. [38~39]

38

①

②

③

④

39

①

②

③

④

PART 3

※ 다음 중 밑줄 친 부분과 같은 의미로 쓰인 것을 고르시오. [40~41]

40

> 그의 출중한 외모는 사람들의 시선을 <u>모으기에</u> 충분했다.

① 그 영상은 높은 조회 수를 기록하며 사람들의 관심을 <u>모았다</u>.
② 이번 안건은 많은 사람의 의견을 <u>모아</u> 결정할게.
③ 슬기는 미뤄둔 일들을 <u>모아서</u> 한꺼번에 처리하기로 했다.
④ 진희는 돈을 <u>모아</u> 여행을 떠나기로 결심했다.

41

> 지훈이는 1등 자리를 <u>지키기</u> 위해 열심히 노력했다.

① 조선 시대 사대부는 죽음으로 절개를 <u>지켰다</u>.
② 정해진 출근 시간을 <u>지킵시다</u>.
③ 군복을 입은 병사들이 국경을 <u>지키고</u> 있다.
④ 공무원은 정치적 중립을 <u>지켜야</u> 한다.

(가) 과학과 종교의 관계를 들여다보면 과학의 이름으로 종교를 비판하는 과학자들이 있는가 하면, 신의 뜻을 알기 위해 혹은 신의 세계를 이해하기 위해 연구를 하는 과학자들이 있다. 왜 종교라는 하나의 대상을 가지고 이렇게 나뉘는 것일까?

(나) 영적 측면은 종교와 과학이 통할 수 있는 부분이자 종교의 진정한 가치를 유지할 수 있는 부분이다. 보통 수많은 과학자가 발견을 할 때 '영감(Inspiration)'이라는 표현을 종종 하는 것을 생각해 보면 이해할 수 있다. 예술에서 '영감'을 받았다는 부분과 과학에서 말하는 '영감'을 받았다고 표현하는 것은 같은 것이라고 할 수 있다. 이는 곧 종교에서 말하는 '영감'과도 다르지 않다. '영감'은 '믿음'과 관련 있다. '이렇게 행동하면 어떤 결과가 나올까?'에 대한 질문에 '이렇게 되어야 한다.'라는 예상이 곧 '믿음'에 해당된다.

(다) 실험이라는 것은 증명되지 않은 것을 밝히기 위한 과정이다. 자신이 세운 가설이 맞는지 확인하는 과정이라고 할 수 있다. 예상된 결과가 나올 것이라는 '믿음' 때문에 실험을 하는 것이다. 실험이 실패해도 계속 실험을 하는 것은 바로 '믿음' 때문이다. 이 '믿음'이 새로운 실험을 하게 하는 원동력이자 과학을 발전시키는 또 다른 힘이라고 할 수 있다. 물론 종교적 '믿음'과 과학적 '믿음'은 다르다. 과학자의 믿음은 자연의 법칙이나 우주의 원리를 알아내겠다는 '믿음'인 반면, 종교인들의 믿음은 신이라는 존재에 대한 '믿음'으로 믿음의 대상이 다르다고 할 수 있다. 그러나 '믿음'이라는 말 외에는 그 어떤 단어로도 대체하기 어려운 것이 사실이다.

(라) 아인슈타인이 종교성을 말한 것도 이런 맥락이라고 할 수 있다. 과학자들이 말하는 '우주에 대한 이해 가능성'은 증명되고 실험된 것은 아니다. 단지 이해 가능할 것이라는 '믿음'과 '영감' 때문에 연구를 하고 있는 것이다. 그래서 아인슈타인은 '과학은 종교에 의존하여 우주를 이해할 수 있는 '믿음'을 소유하고 종교는 과학에 의존하여 경이로운 우주의 질서를 발견한다.'라고 주장을 했다.

그렇다면 두 영역이 서로 상생하기 위해서는 어떻게 해야 하는 것일까. 우선 편견으로부터 자유로워지는 것이 중요하다. 편견에서 벗어나야만 종교인 본연의 자세, 과학자 본래의 마음으로 돌아갈 수 있기 때문이다. 편견에서 자유로워지기 위해 과학자에게는 지성의 겸허함, 종교인에게는 영혼의 겸허함이 필요하고, 문제를 해결하기까지의 인내도 있어야 한다. 이 두 가지만 있다면 우리가 지동설을 인정하는 것 같이 진화론의 문제도 해결될 것이고, 다른 기타의 것들도 원만하게 풀어나갈 수 있을 것이다. 하지만 '겸허함과 인내'를 가지기 위해서는 무엇보다 _____이/가 우선시되어야 한다. 그래야만 함부로 서로 영역을 침범하면서 비난하는 일이 생겨나지 않을 수 있기 때문이다.

PART 3

42 다음 중 (가) ~ (라) 문단의 핵심 주제로 적절하지 않은 것은?

① (가) : 종교에 대한 과학자의 상반된 입장
② (나) : 종교와 과학에서의 영감
③ (다) : 종교적 믿음과 과학적 믿음의 공통점
④ (라) : 종교에 대한 아인슈타인의 주장

43 다음 글의 빈칸에 들어갈 말로 가장 적절한 것은?

① 두 영역의 상생 가능성에 대한 이해
② 서로의 영역에 대한 날카로운 평가
③ 전체의 관점에서 각 영역을 파악하려는 노력
④ 서로의 영역을 인정하려는 노력

44 왼쪽에 제시된 직육면체 모양의 입체도형은 두 번째, 세 번째 입체도형과 ?를 조합하여 만들 수 있다. 다음 중 ?에 들어갈 도형으로 가장 적절한 것은?

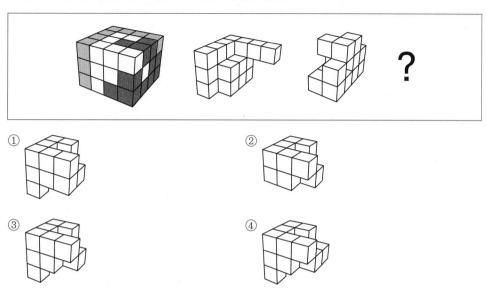

① ② ③ ④

45 다음 두 블록을 합쳤을 때, 나올 수 없는 형태는?

① ② ③ ④

PART 3

아이들이 답이 있는 질문을 하기 시작하면 그들이 성장하고 있음을 알 수 있다.

– 존 J. 플롬프 –

PART

4

면접

01 | 면접 소개

01 ▶ 면접 주요사항

면접의 사전적 정의는 면접관이 지원자를 직접 만나보고 인품(人品)이나 언행(言行) 따위를 시험하는 일로, 흔히 필기시험 후에 최종적으로 심사하는 방법이다.

최근 주요 기관의 인사담당자들을 대상으로 한 설문조사에서 채용 시 면접이 차지하는 비중이 50 ~ 80% 이상이라고 답한 사람은 전체 응답자의 80%를 넘었다. 이와 대조적으로 지원자들을 대상으로 취업 시험에서 면접을 준비하는 기간을 물었을 때, 대부분의 응답자가 2 ~ 3일 정도라고 대답했다.

지원자는 서류전형과 직무적성검사를 통과해야만 면접을 볼 수 있기 때문에 자연스럽게 면접은 그 비중이 작아질 수밖에 없다. 하지만 아이러니하게도 실제 채용 과정에서 면접이 차지하는 비중은 절대적이라고 해도 과언이 아니다.

기관들은 채용 과정에서 토론 면접, 인성 면접, 프레젠테이션 면접, 역량 면접 등의 다양한 면접을 실시한다. 1차 커트라인이라고 할 수 있는 서류전형을 통과한 지원자들의 스펙이나 능력은 서로 엇비슷하다고 판단하기 때문에 지원자의 인성을 파악하기 위해 면접을 더욱 강화하는 것이다.

면접의 기본은 자기 자신을 면접관에게 알기 쉽게 표현하는 것이다. 이러한 표현을 바탕으로 자신의 단점을 극복할 수 있는 연습을 한다면 좋은 결과를 얻을 수 있을 것이다.

1. 자기소개

자기소개를 시키는 이유는 면접자가 지원자의 자기소개서를 압축해서 듣고, 지원자의 첫인상을 평가할 시간을 가질 수 있기 때문이다. 면접을 위한 워밍업이라고 할 수 있으며, 첫인상을 결정하는 과정이므로 매우 중요한 순간이다. 자신을 잘 소개할 수 있는 문구의 1분 자기소개를 미리 준비해서 연습해야 한다.

2. 1분 자기소개 시 주의사항

면접에서 바른 자세가 중요하다는 것은 익히 알고 있다. 하지만 문제는 무의식적으로 나오는 흐트러진 자세 때문에 나쁜 인상을 줄 수 있다는 것이다. 이러한 습관을 고칠 수 있는 가장 좋은 방법은 캠코더로 녹화하거나 스터디를 통해 모의 면접을 해 보면서 끊임없이 피드백을 받는 것이다.

3. 대화법

전문가들이 말하는 대화법의 핵심은 '상대방을 배려하면서 이야기하라.'는 것이다. 대화는 나와 다른 사람의 소통이다. 내용에 대한 공감이나 이해가 없다면 대화는 더 이상 진전되지 않는다.

4. 첫인상

취업을 위해 성형수술을 받는 지원자들에 대한 이야기는 더 이상 뉴스거리가 되지 않는다. 그만큼 많은 사람이 좁은 취업문을 뚫기 위해 이미지 향상에 신경을 쓰고 있다. 하지만 외모와 첫인상을 절대적인 관계로 이해하는 것은 잘못된 판단이다. 외모가 첫인상에서 많은 부분을 차지하지만, 외모 외에 다른 결점이 발견된다면 그로 인해 장점들이 가려질 수도 있다. 첫인상은 말 그대로 한 번밖에 기회가 주어지지 않으며 몇 초 안에 결정된다. 첫인상을 결정짓는 요소 중 시각적인 요소가 80% 이상을 차지한다. 첫눈에 들어오는 생김새나 복장, 표정 등에 의해서 결정되는 것이다. 면접을 시작할 때 자기소개를 시키는 것도 지원자별로 첫인상을 평가하기 위해서이다. 첫인상이 중요한 이유는 만약 첫인상이 부정적으로 인지될 경우, 지원자의 다른 좋은 면까지 거부당하기 때문이다. 이러한 현상을 심리학에서는 초두효과(Primacy Effect)라고 한다.

이는 먼저 제시된 정보가 추후 알게 된 정보보다 더 강력한 영향을 미치는 현상으로, 앞서 제시된 정보가 나중의 것보다 기억이 더 잘 되고, 인출도 더 잘 된다는 것이다. 예를 들어 첫인상이 착하게 기억되면 나중에 나쁜 행동을 하더라도 순간의 실수로 생각되는 반면, 첫인상이 나쁘다면 착한 행동을 하더라도 그 진위에 의심을 사게 되는 것이다. 이처럼 한 번 형성된 첫인상은 여간해서 바꾸기 힘들다. 따라서 평소에 첫인상을 좋게 만들기 위한 노력을 꾸준히 해야만 한다.

깔끔한 옷차림과 부드러운 표정 그리고 말과 행동 등에 의해 전반적인 이미지가 만들어진다. 누구나 한두 가지 단점은 가지고 있지만 이미지 컨설팅을 통해서 자신의 단점들을 보완하는 지원자도 있다. 특히, 표정이 밝지 않은 지원자는 평소 웃는 연습을 의식적으로 하여 면접을 받는 동안 계속해서 여유 있는 표정을 짓는 것이 중요하다. 성공한 사람들은 인상이 좋다는 것을 명심하자.

02 ▶ 면접의 유형 및 실전 대책

1. 면접의 유형

과거 천편일률적인 일대일 면접과 달리 현재는 면접에 다양한 유형이 도입되어 "면접은 이렇게 보는 것이다."라고 말할 수 있는 정해진 유형이 없어졌다. 그러나 대부분의 기관에서 현재까지는 집단 면접과 다대일 면접이 진행되고 있으므로 어느 정도 유형을 파악하여 사전에 대비가 가능하다. 면접의 기본인 단독 면접부터 다대일 면접, 집단 면접, PT면접 유형과 그 대책에 대해 알아보자.

(1) 단독 면접

단독 면접이란 응시자와 면접관이 일대일로 마주하는 형식을 말한다. 면접위원 한 사람과 응시자 한사람이 마주 앉아 자유로운 화제를 가지고 질의응답을 되풀이하는 방식이다. 이 방식은 면접의 가장 기본적인 방법으로 소요시간은 10 ~ 20분 정도가 일반적이다.

① 단독 면접의 장점

필기시험 등으로 판단할 수 없는 성품이나 능력을 알아내는 데 가장 적합하다고 평가받아 온 면접방식으로 응시자 한 사람 한 사람에 대해 여러 면에서 비교적 폭넓게 파악할 수 있다. 응시자의 입장에서는 한 사람의 면접관만을 대하는 것이므로 상대방에게 집중할 수 있으며, 긴장감도 다른 면접방식에 비해서는 적은 편이다.

② 단독 면접의 단점

면접관의 주관이 강하게 작용해 객관성을 저해할 소지가 있으며, 면접 평가표를 활용한다 하더라도 일면적인 평가에 그칠 가능성을 배제할 수 없다. 또한 시간이 많이 소요되는 것도 단점이다.

> **단독 면접 준비 Point**
>
> 단독 면접에 대비하기 위해서는 평소 일대일로 논리 정연하게 대화를 나눌 수 있는 능력을 기르는 것이 중요하다. 그리고 면접장에서는 면접관을 선배나 선생님 혹은 아버지를 대하는 기분으로 면접에 임하는 것이 부담도 훨씬 적고 실력을 발휘할 수 있는 방법이 될 것이다.

(2) 다대일 면접

다대일 면접은 일반적으로 가장 많이 사용되는 면접방법으로 보통 2~5명의 면접관이 1명의 응시자에게 질문하는 형태의 면접방법이다. 면접관이 여러 명이므로 다각도에서 질문을 하여 응시자에 대한 정보를 많이 알아낼 수 있다는 점 때문에 선호하는 면접방법이다.

하지만 응시자의 입장에서는 면접관에 따라 질문도 각양각색이고 동료 응시자가 없으므로 숨 돌릴 틈도 없게 느껴진다. 또한 관찰하는 눈도 많아서 조그만 실수라도 지나치는 법이 없기 때문에 정신적 압박과 긴장감이 높은 면접방법이다. 따라서 응시자는 긴장을 풀고 한 명의 면접관이 질문하더라도 면접관 전원을 향해 대답한다는 기분으로 또박또박 대답하는 자세가 필요하다.

① 다대일 면접의 장점

면접관이 집중적인 질문과 다양한 관찰을 통해 응시자가 과연 조직에 필요한 인물인가를 완벽히 검증할 수 있다.

② 다대일 면접의 단점

면접시간이 보통 10~30분 정도로 긴 편이고 응시자에게 지나친 긴장감을 조성하는 면접방법이다.

> **다대일 면접 준비 Point**
>
> 질문을 들을 때 시선은 면접위원을 향하고 다른 데로 돌리지 말아야 하며, 대답할 때에도 고개를 숙이거나 입속에서 우물거리는 소극적인 태도는 피하도록 한다. 면접위원과 대등하다는 마음가짐으로 편안한 태도를 유지하면 대답도 자연스러운 상태에서 좀 더 충실히 할 수 있고, 이에 따라 면접위원이 받는 인상도 달라진다.

(3) 집단 면접

집단 면접은 다수의 면접관이 여러 명의 응시자를 한꺼번에 평가하는 방식으로 짧은 시간에 능률적으로 면접을 진행할 수 있다. 각 응시자에 대한 질문 내용, 질문 횟수, 시간 배분이 똑같지는 않으며, 모두에게 같은 질문이 주어지기도 하고, 각각 다른 질문을 받기도 한다.

또 어떤 응시자가 한 대답에 대한 의견을 묻는 등 그때그때의 분위기나 면접관의 의향에 따라 변수가 많다. 집단 면접의 경우 응시자의 입장에서는 개별 면접에 비해 긴장감은 다소 덜한 반면에 다른 응시자들과 확실하게 비교되므로 응시자는 몸가짐이나 표현력·논리성 등이 결여되지 않도록 자신의 생각이나 의견을 솔직하게 발표하여 집단 속에 묻히거나 밀려나지 않도록 주의해야 한다.

① 집단 면접의 장점

집단 면접의 장점은 면접관이 응시자 한 사람에 대한 관찰시간이 상대적으로 길고, 비교 평가가 가능하기 때문에 결과적으로 평가의 객관성과 신뢰성을 높일 수 있다는 점이며, 응시자는 동료들과 함께 면접을 받기 때문에 긴장감이 다소 덜하다는 것을 들 수 있다. 또한 동료가 답변하는 것을 들으며, 자신의 답변 방식이나 자세를 조정할 수 있다는 것도 큰 이점이다.

② 집단 면접의 단점

응답하는 순서에 따라 응시자마다 유리하고 불리한 점이 있고, 면접위원의 입장에서는 각각의 개인적인 문제를 깊게 다루기가 곤란하다는 것이 단점이다.

집단 면접 준비 Point

너무 자기 과시를 하지 않는 것이 좋다. 대답은 자신이 말하고 싶은 내용을 간단명료하게 말해야 한다. 내용이 없는 발언을 한다거나 대답을 질질 끄는 태도는 좋지 않다. 또 말하는 중에 내용이 주제에서 벗어나거나 자기중심적으로만 말하는 것도 피해야 한다. 집단 면접에 대비하기 위해서는 평소에 설득력을 지닌 자신의 논리력을 계발하는 데 힘써야 하며, 다른 사람 앞에서 자신의 의견을 조리 있게 개진할 수 있는 발표력을 갖추는 데에도 많은 노력을 기울여야 한다.

• 실력에는 큰 차이가 없다는 것을 기억하라.
• 동료 응시자들과 서로 협조하라.
• 답변하지 않을 때의 자세가 중요하다.
• 개성 표현은 좋지만 튀는 것은 위험하다.

---

(4) 집단 토론식 면접

집단 토론식 면접은 집단 면접과 형태는 유사하지만 질의응답이 아니라 응시자들끼리의 토론이 중심이 되는 면접방법으로 최근 들어 급증세를 보이고 있다.

이는 공통의 주제에 대해 다양한 견해들이 개진되고 결론을 도출하는 과정, 즉 토론을 통해 응시자의 다양한 면에 대한 평가가 가능하다는 집단 토론식 면접의 장점이 널리 확산된 데 따른 것으로 보인다. 사실 집단 토론식 면접을 활용하면 주제와 관련된 지식 정도와 이해력, 판단력, 설득력, 협동성은 물론 리더십, 조직 적응력, 적극성과 대인관계 능력 등을 파악하는 것이 용이하다고 한다. 토론식 면접에서는 자신의 의견을 명확히 제시하면서도 상대방의 의견을 경청하는 토론의 기본자세가 필수적이며, 지나친 경쟁심이나 자기 과시욕은 접어두는 것이 좋다.

또한 집단 토론의 목적이 결론을 도출해 나가는 과정에 있다는 것을 감안하여 무리하게 자신의 주장을 관철시키기보다 오히려 토론의 질을 높이는 데 기여하는 것이 좋은 인상을 줄 수 있다는 점을 알아야 한다. 취업 희망자들은 토론식 면접이 급속도로 확산되는 추세임을 감안해 특히 철저한 준비를 해야 한다.

평소에 신문의 사설이나 매스컴 등의 토론 프로그램을 주의 깊게 보면서 논리 전개 방식을 비롯한 토론 과정을 익히도록 하고, 친구들과 함께 간단한 주제를 놓고 토론을 진행해 볼 필요가 있다. 또한 사회·시사문제에 대해 자기 나름대로의 관점을 정립해두는 것도 꼭 필요하다.

집단 토론식 면접 준비 Point

- 토론은 정답이 없다는 것을 명심한다.
- 내 주장을 강조하지 않는다.
- 남이 말할 때 끼어들지 않는다.
- 필기구를 준비하여 메모하면서 면접에 임한다.
- 주제에 자신이 없다면 첫 번째 발언자가 되지 않는다.
- 자신의 입장을 먼저 밝힌다.
- 상대측의 사소한 발언에 집착하지 않고 전체적인 의미에 초점을 놓치지 않아야 한다.
- 남의 의견을 경청한다.
- 예상 밖의 반론에 당황스럽다 하더라도 유연함을 잃지 않아야 한다.

(5) PT 면접

PT 면접, 즉 프레젠테이션 면접은 최근 들어 집단 토론 면접과 더불어 그 활용도가 점차 커지고 있다. PT 면접은 기관마다 특성이 다르고 인재상이 다른 만큼 인성 면접만으로는 알 수 없는 지원자의 문제해결능력, 전문성, 창의성, 기본 실무능력, 논리성 등을 관찰하는 데 중점을 두는 면접으로, 지원자 간의 변별력이 높아 대부분의 기관에서 적용하고 있으며, 확산되는 추세이다.

면접 시간은 기관별로 차이가 있지만, 전문지식, 시사성 관련 주제를 제시한 다음 보통 20 ~ 50분 정도 준비하여 5분가량 발표할 시간을 준다. 단순히 질의응답으로 이루어지는 것이 아니라 면접관은 주제에 대해 일정 시간 동안 지원자의 발언과 발표하는 모습 등을 관찰하게 된다. 정확한 답이나 지식보다는 논리적 사고와 의사표현력이 더 중시되기 때문에 자신의 생각을 어떻게 설명하느냐가 매우 중요하다. PT 면접에서 같은 주제라도 직무별로 평가요소가 달리 나타난다. 예를 들어, 영업직은 설득력과 의사소통능력에 중점을 둘 수 있겠고, 관리직은 신뢰성과 창의성 등을 더 중요하게 평가한다.

PT 면접 준비 Point

- 면접관의 관심과 주의를 집중시키고, 발표 태도에 유의한다.
- 모의 면접이나 거울 면접으로 미리 점검한다.
- PT 내용은 세 가지 정도로 정리해서 말한다.
- PT 내용에는 자신의 생각이 담겨 있어야 한다.
- PT 중간에 자문자답 방식을 활용한다.
- 평소 지원하는 분야의 동향이나 직무에 대한 전문지식을 쌓아둔다.
- 부적절한 용어 사용이나 무리한 주장 등은 하지 않는다.

2. 면접의 실전 대책

(1) 면접 대비사항

① 지원한 기관에 대한 사전지식을 충분히 갖는다.

필기시험 또는 서류전형의 합격통지가 온 후 면접시험 날짜가 정해지는 것이 보통이다. 이때 지원자는 면접시험을 대비해 사전에 본인이 지원한 기관 또는 부서에 대해 폭넓은 지식을 가질 필요가 있다.

> **지원 기관에 대해 알아두어야 할 사항**
>
> - 지원 기관의 연혁
> - 지원 기관의 장
> - 지원 기관의 경영목표와 방침
> - 지원 분야의 업무 내용
> - 지원 기관의 인재상
> - 지원 기관의 비전

② 충분한 수면을 취한다.

충분한 수면으로 안정감을 유지하고 첫 출발의 신선한 마음가짐을 갖는다.

③ 면접 당일 아침에 인터넷으로 신문을 읽는다.

그날의 뉴스가 질문 대상에 오를 수가 있다. 특히 경제면, 정치면, 문화면 등을 유의해서 봐둘 필요가 있다.

> **출발 전 확인할 사항**
>
> 스케줄표, 지갑, 신분증(주민등록증), 손수건, 휴지, 필기도구, 예비스타킹(여성의 경우) 등을 준비하자.

(2) 면접 시 옷차림

면접에서 옷차림은 간결하고 단정한 느낌을 주는 것이 가장 중요하다. 색상과 디자인 면에서 지나치게 화려한 색상이나, 노출이 심한 디자인은 자칫 면접관의 눈살을 찌푸리게 할 수 있다. 단정한 차림을 유지하면서 자신만의 독특한 멋을 연출하는 것, 지원 기관의 분위기를 파악했다는 센스를 보여주는 것 등이 면접 복장의 포인트다.

> **복장 점검**
>
> - 구두는 잘 닦여 있는가?
> - 옷은 깨끗이 다려져 있으며 스커트 길이는 적당한가?
> - 손톱은 길지 않고 깨끗한가?
> - 머리는 흐트러짐 없이 단정한가?

(3) 면접요령

① 첫인상을 중요시한다.

상대에게 인상을 좋게 주지 않으면 어떠한 얘기를 해도 충분히 전달되지 않을 수 있다. 예를 들면 '저 친구는 표정이 없고 무엇을 생각하고 있는지 전혀 알 길이 없다.'라고 생각하게 만들면 최악의 상태다. 청결한 복장과 바른 자세로 면접장에 침착하게 들어가 건강하고 신선한 이미지를 주도록 한다.

② 좋은 표정을 짓는다.

얘기할 때의 표정은 중요한 사항 중 하나다. 거울 앞에서 웃는 연습을 해본다. 웃는 얼굴은 상대를 편안하게 만들고 특히 면접 등 긴박한 분위기에서는 큰 효과를 나타낼 것이다. 그렇다고 하여 항상 웃고만 있어서는 안 된다. 본인이 할 얘기를 진정으로 전하고 싶을 때는 진지한 표정으로 상대의 눈을 바라보며 얘기한다.

③ 결론부터 이야기한다.

본인의 의사나 생각을 상대에게 정확하게 전달하기 위해서는 먼저 무엇을 말하고자 하는가를 명확히 결정해 두어야 한다. 대답을 할 경우에는 결론을 먼저 이야기하고 나서 그에 따르는 설명과 이유를 나중에 덧붙이면 논지(論旨)가 명확해지고 이야기가 깔끔하게 정리된다. 보통 한 가지 사실을 이야기하거나 설명하는 데는 3분이면 충분하다. 복잡한 이야기도 어느 정도의 길이로 요약해서 이야기하면 상대도 이해하기 쉽고 자기도 정리할 수 있다. 긴 이야기는 오히려 상대를 불쾌하게 할 수가 있다.

④ 질문의 요지를 파악한다.

면접 때의 이야기는 간결성만으로 부족하다. 상대의 질문이나 이야기에 대해 적절하고 필요한 대답을 하지 않으면 대화는 끊어지고 자기의 생각도 제대로 표현하지 못한다. 이는 면접관이 지원자의 인품이나 사고방식 등을 명확히 파악할 수 없도록 만들게 된다. 면접에서는 면접관이 무엇을 묻고 있는지, 무슨 이야기를 하고 있는지 그 요점을 정확히 알아내야 한다.

(4) 면접 시 주의사항

① 지각은 있을 수 없다.

면접 당일에 시간을 맞추지 못하여 지각하는 것은 있을 수 없는 일이다. 약속을 못 지키는 사람은 좋은 평가를 받을 수 없다. 면접 당일에는 지정시간 10 ~ 20분쯤 전에 미리 면접장에 도착해 마음을 가라앉히고 준비해야 한다.

② 손가락을 움직이지 마라.

면접 시에 손가락을 까딱거리거나 만지작거리는 행동은 유난히 눈에 띌 뿐만 아니라 면접관의 눈에 거슬리기 마련이다. 다리를 떠는 행동은 말할 것도 없다. 불안정하거나 산만하다는 느낌을 줄 수 있으므로 주의할 필요가 있다.

③ 옷매무새를 자주 고치지 마라.

여성의 경우 외모에 너무 신경 쓴 나머지 머리를 계속 쓸어 올리거나, 깃과 치마 끝을 만지작거리는 경우가 많다. 짧은 미니스커트를 입고 와서 면접시간 내내 치마 끝을 내리는 행위는 면접관으로 하여금 인상을 찌푸리게 만든다. 인사담당자의 말에 의하면 이런 사람이 의외로 많다고 한다.

④ 적당한 목소리 톤으로 말해라.

면접관과의 거리가 어느 정도 떨어져 있기 때문에 작은 소리로 웅얼거리는 것은 좋지 않다. 그러나 너무 크게 소리를 질러가며 말하는 사람은 오히려 거북하게 느껴진다.

⑤ 성의 있는 응답 자세를 보여라.

질문에 대해 너무 '예, 아니요'로만 답변하면 성의 없다는 인상을 심어주게 된다. 따라서 설명을 덧붙일 수 있는 질문에 대해서는 지루하지 않을 만큼의 설명을 붙인다.

⑥ 구두를 깨끗이 닦는다.

앉아있는 사람의 구두는 면접관의 위치에서 보면 눈에 잘 띈다. 그러나 의외로 구두에 대해 신경써서 미리 깨끗이 닦아둔 사람은 드물다. 면접 전날 반드시 구두를 깨끗이 닦아준다.

⑦ 지나친 화장은 피한다.

여성의 경우 지나치게 화장을 짙게 하면 거부감을 불러일으킬 수 있다. 또한 머리도 단정히 정리해서 이마가 가급적이면 드러나 보이게 하는 것이 좋다. 여기저기 흘러나온 머리는 지저분하고 답답한 느낌을 준다. 지나친 액세서리도 금물이다.

⑧ 기타 사항

㉠ 앉으라고 할 때까지 앉지 마라. 의자로 재빠르게 다가와 앉으면 무례한 사람처럼 보이기 쉽다.

㉡ 응답 시 너무 말을 꾸미지 마라.

㉢ 질문이 떨어지자마자 답변을 외운 것처럼 바쁘게 대답하지 마라.

㉣ 혹시 잘못 대답하였다고 해서 혀를 내밀거나 머리를 긁지 마라.

㉤ 머리카락에 손대지 마라. 정서불안으로 보이기 쉽다.

㉥ 면접실에 다른 지원자가 들어올 때 절대로 일어서지 마라.

㉦ 동종업계나 라이벌 회사에 대해 비난하지 마라.

㉧ 면접관 책상에 있는 서류를 보지 마라.

㉨ 농담을 하지 마라. 쾌활한 것은 좋지만 지나치게 경망스러운 태도는 의지가 부족해 보인다.

㉩ 질문에 대해 대답할 말이 생각나지 않는다고 천장을 쳐다보거나 고개를 푹 숙이고 바닥을 내려다 보지 마라.

㉪ 면접관이 서류를 검토하는 동안 말하지 마라.

㉫ 과장이나 허세로 면접관을 압도하려 하지 마라.

㉬ 은연중에 연고를 과시하지 마라.

면접 전 마지막 체크 사항

• 지원 기관의 소재지(본사・지사・공장 등)를 정확히 알고 있다.
• 지원 기관의 정식 명칭(Full Name)을 알고 있다.
• 약속된 면접시간 10분 전에 도착하도록 스케줄을 짤 수 있다.
• 면접실에 들어가서 공손히 인사한 후 또렷한 목소리로 자기 수험번호와 성명을 말할 수 있다.
• 앉으라고 할 때까지는 의자에 앉지 않는다는 것을 알고 있다.
• 자신에 대해 3분간 이야기할 수 있는 준비가 되어 있다.
• 자신의 긍정적인 면을 상대방에게 바르게 전달할 수 있다.

02 부산광역시교육청 예상 면접질문

- 1분 동안 자신을 소개해 보시오.
- 교육공무직원의 자질을 3가지 말해 보시오.
- 지원한 직렬에서 가장 중요하게 생각하는 것을 말해 보시오.
- 업무에 임하는 데 있어 중요하다고 생각하는 가치관을 3가지 이상 말해 보시오.
- 급식, 안전, 귀가지도 중 가장 중요하게 생각하는 분야 1가지와 지도방법 5가지 이상 말해 보시오.
- 학부모 만족도를 높일 수 있는 운영방안을 4가지 이상 말해 보시오.
- 문제 행동을 하는 아이의 지도방법에 대해 말해 보시오.
- 아이가 다쳤을 경우 대처방안에 대해 말해 보시오.
- 생활 수칙 중 본인이 중요하다고 생각하는 것을 5가지 이상 말해 보시오.
- 다양한 사람들과 어울려서 업무를 하는 데 있어 자신만의 노하우를 말해 보시오.
- 학교 기록물 종류와 관리법에 대해 말해 보시오.
- 교육공무직에 지원하게 된 동기를 말해 보시오.
- 부산광역시교육청의 교육정책을 말해 보시오.
- 부산광역시교육 브랜드 슬로건을 말해 보시오.
- 부산광역시교육 브랜드 슬로건의 표현 의미를 설명해 보시오.
- 교육이란 무엇이라고 생각하는지 말해 보시오.
- 교육공무직원이 하는 일을 설명해 보시오.
- 교육공무직의 8가지 의무를 4가지 이상 말해 보시오.
- 교육공무직원의 업무를 3가지 이상 말해 보시오.
- 교육공무직원이 갖춰야 할 자세를 3가지 이상 말해 보시오.
- 교육공무직원이 필요한 이유를 4가지 이상 설명해 보시오.
- 교육공무직을 수행하는 데 있어 가장 중요한 것이 무엇이라고 생각하는지 말해 보시오.
- 교육공무제도의 장·단점을 설명해 보시오.
- 부산광역시교육청 행정서비스헌장에 대하여 설명해 보시오.
- 공무원과 교육공무직원의 공통점과 차이점을 말해 보시오.
- 교육청에서 하는 업무에 대하여 아는 대로 설명해 보시오.
- 학교에서 하는 업무를 아는 대로 말해 보시오.
- 교육청과 학교 근무의 차이점에 대하여 설명해 보시오.
- 지원한 직렬에서 수행하는 업무에 대하여 아는 대로 설명해 보시오.
- 2명의 상급자로부터 업무를 지시받았을 때 어떻게 해결할 것인지 말해 보시오.
- 업무를 수행하는 과정에서 상급자의 실수를 발견하였다면 어떻게 할 것인지 말해 보시오.
- 갈등이 있을 때 어떻게 해결하는지 말해 보시오.
- 채용 후 본인 업무 외 다른 업무를 시킬 경우 어떻게 대처할 것인지 말해 보시오.

- 민원 처리 방법에 대하여 설명해 보시오.
- 방문 민원 응대 방법에 대하여 설명해 보시오.
- 전화 응대 방법에 대하여 설명해 보시오.
- 폭언을 하는 민원인의 민원을 어떻게 해결할 것인지 말해 보시오.
- 부정청탁 금품 수수에 해당하는 사례를 말해 보시오.
- 최근 교육 관련 이슈에 대하여 소개하고, 자신의 의견을 말해 보시오.
- 교육공무직원이 되면 무엇을 잘할 수 있는지 말해 보시오.
- 학부모가 화를 내면서 찾아온다면 어떻게 할 것인지 말해 보시오.
- 지인이나 친구들에게 어떤 친구로 기억되고 싶은지 말해 보시오.
- 직장 내 동료와 갈등이 발생한다면 어떻게 해결하겠는지 말해 보시오.

SDEDU

합격의
공식
SD에듀

얼마나 많은 사람들이 책 한 권을 읽음으로써
인생에 새로운 전기를 맞이했던가.

- 헨리 데이비드 소로 -

합격의 공식 **시대에듀**

교육공무직 합격!

시대에듀에서 제안하는

교육공무직
합격 로드맵

교육공무직 어떻게 준비하세요? 핵심만 짚어주는 교재! 시대에듀의 교육공무직 교재로 합격을 준비하세요.

더 이상의
교육청 시리즈는 없다!

 차다!
꼭 알아야 할
내용을 담고 있으니까

 절하다!
핵심 내용을 쉽게
설명하고 있으니까

 심을 뚫는다!
시험 유형에 적합한
문제를 다루니까

 쾌하다!
상세한 풀이로
완벽하게 익힐 수 있으니까

시대에듀가 신뢰와 책임의 마음으로 수험생 여러분에게 다가갑니다.

2025 최신판 시대에듀 All-aNew 100% 전면개정

부산광역시 교육청

교육공무직원 소양평가

정답 및 해설

편저 | SDC(Sidae Data Center)

▲ 합격의 모든 것!

[모바일] OMR 답안채점/ 성적분석 서비스 | [합격시대] 온라인 모의고사 무료쿠폰 | [WiN시대로] AI면접 무료쿠폰

시대에듀

PART

2

직무능력검사

끝까지 책임진다! 시대에듀!

QR코드를 통해 도서 출간 이후 발견된 오류나 개정법령, 변경된 시험 정보, 최신기출문제, 도서 업데이트 자료 등이 있는지 확인해 보세요! **시대에듀 합격 스마트 앱**을 통해서도 알려 드리고 있으니 구글 플레이나 앱 스토어에서 다운받아 사용하세요. 또한, 파본 도서인 경우에는 구입하신 곳에서 교환해 드립니다.

01 | 언어논리력 기출예상문제

01 ▶ 어휘력

01	02	03	04	05	06	07	08	09	10
①	④	①	①	④	①	③	④	①	①
11	12	13	14	15	16	17	18	19	20
②	②	①	③	①	①	③	③	①	③
21	22	23	24	25	26	27	28	29	30
①	③	①	②	③	④	①	①	①	③

01   정답 ①

• 선언 : 널리 펴서 말함. 또는 그런 내용
• 공표 : 여러 사람에게 널리 드러내어 알림

오답분석
② 추종 : 남의 뒤를 따라서 좇음
③ 거절 : 상대편의 요구, 제안, 선물, 부탁 따위를 받아들이지 않고 물리침
④ 주장 : 자기의 의견이나 주의를 굳게 내세움. 또는 그런 의견이나 주의

02   정답 ④

• 희망 : 앞일에 대하여 어떤 기대를 가지고 바람
• 염원 : 마음에 간절히 생각하고 기원함

오답분석
① 특별 : 보통과 구별되게 다름
② 효과 : 어떤 목적을 지닌 행위에 의하여 드러나는 보람이나 좋은 결과
③ 효능 : 효험을 나타내는 능력

03   정답 ①

• 개선 : 잘못된 것이나 부족한 것, 나쁜 것 따위를 고쳐 더 좋게 만듦
• 개량 : 나쁜 점을 보완하여 더 좋게 고침

오답분석
② 부족 : 필요한 양이나 기준에 미치지 못해 충분하지 아니함
③ 허용 : 허락하여 너그럽게 받아들임
④ 승낙 : 청하는 바를 들어줌

04   정답 ①

• 풍부하다 : 넉넉하고 많다.
• 넉넉하다 : 크기나 수량 따위가 기준에 차고도 남음이 있다.

오답분석
② 부족하다 : 필요한 양이나 기준에 미치지 못해 충분하지 아니하다.
③ 소박하다 : 꾸밈이나 거짓이 없고 수수하다.
④ 한적하다 : 한가하고 고요하다.

05   정답 ④

• 읍소(泣訴)하다 : 눈물을 흘리며 간절히 하소연한다.
• 애걸(哀乞)하다 : 소원을 들어 달라고 애처롭게 빌다.

오답분석
① 읍례(揖禮)하다 : 남을 향하여 읍하여 예를 하다.
② 간색(看色)하다 : 물건의 일부분을 보아 질을 살피다.
③ 가붓하다 : 조금 가벼운 듯하다.

06   정답 ①

• 비추다 : 빛을 내는 대상이 다른 대상에 빛을 보내어 밝게 하다.
• 조명(照明)하다 : 광선으로 밝게 비춤. 또는 어떤 대상을 일정한 관점으로 바라보다.

오답분석
② 조회(照會)하다 : 어떠한 사항이나 내용이 맞는지 관계되는 기관 등에 알아보다.
③ 대조(對照)하다 : 둘 이상인 대상의 내용을 맞대어 같고 다름을 검토하다.
④ 투조(透彫)하다 : 조각에서, 재료의 면을 도려내어서 도안을 나타내다.

07

정답 ③

- 간담상조(肝膽相照) : '간과 쓸개를 내놓고 서로에게 내보인다.'는 뜻으로, 서로 속마음을 털어놓고 친(親)하게 사귐을 뜻하는 말
- 문경지교(刎頸之交) : '서로를 위해서라면 목이 잘린다 해도 후회하지 않을 정도의 사이'라는 뜻으로, 생사를 같이할 수 있는 아주 가까운 사이, 또는 그런 친구를 이르는 말

오답분석

① 해로동혈(偕老同穴) : '살아서는 같이 늙고 죽어서는 한 무덤에 묻힌다.'는 뜻으로, 생사를 같이하자는 부부의 굳은 맹세를 이르는 말
② 반포보은(反哺報恩) : '까마귀 새끼가 자라서 늙은 어미 까마귀에게 먹이를 물어다 주어 보답한다.'는 뜻으로, 자식이 자라서 어버이의 은혜에 보답함으로써 효를 행함을 이르는 말
④ 각골통한(刻骨痛恨) : 뼈에 사무칠 만큼 원통(冤痛)하고 한스러움 또는 그런 일

08

정답 ④

- 주장낙토(走獐落兎) : '노루를 쫓다가 생각지도 아니한 토끼가 걸려들었다.'는 뜻으로, 뜻밖의 이익이 생김을 이르는 말
- 사공중곡(射空中鵠) : '무턱대고 쏜 화살이 과녁에 맞았다.'는 뜻으로, 멋모르고 한 일이 우연히 들어맞아 성공하였음을 비유적으로 이르는 말

오답분석

① 이록위마(以鹿爲馬) : '사슴을 말이라고 우겨댄다.'는 뜻으로, 윗사람을 기만하고 권세를 휘두름을 이르는 말
② 정저지와(井底之蛙) : '우물 안 개구리'라는 뜻으로, 세상 물정에 어둡고 시야가 좁음을 나타냄을 이르는 말
③ 견란구계(見卵求鷄) : '달걀을 보고 닭이 되어 울기를 바란다.'는 뜻으로, 지나치게 성급한 것을 이르는 말

09

정답 ①

- 조율이시(棗栗梨柿) : 제사에 흔히 쓰는 대추, 밤, 배, 감 따위의 과실
- 주과포혜(酒果脯醯) : '술·과일·육포·식혜'라는 뜻으로, 간략한 제물을 이르는 말

오답분석

② 과숙체락(瓜熟蒂落) : '오이가 익으면 꼭지가 자연히 떨어진다.'는 뜻으로, 때가 오면 무슨 일이든지 자연히 이루어짐을 두고 이르는 말
③ 도방고리(道傍苦李) : '길가에 있는 쓴 자두 열매'라는 뜻으로, 남에게 버림받음을 비유해 이르는 말
④ 석과불식(碩果不食) : '큰 과실을 다 먹지 아니하고 남긴다.'는 뜻으로, 자기만의 욕심을 버리고 자손에게 복을 줌을 이르는 말

10

정답 ①

- 일람첩기(一覽輒記) : '한 번 보면 다 기억한다.'는 뜻으로, 총명하고 기억을 잘함을 이르는 말
- 과목성송(過目成誦) : '어떤 책이든 한번 보기만 하면 곧 왼다.'는 뜻으로, 기억력이 좋음을 비유적으로 이르는 말

오답분석

② 기문지학(記問之學) : 단순히 책을 외기만 하고 제대로 이해하지 못한 학문을 이르는 말
③ 미진보벌(迷津寶筏) : '길을 헤매는 나루의 훌륭한 배'라는 뜻으로, 삶에 가르침을 주는 책을 이르는 말
④ 현두자고(懸頭刺股) : '상투를 천장에 달아매고, 송곳으로 허벅다리를 찔러서 잠을 깨운다.'는 뜻으로, 학업에 매우 힘씀을 이르는 말

11

정답 ②

- 손방 : 아주 할 줄 모르는 솜씨
- 난든집 : 손에 익어서 생긴 재주

오답분석

① 손바람 : 손을 흔들어서 내는 바람. 또는 일을 치러 내는 솜씨나 힘
③ 잡을손 : 일을 다잡아 해내는 솜씨
④ 매무시 : 옷을 입을 때 매고 여미는 따위의 뒷단속

12

정답 ②

- 겸양하다 : 겸손한 태도로 남에게 양보하거나 사양하다.
- 거만하다 : 잘난 체하며 남을 업신여기는 데가 있다.

오답분석

① 섬세하다 : 곱고 가늘다.
③ 고수하다 : 차지한 물건이나 형세 따위를 굳게 지키다.
④ 지정하다 : 가리키어 확실하게 정하다.

13

정답 ①

- 취직 : 일정한 직업을 잡아 직장에 나감
- 퇴직 : 현직에서 물러남

오답분석

② 직업 : 생계를 유지하기 위하여 자신의 적성과 능력에 따라 일정한 기간 동안 계속하여 종사하는 일
③ 직장 : 사람들이 일정한 직업을 가지고 일하는 곳
④ 직무 : 직책이나 직업상에서 책임을 지고 담당하여 맡은 사무

14
정답 ③

- 저열하다 : 질이 낮고 변변하지 못하다.
- 고매하다 : 인격이나 품성, 학식, 재질 따위가 높고 빼어나다.

오답분석
① 졸렬하다 : 옹졸하고 천하여 서투르다.
② 야비하다 : 성질이나 행동이 야하고 천하다.
④ 천하다 : 하는 짓이나 생긴 꼴이 고상한 맛이 없다.

15
정답 ①

- 겸손 : 남을 존중하고 자기를 내세우지 않는 태도가 있음
- 거만 : 잘난 체하며 남을 업신여기는 데가 있음

오답분석
② 고정 : 한번 정한 대로 변경하지 아니함
③ 기발 : 유달리 재치가 뛰어남
④ 염세 : 세상을 괴롭고 귀찮은 것으로 여겨 비관함

16
정답 ①

- 든직하다 : 사람됨이 묵중하다.
- 붓날다 : 말이나 하는 짓 따위가 붓이 나는 것처럼 가볍게 들뜨다.

오답분석
② 사랑옵다 : 생김새나 행동이 사랑을 느낄 정도로 귀엽다.
③ 무덕지다 : 한데 수북이 쌓여 있거나 뭉쳐 있다.
④ 얄망궂다 : 성질이나 태도가 괴상하고 까다로워 얄미운 데가 있다.

17
정답 ③

- 금의환향(錦衣還鄕) : 비단옷 입고 고향에 돌아온다는 뜻으로, 출세하여 고향에 돌아옴을 이르는 말
- 무면도강(無面渡江) : 일에 실패하여 고향에 돌아갈 면목이 없음을 이르는 말

오답분석
①・②・④는 성공 또는 출세와 관련된 사자성어이다.
① 입신양명(立身揚名) : 사회적으로 인정을 받고 출세하여 이름을 세상에 드날림
② 부귀공명(富貴功名) : 재물이 많고 지위가 높으며 공을 세워 이름을 떨침
④ 의금주행(衣錦晝行) : '비단 옷을 입고 낮에 다닌다.'는 뜻으로, 출세하여 고향에 돌아감을 비유하여 이르는 말

18
정답 ③

- 군계일학(群鷄一鶴) : 많은 사람 가운데서 뛰어난 인물을 이르는 말
- 천재일우(千載一遇) : '(천년에나 한 번 만날 수 있는 기회) 좀처럼 얻기 힘든 기회'를 뜻하는 말

오답분석
① 철중쟁쟁(鐵中錚錚) : 같은 무리 가운데서도 가장 뛰어남. 또는 그런 사람을 이르는 말
② 태산북두(泰山北斗) : 모든 사람들이 존경하는 뛰어난 인물을 비유하는 말
④ 낭중지추(囊中之錐) : 재능이 뛰어난 사람은 숨어 있어도 저절로 사람들에게 알려짐을 이르는 말

19
정답 ①

- 혼용무도(昏庸無道) : 나라 상황이 마치 암흑에 뒤덮인 것처럼 온통 어지러움
- 일사불란(一絲不亂) : '질서 정연하여 조금도 어지러운 데가 없음'을 뜻하는 말

오답분석
② 평지풍파(平地風波) : 평온한 자리에서 뜻밖의 분쟁이 일어남
③ 옥석혼효(玉石混淆) : '구슬과 돌이 섞여 있다.'는 뜻으로, 좋은 것과 나쁜 것이 뒤섞여 있음
④ 지리멸렬(支離滅裂) : 갈가리 찢기고 마구 흩어져 갈피를 잡을 수 없게 됨

20
정답 ③

- 만시지탄(晚時之歎) : 시기가 늦었음을 안타까워하는 탄식
- 견기이작(見機而作) : 낌새를 알아채고 미리 조치함

오답분석
① 망양보뢰(亡羊補牢) : '양을 잃고 우리를 고친다.'는 뜻으로, 실패한 뒤에 뉘우쳐도 소용없음
② 서제막급(噬臍莫及) : '배꼽을 물려고 하여도 입이 닿지 않는다.'는 뜻으로, 일이 그릇된 뒤에는 후회하여도 아무 소용이 없음을 비유한 말
④ 사후약방문(死後藥方文) : '죽은 뒤에 약방문을 쓴다.'는 뜻으로, 이미 때가 지난 후에 대책을 세우거나 후회해도 소용없다는 말

21 정답 ①

오답분석
② 비대하다 : 몸에 살이 쪄서 크고 뚱뚱하다.
③ 비약하다 : 논리나 사고방식 따위가 그 차례나 단계를 따르지 아니하고 뛰어넘다.
④ 비장하다 : 슬프면서도 그 감정을 억눌러 씩씩하고 장하다.

22 정답 ③

오답분석
① 정리하다 : 체계적으로 분류하고 종합하다.
② 가다듬다 : 정신, 생각, 마음 따위를 바로 차리거나 다잡다.
④ 개선하다 : 잘못된 것이나 부족한 것, 나쁜 것 따위를 고쳐 더 좋게 만들다.

23 정답 ①

오답분석
② 어름지다 : 두 물건이 맞닿다.
③ 설설하다 : 활달하고 시원하다.
④ 여울지다 : 감정이 설레다.

24 정답 ②

㉠ 세상(世上) : 사람이 살고 있는 모든 사회
㉡ 세계(世界) : 지구상의 모든 나라
㉢ 각출(各出) : 각각 내놓거나 나옴
㉣ 갹출(醵出) : 같은 목적을 위하여 여러 사람이 돈을 나누어 냄

25 정답 ③

㉠ 꿀리다 : 힘이나 능력이 남에게 눌리다.
㉡ 꿇리다 : 무릎을 구부려 바닥에 닿게 하다.
㉢ 메이다 : 감정이 북받쳐 목소리가 잘 나지 않게 되다.
㉣ 매이다 : 끈이나 줄 따위로 풀어지지 않게 하다.

26 정답 ④

㉠ 관복을 벗다.
㉡ 사장의 책임을 벗다.
㉢ 도둑 누명을 벗다.
㉣ 촌티를 벗다.

27 정답 ①

㉠ 공을 힘차게 질러 골문으로 들어갔다.
㉡ 내 마음에 불을 지른 그 사람, 용서하지 않겠다.
㉢ 머리에 비녀를 지르다.
㉣ 탄 냄새가 코를 지른다.

28 정답 ①

㉠ 가방을 다 추어도 열쇠를 찾을 수가 없다.
㉡ 그녀는 어깨춤을 추면서 말했다.
㉢ 집에 가려면 언덕길을 추어 올라가야 한다.
㉣ 바지춤을 추다.

29 정답 ①

밑줄 친 '먹었다'는 '어떤 마음이나 감정을 품다.'라는 뜻으로 사용되었다. 이와 같은 뜻으로 사용된 것은 ①이다.

오답분석
② 연기나 가스 따위를 들이마시다.
③ 겁, 충격 따위를 느끼게 되다.
④ 어떤 등급을 차지하거나 점수를 따다.

30 정답 ③

밑줄 친 '엿보다'는 '남이 보이지 아니하는 곳에 숨거나 남이 알아차리지 못하게 하여 대상을 살펴보다.'는 뜻으로, 이와 같은 뜻으로 쓰인 것은 ③이다.

오답분석
①·② 잘 보이지 아니하는 대상을 좁은 틈 따위로 바라보다.
④ 잘 드러나지 아니하는 마음이나 생각을 알아내려고 살피다.

PART 2

02 ▶ 나열하기

01	02	03	04	05	06	07	08	09	10
①	①	①	③	②	④	③	④	②	④

01
정답 ①

(다)는 문제에 대한 주장으로, 그 뒤에 '그래서'로 이어지는 주장에 따른 결과 (가)가 나온다. 그 결과에 대한 이유가 (나)에서 나오고 이는 문맥의 흐름과 '때문입니다.'라는 표현을 통해 알 수 있다. 마지막으로 주장에 대한 결론이 제시되는데 (라)에서 '따라서'라는 결론을 나타내는 부사어를 사용하여 주장을 정리하고 있다.

02
정답 ①

(가) 친환경 농업은 건강과 직결되어 있기 때문에 각광받고 있다. – (나) 병충해를 막기 위해 사용된 농약은 완전히 제거하기 어려우며 신체에 각종 손상을 입힌다. – (다) 생산량 증가를 위해 사용한 농약과 제초제가 오히려 인체에 해를 입힐 수 있다.

03
정답 ①

제시문은 환경영향평가제도에 대한 개념과 도입된 원인에 대한 내용의 글이다. 따라서 (가) 환경영향평가제도는 부정적인 환경 영향을 줄이는 방안을 마련하는 수단 – (다) 개발로 인한 환경오염과 생태계가 파괴되어 해결이 어려워짐 – (나) 이러한 이유로 환경영향평가제도가 도입됨 – (라) 환경영향평가제도는 환경 보전에 대한 인식 제고와 개발과 보전 사이의 균형을 맞추는 역할을 수행함 순서로 연결되어야 한다.

04
정답 ③

제시문은 자연 개발에 대한 찬반 입장과 두 입장을 모두 비판하는 주장을 소개하는 내용의 글이다. 따라서 (다) 자연 개발에 상반된 주장이 대두 – (나) 자연에 손을 대는 것이 불가피하다는 입장 – (가) 자연에 손을 대는 것을 반대하는 입장 – (라) 두 주장을 모두 비판하는 입장 순서로 연결되어야 한다.

05
정답 ②

(라)의 '이러한 기술 발전'은 (나)의 내용에 해당하고, (가)의 '그러한 위험'은 (다)의 내용에 해당한다. 내용상 기술 혁신에 대해 먼저 설명하고 그 위험성에 대해 나와야 하므로, (나) – (라) – (다) – (가)의 순서로 연결되어야 한다.

06
정답 ④

(라)의 앞부분에서는 위기 상황을 제시하고, 뒷부분에서는 인류의 각성을 촉구하는 내용을 다루고 있다. 각성의 당위성을 이끌어내는 내용인 보기가 (라)에 들어가면 앞뒤의 내용을 논리적으로 연결할 수 있다.

07
정답 ③

보기 문장은 '~ 때문이다.'로 끝나며 앞 내용의 근거를 의미하는 것을 알 수 있다. 따라서 '세균 오염으로 인해 치명적인 결과를 초래할 수 있다.'는 내용이 수식할 문장은 '유기농 식품이 더 위험할 수 있다.'이므로 (다)에 들어가는 것이 가장 적절하다.

08
정답 ④

보기의 문장은 20대 여성 환자가 많은 이유에 대한 설명으로, 20대 여성 환자가 많다는 사실이 거론된 후에 나오는 것이 자연스럽다. (라)의 앞부분에 그러한 사실이 열거되어 있으므로 (라)에 들어가는 것이 가장 적절하다.

09
정답 ②

(가) 문단은 원시인이라는 개념에 대해 설명하면서 그 자체의 의미상 규정이 명확하지 않음을 설명하고, (나) 문단은 문명이나 규범체계, 과학지식, 기술적 성과 등의 요소를 표준으로 삼을 때 그 구분이 명확하지 못함을 밝히고 있으며, (다) 문단에서는 종교적인 면에 한해 원시인임을 느낄 수 있다고 하였다. 이때 (나) 문단에서 구분 짓는 것이 무엇과 무엇인지를 먼저 밝혀야 문단 내용의 흐름이 자연스럽다. 따라서 '문명인'과 '원시인'에 대한 정의의 어려움을 언급한 보기가 (나) 문단 앞에 오는 것이 가장 적절하다.

10
정답 ④

(라)의 앞부분에서는 녹조 현상에 따른 조류의 문제점을 설명하였으나, (라)의 뒷부분에서는 녹조의 원인이 되는 조류가 생태계 유지에 중요한 역할을 담당하고 있다고 설명한다. 즉, (라)의 뒤에서는 앞의 내용과 달리 녹조의 긍정적인 면을 설명하고 있으므로 '녹조가 무조건 나쁜 것은 아니다.'라는 보기의 문장은 (라)에 들어가는 것이 가장 적절하다.

03 ▶ 추론하기

01	02	03	04	05					
④	③	④	④	③					

01

정답 ④

(가) : 첫 번째, 두 번째 문단은 완전 국가에서 귀족 정치체제, 과두체제로 퇴화하는 내용을 단계별로 제시하고 있다. 또 뒤의 문장이 그 첫 단계를 언급하고 있으므로 빈칸에는 '타락해 가는 네 가지 국가형태'에 대한 개괄적인 진술이 와야 한다. 따라서 ⓒ이 적절하다.

(나) : 두 번째 문단은 정치가의 야심과 명예욕에 대해 설명하고 있다. 따라서 ⓒ이 적절하다.

(다) : 세 번째 문단은 민주에 대한 플라톤의 기술(記述)을 설명하고 있으므로 '민주 체제에 대한 플라톤의 기술'을 언급하고 있는 ⊙이 적절하다.

02

정답 ③

(가) : 빈칸 다음 문장에서 사회의 기본 구조를 통해 이것을 공정하게 분배해야 된다고 했으므로 ⓒ이 가장 적절하다.

(나) : '원초적 상황'에서 합의 당사자들은 인간의 심리, 본성 등에 대한 지식 등 사회에 대한 일반적인 지식은 알고 있지만, 이것에 대한 정보를 모르는 무지의 베일 상태에 놓인다고 했으므로 사회에 대한 일반적인 지식과 반대되는 개념, 즉 개인적 측면의 정보인 ⊙이 가장 적절하다.

(다) : 빈칸에 관하여 사회에 대한 일반적인 지식이라고 하였으므로 ⓒ이 가장 적절하다.

03

정답 ④

(가) : 개혁주의자들은 중국의 정신을 서구의 물질과 구별되는 특수한 것으로 내세운 것이므로 ⓒ이 적절하다.

(나) : 개혁주의자들은 서구의 문화를 받아들이는 데는 동의하면서도, 무분별하게 모방하는 것에 대해 반대하는 입장이므로 ⊙이 적절하다.

(다) : 정치 부분에서는 사회주의를 유지한 가운데, 경제 부분에서 시장경제를 선별적으로 수용하자는 입장이다. 즉, 기본 골격은 사회주의를 유지하면서 시장경제(자본주의)를 이용하자는 것이므로 ⓒ이 적절하다.

04

정답 ④

단순히 젊은 세대의 문화만을 존중하거나, 기존 세대의 문화만을 따르는 것이 아닌 두 문화가 어우러질 수 있도록 기업 차원에서 분위기를 만드는 것이 제시문에 나타난 문제의 본질적인 해결법으로 가장 적절하다.

오답분석

① 급여받은 만큼만 일하게 되는 악순환이 반복될 것이므로 제시문에서 언급된 문제를 해결하는 기업 차원의 방법으로는 적절하지 않다.

② 기업의 전반적인 생산성 향상을 이룰 수 없으므로 기업 차원의 방법으로 적절하지 않다.

③ 젊은 세대의 채용을 기피하는 분위기가 생길 수 있으므로 적절하지 않다.

05

정답 ③

제시문에서는 오존층 파괴 시 나타나는 문제점에 대해 설명하고 있으며, 빈칸의 앞 문단에서는 극지방 성층권의 오존구멍은 줄었지만 많은 인구가 거주하는 중위도 저층부에서는 오히려 오존층이 얇아졌다고 언급하고 있다. 따라서 많은 인구가 거주하는 중위도 저층부에서의 오존층 파괴는 극지방의 오존구멍보다 더 큰 피해를 가져올 것이라는 ③이 빈칸에 들어갈 내용으로 가장 적절하다.

오답분석

① 극지방 성층권의 오존구멍보다 중위도 지방의 오존층이 얇아지는 것이 더욱 큰 문제이다.

② 제시문에서 오존층을 파괴하는 원인은 찾아볼 수 없으며, 인구가 많이 거주하는 지역일수록 오존층의 파괴에 따른 피해가 크다는 것이다.

④ 극지방이 아닌 중위도 지방에서의 얇아진 오존층이 사람들을 더 많은 자외선에 노출시키며, 오히려 극지방의 오존구멍은 줄어들었다.

01	02	03	04	05	06	07	08	09	10
②	①	④	④	④	④	①	④	①	③
11	12	13	14	15	16	17	18	19	20
①	④	④	②	①	④	④	②	③	④

01 　　　정답 ②

세슘은 공기 중에서도 쉽게 산화하며 가루 세슘 또한 자연발화를 한다. 특히 물과 만나면 물에 넣었을 때 발생하는 반응열이 수소 기체와 만나 더욱 큰 폭발을 일으킨다. 하지만 제시문에서 액체 상태의 세슘을 위험물에서 제외한다는 내용은 찾아볼 수 없다.

02 　　　정답 ①

두 번째 문단에 따르면 일반 시민들이 SNS를 통해 문제를 제기하면서 전통적 언론에서 뒤늦게 그 문제에 대해 보도하는 현상이 생기게 된 것이다. 따라서 ⓒ의 내용은 적절하다.

[오답분석]
ⓐ · ⓒ 현대의 전통적 언론도 의제 설정 기능을 수행할 수는 있지만, 과거 언론에 비해 의제 설정 기능의 역할이 약화되었다.
ⓓ SNS로 인해 역의제 설정 현상이 강해지고 있다.

03 　　　정답 ④

세 번째 문단에서 저작권의 의의는 인류의 지적 자원에서 영감을 얻은 결과물을 다시 인류에게 되돌려 주는 데 있다고 하였으므로 ④의 내용은 적절하지 않다.

04 　　　정답 ④

제시문에서 학자는 '순수한 태도로 진리를 탐구'해야 한다고 하였으므로, ④는 적절하지 않다.

05 　　　정답 ④

제시문에서 과거에는 치매의 확진이 환자의 사망 후 부검을 통해 가능했다는 사실을 알 수 있다.

06 　　　정답 ④

제시문에서는 청소년들의 과도한 불안이 집중을 방해하여 학업 수행에 부정적으로 작용한다고 주장한다. 따라서 이러한 주장에 대한 반박으로는 오히려 불안이 긍정적으로 작용할 수 있다는 내용의 ④가 가장 적절하다.

07 　　　정답 ①

제시문에서는 인간의 생각과 말은 깊은 관계를 가지고 있으며, 생각이 말보다 범위가 넓고 큰 것은 맞지만 그것을 말로 표현하지 않으면 그 생각이 다른 사람에게 전달되지 않는다고 주장한다. 즉, 생각은 말을 통해서만 다른 사람에게 전달될 수 있다는 것이다. 따라서 이러한 주장에 대한 반박으로 ①이 가장 적절하다.

08 　　　정답 ④

수출 주도형 성장전략은 수요가 외부에 존재한다는 측면에서 공급중시 경제학적 관점을 띠고 있다. 따라서 수요가 외부에 존재한다는 점과 공급을 중시하는 점에 대해 비판할 수 있다. ④에서 내부의 수요를 증대시키는 것은 비판의 입장이지만, 수요 증대를 위해 물품 생산의 공급을 강조하는 것은 비판하는 내용으로 적절하지 않다.

09 　　　정답 ①

제시문에서 정보화 사회의 문제점으로 다루고 있는 것은 '정보 격차'로, 지식과 정보에 접근할 수 없는 사람들이 소득을 얻는 데 불리할 수밖에 없다고 주장한다. 또한 정보가 상품화됨에 따라 정보를 둘러싼 불평등은 더욱 심화될 것이라고 전망하고 있다.
따라서 인터넷이나 컴퓨터 유지비 측면에서의 격차 발생은 글의 주장을 강화시키는 것으로, 이 문제에 대한 반대 입장이 될 수 없다.

10
정답 ③

보기의 밑줄 친 부분을 반박하는 주장은 '인간에게 동물의 복제 기술을 적용해서는 안 된다.'이므로, 이를 뒷받침하는 근거이되 인터뷰의 내용과 부합하지 않는 것이 문제가 요구하는 답이다. 인터뷰에서 복제 기술을 인간에게 적용했을 때 발생할 수 있는 문제점으로 지적한 것은 '기존 인간관계의 근간을 파괴하는 사회 문제'와 '바이러스 등 통제 불능한 생물체가 만들어질 가능성' 그리고 '어느 국가 또는 특정 집단이 복제 기술을 악용할 위험성' 등이다. 그러나 ③의 내용은 인간에게 복제 기술을 적용했을 때 나타날 수 있는 부작용인지를 판단할 자료가 인터뷰에 제시되지 않았다. 또한 상식적인 수준에서도 생산되는 복제 인간의 수는 통제할 수 있으므로 밑줄 친 부분을 반박할 근거로는 적절하지 않다.

11
정답 ①

네 번째 문단에서 정부가 수입을 규제하는 경우에 '수입 상품의 국내 가격이 상승하면서 수입 상품에 대한 소비를 억제하는 한편 해당 품목의 국내 생산을 촉진하는 효과'가 있다고 하였으므로 이때 수입 상품의 가격 상승은 국내 생산자와 소비자 모두에게 영향을 끼친다.

12
정답 ④

갑은 노키즈존의 운영에 대하여 반대, 을은 찬성하는 입장이므로, 이러한 주장을 도출할 수 있는 질문으로 ④가 적절하다.

13
정답 ④

두 번째 문단에 따르면 전문 화가들의 그림보다 문인사대부들의 그림을 더 높이 사는 풍조는 동양 특유의 문화 현상에서만 나타나는 것이므로 서양 문화에서는 아마추어격인 문인사대부들의 그림보다 전문 화가들의 그림을 더 높게 평가하였을 것이다.

오답분석
① 문인사대부들은 정교한 기법이나 기교에 바탕을 둔 장식적인 채색풍을 멀리하였고, 동기창(董其昌)은 정통적인 화공보다 이러한 문인사대부들의 그림을 더 높이 평가하였으므로 옳지 않다.
② 두 개의 회화적 전통이 성립된 곳은 오로지 극동 문화권뿐이라고 하였으므로 옳지 않다.
③ 문방사우를 이용해 그린 문인화(文人畫)는 화공들이 아닌 문인사대부들이 주로 그렸다.

14
정답 ②

첩보 위성은 임무를 위해 낮은 궤도를 비행해야 하므로, 높은 궤도로 비행시키면 수명은 길어질 수 있으나 임무의 수행 자체가 어려워질 수 있다.

15
정답 ①

제시문에 따르면 외부성은 의도하지 않게 제3자에게 이익이나 손해를 주는 것이며, 이익이든 손해이든 외부성은 사회 전체로 보면 이익이 극대화되지 않는 비효율성을 초래할 수 있다. 따라서 제3자에게 이익을 준다고 해도 사회 전체적으로 비효율성을 초래할 수 있다.

16
정답 ④

제시문은 한 개인이나 사회가 언어적 다양성을 보이는 경우를 '이중 언어 사용'과 '양층 언어 사용'의 두 상황으로 나누어 설명하고 있다. 하지만 언어의 다양성을 원인과 결과로 나누거나 변화 과정을 소개하고 있지는 않다.

오답분석
① '이중 언어 사용'과 '양층 언어 사용'의 개념을 밝히고 그에 대하여 부연 설명을 서술하고 있다.
② 양층 언어 사용 상황에 있는 구성원이 특정 상황에서 사용되는 언어를 모를 경우 불이익을 받는 경우를 예를 들어 설명하였다.
③ 제시문의 하단에서 퍼거슨과 피시먼의 연구를 대조하여 각각 연구의 특성을 부각하고 있다.

17
정답 ④

이중 언어 사회에서 통용되는 둘 이상의 언어들은 공용어로서 대등한 지위를 가질 수 있다고 하였으므로 제시문의 내용과 일치하지 않는다.

오답분석
① 양층 언어 사회에서 변이어들은 언어 사용자 수와 무관하게 '상층어'와 '하층어'로 구분되며 상보적 관계에 있다고 하였다.
② 상층어는 주로 '높은 차원', 하층어는 '낮은 차원'의 언어적 기능을 수행하므로 구성원은 특정 상황에서 사용되는 언어를 모를 경우 불이익을 받을 수 있다고 하였다.
③ 상층어는 주로 종교, 법률, 교육, 행정 등과 같은 분야에 사용되며, 하층어는 주로 가족 간의 비격식적인 대화, 친교를 위한 일상 담화 등에 사용된다고 하였으므로 각 변이어에 부여하는 가치가 다름을 알 수 있다.

18

정답 ②

이중 언어 사회(B지역)에서는 둘 이상의 언어(프랑스어와 영어)가 사회적으로 기능상의 차이 없이 통용되므로 구성원 모두가 두 언어를 유창하게 구사할 필요는 없다.

오답분석

① 양층 언어 사회(A지역)에서 상층어(현대 표준 아랍어)와 하층어(구어체 아랍어)는 사용하는 장소나 상황이 엄격하게 구분된다. 그러므로 두 언어를 습득하는 환경이 다를 수 있다.

③ 양층 언어 사회(A지역)에서 상층어(현대 표준 아랍어)와 하층어(구어체 아랍어)는 사회적으로 기능에 차이가 있다.

④ 이중 언어 사회(B지역)에서는 둘 이상의 언어(프랑스어와 영어)가 사용되는 장소의 구분이 없다.

19

정답 ③

보험료율이 사고 발생 확률보다 높으면 구성원 전체의 보험료 총액이 보험금 총액보다 더 많고 그 반대의 경우, 즉 사고 발생 확률이 보험료율보다 높은 경우에는 구성원 전체의 보험료 총액이 보험금 총액보다 더 적다.

20

정답 ④

• 보전(補塡) : 부족한 부분을 보태어 채움
• 보존(保存) : 잘 보호하고 간수하여 남김

오답분석

① 대처(對處) : 어떤 정세나 사건에 대하여 알맞은 조치를 취함
② 인접(隣接) : 이웃하여 있음. 또는 옆에 닿아 있음
③ 상당(相當) : 일정한 액수나 수치 따위에 해당함

01 ▶ 기본계산

01	02	03	04	05	06	07	08	09	10
④	④	③	②	④	②	③	③	④	③
11	12	13	14	15	16	17	18	19	20
②	④	①	③	①	④	③	④	④	②
21	22	23	24	25					
②	①	②	②	④					

01 정답 ④

$2,620+1,600 \div 80 = 2,620+20 = 2,640$

02 정답 ④

$3,684-62.48 \div 0.55 = 3,684-113.6 = 3,570.4$

03 정답 ③

$15,312+32,213-3,412 = 47,525-3,412 = 44,113$

04 정답 ②

$40.5 \times 0.23+1.185 = 9.315+1.185 = 10.5$

05 정답 ④

$342 \div 6 \times 13-101 = 57 \times 13-101 = 741-101 = 640$

06 정답 ②

$(182,100-86,616) \div 146 = 95,484 \div 146 = 654$

07 정답 ③

$454,469 \div 709+879 = 641+879 = 1,520$

08 정답 ③

$3 \times 8 \div 2 = 24 \div 2 = 12$
$3 \times 9-18+3 = 27-18+3 = 12$

오답분석

① $7+6 = 13$
② $77 \div 7 = 11$
④ $1+2+3+4 = 10$

09 정답 ④

$36 \times 145+6,104 = 5,220+6,104 = 11,324$
$516 \times 31-4,672 = 15,996-4,672 = 11,324$

오답분석

① $901 \times 35+27 = 31,535+27 = 31,562$
② $385 \times 12+5,322 = 4,620+5,322 = 9,942$
③ $16,212 \div 28+8,667 = 579+8,667 = 9,246$

10 정답 ③

$8 \times 8-8 = 56$

오답분석

① · ② · ④ 54

11 정답 ②

$6,540 \times 0.04 = 261.6$

12 정답 ④

$7 \div 40 = 0.175$
따라서 B의 성공률은 1할 7푼 5리이다.

13 정답 ①

$438 \times 0.601 = 263.238$

14

정답 ③

$1{,}500 \times 0.22 = 330$

15

정답 ①

$\dfrac{3}{20} = \dfrac{15}{100} = 0.15$

따라서 당첨 제비를 뽑을 확률은 1할 5푼이다.

16

정답 ④

$(1 \odot 6) + (4 \odot 2) = (1 - 6) + 6^2 + (4 - 2) + 2^2$
$\qquad\qquad = (-5) + 6^2 + 2 + 2^2 = 81$

17

정답 ③

$6 \diamond 2 = 6 - 2 = 4 (\because 6 \geq 2)$
$2 \diamond 6 = 2 + 6 = 8 (\because 2 < 6)$
$\therefore (6 \diamond 2) \diamond (2 \diamond 6) = 4 \diamond 8 = 4 + 8 = 12 (\because 4 < 8)$

18

정답 ④

$a \blacksquare b = a^2 - 2ab + b^2$ 은 $(a - b)^2$ 과 같다.
$\therefore 4 \blacksquare 11 = (4 - 11)^2 = (-7)^2 = 49$

19

정답 ④

$17 \triangledown 9 = 17^2 + 9^2 - 17 \times 9 = 289 + 81 - 153 = 217$

20

정답 ②

$3 \blacktriangledown 23 = 3^2 + 23^2 + 3 \times 23 = 9 + 529 + 69 = 607$

21

정답 ②

$\dfrac{17}{15} \fallingdotseq 1.133$

② $1.138 > (\ 1.133\ ) > 1.119$

오답분석

① $\dfrac{16}{13} \fallingdotseq 1.231$, ③ $\dfrac{19}{17} \fallingdotseq 1.118$, ④ $\dfrac{21}{20} = 1.05$

22

정답 ①

$\dfrac{86}{25} = 3.44, \quad \dfrac{25}{11} \fallingdotseq 2.273$

$\dfrac{86}{25} > (\quad) > \dfrac{25}{11}$

$\rightarrow 3.44 > (\quad) > 2.273$

① $3.44 > (\ 2.345\ ) > 2.273$

23

정답 ②

$-\dfrac{13}{8} = -1.625, \quad -\dfrac{2}{5} = -0.4$

$-\dfrac{13}{8} < (\quad) < -\dfrac{2}{5}$

$\rightarrow -1.625 < (\quad) < -0.4$

$-\dfrac{14}{11} \fallingdotseq -1.273$

② $-1.625 < (\ -1.273\ ) < -0.4$

오답분석

① $-\dfrac{16}{9} \fallingdotseq -1.778$, ③ $-\dfrac{3}{8} = 0.375$, ④ $-\dfrac{1}{7} \fallingdotseq 0.143$

24

정답 ②

$\dfrac{1}{5} < (\quad) < \dfrac{5}{7}$

$\rightarrow \dfrac{7}{35} < (\quad) < \dfrac{25}{35}$

② $\dfrac{7}{35} < (\ \dfrac{12}{35}\ ) < \dfrac{25}{35}$

오답분석

① $\dfrac{1}{7} < \dfrac{1}{5}$, ③ $\dfrac{21}{25} (= 0.84) > \dfrac{5}{7} (\fallingdotseq 0.714)$, ④ $\dfrac{1}{6} < \dfrac{1}{5}$

25

정답 ④

$\dfrac{26}{29} \fallingdotseq 0.897$

$0.544 < (\quad) < \dfrac{26}{29}$

$\rightarrow 0.544 < (\quad) < 0.897$

④ $0.544 < (\ 0.758\ ) < 0.897$

오답분석

① $\dfrac{77}{79} \fallingdotseq 0.975$, ③ $\dfrac{91}{96} \fallingdotseq 0.948$

02 ▶ 응용수리

01	02	03	04	05	06	07	08	09	10
④	④	③	①	②	③	①	③	①	④
11	12	13	14	15					
④	①	④	④	③					

01 정답 ④

5%의 설탕물 500g에 들어있는 설탕의 양은 $\frac{5}{100} \times 500 = 25$g이고, 5분 동안 가열한 뒤 남은 설탕물의 양은 $500 - (50 \times 5) = 250$g이다.

따라서 가열한 후 남은 설탕물의 농도는 $\frac{25}{250} \times 100 = 10$%이다.

02 정답 ④

원가를 x원이라고 하자. 정가는 $(x+3,000)$원이다.

정가에 20%를 할인하여 5개 팔았을 때 순이익과 조각 케이크 1개당 정가에서 2,000원씩 할인하여 4개를 팔았을 때의 매출액은 같다.

$5\{0.8 \times (x+3,000) - x\} = 4(x+3,000-2,000)$

$\rightarrow 5(-0.2x + 2,400) = 4x + 4,000$

$\rightarrow 5x = 8,000 \rightarrow x = 1,600$

따라서 정가는 $1,600 + 3,000 = 4,600$원이다.

03 정답 ③

가방의 원가를 x원이라고 하자.

정가는 $1.40x$원이고, 할인 판매가는 $1.40x \times 0.75 = 1.05x$원이다.

$1.05x - x = 1,000 \rightarrow 0.05x = 1,000$

$\therefore x = 20,000$

따라서 가방의 원가는 20,000원이다.

04 정답 ①

벤치의 수를 x개라고 하자.

벤치 1개에 5명씩 앉으면 12명이 남으므로 사람 수는 $(5x+12)$명이다.

6명씩 앉으면 7개의 벤치가 남는다고 하였으므로 사람이 앉아 있는 마지막 벤치에는 최소 1명에서 최대 6명이 앉을 수 있다.

즉, $6(x-8)+1 \leq 5x+12 \leq 6(x-8)+6$

• $6(x-8)+1 \leq 5x+12 \rightarrow 6x-47 \leq 5x+12$

  $\rightarrow x \leq 59$

• $5x+12 \leq 6(x-8)+6 \rightarrow 5x+12 \leq 6x-42$

  $\rightarrow x \geq 54$

$\therefore 54 \leq x \leq 59$

따라서 벤치의 개수가 될 수 없는 것은 ①이다.

05 정답 ②

처음 정가를 x원이라 하자.

$2(0.7x - 1,000) = x \rightarrow 1.4x - 2,000 = x$

$\therefore x = 5,000$

따라서 처음 정가는 5,000원이다.

06 정답 ③

박물관까지의 거리를 $x$km라고 하면, 자전거로 갈 때와 시속 6km로 걸어갈 때의 시간차가 30분이므로 $\frac{x}{12} = \frac{x}{6} - \frac{1}{2} \rightarrow x = 6$이다.

박물관에 3시에 도착하기 위한 속력을 시속 $v$km라 하면, 자전거로 시속 12km로 갈 때, 6km 떨어진 박물관에 도착한 시간이 2시 50분이므로 $\frac{6}{12} = \frac{6}{v} - \frac{1}{6} \rightarrow v = 9$이다.

따라서 민솔이가 박물관을 시속 9km로 향하면 정각 3시에 도착한다.

07 정답 ①

올라간 거리를 $x$km라 하면 내려온 거리는 $(x+2)$km이고 올라간 시간과 내려간 시간이 같다.

$\frac{x}{4} = \frac{x+2}{6}$

$\rightarrow 3x = 2(x+2)$

$\therefore x = 4$

따라서 내려올 때 걸린 시간은 $\frac{4+2}{6} = 1$시간이다.

08 정답 ③

2주 동안 듣는 강연은 총 5회이다. 그러므로 금요일 강연이 없는 주의 월요일에 첫 강연을 들었다면 5주 차 월요일 강연을 듣기 전까지 10개의 강연을 듣게 된다. 5주 차 월요일, 수요일 강연을 듣게 되면 6주 차 월요일이 13번째 강연이 된다.

따라서 6주 차 월요일이 13번째 강연을 듣는 날이므로 8월 1일 월요일을 기준으로 35일 후가 된다. 8월은 31일까지 있으므로 $1+35-31=5$일, 즉 9월 5일이 된다.

09

정답 ①

김대리의 나이는 x살, 조카의 나이를 y살이라 가정하면 4년 전 나이와 3년 후 나이에 대한 다음 두 방정식이 성립한다.

$(x-4)=4\times(y-4) \rightarrow x-4=4y-16$

$\rightarrow x-4y=-12 \cdots ㉠$

$(x+3)=2\times(y+3)+7 \rightarrow x+3=2y+6+7$

$\rightarrow x-2y=10 \cdots ㉡$

㉠에서 ㉡을 빼면 $y=11$이 나오고, $x=10+2\times11=32$가 된다.

따라서 조카의 나이는 11살이다.

10

정답 ④

9% 소금물 200g에 들어있는 소금의 양은 $\dfrac{9}{100}\times200=18g$ 이므로, 100g에 들어있는 소금의 양은 9g이고, 4% 소금물 150g에 들어있는 소금의 양은 $\dfrac{4}{100}\times150=6g$이다.

따라서 그릇 B에 들어있는 소금물의 농도는 $\dfrac{9+6}{100+150}\times100$ $=6\%$이다.

11

정답 ④

ⅰ) 둘 다 호텔 방을 선택하는 경우

$_3P_2=3\times2=6$가지

ⅱ) 둘 중 한 명만 호텔 방을 선택하는 경우

호텔 방을 선택하는 사람은 A, B 둘 중에 한 명이고, 한 명이 호텔 방을 선택할 수 있는 경우의 수는 3가지이므로 $2\times3=6$가지

따라서 두 명이 호텔 방을 선택하는 경우의 수는 두 명 다 선택 안 하는 경우까지 $6+6+1=13$가지이다.

12

정답 ①

A에서 짝수의 눈이 나올 확률은 $\dfrac{3}{6}$, B에서 3 또는 5의 눈이 나올 확률은 $\dfrac{2}{6}$이므로, 다음 식이 성립한다.

$\dfrac{3}{6}\times\dfrac{2}{6}=\dfrac{1}{6}$

따라서 구하고자 하는 확률은 $\dfrac{1}{6}$이다.

13

정답 ④

한국인 1명을 임의로 선택할 때, 혈액형이 O, A, B, AB일 확률은 각각 $\dfrac{3}{10}, \dfrac{4}{10}, \dfrac{2}{10}, \dfrac{1}{10}$이다.

한국인 2명을 임의로 선택할 때,

(혈액형이 다를 확률)=1-(혈액형이 같을 확률)

$1-\left(\dfrac{3}{10}\times\dfrac{3}{10}+\dfrac{4}{10}\times\dfrac{4}{10}+\dfrac{2}{10}\times\dfrac{2}{10}+\dfrac{1}{10}\times\dfrac{1}{10}\right)$

$=1-\dfrac{30}{100}=\dfrac{7}{10}$

따라서 혈액형이 다를 확률은 $\dfrac{7}{10}$이다.

14

정답 ④

돈을 낼 수 있는 방법은 다음 5가지이다.

$(10,000\times2, 1,000\times3)$, $(10,000\times1, 5,000\times2, 1,000\times3)$, $(10,000\times1, 5,000\times1, 1,000\times8)$, $(5,000\times4, 1,000\times3)$, $(5,000\times3, 1,000\times8)$

15

정답 ③

ⅰ) 첫 번째 불량품이 나오고 두 번째에 불량품이 나올 확률

$\dfrac{3}{10}\times\dfrac{2}{9}=\dfrac{6}{90}$

ⅱ) 처음에 불량품이 나오지 않고 두 번째에 불량품이 나올 확률

$\dfrac{7}{10}\times\dfrac{3}{9}=\dfrac{21}{90}$

따라서 두 번째에 불량품이 나올 확률은 $\dfrac{6}{90}+\dfrac{21}{90}=\dfrac{27}{90}=\dfrac{3}{10}$이다.

03 ▶ 자료해석

01	02	03	04	05	06	07	08	09	10
④	④	②	④	②	④	③	③	③	②

01

정답 ④

A ~ D의 청년층 정부신뢰율을 구하면

A : 14−6.4=7.6%

B : 35−(−14.1)=49.1%

C : 48.0−(−9.1)=57.1%

D : 82.0−2.0=80.0%

• 첫 번째 조건

　7.6×10<80이므로 A는 그리스, D는 스위스이다.

• 두 번째 조건

　B, C의 청년층 정부신뢰율은 전체 국민 정부 신뢰율보다 높으므로 B와 C는 영국과 미국(또는 미국과 영국)이다.

• 세 번째 조건

　80.0%−30%=50.0%로 미국의 청년층 정부신뢰율은 50% 이하여야 하므로, B는 미국, C는 영국이다.

따라서 A는 그리스, B는 미국, C는 영국, D는 스위스이다.

02

정답 ④

혁신도시개발의 매출총이익의 크기는 법인세비용 차감 전 순이익의 $\frac{771}{903}\times100 ≒ 85.4\%$이므로 75% 이상이다.

오답분석

① 주택관리사업의 판매비와 관리비는 공공주택사업의 판매비와 관리비의 $\frac{1,789}{2,764}\times100 ≒ 64.7\%$이다.

② 금융원가가 가장 높은 사업은 주택관리사업이고, 기타수익이 가장 높은 사업은 일반사업이므로 순위는 동일하지 않다.

③ 행정중심복합도시의 영업이익이 2023년 총영업이익에서 차지하는 비율은 $\frac{2,976}{26,136}\times100=11.4\%$이다.

03

정답 ②

26 ~ 30세 응답자는 총 51명이다. 그중 4회 이상 방문한 응답자는 5+2=7명이고, 비율은 $\frac{7}{51}\times100 ≒ 13.72\%$이므로 10% 이상이다.

오답분석

① 전체 응답자 수는 113명이다. 그중 20 ~ 25세 응답자는 53명이므로, 비율은 $\frac{53}{113}\times100 ≒ 46.90\%$가 된다.

③ 주어진 자료만으로는 31 ~ 35세 응답자의 1인당 평균 방문 횟수를 정확히 구할 수 없다. 그 이유는 방문 횟수를 '1회', '2 ~ 3회', '4 ~ 5회', '6회 이상' 등 구간으로 구분했기 때문이다. 다만 구간별 최소값으로 평균을 냈을 때, 평균 방문 횟수가 2회 이상이라는 점을 통해 2회 미만이라는 것은 틀렸다는 것을 알 수 있다.

　1, 1, 1, 2, 2, 2, 2, 4, 4 → 평균 = $\frac{19}{9} ≒ 2.11$회

④ 응답자의 직업에서 학생과 공무원 응답자의 수는 51명이다. 즉, 전체 113명의 절반에 미치지 못하므로 비율은 50% 미만이다.

04

정답 ④

ㄱ. 자료를 통해 대도시 간 예상 최대 소요 시간은 모든 구간에서 주중이 주말보다 적게 걸림을 알 수 있다.

ㄴ. 주중 전국 예상 교통량 중 수도권에서 지방으로 가는 예상 교통량의 비율은 $\frac{4}{40}\times100=10\%$이다.

ㄹ. 서울 − 광주 구간 주중 예상 소요 시간과 서울 − 강릉 구간 주말 예상 소요 시간은 3시간으로 같다.

오답분석

ㄷ. 지방에서 수도권으로 가는 주말 예상 교통량은 주중 예상 교통량의 $\frac{3}{2}=1.5$배이다.

05

정답 ②

초 · 중 · 고등학교 수의 총합은 2021년에 6,001+3,209+2,353=11,563개교, 2023년에는 6,064+3,214+2,358=11,636개교로, 2021년 대비 2023년에 증가하였다.

오답분석

ㄱ. 2023년을 보면 고등학교 수는 전년 대비 감소하였지만 초등학교 수는 증가하였다.

ㄴ. 2019년부터 2023년까지 초등학교 수와 중학교 수의 차이를 구하면 다음과 같다.

　• 2019년 : 5,934−3,186=2,748개교

　• 2020년 : 5,978−3,204=2,774개교

　• 2021년 : 6,001−3,209=2,792개교

　• 2022년 : 6,040−3,213=2,827개교

　• 2023년 : 6,064−3,214=2,850개교

　따라서 초등학교 수와 중학교 수의 차이가 가장 큰 해는 2023년이다.

06

2022년 구성비 순위는 경북 – 전남 – 충남·경남 – 경기 – 전북 – 충북 – 강원 – 제주 순서이고, 2023년 구성비 순위는 경북 – 전남 – 충남 – 경남 – 경기 – 전북 – 충북 – 강원 – 제주 순서로, 충남과 경남의 순위가 다르다.

오답분석
① 2022년 185명, 2023년 181명으로 경북 지역 농가가 가장 많다.
② 강원, 충북, 제주는 변하지 않았다.
③ • 경북 지역 농가 감소율 : $\dfrac{181-185}{185} \times 100 ≒ -2.2\%$
　 • 전국 평균 농가 감소율 : $\dfrac{1,069-1,088}{1,088} \times 100 ≒ -1.7\%$

07

2021년에 국유재산의 규모가 10조를 넘는 국유재산은 토지, 건물, 공작물, 유가증권으로, 총 4개이다.

08

ㄱ. 2021년과 2023년에 종류별로 국유재산 규모가 큰 순서는 토지 – 공작물 – 유가증권 – 건물 – 입목죽 – 선박·항공기 – 무체재산 – 기계·기구 순으로 동일하다.
ㄴ. 2019년과 2020년에 규모가 가장 작은 국유재산은 기계·기구로 동일하다.
ㄷ. 2020년 국유재산 중 건물과 무체재산, 유가증권 규모의 합계는 616,824억 + 10,825억 + 1,988,350억 = 2,615,999억 원으로 260조 원보다 크다.

오답분석
ㄹ. 2021년 대비 2022년에 국유재산 중 선박·항공기는 감소하였으나, 기계·기구는 증가하였다.

09

서울 외 지역에서 2022년의 전년 대비 가장 높은 비율로 증가한 곳은 요양병원이다.

• 상급종합병원 : $\dfrac{79.26-76.85}{76.85} \times 100 ≒ 3.1\%$

• 종합병원 : $\dfrac{46.32-44.96}{44.96} \times 100 ≒ 3.0\%$

• 병원 : $\dfrac{13.69-12.73}{12.73} \times 100 ≒ 7.5\%$

• 요양병원 : $\dfrac{7.44-6.45}{6.45} \times 100 ≒ 15.3\%$

• 의원 : $\dfrac{5.63-5.23}{5.23} \times 100 ≒ 7.6\%$

오답분석
① 2019년 서울 지역의 100병상당 간호사 수 추이는 병원과 요양병원에서 감소한 적이 있다.
② 서울 지역에서 2018년 대비 2023년도의 증가율은 요양병원보다 상급종합병원이 높다.
　 • 상급종합병원 : $\dfrac{111.78-61.52}{61.52} \times 100 ≒ 81.7\%$
　 • 요양병원 : $\dfrac{13.83-9.69}{9.69} \times 100 ≒ 42.7\%$
④ 2021년에 전년 대비 100병상당 간호사 수는 서울 외 지역의 상급 종합병원이 12.73명으로 가장 많이 증가하였다.

10

서울과 서울 외 지역의 병원별 100병상당 간호사 수를 합치면 다음 표와 같다.

구분	2018	2019	2020	2021	2022	2023
서울(명)	152.39	158.66	179.74	190.25	207.06	237.51
서울 외 지역(명)	117.76	115.28	130.72	146.22	152.34	175.4
차이(명)	34.63	43.38	49.02	44.03	54.72	62.11

ㄱ. 전체 서울 지역의 100병상당 간호사 수 추이는 계속 증가하고 있다.
ㄷ. 2023년의 전체 서울과 서울 외 지역의 100병상당 간호사 차이는 62.11명이다.

오답분석
ㄴ. 전체 서울과 서울 외 지역의 100병상당 간호사 차이는 2021년에 2020년보다 차이가 작아졌다.
ㄹ. 2020년의 전체 서울과 서울 외 지역의 100병상당 간호사 차이는 49.02명이다.

01 ▶ 평면도형

01	02	03	04	05	06	07	08	09	10										
③	①	②	②	①	④	④	②	③	①										

01   정답 ③

02   정답 ①

03   정답 ②

04   정답 ②

05

정답 ①

06

정답 ④

07

정답 ④

정사각형 4개가 합쳐진 도형을 가장 큰 도형이라고 할 때, 가장 큰 도형 안에서 가운데 하트 모양은 시계 방향으로 90° 회전하면서 색 반전하고 있다. 그리고 꺾쇠 모양의 도형은 가장 큰 도형 안에서 시계 방향으로 한 칸씩 이동하면서, 시계 반대 방향으로 90° 회전하고 있다. 가장 큰 도형의 정사각형 4개 중에 회색 칸은 시계 반대 방향으로 한 칸씩 이동하고 있다.

08

정답 ②

정사각형 4개가 합쳐진 도형을 가장 큰 도형이라고 할 때, 가장 큰 도형의 바깥쪽 도형인 화살표 모양의 도형은 가장 큰 도형의 변을 따라서 시계 방향으로 한 칸씩 이동하며, 시계 방향으로 90° 회전한다. 그리고 다른 바깥쪽 도형인 직각삼각형 모양의 도형은 가장 큰 도형의 변을 따라서 시계 반대 방향으로 한 칸씩 이동하면서 시계 반대 방향으로 90° 회전하며 한 칸씩 이동할 때마다 색 반전이 이루어진다. 가장 큰 도형의 안쪽 도형인 정삼각형 모양의 도형은 가장 큰 도형 안에서 시계 방향으로 한 칸씩 움직이며, 다른 안쪽 도형인 십자가 모양의 도형은 가장 큰 도형 안에서 시계 반대 방향으로 한 칸씩 이동하고 있다.

09

정답 ③

규칙은 가로로 적용된다. 첫 번째 도형을 반으로 나눴을 때 왼쪽이 두 번째 도형, 오른쪽을 y축 대칭하고 시계 방향으로 90° 회전한 것이 세 번째 도형이다.

10

정답 ①

규칙은 세로로 적용된다. 첫 번째 도형과 두 번째 도형의 꼭짓점 수를 합하면 마지막 도형의 꼭짓점 수가 된다. 따라서 물음표에 들어갈 도형은 총 7개의 꼭짓점을 가진 ①번 도형이다.

02 ▶ 입체도형

01	02	03	04	05	06	07	08	09	10	11	12	13	14	15	16	17	18	19	20
②	③	④	③	③	①	①	②	①	④	②	①	③	②	①	③	①	④	④	④

21	22	23	24	25															
④	②	②	③	①															

01

정답 ②

1) 선택지 ①～④ 사이에 중복되는 면이 존재하는지 확인한다.
   - ②, ③, ④가 세 면씩 서로 중복된다.
2) 중복되는 면이 존재하는 경우 해당 면을 기준으로 인접하는 면을 비교하며 오답을 제거한다.
   - ②의 윗면을 정면으로 놓으면 ③과 윗면의 모양이 달라지지만, ③의 윗면을 정면으로 놓으면 ④와 같아진다.
3) 나머지 선택지의 정면, 측면, 윗면의 그림과 방향을 전개도와 비교한다.
   - ②의 옆면에 위치한 삼각형의 방향이 시계 반대 방향으로 90° 회전되어야 옳다.

02

정답 ③

03

정답 ④

04

정답 ③

  →

05

 →

정답 ③

06

정답 ①

07

정답 ①

08

정답 ②

09

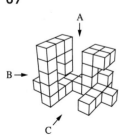

정답 ①

10 정답 ④

11 정답 ②

12 정답 ①

13 정답 ③

14 정답 ②

15

16

17

 + =

 → 90° →

18

 + =

19

 +

20

정답 ④

21

정답 ④

- 1층 : $5 \times 3 - 2 = 13$개
- 2층 : $15 - 5 = 10$개
- 3층 : $15 - 9 = 6$개
∴ $13 + 10 + 6 = 29$개

22

정답 ②

- 1층 : $4 \times 5 - 4 = 16$개
- 2층 : $20 - 9 = 11$개
- 3층 : $20 - 15 = 5$개
∴ $16 + 11 + 5 = 32$개

23

정답 ②

- 1층 : $4 \times 5 - 3 = 17$개
- 2층 : $20 - 7 = 13$개
- 3층 : $20 - 13 = 7$개
∴ $17 + 13 + 7 = 37$개

24

정답 ③

- 1층 : $4 \times 4 - 2 = 14$개
- 2층 : $16 - 8 = 8$개
- 3층 : $16 - 11 = 5$개
∴ $14 + 8 + 5 = 27$개

25

정답 ①

- 1층 : $4 \times 4 - 3 = 13$개
- 2층 : $16 - 5 = 11$개
- 3층 : $16 - 11 = 5$개
∴ $13 + 11 + 5 = 29$개

PART 2

01 ▶ 수 · 문자추리

01	02	03	04	05	06	07	08	09	10
③	③	④	②	①	③	④	④	④	②
11	12	13	14	15	16	17	18	19	20
②	④	②	①	③	④	④	④	③	④
21	22	23	24	25					
①	④	④	②	②					

01 　　　　　정답 ③

앞의 항에 $+5$, -10, $+15$, -20, …을 하는 수열이다.
따라서 (　)$=(-4)+15=11$이다.

02 　　　　　정답 ③

(앞의 항)$×(-2)=$(다음 항)
따라서 (　)$=128×(-2)=-256$이다.

03 　　　　　정답 ④

$\underline{A\,B\,C} \rightarrow (A×B)-5=C$
따라서 (　)$=(3+5)÷(-4)=-2$이다.

04 　　　　　정답 ②

홀수 항은 -4, 짝수 항은 -7을 하는 수열이다.
따라서 (　)$=27-4=23$이다.

05 　　　　　정답 ①

$\underline{A\,B\,C} \rightarrow (A+B)×5=C$
따라서 (　)$=60÷5-10=2$이다.

06 　　　　　정답 ③

$\underline{A\,B\,C} \rightarrow (A+B)÷3=C$
따라서 (　)$=6×3-8=10$이다.

07 　　　　　정답 ④

앞의 항에 $+3$, $+5$, $+7$, $+9$, …을 하는 수열이다.
따라서 (　)$=8+7=15$이다.

08 　　　　　정답 ④

앞의 두 항의 합이 다음 항이 되는 피보나치 수열이다.
따라서 (　)$=8+13=21$이다.

09 　　　　　정답 ④

홀수 항은 $+10$, 짝수 항은 $÷3$을 하는 수열이다.
따라서 (　)$=63÷3=21$이다.

10 　　　　　정답 ②

앞의 항에 -0.7, $+1.6$이 반복되는 수열이다.
따라서 (　)$=6.5+1.6=8.1$이다.

11 　　　　　정답 ②

앞의 문자에 각각 $+1$, -2, $+3$, -4, $+5$, …를 적용하는 수열이다.

F	G	E	H	D	(I)	C
6	7	5	8	4	9	3

12 　　　　　정답 ④

홀수 항은 3씩 빼고, 짝수 항은 3씩 더하는 수열이다.

ㅋ	ㄹ	(ㅇ)	ㅅ	ㅁ	ㅊ
11	4	8	7	5	10

13 　　　　　정답 ②

홀수 항은 1씩 더하고, 짝수 항은 2씩 곱하는 수열이다.

D	C	E	F	F	L	(G)	X
4	3	5	6	6	12	7	24

14

정답 ①

홀수 항과 짝수 항에 각각 +5, +6, +7, …인 수열이다.

E	C	J	H	P	N	(W)
5	3	10	8	16	14	23

15

정답 ③

×1, +1, −1, ×2, +2, −2, ×3, +3, …을 하는 수열이다.

B	B	C	B	D	F	D	L	(O)
2	2	3	2	4	6	4	12	15

16

정답 ④

홀수 항은 2씩 빼고, 짝수 항은 4씩 더하는 수열이다.

ㅜ	ㄷ	(ㅗ)	ㅅ	ㅓ	ㅋ
7	3	5	7	3	11

17

정답 ④

대문자 알파벳, 한글 자음, 숫자, 한자 순서로 나열되며, +1을 하는 수열이다.

A	ㄴ	3	(四)	E	ㅂ	7	八
1	2	3	4	5	6	7	8

18

정답 ④

홀수 항은 2씩 곱하는 수열이고, 짝수 항은 2씩 더하는 수열이다.

ㄱ	ㄷ	ㄴ	(ㅁ)	ㄹ	ㅅ
1	3	2	5	4	7

19

정답 ③

+3, ÷2가 반복되는 수열이다.

캐	해	새	채	매	애	(래)
11	14	7	10	5	8	4

20

정답 ④

홀수 항은 ×2, 짝수 항은 ÷2로 나열된 수열이다.

B	X	D	L	H	F	P	(C)
2	24	4	12	8	6	16	3

21

정답 ①

오답분석

②·③·④ 앞 문자에 순서대로 −4, −5, +1로 나열한 것이다.

22

정답 ④

오답분석

①·②·③ 앞 문자에 순서대로 ×2, −3, +1로 나열한 것이다.

23

정답 ④

오답분석

①·②·③ 앞 문자에 순서대로 ×2, ×1, ×2로 나열한 것이다.

24

정답 ②

오답분석

①·③·④ 앞 문자에 순서대로 −4, −3, ×2로 나열한 것이다.

25

정답 ②

오답분석

①·③·④ 앞 문자에 순서대로 ×3, −2, ×2로 나열한 것이다.

01	02	03	04	05	06	07	08	09	10
③	①	①	③	④	②	①	①	①	①

01　　　　정답 ③

졸업 요건을 충족하여 재수강을 할 필요는 없지만, 재수강의 기준이 나와 있지 않기 때문에 재수강 가능 여부에 대해 정확히 알 수 없다.

02　　　　정답 ①

건축학개론 수업을 듣는 학생들은 대부분이 1학년이므로 다른 학년이 섞여 있다 해도 1학년들은 항상 같이 듣는다.

03　　　　정답 ①

D가 4등일 경우에는 C − E − A − D − F − B 순서로 들어오게 된다.

04　　　　정답 ③

03번 문제와 같이 D가 4등이라는 조건이 있다면 C가 1등이 되지만, 주어진 제시문으로는 C가 1등 또는 4등이기 때문에 알 수 없다.

05　　　　정답 ④

네 번째, 다섯 번째 명제를 통해서 '낮잠 자기를 좋아하는 사람은 독서를 좋아한다.'는 사실을 알 수 있다.

06　　　　정답 ②

첫 번째와 두 번째 명제를 통해서 '어떤 안경은 유리로 되어 있다.'는 결론을 도출할 수 있다. 따라서 유리로 되어 있는 것 중 안경이 있다고 할 수 있다.

07　　　　정답 ①

첫 번째 명제와 세 번째 명제 그리고 두 번째 명제의 대우 명제를 연결하면 '바다에 가면 산에 가지 않겠다.'가 성립한다.

08　　　　정답 ①

• A : 야구를 좋아함
• B : 여행을 좋아함
• C : 그림을 좋아함
• D : 독서를 좋아함
[제시문 A]를 간단히 나타내면 A → B, C → D, ～B → ～D이다.
따라서 A → B와 C → D → B가 성립하므로 C → B도 참이다.

09　　　　정답 ①

• A : 테니스를 친다.
• B : 마라톤을 한다.
• C : 축구를 한다.
• D : 등산을 한다.
[제시문 A]를 간단히 나타내면 A → B, B → ～C, C → D이다. 이를 연립하면 C → ～A와 C → D가 성립한다.
따라서 [제시문 B]는 참이다.

10　　　　정답 ①

• A : 피로가 쌓이다.
• B : 휴식을 취한다.
• C : 마음이 안정된다.
• D : 모든 연락을 끊는다.
[제시문 A]를 간단히 나타내면, A → B, ～C → ～B, ～A → ～D이다. 이를 연립하면 D → A → B → C가 되므로 D → C가 성립한다.
따라서 [제시문 B]는 참이다.

PART

3

최종점검 모의고사

제1회 최종점검 모의고사

01	02	03	04	05	06	07	08	09	10	11	12	13	14	15	16	17	18	19	20
④	③	①	④	④	①	②	③	④	③	②	④	③	④	③	①	②	②	①	③
21	22	23	24	25	26	27	28	29	30	31	32	33	34	35	36	37	38	39	40
③	③	④	①	④	②	①	④	②	③	③	②	③	④	②	③	③	②	④	①
41	42	43	44	45															
①	③	③	②	②															

01
정답 ④

• 성장(成長) : 사물의 규모나 세력 따위가 점점 커짐. 사람이나 동식물 따위가 자라서 점점 커짐

오답분석
① 성장(聲張) : 1. 소리를 크게 지름, 2. 남을 비평함
② 성장(盛裝) : 잘 차려입음. 또는 그런 차림
③ 성장(盛粧) : 얼굴과 몸의 꾸밈을 화려하게 함

02
정답 ③

• 마수걸이 : 맨 처음으로 물건을 파는 일. 또는 거기서 얻은 소득
③ 개시(開市) : 하루 중 처음으로, 또는 가게 문을 연 뒤 처음으로 이루어지는 거래

03
정답 ①

착한 사람 → 거짓말을 하지 않음 → 모두가 좋아함, 성실한 사람 → 모두가 좋아함

04
정답 ④

원형 테이블은 회전시켜도 좌석 배치가 동일하다. 이를 고려하여 좌석에 인원수만큼의 번호 1 ~ 6번을 임의로 붙인 다음, A가 1번 좌석에 앉았다고 가정해 배치하면 다음과 같다.

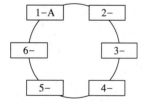

• 두 번째 조건 : E는 A와 마주보는 4번 자리에 앉게 된다.
• 세 번째 조건 : C는 E 기준으로 왼쪽인 5번 자리에 앉는다.
• 첫 번째 조건 : B는 C와 이웃한 자리 중 비어있는 6번 자리에 앉는다.
• 마지막 조건 : F는 A와 이웃한 2번이 아닌, 나머지 자리인 3번 자리에 앉는다.

그러므로 D는 남은 좌석인 2번 자리에 앉게 된다.

위의 내용을 정리하면 다음과 같다.

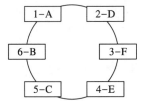

따라서 F와 이웃하여 앉는 사람은 D와 E이다.

05

정답 ④

세 가지 조건을 종합해 보면 A상자에는 테니스공과 축구공이, B상자에는 럭비공이, C상자에는 야구공이 들어가게 됨을 알 수 있다. 그리고 남은 농구공과 배구공은 각각 B상자나 C상자에 들어갈 수 있으므로 B상자에는 럭비공·농구공 또는 럭비공·배구공, C상자에는 야구공·농구공 또는 야구공·배구공이 들어갈 수 있다.

따라서 럭비공은 배구공과 같은 상자에 들어갈 수도 있고 아닐 수도 있다.

오답분석

① 농구공을 C상자에 넣으면 배구공이 들어갈 수 있는 상자는 B밖에 남지 않게 된다.

② 세 가지 조건을 종합해 보면 테니스공과 축구공이 들어갈 수 있는 상자는 A밖에 없다.

③ A상자는 이미 꽉 찼고 남은 상자는 B와 C인데, 이 두 상자에도 각각 공이 하나씩 들어 있으므로 배구공과 농구공은 각각 두 상자에 나누어져 들어가야 한다.

06

정답 ①

① $-\dfrac{1}{2}$

오답분석

②·③·④ 1

07

정답 ②

$17 \times 409 \times 23 = 159,919$

08

정답 ③

$(16+4\times5)\div4=(16+20)\div4=36\div4=9$

09

두 번째 문단의 마지막 두 문장에 따르면 지구상의 많은 식물들이 꿀벌을 매개로 번식하며, 꽃가루받이를 할 꿀벌이 사라진다면 이러한 식물군 전체가 열매를 맺지 못할 위기에 놓인다고 하였다. 그러나 마지막 문단 네 번째 줄에 따르면 자원봉사자를 투입하여 꽃가루받이 수작업이 이루어지고 있다고 하였으므로, 벌을 매개로 한 방법 이외에 번식할 수 있는 방법이 없다는 것은 적절하지 않다.

오답분석
① 첫 번째 문단에 따르면 벌은 꽃가루와 꿀을 얻는 과정에서 꽃가루를 옮겨 식물의 번식에 도움을 주므로, 비의도적인 것이라고 할 수 있다.
② 두 번째 문단을 통해 알 수 있다.
③ 마지막 문단에서 꿀벌의 개체 수가 줄어드는 원인으로 살충제와 항생제, 대기오염, 전자파 등을 들고 있으며, 이는 현대 문명사회에 이르러서 생겨난 것들이다.

10

마지막 문단에 따르면 사람들은 자신은 대중 매체의 전달 내용에 쉽게 영향받지 않는다고 생각하면서도 다른 사람들이 영향받을 것을 고려하여, 자신의 의견을 포기하고 다수의 의견을 따라가는 경향이 있다.

오답분석
① 첫 번째 문단에 의하면 태평양 전쟁 당시 백인 장교들에게 제3자 효과가 나타나, 일본군의 선전에 흑인 병사들이 현혹되리라고 생각하여 부대를 철수시켰다.
② 제3자 효과의 원인은 자신보다 타인들이 대중매체의 영향을 크게 받는다고 믿기 때문이며, 때문에 제3자 효과가 크게 나타나는 사람일수록 대중매체에 대한 법적·제도적 조치에 찬성하는 경향이 있다.
④ 세 번째 문단에 따르면 사람들은 대중매체가 바람직한 내용보다는 유해한 내용을 전달할 때 다른 사람들에게 미치는 영향이 크다고 생각한다.

11

제시문은 원래의 어휘가 가진 의미와는 관계없이 이를 받아들이는 사람들의 태도에 따라 어휘의 위상이 결정되는 상황을 제시한 글이다. 이는 언중들의 사회적 가치가 언어에 반영된다는 것을 의미한다.

12

13

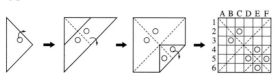

14

(나)는 '반면', (다)는 '이처럼', (라)는 '가령'으로 시작하므로 첫 번째 문장으로 적합하지 않다. 따라서 (가)가 첫 번째 문장으로 적절하다. 다음으로 전통적 인식론자의 의견을 예시로 보여준 (라)가 적절하며, 이어서 그와 반대되는 베이즈주의자의 의견이 제시되는 (나)가 적절하다. 마지막으로 (나)의 내용을 결론짓는 (다)의 순으로 나열하는 것이 가장 적절하다.

15

熱氣(열기_ 더울 열, 기운 기)

16

제시된 조건과 A ~ E사원의 진술을 보기에 따라 확인하면 다음과 같다.
ⅰ) ㉠의 경우
  B, C의 진술이 모두 참이거나 거짓일 때 영업팀과 홍보팀이 같은 층에서 회의를 할 수 있다. 그러나 B, C의 진술은 동시에
  참이 될 수 없으므로, A・B・C 진술 모두 거짓이 되어야 한다. 따라서 기획팀은 5층, 영업팀과 홍보팀은 3층에서 회의를
  진행하고, E는 5층에서 회의를 하는 기획팀에 속하게 되므로 ㉠은 항상 참이 된다.
ⅱ) ㉡의 경우
  기획팀이 3층에서 회의를 한다면 A의 진술은 항상 참이 되어야 한다. 이때 B와 C의 진술은 동시에 거짓이 될 수 없으므로,
  둘 중 하나는 반드시 참이어야 한다. 또한 2명만 진실을 말하므로 D와 E의 진술은 거짓이 된다. 따라서 D와 E는 같은 팀이
  될 수 없으므로 ㉡은 참이 될 수 없다.
ⅲ) ㉢의 경우
  1) 두 팀이 5층에서 회의를 하는 경우 : (A・B 거짓, C 참), (A・C 거짓, B 참)
  2) 두 팀이 3층에서 회의를 하는 경우 : (A・B 참, C 거짓), (A・C 참, B 거짓), (A・B・C 거짓)
  따라서 두 팀이 5층보다 3층에서 회의를 하는 경우가 더 많으므로 ㉢은 참이 될 수 없다.

17

-5, $\times(-2)$가 반복된다.
따라서 (　)$=14-5=9$이다.

18

홀수 항은 -4, 짝수 항은 -7인 수열이다.
따라서 (　)$=27-4=23$이다.

19

알파벳 순서에 따라 숫자로 변환하면 다음과 같다.

a	b	c	d	e	f	g	h	i	j	k	l	m
1	2	3	4	5	6	7	8	9	10	11	12	13
n	o	p	q	r	s	t	u	v	w	x	y	z
14	15	16	17	18	19	20	21	22	23	24	25	26

알파벳 수열을 숫자로 변환하면 각각 '2, 7, 5, 10, (　), 13, 11, 16'인 수열로 $+5$, -2가 번갈아 적용된다.
따라서 (　)$=10-2=8$, 즉 'h'이다.

20

증발시키는 물의 양을 xg이라 가정할 때, 소금의 양은 처음과 변함없으므로 이에 관한 방정식은 다음과 같다.
$0.05\times800=0.08\times(800-x) \rightarrow 0.08x=24 \rightarrow x=300$
따라서 증발시킨 물의 양은 300g이다.

21

정답 ③

$_{10}C_2 \times {}_8C_2 = \dfrac{10 \times 9}{2 \times 1} \times \dfrac{8 \times 7}{2 \times 1} = 1,260$가지

22

정답 ③

제품 4개 중 2개를 불량품으로 고르는 경우의 수는 $_4C_2 = 6$가지이고, 불량품이 들어 있을 확률은 $\dfrac{1}{10}$ 이다.

그러므로 임의로 4개의 제품을 택할 때, 2개의 제품이 불량품일 확률은 $_4C_2 \times \left(\dfrac{1}{10}\right)^2 \times \left(\dfrac{9}{10}\right)^2 = \dfrac{486}{10,000}$ 이다.

따라서 2개의 제품이 불량품일 확률은 0.0486이다.

23

정답 ④

아리스토텔레스가 강조한 서양의 중용과 동양에서 강조한 중용을 번갈아 설명하며 그 차이점에 대해 설명하고 있다.

오답분석
① 아리스토텔레스의 중용은 제시문의 주제인 서양과 우리의 중용에 대한 차이점을 말하기 위해 언급한 것일 뿐이다.
② 우리는 의학에 있어서도 중용관에 입각했다는 것을 말하기 위해 부연 설명한 것이다.
③ 중용을 바라보는 서양과 우리의 차이점을 말하고 있다.

24

정답 ①

제시문은 치매의 정의, 증상, 특성 등을 말하고 있으므로 '치매의 정의와 특징'이 제시문의 주제로 적절하다.

25

정답 ④

규칙은 세로로 적용된다. 첫 번째 도형과 두 번째 도형을 합쳤을 때, 색이 같은 부분만을 나타낸 도형이 세 번째 도형이다.

26

정답 ②

가장 큰 도형은 그대로, 외부도형은 꼭짓점과 변을 기준으로 번갈아 가며 시계 방향으로 이동하는 규칙이다.

27

정답 ①

'나뉘다'는 '나누다'의 피동형으로 피동을 만드는 접사인 '-어지다'를 결합할 경우 이중피동이 되기 때문에 적절한 표현은 '나뉘어'이다.

28

정답 ④

첫 번째 문장에서 경기적 실업이란 노동에 대한 수요가 감소하여 고용량이 줄어들어 발생하는 실업이라고 하였으므로, 기업이 생산량을 줄임으로써 노동에 대한 수요가 감소한다는 내용이 와야 한다.

29

정답 ②

• (가) : 청소년의 척추 질환을 예방하는 대응 방안과 관련된 ⓒ이 적절하다.
• (나) : 책상 앞에 앉아 있는 바른 자세와 관련된 ⓒ이 적절하다.
• (다) : 틈틈이 척추 근육을 강화하는 운동을 해 주는 것과 관련된 자세인 ㉠이 적절하다.

30

일본은 2023년도 평균 교육기간이 2022년 평균 교육기간보다 12.8-12.7=0.1년 높다.

오답분석

① 한국은 2021~2023년까지 평균 교육기간은 12.1년으로 동일하다.

② 2021년보다 2022년의 평균 교육기간이 높아진 국가는 중국, 인도, 인도네시아, 일본, 터키로 총 5개국이다.

④ 2021~2023년 동안 항상 평균 교육기간이 8년 이하인 국가는 중국, 인도, 인도네시아, 터키로 총 4개국이다

31

2021년도 평균 교육기간이 8년 이하인 국가는 중국, 인도, 인도네시아, 터키로 네 국가의 평균 교육기간 평균은 $\dfrac{7.7+6.3+7.9+7.8}{4}=\dfrac{29.7}{4}=7.425$년이다.

32

상위 100대 기업까지 48.7%이고, 200대 기업까지 54.5%이다.

따라서 상위 101~200대 기업이 차지하고 있는 비율은 54.5-48.7=5.8%이므로 5% 이상이다.

오답분석

①·③ 자료를 통해 쉽게 확인할 수 있다.

④ 자료를 통해 0.2%p 감소했음을 알 수 있다.

33

2019년 보통우표와 기념우표 발행 수의 차이는 115,820천 장으로 가장 크다.

오답분석

① 2020년에는 기념우표가 전년보다 증가했지만 나만의 우표는 감소했으며, 2022년에는 그 반대 현상을 보였으므로 적절하지 않다.

② 기념우표의 경우에는 2023년의 우표 발행 수가 가장 낮다.

④ 2021년 전체 발행 수는 113,900천 장인데 나만의 우표는 1,000천 장이므로 약 0.88%이다. 따라서 1% 미만이므로 적절하지 않다.

34

주로 보통 활동을 하는 성인 남성의 하루 기초대사량이 1,728kcal라면 하루에 필요로 하는 총 칼로리는 1,728×(1+0.4)=2,419.2kcal가 된다. 이때, 지방은 전체 필요 칼로리 중 20% 이하로 섭취해야 하므로 하루 2,419.2×0.2=483.84g 이하로 섭취하는 것이 좋다.

오답분석

① 신장 178cm인 성인 남성의 표준 체중은 $1.78^2 \times 22 ≒ 69.7$kg이 된다.

② 표준 체중이 73kg인 성인의 기초대사량은 1×73×24=1,752kcal이며, 정적 활동을 하는 경우 활동대사량은 1,752×0.2=350.4kcal이므로 하루에 필요로 하는 총 칼로리는 1,752+350.4=2,102.4kcal이다.

③ 표준 체중이 55kg인 성인 여성의 경우 하루 평균 55×1.13=62.15g의 단백질을 섭취해야 한다.

35

정답 ②

레드 와인 잔의 넓은 둘레는 와인의 향기를 풍성하게 느끼도록 해주고, 화이트 와인 잔의 작은 크기는 와인의 온도 상승을 막아준다. 따라서 와인을 마실 때 레드 와인은 와인의 향(㉠)을, 화이트 와인은 와인의 온도(㉡)를 고려하여 와인 잔을 선택하는 것을 알 수 있다.

36

정답 ③

헤겔은 국가를 사회 문제를 해결하고 공적 질서를 확립할 최종 주체로 설정했고, 뒤르켐은 사익을 조정하고 공익과 공동체적 연대를 실현할 도덕적 개인주의의 규범에 주목하면서, 이를 수행할 주체로서 직업 단체의 역할을 강조하였다. 즉, 직업 단체가 정치적 중간 집단으로서 구성원의 이해관계를 국가에 전달하는 한편 국가를 견제해야 한다고 보았다.

오답분석
① 뒤르켐이 주장하는 직업 단체는 정치적 중간 집단의 역할로 빈곤과 계급 갈등의 해결을 수행할 주체이다.
②·④ 헤겔의 주장이다.

37

정답 ③

38

정답 ②

39

정답 ④

40

정답 ①

41

정답 ①

'본받다'는 '본을 받다'에서 목적격 조사가 생략되고, 명사 '본'과 동사 '받다'가 결합한 합성어이다. 즉, 하나의 단어로 '본받는'이 적절한 표기이다.

42

정답 ③

• 내로라하다 : 어떤 분야를 대표할 만하다.
• 그러다 보니 : 보조용언 '보다'가 앞 단어와 연결 어미로 이어지는 '-다 보다'의 구성으로 쓰이면 앞말과 띄어 쓴다.

오답분석

① 무엇 보다 → 무엇보다 / 인식해야 만 → 인식해야만
  • 무엇보다 : 앞말이 부사어임을 나타내는 조사로 붙여 쓴다.
  • 인식해야만 : '만'은 한정, 강조를 의미하는 보조사로 붙여 쓴다.
② 두가지를 → 두 가지를 / 조화시키느냐하는 → 조화시키느냐 하는
  • 두 가지를 : 수 관형사는 뒤에 오는 명사 또는 의존 명사와 띄어 쓴다.
  • 조화시키느냐 하는 : 어미 다음에 오는 말은 띄어 쓴다.
④ 심사하는만큼 → 심사하는 만큼 / 한 달 간 → 한 달간
  • 심사하는 만큼 : 뒤에 나오는 내용의 원인, 근거를 의미하는 의존 명사로 띄어 쓴다.
  • 한 달간 : '동안'을 의미하는 접미사로 붙여 쓴다.

43

정답 ③

빌어 → 빌려. 이 자리를 빌려 감사의 뜻을 전한다.

44

정답 ②

45

정답 ②

제2회 최종점검 모의고사

01	02	03	04	05	06	07	08	09	10	11	12	13	14	15	16	17	18	19	20
②	④	③	③	①	④	②	①	④	①	④	④	③	④	②	③	②	①	①	②
21	22	23	24	25	26	27	28	29	30	31	32	33	34	35	36	37	38	39	40
②	③	②	④	④	④	②	④	④	①	②	①	①	④	②	③	②	①	②	③
41	42	43	44	45															
②	④	③	①	②															

01　정답 ②

강할 강(强)과 반대의 의미를 가진 한자는 약할 약(弱)이다.

오답분석

① 나아갈 진(進), ③ 착할 선(善), ④ 흐를 류(流)

02　정답 ④

• 이목 : 주의나 관심
• 시선 : 주의 또는 관심을 비유적으로 이르는 말

오답분석

① 괄목 : 눈을 비비고 볼 정도로 매우 놀람
② 경계 : 사물이 어떠한 기준에 의하여 분간되는 한계
③ 기습 : 적이 생각지 않았던 때에, 갑자기 들이쳐 공격함

03　정답 ③

정직한 사람은 이웃이 많고, 이웃이 많은 사람은 외롭지 않을 것이다. 따라서 정직한 사람은 외롭지 않을 것이다.

04　정답 ③

노화가 온 사람은 귀가 잘 들리지 않아 큰 소리로 이야기한다. 그러나 큰 소리로 이야기하는 사람 중 노화가 온 사람은 전부 또는 일부일 수도 있으므로 알 수 없다.

05　정답 ①

부모에게 칭찬을 많이 받으면 인간관계가 원만하고, 인간관계가 원만하면 긍정적으로 사고하기 때문에 부모에게 칭찬을 많이 받은 주영이는 사고방식이 긍정적이다.

06

정답 ④

홀수 항은 +20, +19, +18, …이고, 짝수 항은 +5, +6, +7, …인 수열이다.
따라서 ( )=63+8=71이다.

07

정답 ②

앞의 항에 ×(−4)를 하는 수열이다.
따라서 ( )=(−68)×(−4)=272이다.

08

정답 ①

앞의 항에 $\times \frac{1}{4}$와 $\times 2-4$를 번갈아 가며 적용하는 수열이다.
따라서 ( )=3.75×2−4=3.50이다.

09

정답 ④

두 번째 문단의 첫 번째 문장을 통해 알 수 있다.

오답분석

① 거대 기계는 그 자체로 비인간화와 억압의 구조를 강화하기 쉽다고 하였다.
② 간디는 인간적 규모를 넘어선 거대 기계의 인간 소외 현상에 주목했지만, 기계 자체를 반대한 적은 없다.
③ 근대 산업 문명은 사람들을 병들게 하고 내면적인 평화와 명상의 생활을 불가능하게 만든다.

10

정답 ①

대중문화가 주로 젊은 세대를 중심으로 한 문화라고 한 다음, 대중문화라고 해서 반드시 젊은 사람들을 중심으로 이루어지는 것은 아니라고 말함으로써 제시문의 핵심이 불분명해졌다.

11

정답 ④

전통의 본질을 설명하면서 연암의 문학, 신라의 향가, 고려의 가요, 조선 시대의 사설시조, 백자, 풍속화를 예로 들고 있다.

12

정답 ④

13

정답 ③

14

정답 ④

제시문은 여름에도 감기에 걸리는 이유와 예방 및 치료방법에 대해 설명하고 있다. 따라서 (마) 의외로 여름에도 감기에 걸림 – (가) 찬 음식과 과도한 냉방기 사용으로 체온이 떨어져 면역력이 약해짐 – (라) 감기 예방을 위해 찬 음식은 적당히 먹고 충분한 휴식을 취하고, 귀가 후 손발을 씻어야 함 – (나) 감기에 걸렸다면 수분을 충분히 섭취해야 함 – (다) 열이나 기침이 날 때에는 따뜻한 물을 여러 번 나눠 먹는 것이 좋음의 순으로 나열하는 것이 가장 적절하다.

15

정답 ②

제시문은 폐휴대전화 발생량으로 인한 자원낭비와 환경오염 문제를 극복하기 위해 기업에서 폐휴대전화 수거 운동을 벌이기로 했다는 내용의 글이다. 따라서 (다) 폐휴대전화의 발생량 증가 – (가) 폐휴대전화를 이용한 재활용 효과 – (나) 폐휴대전화로 인한 환경오염 – (라) 기업의 '폐휴대전화 수거 운동' 실시 순으로 나열하는 것이 가장 적절하다.

16

정답 ③

제시문은 태양의 온도를 일정하게 유지해 주는 에너지원에 대한 설명이다. 태양의 온도가 일정하게 유지되는 이유는 태양 중심부의 온도가 올라가 핵융합 에너지가 늘어나면 에너지의 압력으로 수소를 밖으로 밀어내어 중심부의 밀도와 온도를 낮춰주기 때문이다. 즉 태양 내부에서 중력과 핵융합 반응의 평형상태가 유지되기 때문에 태양은 50억 년간 빛을 낼 수 있었고, 앞으로도 50억 년 이상 더 빛날 수 있는 것이다. 따라서 빈칸에 들어갈 내용으로 '태양이 오랫동안 안정적으로 빛을 낼 수 있게 된다.'가 가장 적절하다.

17

정답 ②

$\div 2$, $+11$이 반복되는 수열이다.

N	ㅅ	R	ㅈ	T	ㅊ	(U)
14	7	18	9	20	10	21

18

정답 ①

홀수 항은 $+2$, 짝수 항은 $+3$으로 나열된 수열이다.

ㅁ	ㅅ	ㅅ	ㅊ	ㅈ	ㅍ	ㅋ	(ㄴ)
5	7	7	10	9	13	11	16

19

정답 ①

앞의 두 항을 더하면 다음 항이 된다.
( ) $+15=35 \rightarrow$ ( ) $=20$

20

정답 ②

영희의 나이를 x살이라 하면, 어머니의 나이는 $x+20$살이 된다.
$x+20=6x \rightarrow 5x=20 \rightarrow x=4$
∴ 영희 4살, 어머니 24살

21

정답 ②

집에서 마트까지 거리를 x km라 하면 (집에서 마트까지 걸은 시간)+(물건을 구매하는 시간)+(마트에서 집까지 걸은 시간)=(2시간 30분)이다.

$$\frac{x}{4}+\frac{2}{3}+\frac{x}{6}=\frac{5}{2}$$

$$\frac{5}{12}x=\frac{11}{6} \rightarrow x=\frac{22}{5}=4.4$$

따라서 집에서 마트까지의 거리는 4.4km이다.

22

정답 ③

5명을 한 팀으로 조직했을 때, 만들어지는 팀의 수를 x팀이라 하면
$5\times x+2=6\times(x-2)$
$\therefore\ x=14$
따라서 총 14팀이 만들어진다.

23

정답 ②

제시문에서는 OECD 회원국 가운데 꼴찌를 차지한 한국인의 부족한 수면 시간에 대해 언급하며, 이로 인해 수면장애 환자가 늘어나고 있음을 설명하고 있다. 또한 불면증, 수면무호흡증, 렘수면 행동장애 등 다양한 수면장애를 설명하며, 이러한 수면장애들이 심혈관계질환, 치매, 우울증 등의 원인이 될 수 있다는 점을 통해 심각성을 이야기한다. 그리고 마지막으로 이러한 수면장애를 방치해서는 안 되며, 전문적인 치료가 필요하다고 제시하고 있다. 따라서 이 글을 바탕으로 '한국인의 수면 시간'과 관련된 글을 쓴다고 할 때, 글의 주제로 가장 적절하지 않은 것은 수면 마취제와 관련된 내용인 ②이다.

24

정답 ④

제시문은 인간은 직립보행을 계기로 후각이 생존에 상대적으로 덜 영향을 주게 되면서, 시각을 발달시키는 대신 후각을 현저히 퇴화시켰다는 사실을 설명하고 있다. 다만 후각은 여전히 감정과 긴밀히 연계되어있고 관련 기억을 불러일으킨다는 사실을 언급하며 마무리하고 있다. 따라서 인간은 후각을 부수적인 기능으로 남겨두었다는 것이 제시문의 요지이다.

25

정답 ④

규칙은 가로로 적용된다.
첫 번째 도형을 시계 방향으로 90° 회전시킨 도형이 두 번째 도형이고, 두 번째 도형을 x축 대칭시킨 도형이 세 번째 도형이다.

26

정답 ④

첫 번째 도형을 기준으로 3번째와 4번째 행 왼쪽 하단에 있는 두 개의 사각형은 대각선 방향으로 반복하여 대칭하고 있으며, 1번째 행 오른쪽에 색칠된 사각형은 시계 방향으로 90° 이동하고 있다.

27

정답 ②

아리스토텔레스는 천상계를 완벽한 세상으로 보고 천체의 모습과 원운동도 모두 완벽할 것이라고 생각했으므로 ㉠에는 앞 문장이 뒤 문장의 원인임을 나타내는 '따라서'가 알맞다. 다음으로 ㉡ 뒤의 문장에서는 아리스토텔레스가 주장했던 달의 모습이 갈릴레오가 직접 관측한 달의 모습과 달랐다고 이야기하므로 ㉡에는 '반면에'가 알맞다. 마지막으로 ㉢ 뒤의 문장은 앞 문장에서 언급한 관측 결과를 통해 얻은 갈릴레오의 발견을 이야기하므로 ㉢에는 '즉'이 알맞다.

28

정답 ④

빈칸 뒤에 나오는 내용을 살펴보면, 양안시에 대해 설명하면서 양안시차를 통해 물체와의 거리를 파악한다고 하였으므로 빈칸에는 거리와 관련된 내용이 나왔음을 짐작해 볼 수 있다. 따라서 빈칸에 들어갈 내용으로 ④가 가장 적절하다.

29

정답 ④

제시문은 미국 대통령 후보 선거제도 중 하나인 '코커스'에 대한 설명과 아이오와주에서 코커스 개최시기가 변경된 아이오와주, 그리고 아이오와주 선거 운영 방식의 변화에 대하여 서술하고 있다. 빈칸 앞에서는 개최시기를 1월로 옮긴 아이오와주 공화당의 이야기를, 빈칸 뒤에서는 아이오와주 선거 운영 방식의 변화와 같은 다른 주제에 대해서 다루고 있으므로, 빈칸 앞과 이어지는 ④ '아이오와주는 미국의 대선후보 선출 과정에서 민주당과 공화당 모두 가장 먼저 코커스를 실시하는 주가 되었다.'가 오는 것이 가장 적절하다.

오답분석

① 선거 운영 방식이 달라진 것이 아니라 코커스를 실시하는 시기가 달라진 것이다.
② 제시문에서는 민주당과 공화당 사이가 악화될 계기가 언급되어 있지 않다.
③ 제시문에서는 아이오와주에서 코커스의 개정을 요구했다는 근거를 찾을 수 없다.

30

정답 ①

65세 이상 인구 비중이 높은 지역은 '전남 – 경북 – 전북 – 강원 – 충남 – …' 순서이다.
따라서 65세 이상 인구 비중이 세 번째로 높은 전북의 64세 이하 비율은 $100-19=81\%$이다.

31

정답 ②

인천 지역의 총 인구가 300만 명이라고 할 때, 65세 이상 인구는 $300\times0.118=35.4$만 명이다.

오답분석

① 울산의 40세 미만 비율과 대구의 40세 이상 64세 이하 비율 차이는 $48.5-40.8=7.7\mathrm{p}$이다.
③ 40세 미만 비율이 높은 다섯 지역을 차례로 나열하면 '세종(56.7%) – 대전(49.7%) – 광주(49.4%) – 경기(48.8%) – 울산 (48.5%)'이다.
④ 조사 지역의 인구가 모두 같을 경우 40세 이상 64세 이하 인구가 두 번째로 많은 지역은 그 비율이 두 번째로 높은 지역을 찾으면 된다. 따라서 첫 번째는 41.5%인 울산이며, 두 번째는 40.8%인 대구이다.

32

정답 ①

'보다 적성에 맞는 다른 일을 위해' 항목은 -0.8과 $+1.2$가 반복되고 있음을 알 수 있다. 따라서 ㉠에 들어갈 값은 $7.1-1.2=5.9$이다.

33

정답 ①

캠페인 기간에 대한 내용은 메모에 포함되어있지 않다. 6월 20일은 경품 추첨 예정일이다.

오답분석

② 캠페인은 고용·산재보험 집중홍보기간 운영에 따른 사회보험 대국민 인식확장 및 공익신고 활성화를 위해 추진된다.
③ 고용·산재보험 미가입 신고센터 배너 클릭 후, 미가입된 사업장 입력·신고를 하면 경품 응모가 가능하다.
④ 경품 추첨 대상자는 고용·산재보험 미가입 사업장 신고 참여자이다.

34

정답 ④

밑줄 친 현상은 농촌의 고령화이다. 고령화에 대한 문제점을 해결하기 위해서는 노령층을 위한 시니어 산업을 확대해야 한다.

35

정답 ②

뱀과 같은 파충류, 번데기와 같은 곤충, 막걸리와 같은 알코올이 들어간 음식, 순대 등의 돼지 창자로 만든 음식은 '하람(Haram)'으로 분류된다.

36

정답 ③

37

정답 ②

38

정답 ①

39

정답 ②

40

정답 ③

'바'는 '앞에서 말한 내용 그 자체나 일 따위를 나타내는 말'을 의미하는 의존 명사이므로 앞말과 띄어 쓴다.

[오답분석]

① '−밖에'는 주로 체언이나 명사형 어미 뒤에 붙어 '그것 말고는', '그것 이외에는' 등의 뜻을 나타내는 보조사로 '하나밖에'와
   같이 앞말에 붙여 쓴다.
② '살'은 '나이를 세는 단위'를 의미하는 의존 명사이므로 '열 살이'와 같이 띄어 쓴다.
④ 본용언이 합성어인 경우는 본용언과 보조 용언을 붙여 쓰지 않으므로 '쫓아내 버렸다'와 같이 띄어 써야 한다.

41

정답 ②

㉠ '딴생각'은 '주의를 기울이지 않고 다른 데로 쓰는 생각'을 의미하는 하나의 단어이므로 붙여 쓴다.
㉡ '사사(師事)'는 '스승으로 섬김. 또는 스승으로 삼고 가르침을 받음'의 의미를 지닌 단어로, 이미 '받다'라는 의미를 자체적으로
   지니고 있기 때문에 '사사받다'가 아닌 '사사하다'가 올바른 표기이다.
㉢ '파토'는 '일이 잘못되어 흐지부지됨을 비유적으로 이르는 말'인 '파투'의 잘못된 표현이므로 '파투'가 올바른 표기이다.

42

정답 ④

• 담백하다 : 욕심이 없고 마음이 깨끗하다.

[오답분석]

① 결제 → 결재
② 갱신 → 경신
③ 곤혹 → 곤욕

43

정답 ③

보기의 '또한'이라는 접속사를 보면 외래문화나 전통문화의 양자택일에 대한 내용이 앞에 있고, ㉢ 다음의 내용이 '전통문화는 계승과
변화가 다 필요하고 외래문화의 수용과 토착화를 동시에 요구하고 있기 때문이다.'이기 때문에 보기는 ㉢에 들어가는 것이 적절하다.

44

정답 ①

45

정답 ②

제3회 최종점검 모의고사

01	02	03	04	05	06	07	08	09	10	11	12	13	14	15	16	17	18	19	20
④	③	③	②	④	①	①	③	④	①	④	②	③	②	④	②	③	②	①	④
21	22	23	24	25	26	27	28	29	30	31	32	33	34	35	36	37	38	39	40
③	④	④	③	④	③	④	④	④	②	②	①	④	①	④	④	④	①	④	③
41	42	43	44	45															
②	①	①	②	④															

01
정답 ④

'상정(想定)'은 '어떤 정황을 가정적으로 생각하여 단정함. 또는 그런 단정'을 의미하므로, 제시문의 '생각'과 유사한 의미이다.

오답분석
① 예정(豫定) : 미리 정하거나 예상함
② 사색(思索) : 어떤 것에 대하여 깊이 생각하고 이치를 따짐
③ 고찰(考察) : 어떤 것을 깊이 생각하고 연구함

02
정답 ③

• 가열하다 : 어떤 물질에 열을 가하다.
• 냉각하다 : 식혀서 차게 하다.

오답분석
① 감시하다 : 단속하기 위하여 주의 깊게 살피다.
② 가득하다 : 분량이나 수효 따위가 어떤 범위나 한도에 꽉 찬 상태에 있다.
④ 냉철하다 : 생각이나 판단 따위가 감정에 치우치지 않고 침착하며 사리에 밝다.

03
정답 ③

현수>주현, 수현>주현으로 주현이가 가장 늦게 일어남을 알 수 있다.
그러나 제시된 사실만으로는 현수와 수현의 기상 순서를 서로 비교할 수 없다.

04

ⅰ) A의 진술이 참일 경우

구분	대전지점	강릉지점	군산지점
A		○	○
B		○	
C		○	○

세 명 중 누구도 대전지점에 가지 않았으므로 세 명이 각각 다른 지점에 출장을 다녀왔다는 조건에 부합하지 않는다. 따라서 A의 진술은 거짓이다.

ⅱ) B의 진술이 참일 경우

구분	대전지점	강릉지점	군산지점
A	○		
B			○
C		○	

A는 대전지점에, B는 군산지점에, C는 강릉지점에 다녀온 것이 되므로 세 명이 각각 다른 지점에 출장을 다녀왔다는 조건에 부합한다.

ⅲ) C의 진술이 참일 경우

구 분	대전지점	강릉지점	군산지점
A	○		
B		○	
C	○		

세 명 중 누구도 군산지점에 가지 않았고 A와 C가 모두 대전지점에 갔으므로 세 명이 각각 다른 지점에 출장을 다녀왔다는 조건에 부합하지 않는다. 따라서 C의 진술은 거짓이다.

따라서 B의 진술이 참이 되고 이를 바르게 나열한 것은 ②이다.

05

• 2023년 – 23
• 경상남도 제1공장 – 6M
• 화장대 – 01004

따라서 상품 코드로 옳은 것은 ④이다.

06

23063G0200700123 – 23063F0200700258

[오답분석]

② 22081C0301200025 – 22087Q0301102421

③ 221260O0100101002 – 22123H0301400274

④ 23015K0301301111 – 23016M0100401020

07

$42 \diamond 7 = (4 \times 42 - 7 - 8) \div (42 + 2 \times 7 - 5) = 153 \div 51 = 3$

08

정답 ③

$17 \diamondsuit 4 = (4 \times 17 - 4 - 8) \div (17 + 2 \times 4 - 5) = 56 \div 20 = 2.8$
$16 \blacksquare 13 = (16 + 13 - 6) \times (3 \times 16 - 2 \times 13 + 2) - 16 \times 13 = 23 \times 24 - 208 = 552 - 208 = 344$
$\{(17 \diamondsuit 4) + (16 \blacksquare 13)\} \div 4 = (2.8 + 344) \div 4 = 346.8 \div 4 = 86.7$

09

정답 ④

민간부문에서 역량 모델의 도입에 대한 논의가 먼저 이루어진 것으로 짐작할 수는 있지만, 이것이 민간부문에서 더욱 효과적으로 작용한다는 것을 의미한다고 보기는 어렵다.

10

정답 ①

현재의 특허법은 인위적으로 분리·확인된 것을 발명으로 간주한다.

11

정답 ④

먼저 '빅뱅 이전에는 아무것도 없었다.'는 '영겁의 시간 동안 우주는 단지 진공이었을 것이다.'를 의미한다는 (라) 문단이 오는 것이 적절하며, 다음으로 '이런 식으로 사고하려면', 즉 우주가 단지 진공이었다면 왜 우주가 탄생하게 되었는지를 설명할 수 없다는 (다) 문단이 오는 것이 적절하다. 그 뒤를 이어 우주 탄생 원인을 설명할 수 없는 이유를 이야기하는 (나) 문단과 이와 달리 아예 다른 방식으로 해석하는 (가)의 순으로 나열하는 것이 가장 적절하다.

12

정답 ②

문제에서 주어진 명제를 정리하면 다음과 같다.
• A : 의류를 판매한다.
• B : 핸드백을 판매한다.
• C : 구두를 판매한다.
• D : 모자를 판매한다.
A → ~B, B → ~C, ~A → D, D → ~C, D → ~C의 대우는 C → ~D이고, ~A → D의 대우는 ~D → A이므로 C → ~D → A라는 명제가 성립된다.
따라서 ② C → A가 참인 명제이다.

13

정답 ③

+2, +1, +3이 번갈아 가며 적용되는 수열이다.
따라서 ( )=16+3=19이다.

14

정답 ②

$\underline{A\ B\ C\ D} \rightarrow A + C = B + D$
따라서 ( )=23+1-8=16이다.

15

정답 ④

$+1$, $+2$, $+3$, …를 하는 수열이다.

ㄴ	ㄷ	ㄹ	ㅁ	ㅇ	ㅌ	ㄷ	(ㅈ)
2	3	5	8	12	17		23

16

정답 ②

소연이가 시계를 맞춰 놓은 시각과 다음 날 독서실을 나선 시각의 차는 24시간이다.
4시간마다 6분씩 늦어진다고 하였으므로 24시간마다 36분씩 늦어진다.
따라서 소연이가 독서실을 나설 때 시계가 가리키고 있는 시각은 8시−36분=7시 24분이다.

17

정답 ③

48과 64의 최소공배수를 구하면 192이므로, A의 경우 4번 회전하고 B는 3번 회전해야 다시 맞물릴 수 있다.

18

정답 ②

증발된 물의 양을 xg이라 하면 다음과 같다.

$$\frac{4}{100} \times 400 = \frac{8}{100} \times (400 - x) \rightarrow 1,600 = 3,200 - 8x$$

$$\therefore x = 200$$

따라서 증발된 물의 양은 200g이다.

19

정답 ①

제시문은 재즈가 어떻게 생겨났고 재즈가 어떠한 것들을 표현해내는 음악인지에 대해 설명하고 있으므로 글의 주제로 ①이 가장 적절하다.

20

정답 ④

제시문은 딸기에 들어있는 비타민 C와 항산화 물질, 식물성 섬유질, 철분 등을 언급하며 딸기의 다양한 효능을 설명하고 있다.

21

정답 ③

규칙은 가로로 적용된다.
첫 번째 도형과 두 번째 도형을 합친 후, 겹치는 부분을 색칠한 도형이 세 번째 도형이다.

22

정답 ④

정사각형 4개의 칸에 있는 작은 원들은 시계 방향으로 이동하고 있으며, 정사각형 4개의 칸은 시계 반대 방향으로 한 칸씩 이동한다. 그리고 이동이 끝난 후 회색 칸에 있는 작은 원은 원래 원의 개수에서 한 개 더 늘어나게 된다.

23

정답 ④

미생물을 끓는 물에 노출하면 영양세포나 진핵포자는 죽일 수 있으나, 세균의 내생포자는 사멸시키지 못한다. 멸균은 포자, 박테리아, 바이러스 등을 완전히 파괴하거나 제거하는 것이므로 물을 끓여서 하는 열처리 방식으로는 멸균이 불가능함을 알 수 있다. 따라서 빈칸에 들어갈 내용으로는 소독은 가능하지만, 멸균은 불가능하다는 ④가 가장 적절하다.

24

정답 ③

빈칸 앞의 접속 부사 '따라서'에 집중한다. 빈칸에는 '공공미술이 아무리 난해해도 대중과의 소통 가능성이 늘 열려있다.'는 내용을 근거로 하여 추론할 수 있는 결론이 와야 문맥상 자연스럽다. 그러므로 공공미술에서 예술의 자율성이 소통의 가능성과 대립되지 않는다는 ③이 들어가는 것이 가장 적절하다.

25

정답 ④

빈칸의 앞 문장에서는 치매안심센터의 효과적인 운영을 위한 정부차원의 적극적인 지원의 필요성을 다루고, 빈칸의 뒤 문장에서는 치매케어의 전문적 수행을 위한 노력과 정책적 지원의 필요성을 다루므로 두 문장은 치매국가책임제를 효과적으로 추진하기 위해 필요한 것들로 볼 수 있다. 따라서 두 문장을 연결해 주는 접속어로 '그 위에 더, 또는 거기에다 더'를 뜻하는 '또한'이 적절하다.

26

정답 ③

삶의 만족도가 한국보다 낮은 국가는 에스토니아, 포르투갈, 헝가리이다. 세 국가의 장시간 근로자 비율 산술평균 $\frac{3.6+9.3+2.7}{3}=$ 5.2이다. 이때, 이탈리아의 장시간 근로자 비율은 5.4%이므로 적절하지 않은 설명이다.

[오답분석]

① 삶의 만족도가 가장 높은 국가는 덴마크이며, 덴마크의 장시간 근로자 비율이 가장 낮음을 자료에서 확인할 수 있다.
② 삶의 만족도가 가장 낮은 국가는 헝가리이며, 헝가리의 장시간 근로자 비율은 2.7%이다. 2.7×10=27<28.1이므로 한국의 장시간 근로자 비율은 헝가리의 장시간 근로자 비율의 10배 이상이다.
④ 여가ㆍ개인 돌봄시간이 가장 긴 국가는 덴마크이고, 여가ㆍ개인 돌봄시간이 가장 짧은 국가는 멕시코이다. 따라서 두 국가의 삶의 만족도 차이는 7.6-7.4=0.2점이다.

27

정답 ④

매우 노력함과 약간 노력함의 비율 합은 다음과 같다.

구분	남성	여성	취업	실업 및 비경제활동
비율	13.6+43.6=57.2%	23.9+50.1=74.0%	16.5+47.0=63.5%	22.0+46.6=68.6%

따라서 여성이 남성보다 비율이 높고, 취업자보다 실업 및 비경제 활동자의 비율이 높다.

[오답분석]

① 10세 이상 국민들 중 '전혀 노력하지 않음'과 '매우 노력함'은 '약간 노력함'과 '별로 노력하지 않음'에 비해 숫자의 크기가 현저히 작음을 알 수 있다. 따라서 '약간 노력함'과 '별로 노력하지 않음'만 정확하게 계산해 보면 된다.
  • 약간 노력함 : 41.2+39.9+46.7+52.4+50.4+46.0+44.8=321.4%
  • 별로 노력하지 않음 : 39.4+42.9+36.0+29.4+25.3+21.6+20.9=215.5%
  따라서 약간 노력하는 사람 비율의 합이 더 높은 것을 알 수 있다.
② 10세 이상 국민들 중 환경오염 방지를 위해 매우 노력하는 사람의 비율이 가장 높은 연령층은 31.3%인 70세 이상이다.
③ 우리나라 국민들 중 환경오염 방지를 위해 전혀 노력하지 않는 사람의 비율이 가장 높은 연령층은 6.4%인 20 ~ 29세이다.

28

정답 ④

2021년 배구의 관중 수는 4,843×0.304≒1,472.3천 명, 핸드볼의 관중 수는 2,756×0.438≒1,207.1천 명이다. 따라서 2021년 관중 수는 배구가 핸드볼보다 많다.

[오답분석]

① 2020년에는 전년 대비 농구의 관중수용률이 증가했다.
② 2023년에는 야구의 관중수용률이 더 높다.
③ 관중수용률이 매년 증가한 종목은 야구와 축구뿐이다.

29

정답 ④

관중수용률을 소수점 첫째 자리에서 반올림하면 야구 경기장 관중수용률은 66%, 축구 경기장 관중수용률은 35%이다. 2023년 야구 관중 수는 $19,450 \times 0.66 = 12,837$천 명, 축구 관중 수는 $33,320 \times 0.35 = 11,662$천 명이다.
따라서 야구 관중 수가 1,175천 명 많다.

30

정답 ②

네 번째 문단에 언급된 손 모양이 생겨나는 과정을 통해 추론할 수 있는 내용이다.

오답분석
① 몸의 상처가 회복되는 것은 세포의 재생과 관련이 있으므로 적절하지 않다.
③ 아포토시스를 이용한 항암제는 이미 유전자 변형으로 생겨난 암세포의 죽음을 유발하므로 유전자 변형을 막는다는 추론은 적절하지 않다.
④ 화학 약품은 유전자 변형을 일으키고 오히려 아포토시스가 일어나는 과정을 방해하므로 적절하지 않다.

31

정답 ②

제시문의 글쓴이는 마지막 부분에서 자신의 경험을 '백성을 좀먹는 무리'에 적용하고 있는데, 백성들을 괴롭히는 이들은 미리 제거해야 나중에 큰일을 당하지 않게 된다고 하였다. 따라서 하늘의 뜻을 따르는 임금의 통치에 대한 평가는 임금이 죽은 후에 해야 한다는 보기의 글쓴이에 대해 가렴주구(苛斂誅求, 가혹한 정치로 백성을 못살게 들볶음)를 내버려 두었다가 맞게 될 결과를 비판할 것이다.

32

정답 ①

고전주의 예술관이 등장한 배경은 이 글에서 언급되지 않았다.

오답분석
② 첫 번째 문단에서 '독자는 작품의 의미를 수동적으로 파악한다.'라는 내용을 통해 확인할 수 있다.
③ 세 번째, 네 번째 문단에서 '독자의 능동적 역할, 독자의 구체화를 통해 작품은 감상이 가능하다.'라는 내용을 통해 확인할 수 있다.
④ 첫 번째 문단에서 수용미학이 등장한 배경이 고전주의 예술관과 관련된다는 내용과 두 번째 문단 '작품의 의미는 고정된 것이 아니라 독자에 의해 재생산된다.'라는 내용을 통해 확인할 수 있다.

33

정답 ④

34

정답 ①

35

정답 ④

36

정답 ④

37

정답 ④

제시문과 ④의 '풀다'는 '금지되거나 제한된 것을 할 수 있도록 터놓다.'의 의미이다.

오답분석

① 일어난 감정 따위를 누그러뜨리다.
② 마음에 맺혀 있는 것을 해결하여 없애거나 품고 있는 것을 이루다.
③ 모르거나 복잡한 문제 따위를 알아내거나 해결하다.

38

정답 ①

제시문과 ①의 '나다'는 어떤 작용에 따른 효과, '결과 따위의 현상이 이루어져 나타나다.'의 의미이다.

오답분석

② 이름이나 소문 따위가 알려지다.
③ 농산물이나 광물 따위가 산출되다.
④ 인물이 배출되다.

39

정답 ④

40

정답 ③

41

정답 ②

2017년 7월에 항공안전법 개정안이 통과되면서 허가를 받을 경우 드론의 야간 비행이 가능하도록 규제가 완화됐다.

42

정답 ①

제시문은 드론에 대해 설명하면서 다른 나라의 예를 들어 자세하게 설명하고 있다.

43

정답 ①

제시문은 낙수 이론에 대해 설명하고, 그 실증적 효과를 논한 후에 비판을 제기하고 있다. 따라서 일반론에 이은 효과를 설명하는 (가)가 제시된 문단 뒤에, 비판을 시작하는 (나)가 (가)의 뒤에 와야 한다. (라)에는 '제일 많이'라는 수식어가 있고, (다)에는 '또한 제기된다.'라고 명시되어 있어 (라)가 (다) 앞에 오는 것이 글의 구조상 적절하다.

44

정답 ②

45

정답 ④

제4회 최종점검 모의고사

01	02	03	04	05	06	07	08	09	10	11	12	13	14	15	16	17	18	19	20
②	④	③	③	①	②	③	④	③	④	①	④	②	②	④	①	④	③	①	④
21	22	23	24	25	26	27	28	29	30	31	32	33	34	35	36	37	38	39	40
①	④	④	①	④	②	②	①	②	④	④	③	②	③	③	③	③	③	④	①
41	42	43	44	45															
④	③	④	③	④															

01
정답 ②

• 용이하다 : 어렵지 아니하고 매우 쉽다.
• 난해하다 : 뜻을 이해하기 어렵다.

오답분석
① 이해하다 : 깨달아 알다. 또는 잘 알아서 받아들이다.
③ 분별하다 : 서로 다른 일이나 사물을 구별하여 가르다.
④ 무난하다 : 별로 어려움이 없다.

02
정답 ④

• 원인 : 어떤 사물이나 상태를 변화시키거나 일으키게 하는 근본이 된 일이나 사건
• 소이 : 일이 생기게 된 원인이나 조건

오답분석
① 인접 : 이웃하여 있음. 또는 옆에 닿아 있음
② 원색 : 본디의 제 빛깔
③ 인지 : 어떤 사실을 인정하여 앎

03
정답 ③

유화를 잘 그리는 화가는 수채화를 잘 그리고, 수채화를 잘 그리는 화가는 한국화를 잘 그리지만, 희정이는 화가가 아니므로 유화를 잘 그리는 희정이가 한국화도 잘 그리는지는 알 수 없다.

04
정답 ③

C사원은 10개의 도장에서 2개의 도장이 모자라므로 현재 8개의 도장을 모았으며, A사원은 C사원보다 1개의 도장이 적으므로 현재 7개의 도장을 모은 것을 알 수 있다. 또한 B사원은 A사원보다 2개 적은 5개의 도장을 모았으며, D사원은 무료 음료 한 잔을 포함하여 3잔을 주문하였으므로 10개의 도장을 모은 쿠폰을 반납하고, 새로운 쿠폰에 2개의 도장을 받았음을 추론할 수 있다. 따라서 D사원보다 6개의 도장을 더 모은 E사원은 8개의 도장을 받아 C사원과 같은 개수의 도장을 모았음을 알 수 있다.

05

정답 ①

ⓑ > ⓐ, ⓑ > ⓕ, ⓑ < ⓒ < ⓓ, ⓔ < ⓒ
따라서 ⓐ와 ⓕ의 관계는 알 수 없다.

06

정답 ②

$4 - 2 \times 4 \times 11 + 11^2 = 4 - 88 + 121 = 37$

07

정답 ③

$13^2 + 2 \times 13 \times 17 - 17 = 169 + 17 \times (26 - 1) = 169 + 425 = 594$

08

정답 ④

청구범위를 넓게 설정할 경우 선행기술들과 저촉되어 특허가 거절될 가능성이 높아지므로 특허 등록의 가능성이 줄어들게 되지만, 청구범위를 좁게 설정할 경우에는 특허등록 가능성이 높아지게 된다.

⟮오답분석⟯

① 변리사를 통해 특허출원 명세서를 기재할 수 있다.
② 특허출원은 주로 경쟁자로부터 자신의 제품을 지키기 위해 이루어지지만, 기술적 우위를 표시하기 위해 이루어지기도 한다.
③ 특허출원서에는 출원인이나 발명자 정보 등을 기재한다. 발명의 명칭, 발명의 효과, 청구범위 등은 특허명세서에 작성한다.

09

정답 ③

제시문은 철도 발달로 인한 세계 표준시 정립의 필요성, 세계 표준시 정립에 기여한 샌퍼드 플레밍과 본초자오선 회의 등의 언급을 통해 세계 표준시가 등장하게 된 배경을 구체적으로 소개하고 있으므로 서술상의 특징으로 ③이 적절하다.

10

정답 ④

우리나라에 세계 표준시가 도입된 대한제국 때는 동경 127.5도 기준으로 세계 표준시의 기준인 영국보다 127.5÷15=8.5=8시간 30분이 빨랐다. 그러나 현재 우리나라의 표준시는 동경 135도 기준으로 변경되었기 때문에 영국보다 135÷15=9시간이 빠르다. 따라서 현재 우리나라의 시간은 대한제국 때 지정한 시각보다 30분 빠르다.

11

정답 ①

12

정답 ④

13

정답 ②

제시문은 두 소설가가 그린 비관적인 미래 모습에 대하여 차례대로 설명하고 있는 글이다. 처음 주어진 제시문의 내용은 두 소설가인 조지 오웰과 올더스 헉슬리에 대한 소개이므로 이어지는 글에는 오웰과 헉슬리의 소설에 대한 설명이 나와야 한다. 하지만 헉슬리의 소설을 설명하는 (라) 문단에는 '반면에'라는 접속어가 있으므로, 오웰의 소설을 설명하는 (나) 문단이 먼저 오는 것이 적절하다. 따라서 (나) 조지 오웰의 소설에서 나타난 폐쇄적이고 감시당하는 미래의 모습 → (라) 조지 오웰과 정반대의 미래를 생각해 낸 올더스 헉슬리 → (가) 국가가 양육의 책임을 지는 대신 문화적 다양성을 폐쇄하고 정해진 삶을 살도록 하는 올더스 헉슬리의 미래상 → (다) 오웰과 헉슬리의 소설에서 나타난 단점이 중첩되어 나타나고 있는 현대 사회의 순으로 나열하는 것이 가장 적절하다.

14

정답 ②

제시문은 민주주의의 특성과 과거 전제주의와의 차이점, 입헌군주제와 전제주의의 차이점, 입헌군주제의 특성과 입헌군주제를 폐기하려는 움직임에 대하여 차례대로 설명하고 있다. 처음 주어진 제시문의 마지막에서 민주주의에 대해 '여태까지 성립된 정치체제 중에서 가장 나은 체제라는 평가를 받고 있다.'고 하였으므로 민주주의에 대하여 설명하고 있는 (가) 문단이 이어지는 것이 적절하다. 따라서 (가) 민주주의의 특성과 전제주의와의 차이점 → (라) 민주주의의 탄생국이면서 동시에 입헌군주제인 영국 → (나) 입헌군주제 국왕의 특징 → (다) 입헌군주제를 폐기하려는 영국 내 공화파의 순으로 나열하는 것이 가장 적절하다.

15

정답 ④

'그러한' 등의 지시어와 '그러나', '그래서', '따라서' 등의 접속어를 토대로 문맥을 가장 자연스럽게 하는 순서를 확인할 수 있다. (라)의 '그러한 편견'은 제시문에서 DNA를 '일종의 퇴화 물질로 간주'하던 인식을 가리키며, (나)의 '유전 정보'는 (라)에서 바이러스가 주입한 유전 정보이다. (가)는 (나)에서 언급한 '아무도 몰랐다.'는 문제를 해결하기 위한 조사에 대한 설명이며, (다)는 (가)에서 실시한 조사의 결과로 드러난 사실을 설명한 것이다. 따라서 (라) – (나) – (가) – (다) 순으로 나열하는 것이 가장 적절하다.

16

정답 ①

앞의 항에 $\times \frac{1}{4}$와 $(\times 2-4)$를 번갈아 가며 적용하는 수열이다.

따라서 (　　)$=3.75 \times 2-4=3.5$이다.

17

정답 ④

$$\underline{A\ B\ C\ D} \rightarrow \frac{A \times C}{B} = D$$

따라서 (　　)$=75 \times 5 \div 15 = 25$이다.

18

정답 ③

홀수 항과 짝수 항에 각각 $+5$, $+6$, $+7$, …인 수열이다.

E	C	J	H	P	N	(W)
5	3	10	8	16	14	23

19

정답 ①

올해 직원 수를 x명이라고 하면, 작년 직원 수는 $1.05x$명, 내년 직원 수는 $1.04x$명이다.

올해 직원 수의 4%가 28명이므로 $0.04x = 28 \rightarrow x = 700$에 따라 올해 직원 수는 700명이다.

• 작년 직원 수 : $1.05 \times 700 = 735$명
• 내년 직원 수 : $1.04 \times 700 = 728$명

따라서 작년 직원 수와 내년 직원 수의 차이는 $735 - 728 = 7$명이다.

20

정답 ④

착륙하여 들어오는 항공기가 시간당 9대이고, 이륙하는 항공기가 시간당 3대이므로 시간당 6대의 항공기가 쌓이는 셈이 된다.

따라서 항공기의 보관 여유는 $70 - 30 = 40$대이므로 40대가 모두 꽉 차기까지는 $\frac{40}{6} = 6\frac{2}{3}$이므로 6시간 40분이 걸린다.

21

정답 ①

$$\frac{2,000 \times 8 + 500 \times 6}{2,000 + 500} = \frac{19,000}{2,500} = 7.6\text{점}$$

22

정답 ④

제시문은 국제 사회에서의 개인의 위상과 국력의 관계를 통하여 국력의 중요성을 말하고 있다.

23

정답 ④

첫 번째 문단은 임신 중 고지방식 섭취로 인한 자식의 생식기에 종양 발생 가능성에 대한 연구결과를 이야기하고 있고, 두 번째 문단은 사지 절단 수술로 인해 심장병으로 사망할 가능성에 대한 조사 결과를 이야기하고 있다. 따라서 제시문의 주제는 '의외의 질병 원인과 질병 사이의 상관관계'이다.

24

정답 ①

규칙은 세로 방향으로 적용된다.

첫 번째 도형을 4등분한 후 왼쪽 아래의 도형이 두 번째 도형이다.

두 번째 도형을 윗면을 기준으로 뒤집어 붙인 후 시계 방향으로 90° 회전한 모양이 세 번째 도형이다.

25

정답 ④

흰색 도형은 아래로 1칸씩 내려오면서 시계 방향으로 90° 회전하며, 검은색 도형은 위로 1칸씩 올라가면서 시계 반대 방향으로 90° 회전한다. 이때 같은 칸에서 도형끼리 만나게 되면 검은색 십자가 모양으로 바뀌며, 십자가 모양 이후에는 합쳐지기 이전의 도형으로 다시 분리되어 1칸씩 움직이며 각각 시계 방향 및 반대 방향으로 90° 회전하게 된다.

26

정답 ②

빈칸을 경계로 앞 문단에서는 골관절염과 류머티즘 관절염이 추위로 인해 증상이 악화될 수 있음을 이야기하고 있으며, 뒤 문단에서는 외부 온도 변화에 대응할 수 있는 체온 유지 방법을 설명하고 있다. 즉 온도 변화에 증상이 악화될 수 있는 질환들을 예방하기 위해 체온을 유지·관리해야 한다는 것이므로 빈칸에는 앞에서 말한 일이 뒤에서 말할 일의 근거가 될 때 쓰는 접속어 '따라서'가 가장 적절하다.

27

정답 ②

빈칸 뒤에서 민화는 필력보다 소재와 그것에 담긴 뜻이 더 중요한 그림이었다고 설명하고 있으므로, 민화는 작품의 기법보다 작품의 의미를 중시했음을 알 수 있다. 따라서 빈칸에 들어갈 문장은 ②가 가장 적절하다.

28

정답 ①

• (가) : 공간 정보가 정보 통신 기술의 발전으로 시간에 따른 변화를 반영할 수 있게 되었다는 빈칸 뒤의 내용을 통해 빈칸에는 시간에 따른 공간의 변화를 포함한 공간 정보를 이용할 수 있게 되면서 '최적의 경로 탐색'이 가능해졌다는 내용의 ㉠이 적절함을 알 수 있다.

• (나) : ㉡은 빈칸 앞 문장의 '탑승할 버스 정류장의 위치, 다양한 버스 노선, 최단 시간 등을 분석하여 제공하는' 지리정보시스템이 '더 나아가' 제공하는 정보에 관해 이야기한다. 따라서 빈칸에는 ㉡이 적절하다.

• (다) : 빈칸 뒤의 내용에서는 공간 정보가 활용되고 있는 다양한 분야와 앞으로 활용될 수 있는 분야를 이야기하고 있으므로 빈칸에는 공간 정보의 활용 범위가 계속 확대되고 있다는 ㉢이 적절함을 알 수 있다.

29

정답 ②

연도별 황사의 발생횟수는 2021년에 최고치를 기록했다.

30

정답 ④

2020 ~ 2023년 동안 SOC 투자규모의 전년 대비 증감방향은 '증가 – 감소 – 감소 – 감소'이고, 총지출 대비 SOC 투자규모 비중은 '증가 – 증가 – 감소 – 감소'이다.

오답분석

① 2023년 총지출을 a조 원이라고 가정하면 $a \times 0.069 = 23.1$조 원임에 따라 $a = \dfrac{23.1}{0.069} = 334.8$이므로 300조 원 이상이다.

② 2020년 SOC 투자규모의 전년 대비 증가율은 $\dfrac{25.4 - 20.5}{20.5} \times 100 = 23.9\%$이다.

③ 2020 ~ 2023년 동안 SOC 투자규모가 전년에 비해 가장 큰 비율로 감소한 해는 $\dfrac{23.1 - 24.4}{24.4} \times 100 = -5.3\%$인 2023년이다.

• 2021년 : $\dfrac{25.1 - 25.4}{25.4} \times 100 = -1.2\%$

• 2022년 : $\dfrac{24.4 - 25.1}{25.1} \times 100 = -2.8\%$

31

정답 ④

• 2023년 도시의 인구 : $300,000 - 40,000 + 50,000 - 30,000 + 60,000 - 10,000 + 70,000 = 400,000$명

• 2023년 농촌의 인구 : $150,000 - 50,000 + 40,000 - 60,000 + 30,000 - 70,000 + 10,000 = 50,000$명

32

정답 ③

- 2021년 도시의 인구 : $300,000-40,000+50,000=310,000$명
- 2023년 도시의 인구 : $400,000$명
- 2021년 농촌의 인구 : $150,000-50,000+40,000=140,000$명
- 2023년 농촌의 인구 : $50,000$명

- 2021년 대비 2023년 도시의 인구 증감률 : $\dfrac{400,000-310,000}{310,000}\times100≒29\%$

- 2021년 대비 2023년 농촌의 인구 증감률 : $\dfrac{50,000-140,000}{140,000}\times100≒-64\%$

33

정답 ②

제시문에 따르면 농업은 과학기술의 발전성과를 수용하여 새로운 상품과 시장을 창출할 수 있는 잠재적 가치를 가지고 있으므로, 농업의 성장을 위해서는 과학기술의 문제점을 성찰하기보다는 과학기술을 어떻게 활용할 수 있는지를 고민해 보는 것이 적절하다. 따라서 과학기술의 문제점을 성찰해야 한다는 ②는 적절하지 않다.

34

정답 ③

제시문에 따르면 인간관계에서 일어나는 사회적 행위를 규정한 것이 '충'이므로 충은 임금과 신하 사이의 관계에서 지켜져야 할 사회 윤리이다. 이러한 임금과 신하의 관계는 공동의 목표를 위한 관계로서 의리에 의해서 맺어진 관계이므로 임금과 신하의 관계는 상호 신뢰를 바탕으로 이루어짐을 추론할 수 있다.

35

정답 ③

글쓴이는 문화상대주의가 다른 문화를 서로 다른 역사와 환경의 맥락에서 이해하는 것일 뿐, 차별의 정당화나 빈곤, 인권침해, 저개발상태를 방치하는 윤리의 백치상태를 정당화하는 수단이 될 수는 없다고 주장하고 있다.

오답분석
①은 마지막 문장에서, ②와 ④는 세 번째 문장을 통해 확인할 수 있다.

36

정답 ③

37

정답 ③

38

정답 ③

39

정답 ④

40

정답 ①

제시문과 ①의 '모으다'는 '다른 이들의 관심이나 흥미를 끌다.'의 의미이다.

오답분석

② 정신, 의견 따위를 한곳에 집중하다.
③ 한데 합치다.
④ 돈이나 재물을 써 버리지 않고 쌓아 두다.

41

정답 ④

제시문과 ④의 '지키다'는 '어떠한 상태나 태도 따위를 그대로 계속 유지하다.'의 의미이다.

오답분석

① 지조, 절개, 정조 따위를 굽히지 아니하고 굳게 지니다.
② 규정, 약속, 법, 예의 따위를 어기지 아니하고 그대로 실행하다.
③ 길목이나 통과 지점 따위를 주의를 기울여 살피다.

42

정답 ③

(다) 문단에서는 자연의 법칙이나 우주의 원리를 알아내겠다는 과학자의 '믿음'과 신이라는 존재에 대한 종교인의 '믿음'을 이야기하며 이들이 믿는 대상이 서로 다름을 설명하고 있다. 따라서 (다) 문단의 핵심 주제는 종교적 믿음과 과학적 믿음의 공통점이 아닌 차이점임을 알 수 있다.

43

정답 ④

빈칸의 뒤 문장에서는 빈칸의 내용이 우선시되어야 서로의 영역을 침범하는 일이 생겨나지 않을 것이라고 이야기하고 있으므로, 빈칸에는 서로의 영역을 인정한다는 내용의 ④가 가장 적절하다.

44

정답 ③

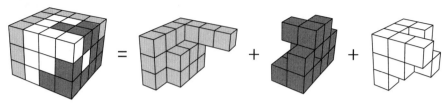

45

정답 ④

오답분석

①

②

③

부산광역시교육청 직무능력검사 답안카드

성 명

지원 분야

문제지 형별기재란

( )형   Ⓐ   Ⓑ

수험번호

⓪ ① ② ③ ④ ⑤ ⑥ ⑦ ⑧ ⑨
⓪ ① ② ③ ④ ⑤ ⑥ ⑦ ⑧ ⑨
⓪ ① ② ③ ④ ⑤ ⑥ ⑦ ⑧ ⑨
⓪ ① ② ③ ④ ⑤ ⑥ ⑦ ⑧ ⑨
⓪ ① ② ③ ④ ⑤ ⑥ ⑦ ⑧ ⑨
⓪ ① ② ③ ④ ⑤ ⑥ ⑦ ⑧ ⑨
① ② ③ ④ ⑤ ⑥ ⑦ ⑧ ⑨

감독위원 확인

㊞

번호	①	②	③	④	번호	①	②	③	④	번호	①	②	③	④
1	①	②	③	④	21	①	②	③	④	41	①	②	③	④
2	①	②	③	④	22	①	②	③	④	42	①	②	③	④
3	①	②	③	④	23	①	②	③	④	43	①	②	③	④
4	①	②	③	④	24	①	②	③	④	44	①	②	③	④
5	①	②	③	④	25	①	②	③	④	45	①	②	③	④
6	①	②	③	④	26	①	②	③	④					
7	①	②	③	④	27	①	②	③	④					
8	①	②	③	④	28	①	②	③	④					
9	①	②	③	④	29	①	②	③	④					
10	①	②	③	④	30	①	②	③	④					
11	①	②	③	④	31	①	②	③	④					
12	①	②	③	④	32	①	②	③	④					
13	①	②	③	④	33	①	②	③	④					
14	①	②	③	④	34	①	②	③	④					
15	①	②	③	④	35	①	②	③	④					
16	①	②	③	④	36	①	②	③	④					
17	①	②	③	④	37	①	②	③	④					
18	①	②	③	④	38	①	②	③	④					
19	①	②	③	④	39	①	②	③	④					
20	①	②	③	④	40	①	②	③	④					

※ 본 답안카드는 마킹연습용 모의 답안카드입니다.

부산광역시교육청 직무능력검사 답안카드

	①	②	③	④			①	②	③	④			①	②	③	④
1	①	②	③	④		21	①	②	③	④		41	①	②	③	④
2	①	②	③	④		22	①	②	③	④		42	①	②	③	④
3	①	②	③	④		23	①	②	③	④		43	①	②	③	④
4	①	②	③	④		24	①	②	③	④		44	①	②	③	④
5	①	②	③	④		25	①	②	③	④		45	①	②	③	④
6	①	②	③	④		26	①	②	③	④						
7	①	②	③	④		27	①	②	③	④						
8	①	②	③	④		28	①	②	③	④						
9	①	②	③	④		29	①	②	③	④						
10	①	②	③	④		30	①	②	③	④						
11	①	②	③	④		31	①	②	③	④						
12	①	②	③	④		32	①	②	③	④						
13	①	②	③	④		33	①	②	③	④						
14	①	②	③	④		34	①	②	③	④						
15	①	②	③	④		35	①	②	③	④						
16	①	②	③	④		36	①	②	③	④						
17	①	②	③	④		37	①	②	③	④						
18	①	②	③	④		38	①	②	③	④						
19	①	②	③	④		39	①	②	③	④						
20	①	②	③	④		40	①	②	③	④						

성 명

지원 분야

문제지 형별기재란

( )형　Ⓐ　Ⓑ

수험번호

⓪	①	②	③	④	⑤	⑥	⑦	⑧	⑨
⓪	①	②	③	④	⑤	⑥	⑦	⑧	⑨
⓪	①	②	③	④	⑤	⑥	⑦	⑧	⑨
⓪	①	②	③	④	⑤	⑥	⑦	⑧	⑨
⓪	①	②	③	④	⑤	⑥	⑦	⑧	⑨
⓪	①	②	③	④	⑤	⑥	⑦	⑧	⑨
⓪	①	②	③	④	⑤	⑥	⑦	⑧	⑨

감독위원 확인

(인)

※ 본 답안카드는 마킹연습용 모의 답안카드입니다.

부산광역시교육청 직무능력검사 답안카드

※ 본 답안카드는 마킹연습용 모의 답안카드입니다.

성 명

지원 분야

문제지 활별기재란

( )형   Ⓐ Ⓑ

수험번호

⓪	⓪	⓪	⓪	⓪	⓪	⓪
①	①	①	①	①	①	①
②	②	②	②	②	②	②
③	③	③	③	③	③	③
④	④	④	④	④	④	④
⑤	⑤	⑤	⑤	⑤	⑤	⑤
⑥	⑥	⑥	⑥	⑥	⑥	⑥
⑦	⑦	⑦	⑦	⑦	⑦	⑦
⑧	⑧	⑧	⑧	⑧	⑧	⑧
⑨	⑨	⑨	⑨	⑨	⑨	⑨

감독위원 확인

(인)

번호	①	②	③	④	번호	①	②	③	④	번호	①	②	③	④
1	①	②	③	④	21	①	②	③	④	41	①	②	③	④
2	①	②	③	④	22	①	②	③	④	42	①	②	③	④
3	①	②	③	④	23	①	②	③	④	43	①	②	③	④
4	①	②	③	④	24	①	②	③	④	44	①	②	③	④
5	①	②	③	④	25	①	②	③	④	45	①	②	③	④
6	①	②	③	④	26	①	②	③	④					
7	①	②	③	④	27	①	②	③	④					
8	①	②	③	④	28	①	②	③	④					
9	①	②	③	④	29	①	②	③	④					
10	①	②	③	④	30	①	②	③	④					
11	①	②	③	④	31	①	②	③	④					
12	①	②	③	④	32	①	②	③	④					
13	①	②	③	④	33	①	②	③	④					
14	①	②	③	④	34	①	②	③	④					
15	①	②	③	④	35	①	②	③	④					
16	①	②	③	④	36	①	②	③	④					
17	①	②	③	④	37	①	②	③	④					
18	①	②	③	④	38	①	②	③	④					
19	①	②	③	④	39	①	②	③	④					
20	①	②	③	④	40	①	②	③	④					

부산광역시교육청 직무능력검사 답안카드

번호	1	2	3	4	번호	1	2	3	4	번호	1	2	3	4
1	①	②	③	④	21	①	②	③	④	41	①	②	③	④
2	①	②	③	④	22	①	②	③	④	42	①	②	③	④
3	①	②	③	④	23	①	②	③	④	43	①	②	③	④
4	①	②	③	④	24	①	②	③	④	44	①	②	③	④
5	①	②	③	④	25	①	②	③	④	45	①	②	③	④
6	①	②	③	④	26	①	②	③	④					
7	①	②	③	④	27	①	②	③	④					
8	①	②	③	④	28	①	②	③	④					
9	①	②	③	④	29	①	②	③	④					
10	①	②	③	④	30	①	②	③	④					
11	①	②	③	④	31	①	②	③	④					
12	①	②	③	④	32	①	②	③	④					
13	①	②	③	④	33	①	②	③	④					
14	①	②	③	④	34	①	②	③	④					
15	①	②	③	④	35	①	②	③	④					
16	①	②	③	④	36	①	②	③	④					
17	①	②	③	④	37	①	②	③	④					
18	①	②	③	④	38	①	②	③	④					
19	①	②	③	④	39	①	②	③	④					
20	①	②	③	④	40	①	②	③	④					

※ 본 답안카드는 마킹연습용 모의 답안카드입니다.

성 명

지원 분야

문제지 형별기재란 Ⓐ Ⓑ (형)

수험번호
⓪ ① ② ③ ④ ⑤ ⑥ ⑦ ⑧ ⑨
⓪ ① ② ③ ④ ⑤ ⑥ ⑦ ⑧ ⑨
⓪ ① ② ③ ④ ⑤ ⑥ ⑦ ⑧ ⑨
⓪ ① ② ③ ④ ⑤ ⑥ ⑦ ⑧ ⑨
⓪ ① ② ③ ④ ⑤ ⑥ ⑦ ⑧ ⑨
⓪ ① ② ③ ④ ⑤ ⑥ ⑦ ⑧ ⑨
⓪ ① ② ③ ④ ⑤ ⑥ ⑦ ⑧ ⑨

감독위원 확인
(인)

2025 최신판 시대에듀 All-New 부산광역시교육청 교육공무직원
소양평가 인성검사 3회 + 모의고사 7회 + 면접 + 무료공무직특강

개정4판2쇄 발행	2024년 08월 30일 (인쇄 2024년 07월 04일)
초 판 발 행	2021년 01월 05일 (인쇄 2020년 11월 13일)
발 행 인	박영일
책 임 편 집	이해욱
편 저	SDC(Sidae Data Center)
편 집 진 행	안희선 · 윤지원
표지디자인	박종우
편집디자인	김경원 · 장성복
발 행 처	(주)시대고시기획
출 판 등 록	제10-1521호
주 소	서울시 마포구 큰우물로 75 [도화동 538 성지 B/D] 9F
전 화	1600-3600
팩 스	02-701-8823
홈 페 이 지	www.sdedu.co.kr

I S B N	979-11-383-7248-0 (13320)
정 가	24,000원

※ 이 책은 저작권법의 보호를 받는 저작물이므로 동영상 제작 및 무단전재와 배포를 금합니다.
※ 잘못된 책은 구입하신 서점에서 바꾸어 드립니다.

부산광역시 교육청

교육공무직원 소양평가

정답 및 해설

교육공무직 ROAD MAP

※ 도서 이미지 및 세부 내용은 변경될 수 있습니다.

현재 나의 실력을 객관적으로 파악해 보자!
모바일 OMR
답안채점 / 성적분석 서비스

도서에 수록된 모의고사에 대한 객관적인 결과(정답률, 순위)를 종합적으로 분석하여 제공합니다.

OMR 입력

시간측정 가능!!

성적분석

채점결과

※OMR 답안채점 / 성적분석 서비스는 등록 후 30일간 사용 가능합니다.

참여 방법

도서 내 모의고사 우측 상단에 위치한 QR코드 찍기 → 로그인 하기 → '시작하기' 클릭 → '응시하기' 클릭 → 나의 답안을 모바일 OMR 카드에 입력 → '성적분석 & 채점결과' 클릭 → 현재 내 실력 확인하기